Business-Fiktionen und Management-Inszenierungen

LITERATUR — KULTUR — ÖKONOMIE
LITERATURE — CULTURE — ECONOMY

Herausgegeben von
Christine Künzel, Axel Haunschild, Birger P. Priddat,
Thomas Rommel, Franziska Schößler und Yvette Sánchez

BAND 2

Zu Qualitätssicherung und Peer Review der vorliegenden Publikation

Die Qualität der in dieser Reihe erscheinenden Arbeiten wird vor der Publikation durch einen externen, von der Herausgeberschaft benannten Gutachter im Double Blind Verfahren geprüft. Dabei ist der Autor der Arbeit dem Gutachter während der Prüfung namentlich nicht bekannt; der Gutachter bleibt anonym.

Notes on the quality assurance and peer review of this publication

Prior to publication, the quality of the work published in this series is double blind reviewed by an external referee appointed by the editorship. The referee is not aware of the author's name when performing the review; the referee's name is not disclosed.

Yvette Sánchez (Hrsg.)

Business-Fiktionen und Management-Inszenierungen

PETER LANG

Bibliografische Information der Deutschen Nationalbibliothek
Die Deutsche Nationalbibliothek verzeichnet diese Publikation
in der Deutschen Nationalbibliografie; detaillierte bibliografische
Daten sind im Internet über http://dnb.d-nb.de abrufbar.

Umschlagabbildung:
Roman Signer: „Beim Chef", 2009 (Foto: Tomasz Rogowiec)

Gedruckt mit freundlicher Unterstützung der Universität St. Gallen.

Universität St.Gallen

Gedruckt auf alterungsbeständigem, säurefreiem Papier.
Druck und Bindung: CPI books GmbH, Leck

ISSN 2364-1304
ISBN 978-3-631-67506-9 (Print)
E-ISBN 978-3-653-06825-2 (E-Book)
E-ISBN 978-3-631-70613-8 (EPUB)
E-ISBN 978-3-631-70614-5 (MOBI)
DOI 10.3726/978-3-653-06825-2

© Peter Lang GmbH
Internationaler Verlag der Wissenschaften
Berlin 2018
Alle Rechte vorbehalten.

Peter Lang – Berlin · Bern · Bruxelles ·
New York · Oxford · Warszawa · Wien

Diese Publikation wurde begutachtet.

www.peterlang.com

Inhaltsverzeichnis

III. Gegenwartsliteratur und Film

Einführung[1]

Wirtschaftliche Themen finden, nicht zuletzt durch die Finanz- und Wirtschaftskrise von 2008 bedingt, vermehrt Einzug in die Künste. Das Zusammenspiel ist antizyklisch, indem die Krise in der Wirtschaft eine Hochkonjunktur in der Literatur auslöst. Dies ist mit ein Grund, weshalb der Peter Lang Verlag die neue Reihe *Literatur – Kultur – Ökonomie* ins Leben gerufen hat, in welcher nun die vierzehn Beiträge des vorliegenden Bands erscheinen.

Man ist geneigt zu sagen, die Wirtschaft alleine erzeuge schon genügend Fiktionen. Tatsächlich ist seit der Krise eine wachsende Nähe der Finanzwelt einerseits zum Kunstmarkt, andererseits zu fiktionalen Konstrukten, Theater oder Erzählprosa, zu beobachten, so dass beide Bereiche zusammenrücken, irgendwie wahlverwandt.

Der Impuls für diesen Band kam aus der Universität St. Gallen, einer Business School, an der seit Gründerzeiten eine lange Tradition der Verbindung zu den Künsten besteht. Sämtliche Studierende der HSG müssen seit der Studienreform 2001 – neben ihren Kernfächern BWL, VWL, Recht und Politologie – obligatorisch 25 % ihrer Credits in kulturwissenschaftlichen Fächern absolvieren. Dies führt dazu, dass etwa Studierenden der Ökonomie das Werkzeug zur Romananalyse mit auf den Weg gegeben wird. Auch wissenschaftliche Arbeiten auf allen Stufen der universitären Ausbildung, vom Bachelor bis zur Habilitation, können in literaturwissenschaftlichen Themenbereichen geschrieben werden. In der Lehre bieten Dozierende der Sozial-, Literatur- und Kulturwissenschaften gemeinsame Seminare an. Auch praktische, experimentelle Kurse, beispielsweise mit dem Direktor des Theaters St. Gallen, sind Teil des Lehrplans.

Außerdem darf die HSG eine weltweit einzigartige Kunst-am-Bau-Sammlung, die permanent öffentlich zugänglich ist und die Studierende wie Universitätsmitarbeitende durch den Alltag begleitet, ihr Eigen nennen. Neu soll erforscht werden, welche Wirkkraft die Werke von Alberto Giacometti, Alexander Calder, Joan Miró, Antoni Tàpies, Georges Braque, Jean Arp

---

1 Wir möchten Frau Dr. Sandra Carrasco für ihr Lektorat herzlich danken.

oder Gerhard Richter auf nicht *per se* kunstaffine Studierende einer Wirtschaftsuniversität haben können.

In der späteren Berufspraxis nehmen die bildende Kunst und literarische Fiktionen ähnliche Funktionen ein. Verschiedene Phänomene zeigen, dass Kunst als Wertschöpfungsfaktor und als Motor für wirtschaftliche Veränderungen begriffen wird. Durch den boomenden Kunstmarkt sind die Künste näher an die Wirtschaft gerückt und deren Zweckfreiheit kann vermehrt in Frage gestellt werden. Durch eine gewisse Annäherung möchte man grundsätzlich voneinander lernen. Kunstschaffende eignen sich Managementstrategien an (zu ihrer Vernetzung und Selbstorganisation), und Kreativität steht als Distinktionsmerkmal weit oben auf der Agenda von Unternehmen. Peter Drucker versteht Management gar als „traditionell geisteswissenschaftliche Disziplin" und „angewandte Kunst"[2], Nancy Adler als „Innovationsmilieu" oder als Analyseinstrument impliziten Wissens.[3]

Man möchte die Künste als Katalysatoren von Innovation und Kreativität verstanden wissen, nicht aber als „soft" bezeichnen und schon gar nicht als dekorative Lifestyle-Ware bzw. Instrumentalisierungsmedium für Dienstleitungen in Werbung und Marketing und zum Zweck der Image-Aufbesserung entwerten.

Im Gegenteil kann Kunst durch ihren Einfluss auf die Unternehmenskultur Ordnungen infrage stellen, Sinn stiften, Aufmerksamkeit und Bewusstsein schärfen, den Konstruktcharakter der Lebenswelt entlarven, Neugierde wecken, Kommunikationsfähigkeiten und Experimentierfreude sowie das Verständnis von Prozessen in Organisationen fördern. Aus Interviews mit der bekannten Fotografin Annie Leibovitz gewinnt man den Eindruck, dass dies gelingen könnte: Ihre Zusammenarbeit mit der Grossbank UBS schließt eine globale Wanderausstellung von Frauenporträts ein (*WOMEN: New Portraits*, Eröffnung am 16. Januar 2016 in London) und soll u. a. die Position der Frauen und der Kundinnen in der Bank stärken.

---

2 Zitiert in: Timo Becker: *Management mit Kultur. Die wachsende Rolle von Kunst und Kultur in der Managementausbildung.* Springer VS: Wiesbaden 2013, S. 208.

3 Adler, Nancy J.: „Finding Beauty in a Fractured World: Art Inspires Leaders— Leaders Change the World". In: *Academy of Management Review* 2015, Vol. 40, No. 3, S. 480–494, hier S. 484–485.

In der sozialwissenschaftlichen Forschung werden vermehrt literarische Werke als Indikatoren und hypersensible Seismographen gesellschaftlicher Befindlichkeit verwendet.

Das Privileg der literarischen Fiktionen liegt in der Arbeit mit provokativen Übertreibungen, mit Ironie, Satire und Groteske, mit Mehrdeutigkeiten, Paradoxien, Absurditäten und mit der Verfremdung, dem Geheimen und dem Irrationalen in Grenzsituationen.

So erreichen Fiktionen in Literatur und auch Film in ihrer Ventilfunktion für Leser oder Zuschauer vertiefte, teils zugespitzte Erkenntnisse, beeinflussen unsere Wahrnehmung und konstruieren Wirklichkeit – eine verdichtete, „gesteigerte" Wirklichkeit (Klaus Lüderssen)[4].

Die Geschäftswelt wird zudem aufgewertet durch die imaginierten, simulativen Modelle und Welten, die aus möglichen Verhaltensweisen entworfen werden zur Wahrheitsfindung in bildhafter, subjektiver Anschauung. Die Abhängigkeiten der Kunst von wirtschaftlichen Faktoren schafft ein gewisses Ungleichgewicht im Interessensausgleich der beiden Bereiche. Eine generelle Stigmatisierung und Tabuisierung dieser Verflechtungen, ja das Postulat der Unvereinbarkeit von künstlerischen und kommerziellen Wirklichkeiten rührt von der Erwartung an die Kunst, kritische Distanz, Autonomie und Freiheit hochzuhalten. Der 2015 verstorbene Kurator Jean-Christophe Ammann schien die Balance während der schweren Finanzierungskrise des von ihm geleiteten Frankfurter Museums für Moderne Kunst zu finden, indem er einerseits unverkrampft mehr Firmenlogos als Künstlernamen auf seine Einladungskarten druckte, aber andererseits die von ihm kuratierten Ausstellungen nie zum Spektakel verkommen liess, sondern den Zutritt zu den Ausstellungsräumen exklusiv den Künstlern gewährte und den Sponsoren konsequent verwehrte. Das Kant'sche Ideal der Autonomie sowie Zweck- und Interessenfreiheit der Kunst (*Kritik der Urteilskraft*, 1790) wäre Ammann wohl kein Anliegen mehr gewesen, denn er nannte die Kunst ohne Wirtschaft „ein artifizielles Reservat" und betrachtete ihre Selbständigkeit als reine Fiktion.[5]

---

4 Klaus Lüderssen: „Literatur – gesteigerte Realität?". In: Ders.: Produktive Spiegelungen. Recht in Literatur, Theater und Film, 2. Auflage, Berlin 2002, S. 19 ff.
5 Jean-Christophe Ammann: „Ohne die Wirtschaft geht es nicht". Interview vom 7.9.2000. In: Jörn-Axel Meyer/Ralf Even (Hrsg.): Die Zukunft des Kunstmarktes. Zu Sinn und Wegen des Managements für Kunst. Lohmar: Köln 2002, S. 53–61.

Die Affinitäten zwischen Management bzw. Wirtschaft und den Künsten stützen nicht nur die Verwendung von künstlerischen und literarischen Methoden und Fertigkeiten in der Managementausbildung und in im Alltag der Geschäftswelt, sondern auch der Anspruch der Kunstschaffenden, unternehmerisches Wissen in ihre Arbeit zu integrieren und sich ganz direkt in den wirtschaftlichen Kreislauf einzuklinken. Zudem machen sich die Künste den Konstrukt-, Simulations- und Symbolcharakter der Finanz- und Wirtschaftswelt zu eigen, um vermeintlich reale soziale Prozesse und Dynamiken abzubilden und zu hinterfragen. Ganz im Sinne Erving Goffmans, der in seinem Buch *Wir alle spielen Theater* die bewusst kontrollierte oder unbewusste (Selbst-)Darstellung im Arbeitsalltag oder das „Impression Management" und allgemeiner die gesellschaftliche Konstruktion von Wirklichkeit analysiert.[6]

Führungspersönlichkeiten üben sich im Dirigieren eines Orchesters, d. h. im Umgang mit Komplexität oder Ergebnisoffenheit von nicht-linearen kreativen Prozessen. Manager praktizieren die Methoden des Storytelling. Theaterleute gestalten Aktionärsversammlungen.

Zwischen den deklariert realen Inszenierungen von Managern und der Darstellung von Business-Fiktionen auf der Theaterbühne sind die Übergänge fliessend.

Die in diesem Band vereinten vierzehn Beiträge aus verschiedenen Disziplinen testen diese Grenzen zwischen den Künsten und der Wirtschaft.

Wie in mehreren Aufsätzen ersichtlich wird, schaffen die Finanz- und Wirtschaftswelt, das Management und die Literatur eine erhebliche Metapherndichte. Der Hang zur bildlichen Darstellung abstrakter Vorgänge, etwa mit einem metaphorischen Reichtum, der seinesgleichen sucht, kennzeichnet nicht nur die Literatur, sondern auch den betriebswirtschaftlichen Diskurs. Je abstrakter und immaterieller die Ursachen und Zusammenhänge des Vorfalls, je virtueller die ökonomischen Prozesse, desto dichter die metaphorische Kodierung.

Michael Festl präsentiert uns in seinem Beitrag über die Wassermetaphern im Kontext der Wirtschaftskrise eine wahre Flut an Bildlichkeit, die zum besseren Verständnis abstrakter Vorgänge im öffentlichen Diskurs be-

---

6   Piper: München 2003, S. 5. Das englische Original stammt aus dem Jahr 1959. *The presentation of self in everyday life.* Doubleday & Company: New York.

müht wurde. Die seit jeher beliebte metaphorische Gleichsetzung von Leben
und Wasser erfährt im Kontext der Finanzkrise eine weitere Dimension,
in euphemistischen wie dysphemistischen Ausformungen des Scheiterns
der Ökonomie. Der so genannte *picture superiority effect* leistet hier seine
Dienste, die Michael Festl mit der Macht der Sprache im Kontext der Wirtschaftskrise 2008 gar als Mitauslöser von Panik und Aktionismus auslegt,
und auch als Unterstützung des Rechtfertigungsdiskurses für staatliche Ret-
tungsringe an Grossbanken.

In den Texten der deutschen Literatur, die Daniel Cuonz bespricht, tauchen ebenfalls Metaphern in konzentrierter Form auf. Der Analyse von
Gustav Freytags Roman *Soll und Haben* (1855) liegt die Leitmetapher des
Bilanzierens zugrunde – für die Rückschau auf ein Leben über die Buchführung und die Lebensführung. Nach einem Einstieg bei *Robinson Crusoe*
geht Daniel Cuonz dem Moralischen und Ökonomischen in drei Klassikern
der deutschen Literatur des 19. und frühen 20. Jahrhunderts nach, wobei
er Freytags kaufmännischen Bildungsroman ins Zentrum stellt.

Im Englischen lassen sich die Begriffe der Buchhaltung, des *accounting*,
und *giving an account* (‚eine Geschichte erzählen‘) ebenfalls bestens kom-
binieren. Thomas Mann wird als „Buchhalter" seiner Figuren vorgestellt.
Manns *Buddenbrooks* (1901) kann gar als Vorwegnahme von Max Webers
Zusammenführung protestantischer Arbeitsethik mit der Entwicklung des
Kapitalismus gelten.

Der binären Struktur der sozialen Stände des Bürgertums und des Adels
(bürgerliche Arbeitsmoral vs. adelige Muße und Zeitvertreib, Familiensinn
vs. Standesdünkel, Vorsicht vs. Leichtsinn, hässlicher Kapitalismus vs. schöne Buchführung) liegt das Prinzip der doppelten Buchführung zugrunde.
Selbst Anton Wohlfahrts jungfräuliche zukünftige Braut ist an das noch
leere, zweite Buch und die Liebe damit an die Bücher des Unternehmens
gekoppelt.

Zwei Beiträge verfolgen die gesellschaftlichen Konflikte zwischen Adel
und Bürgertum in der Romania bis in die Frühmoderne zurück. Beatrice Ni-
ckels Aufsatz erkundet in historischer Perspektive die damals junge Gattung
der Novelle im 13. und 15. Jahrhundert und ihr primäres Zielpublikum,
die berufstätigen, städtischen Bürger, Kaufleute, die aus Zeitmangel kurze
literarische Texte vorzogen. Sie lasen Novellen, in denen die Monetarisierung des Lebens und vor allem auch der Liebe eine wichtige Rolle spielte.

Gleichzeitig wurde der bürgerliche Gesellschaftsstand erkundet. Gattungsspezifische Merkmale entwickelten sich analog zu wirtschaftlichen und gesellschaftlichen Tendenzen.

Diesen Zusammenhang verdeutlicht auch der Beitrag von Reinhard Krüger über den Berufsstand des Schäfers und die ästhetisierenden, eskapistischen Pastoralfiktionen, die parallel zu seiner Soziogenese über die Jahrhunderte hinweg (bis zu Denis Diderots Demontage) den literarischen Diskurs geprägt haben. Die Hirtenwelt wird zur Projektionsfläche für eine Idealisierung der Liebe, des Ländlichen und auch der Berufspraxis selbst. Der Liebesdiskurs erfährt eine Monetarisierung. Die Schafweidewirtschaft zeichnet sich durch das Konstrukt des Unternehmertums und eines Produktionsüberschusses aus, der es den Hirten scheinbar erlaubt, ein Leben in Muße zu führen und in künstlerischer Betätigung (z. B. mit dem Flötenspiel). Seit dem Alten Testament dient die Figur des Hirten zur Metaphorisierung des Herrschers. Figurenkonstellation und Sozialgeschichte stehen demnach im Zentrum der beiden Aufsätze von Beatrice Nickel und Reinhard Krüger.

Mit dem Experiment, ökonomische Vorgänge zur Interpretation eines literarischen Textes einzusetzen, operieren ebenfalls Katrin und Peter Seele. Wirtschaftliche Prozesse können, weit über die Motivebene hinaus, als narratologisches Analyseinstrument verwendet werden. In Michael Endes Roman *Momo* (1973) treten die durch Wettbewerb verursachten Komplikationen und deren Bedeutung für den Handlungsaufbau deutlich zutage.

Der Mehrwert (um im Bedeutungsfeld der Wirtschaft zu bleiben) der Ökonomisierung gängiger Strukturbegriffe rund um die erzählten Konflikte in einem literarischen Text und des dazugehörenden Kampfes um ein Objekt bis zum Ausgang liegt für die Autoren in der Erweiterung des klassischen narratologischen Strukturmodells aus Vladimir Propps *Morphologie des Märchens* (1928). Entscheidend für den Handlungsaufbau sind die jeweiligen Einstellungen der literarischen Akteure zu einem erstrebenswerten Objekt innerhalb der erzählten Geschichte. Daraus entstehen neue Arbeitsinstrumente für die Literaturanalyse: Wettbewerb statt Kampf und Rivalität, Verlieren des Wettbewerbs und Mangelsituation anstelle von Scheitern oder Misserfolg.

Max Webers Thesen verbinden Daniel Cuonz' Aufsatz mit demjenigen von Boris Vejdovsky, der den Protestantismus-Kapitalismus-Theoretiker mit dem Kampf zwischen der Sprache und einer ethischen Lesart verbindet, wie sie Henry David Thoreau bereits Mitte des 19. Jahrhunderts verteidigt hatte – im Zusammenhang mit der „ungeheuren" kapitalistischen Yankee-Wirtschaft. Insbesondere das erste Kapitel „Economy" seines Werks *Walden; or, Life in the Woods* (1854) widmet sich, wie Weber, Krisenzeiten und macht ebenso die Verbindung der Ökonomie zu Religion und Gesellschaft deutlich. Thoreau schrieb sein Werk anlässlich seines zweijährigen Rückzugs in die Natur, in ein einfaches Leben im Wald, das er mit einem pastoralen Zwischenreich zwischen ‚Zivilisation und Wildnis' vergleicht. Dort sinniert er über Gerechtigkeit in der Gesellschaft und einen ausgewogenen Lebensstil, stellt sich gegen die Wirtschaft in der nordamerikanischen Industrialisierung und aufkommenden Massengesellschaft und steht für den zivilen Ungehorsam ein – nicht als Weltflucht, sondern als alternativer Lebensentwurf jenseits der „verzweifelten Jagd nach Erfolg [...] in waghalsigen Unternehmungen".

Eine ebenfalls historische Perspektive aus den USA steuert Claudia Brühwiler mit ihrem Aufsatz über die Rezeption der bis heute oft gelesenen, libertären Schriftstellerin Ayn Rand bei. Im Beitrag kommt zum Ausdruck, dass sich ein erheblicher Graben auftut zwischen der literaturwissenschaftlichen Rezeption und der Fan-Gemeinde Ayn Rands in Politik und Wirtschaft. Gerade deshalb dürfte die Auseinandersetzung mit der Rezeption lohnender sein als eine textanalytische Annäherung an die polarisierenden Romane Rands. Während etwa die Tea-Party-Bewegung die Autorin zu ihrer Ikone erkoren hat, pflegen Literaturwissenschaftler ihr jegliche literarische Qualität und Relevanz abzusprechen. Dort wo sich Ayn Rand gegen eine Generalverurteilung der Businesswelten und eine pauschalisierende Managerschelte ausspricht, trifft sich ihr Anliegen mit Beiträgen in diesem Band, die denselben Vorwurf an die wirtschaftsfernen Literaten richten.

Mit einer gehörigen Portion Schärfe kritisiert Birger Priddat das Moralin im Bild, das der Literat Reinhard Goetz in seinem Roman *Johann Holtrop* (2012) von Managern und den Fiktionen des Geldverkehrs zeichnet. Priddat möchte Stereotypen und Schematismen entlarven, die immer auch durch die Medien perpetuiert werden. Die allgegenwärtigen Exzesse der Manager beispielsweise können nicht einfach zum Normalzustand des dämonisierten Berufsstandes erklärt werden. Priddat fordert mehr Ironie und weniger Moral von Reinhard Goetz.

Johann Holtrop ist einer von drei deutschen Gegenwartsromanen, dessen sich Christine Künzel annimmt. Auch in ihrer Analyse dieser Romane über die Finanzkrise geht es um die Entlarvung von Klischees, etwa demjenigen des Managers als ‚Inkarnation des Bösen'. Ein weiterer Vorwurf betrifft die Komplexitätsreduktion, die wirtschaftliche Prozesse in diesen Romanen erfahren. Dagegen scheinen Manager und die sie umgebende Unkalkulierbarkeit als Projektionsflächen zu wirken, die die Fantasie anregen und angesiedelt ‚zwischen schöpferischer Zerstörung und künstlerischer Kreativität' als ‚Fiktionsgeneratoren' wirken. In der Zirkusmetapher wird der Manager nicht als Künstler überhöht, sondern eher als Artist vorgeführt. Die Nähe von Risiko und Ruin in finanziellen Spekulationen ohne Absicherung und doppelten Boden durch Ziehsöhne und Zauberlehrlinge der Altmeister ist ein Topos, der sich, wie die Fiktionalität der Finanzwelt, wiederholt.

Einem der drei Romane, dem multiperspektivisch erzählten *Gibraltar* (2010) von Sascha Reh, attestiert Christine Künzel eine differenziertere Betrachtung der Mechanismen des Bankencrashs. Der dokumentarisch-fiktional gemischte Roman *Das Schiff das singend zieht auf seiner Bahn* (2014) wird als Fortführung des in Manuel Pombos Text besprochenen Dokumentarfilms von Carmen Losmann interpretiert. Das dokumentarische Wissen und der verinnerlichte Jargon stammen aus Personalmanagement-Fibeln und erzeugen einen wahren Schwall englischer Technizismen, in denen Kreativität und Innovation geradezu zwanghaft heraufbeschworen werden. Immer wieder stellt Christiane Künzel die Fiktionalitätsbezüge der beiden Bereiche, dem Management und der Kreativität bzw. des Storytelling her. Sie zeigt den Manager als Hochseilartisten, Borderline- und Schwellenfigur, der – bei allem angestrebten Heroentum – auf einem Zuggeleise banal in den Tod stolpert.

Die Kippfigur auf der Schwelle zwischen Erfolg und Scheitern stellen Günter Müller-Stewens und Yvette Sánchez in den Mittelpunkt ihrer Betrachtungen. Dokumentarische wie fiktionale Quellen zeigen den gestrauchelten Manager in seiner Selbstdarstellung als Systemopfer, der Auswege aus dem Desaster sucht. Der Fachmann für strategisches Management und die Literaturwissenschaftlerin kommen gemeinsam zum Schluss, dass die deklariert lebensweltlichen Inszenierungen von Managern mindestens gleichviele Fiktionalitätsanteile aufweisen wie Romane oder Theaterstücke.

Beispielhaft für diese Fiktionalisierung des Managementdiskurses sind die rhetorischen und visuellen, gefühlsbetonten, sozialutopischen Überzeugungs- und Selbstinszenierungsinstrumente von Starbucks CEO Howard Schultz, wie sie im vorliegenden Band auch Anne-Berenike Rothstein analysiert. Dass die Autorin einen Imagefilm als Semi-Dokumentar- bzw. Kurzspielfilm bezeichnet, zeigt zweierlei: a) Management-Inszenierungen bewegen sich gattungstheoretisch immer ‚auf der Kippe'; b) mit seiner strategischen Emotionsrhetorik (konstituiert durch Metaphernschwemme, Wiederholungen, Dichotomien, vermeintliche Einblicke in eine Privatheit, in Epiphanie- und Wundergeschichten zur Vermittlung von Werten) begibt sich Schultz durchaus auf fiktionales Terrain mit klaren dramaturgischen Regeln. Damit besteht ein klarer Bezug zwischen Anne-Berenike Rothsteins Analyse und den Ausführungen von Michael Festl und Manuel Pombo.

Brigitte Biehl-Missal behandelt Manager-Inszenierungen in der Gattung Theater, und zwar als Instrumentalisierung wie auch als Inspirationsquelle. Zum einen wird Theater in der Weiterbildung für Manager verwendet; zum anderen verweist es auf die Aktionärsversammlungen, die von professionellen Theaterleuten mit grosser Wirksamkeit begleitet werden. Dies führte bis zum Projekt des Theaterkollektivs Rimini Protokoll, das die Grenzen von Wirklichkeit und Inszenierung mit der Erklärung einer ‚realen' Daimler-Hauptversammlung zum Theaterstück vollends auflöste.

Lichtgestaltung, räumliche Anordnung (Vorstandsbank), Kleiderordnung, Stimme oder Gestik nähren Illusion und Spektakel (im Sinne Guy Debors). Professionelle Theaterleute kümmern sich in der Regel darum, die Plattform für die Führungskräfte zu gestalten. Die Raffinesse der Bühnengestaltung steht dem Theater in nichts nach. Im Hintergrund agieren die Hausjuristen als ‚Souffleure'. Die Autoren-Regisseure René Pollesch oder Falk Richter wiederum spiegeln in ‚realen' Theaterstücken die Rhetorik der Manager-Elite.

Von kunstbasierten Interventionen im Sinne Nancy Adlers ist die Rede, wenn bildende Kunst, Literatur, Musik und Theater als Quell der Inspiration für Personal- und Organisationsentwicklung genutzt werden. Am Fall des Nonsens-Gedichts „Jabberwocky" werden neue, komplexe und kreative Denkweisen und Wahrnehmungen sowie der Umgang mit semantischer Unbestimmtheit und Mehrdeutigkeit erprobt. In diesem Workshop für Manager sollten auch Floskeln und Phrasen der BWL oder – mittels der Analyse literarischer Texte – Konzepte des *heroic leadership* entlarvt werden. Während in der Management-Weiterbildung mit Malerei gearbeitet wird, spiegelt auch hier die Malerin Verena Landau die Wirtschaftswelt und inszeniert Macht direkt aus Bildern der Managerwelt.

Während die Kunst weiterhin auf kritischer Distanz zum Management bleibt, nähert sich die Businesswelt immer mehr der Kunst. Nicht zuletzt scheint sie angezogen durch jüngste Entwicklungen auf dem Kunstmarkt, der zu einem wichtigen Wirtschaftssektor geworden ist, unter anderem zur finanziellen Investition.

In den beiden Beiträgen über Business im Kino kommt Oliver Stones Kultfilm *Wall Street* (1987) eine herausragende Rolle zu. Die Maximen des Protagonisten Gordon Gekko werden wiederholt mit denjenigen der Figuren Ayn Rands in Verbindung gebracht. Manuel Pombo beschäftigt sich mit vorwiegend nach der Krise 2008 entstandenen Dokumentar- und Spielfilmen. Das Kino bildet die lebensweltlichen Mythen und Rituale der Manager nicht nur perpetuierend ab, sondern konfiguriert sie gar neu. So war bereits in den 1980er-Jahren Oliver Stones Figur Gordon Gekko trotz Gefängnis- und hoher Geldstrafe wegen Insider-Handel für die nachfolgende Generation junger Börsenmakler an der Wall Street ein Idol.

In den Dokumentarfilmen dominieren Geständnisse von Aussteigern ohne Lerneffekte und das Büro als Ersatz für ein Zuhause. Gescheiterte Manager in der Systemopferrolle wechseln sich ab mit Rausch und Gier nach Statusobjekten, verantwortungsloser Hybris, maßlosen Spekulationen, Schein, Täuschung, Zynismus, Dekadenz und Manipulation.

Die Metapher des Zauberlehrlings ist seit der Krise in fiktionalen wie dokumentarischen Texten omnipräsent und will uns warnen vor Kontrollverlust und Selbstüberschätzung im Rahmen der nicht ganz beherrschbaren Magie des Business.

In Übereinstimmung mit Manuel Pombos Essay über Manager, in dem er auch die Wall-Street-Filme behandelt, stellt Nathalie Roxburgh den alles dominierenden Drogenkonsum und die Exzesse mit Prostituierten sowie die Geldsucht als Stimulantien in den Mittelpunkt ihres Essays über *The Wolf of Wall Street* (2013). Businessfiktionen bedeuten hier durch Drogen erzeugte Businessfantasien und – als Nebeneffekt – Selbstoptimierung bzw. Effizienzsteigerung, die in eine pathologisierende Medikation und finale Vergiftung münden. Fiktionalisierung und Drogenkonsum hängen eng zusammen, wobei Letzterem u. a. die Funktionen Konzentration, Stehvermögen, Aushebeln der Konkurrenz und Gewinn der Finanzspiele zukommen.

Doch Literatur, Kunst oder Kino vermögen nicht nur, den Finger auf den wunden Punkt des manageriellen Scheiterns zu legen, den Schein zu entlarven, sondern auch ganz allgemein unsere Wahrnehmung zu schärfen, wie es der MIT Management-Professor Edgar Schein formulierte: "Art and artists stimulate us to see more, hear more, and experience more of what is going on within us and around us."[7] Nancy Adler, Malerin und Management-Professorin in Personalunion, versucht, das Versagen im Management abzufedern und durch Serendipity-Entdeckungen einer unbeabsichtigten, zufallsbedingten, kunstvollen Innovation zuzuführen.

Das Storytelling illustriert die Zusammenhänge zwischen Business und Fiktionen in der unternehmerischen Praxis vortrefflich. Dort erfüllt das freie Geschichtenerzählen vielfältige Funktionen und bietet: Einprägsamkeit und Überzeugungskraft, Unterhaltung, Vermittlung impliziten Wissens, Wissensmanagement, Sinnstiftung, Reflexion über Werte und Verhaltensweisen, Sichtbarmachung von Konflikten und Problemlösungsoptionen.[8] Das physische Dramatisieren von Botschaften ist gerade vor dem Hintergrund der Digitalisierung von enormer Bedeutung. Neben den spontanen mündlichen Narrativen dient die Lektüre schriftlicher, fiktionaler Texte, welche auf der Motivebene Probleme der Managementwelt thematisieren, den eben genannten Zwecken.

Diese Praxisrelevanz findet ihr Pendant in der sozialwissenschaftlichen Forschung, wo der Einsatz literarischer und künstlerischer Quellen salonfähig geworden: zuerst in den nordamerikanischen Rechtswissenschaften, danach in Geschichte, Management, Soziologie, Anthroplogie und – etwas später – in den Politikwissenschaften.

Umgekehrt hat unter Kunstschaffenden ein Paradigmenwechsel rund um ihr Berufsbild stattgefunden: Sie erarbeiten sich schon in der Ausbildung an Kunsthochschulen Wissen über Management und Vermarktungsinstrumente. In früheren Jahrzehnten war es dagegen verpönt, sich

---

7   Edgar Schein: "The role of art and the artist". In: *Organizational Aesthetics*, 2, 2013, S. 1–4, hier S. 1.
8   Daniel Duss: *Storytelling in Beratung und Führung. Theorie. Praxis. Geschichten*. Springer: Berlin 2016.

mit dem schnöden Mammon zu befassen. Die neue Stossrichtung wurde
von der Kunstsoziologie aufgenommen. Der Wirtschaftswissenschaftler
Bruno S. Frey praktizierte bereits in den Neunzigerjahren Kunstöko-
nomik, indem er den Kunstbereich mit ökonomischen Analysemethoden
betrachtete und etwa das „rationale Handeln" der Akteure im Kunst-
sektor erforschte.[9]

Die Literatur generiert im Vergleich zu den Bildenden Künsten und auch
zum Filmgeschäft verschwindend kleine Summen, aber ihr symbolisches
Kapital und ihr Einfluss auf die managerielle Wirklichkeit kann enorm
sein.

Im Sinne von Pierre Bourdieus Kapitaltypen ist der Wertebegriff, wenn
auch semantisch vage, in diesem interdisziplinären Feld von besonderer
Bedeutung, geht er doch weit über die Festlegung des Marktpreises von
Kunstwerken und Verwertungslogiken hinaus. Dennoch wird allgemein
nach diesem verbindlichen und verbindenden Maßstab gesucht: Der Wer-
tekanon ist zentral im Spannungsfeld von Wertschätzung, Geltung und
Preis – gerade in Phasen der Krise. Und er verbindet wiederum das Business
mit den Business Fiktionen, kann er doch auch als Fiktion bezeichnet
werden. Der Philosoph Urs Sommer spricht diesen fiktiven Charakter der
Werte an und demontiert sie. Auch wenn der Begriff schwammig, ein Wert
je nach Interpretation wandelbar ist, wird er doch nachgefragt – gesucht,
ausformuliert und weiter vermittelt. Man möchte sich über Werte definieren, holt sie für die Lebensgestaltung zu Hilfe. Dennoch gibt es ihn nicht,
den absolut gültigen Wert. Er ist als „regulative Fiktion" anpassungsfähig
und an Personen gebunden. Es gibt Werte nicht einfach so; man muss sie
hochhalten. Wir finden oder erfinden sie.[10] Sie entstehen und festigen sich
in der Reflexion über soziale Verhaltensmuster, über Sozialkapital, das von
Werteorientierungen abhängt. Seine Herkunft aus der Wirtschaft macht
ihn zu einem diesen Band übergreifenden Begriff.[11]

---

9 Bruno S. Frey und Isabelle Busenhart: „Kunst aus der Sicht rationalen Handelns". In: Jürgen Gerhards (Hrsg.): *Soziologie der Kunst. Produzenten, Ver-
   mittler und Rezipienten*. Westdeutscher Verlag: Opladen 1997, S. 41–54.
10 Andreas Urs Sommer: *Werte: Warum man sie braucht, obwohl es sie nicht gibt*.
   J.B. Metzler: Stuttgart 2016.
11 Melanie Kindermann: *Sozialkapital und Wertorientierungen in Europa: Grundlagen und Analysen*. Akademiker Verlag: Saarbrücken 2012.

Die Disziplinen gehen Wertorientierung unterschiedlich an: philosophisch wird zwischen idealen und realen[12], ökonomisch zwischen subjektiven und objektiven Werten unterschieden; die Soziologie konzentriert sich eher auf Wertvorstellungen als System von Normen und Rollen in einem Machtgefälle. Literarische und filmische Fiktionen haben zweifelsohne einen grossen Anteil an der Bildung bzw. Erfindung von Werten. Quantitativ messen und bewerten wie im Falle des ökonomischen Kapitals lässt sich dieser Anteil allerdings nicht. Bei aller Affinität und Dialektik zwischen Management und Inszenierung oder zwischen fiktionalen und betriebswirtschaftlichen Prozessen, kurz zwischen Kunst und Wirtschaft, vergrössert der die beiden Bereiche verbindende Wertebegriff gleichzeitig die Distanz zwischen der Paarung hin zur Dichotomie.

Möge der Band unseren Leserinnen und Lesern lesens*wert* erscheinen. Wir übergeben ihn Ihnen mit herzlichem Dank für Ihr Interesse.

---

12 Den philosophiehistorischen Abriss verdanken wir Hans Joas: *Die Entstehung der Werte*. Suhrkamp: Frankfurt a. M. 1999.

I. Management-Inszenierungen

Günter Müller-Stewens und Yvette Sánchez
(Universität St. Gallen)

Immer auf der Kippe: Manager in der Fiktion – Fiktion im Management

Dieser Beitrag baut auf den Erfahrungen zu unserer Lehrveranstaltung für Wirtschaftsstudierende an der Universität St. Gallen zum Thema „Management als literarisches Thema" auf. Als Vertreter der internationalen Managementlehre bzw. der Kultur- und Literaturwissenschaften haben wir uns gemeinsam gefragt, wie die Figur des Managers in der Fiktion aufgegriffen und dargestellt wird. Aber auch umgekehrt galt es zu reflektieren: Was hat Management mit Fiktion zu tun? Man denke dabei etwa an die Inszenierung einer Hauptversammlung[1] oder an die Selbstdarstellung von Managern in Autobiografien. So hatten sich die Studierenden in diesem Seminar mit Exponaten künstlerischen Schaffens in verschiedenen Formaten auseinander zu setzen, aber auch mit dokumentarisch gedachten Texten aus der Managementliteratur, z. B. (Auto-)Biografien von Managern. Ausgangspunkt war die Grundannahme der wichtigen Funktion, die Theater, Literatur, bildende Kunst oder Filme zur Erfassung und Verarbeitung des Zeitgeschehens, auch aus der Optik der Wirtschaft, zukommt. In diesem Beitrag möchten wir aus dem Hörsaal berichten und auch unsere Erfahrungen und Erkenntnisse aus gemeinsamen Vorträgen Revue passieren lassen.

1. Der Manager als fiktionaler Betrachtungsgegenstand

Ob es sich um die Beschreibung real existierender Personen handelt (z. B. in Biografien, in empirischen Studien, in Interviews) oder um fiktive Figuren (z. B. im Sprechtheater, in der Oper, im Film, im Märchen), in beiden Kategorien wird versucht, belehrend, beschreibend oder unterhaltend Fähigkeiten und Prinzipien zu vermitteln, die mit diesen Figuren verbunden sind. Und da die ökonomische Dimension der Gesellschaft unsere moderne, westliche Welt sehr stark prägt, wenn nicht gar dominiert, ist es nicht ver-

---

1 Vgl. dazu der Beitrag von Brigitte Biehl-Missal in diesem Band.

wunderlich, wenn sich das Interesse fiktionaler Imagination auch auf die zentralen Figuren der Wirtschaft richtet: die Manager. Nachdem Wirtschaft zyklisch gedacht wird, liegt es auch nahe, dass gerade in Zeiten einer Wirtschaftskrise sich auch mehr Künstler mit der gesellschaftlichen Gattung Manager beschäftigen, denn ihr Denken und Handeln beeinflusst erheblich unser aller Schicksal.

So hat spätestens seit der Finanz- und Wirtschaftskrise von 2008 der Manager als Gegenstand fiktionalen Schaffens wieder Hochkonjunktur.[2] Manager sind für künstlerische Fiktionen dankbare Stofflieferanten, denn es geht um Versagen, Schuldzuweisungen, Hybris. Man trifft die Manager in fast allen Kunstgattungen vermehrt an: in Theaterstücken (z. B. Andres Veiels, *Das Himbeerreich*), Filmen (z. B. Martin Scorseses *The Wolf of Wall Street*), in der Literatur (z. B. Rainald Goetz' *Johann Holtrop*), in Ausstellungen (z. B. *Wir Manager!* 2010/11 im Vögele Kulturzentrum, Rapperswil), in der Aktionskunst (z. B. Roman Signers *Chef*) und anderen Formaten an. Die Manager sind als Phänomen unserer Zeit in aller Munde. Mal werden sie als die Wirtschaftskapitäne weltumspannender Konzerne heroisiert, mal sind sie die großen Versager unserer Zeit, ihr Ansehen steht immer auf der Kippe.

Es fällt dabei auf, dass bei einem Großteil zeitgenössischer Fiktionen die Top Manager als zentrale Ikonen der Wirtschaftselite unter einer Art Generalverdacht stehen. Sie werden als eine der Realität entkoppelte globale Elite dargestellt, die sich primär selbst zu Lasten Dritter optimiert und von sozialer Kälte umgeben ist. Die Schaubühne ist oft mit psychologisch geschädigtem Führungspersonal bestückt. Diese Kranken kommen nie zur Ruhe, auch wenn sich – wie in *Top Dogs* von Urs Widmer – das System bereits ihrer selbst entledigt hat. Sie flüchten sich in ein Doppelleben.

Dieses Bild aus dem fiktionalen Schaffen korrespondiert mit dem Reputationsverlust, der Managern auch in den Augen der Öffentlichkeit wider-

---

2   Alleine im Theater St. Gallen wurden zwischen 2009 und 2015 folgende Stücke aufgeführt: Elfride Jelinek, *Die Kontrakte des Kaufmanns*; Urs Widmer, *Top Dogs* und *Das Ende vom Geld*, Arthur Miller, *Tod eines Handlungsreisenden*, David Gieselmann, *Der Wichtigtuer* oder Jonas Lüscher, *Frühling der Barbaren*. Im Theater Basel wurde Gesine Schmidts *Expats. Eidgenossen in Shanghai* inszeniert.

fahren ist. So führten beispielsweise Exzesse bei den Entlohnungssystemen zu Diskussionen um Verteilungsgerechtigkeit. Das Image des Berufsstandes ist gesellschaftlich und medial ramponiert. Fehlentwicklungen im Betrieb werden auf den CEO projiziert.[3] Man zielt auf eine anrüchige, von der Realität entkoppelte Elite, die sich unersetzbar glaubt, sich über ethische Ideale hinwegsetzt, verantwortungslos, abgehoben, masslos, gierig. „Greed is good», lautet das Motto von Gordon Gekko im Film *Wall Street*. In einem Klima der sozialen Kälte werden Rekordrenditen mit Entlassungsprogrammen kombiniert. Der Imageschaden der Manager ist nicht überall gleich gross. In lateinamerikanischen Ländern, etwa in Kolumbien[4], sind die Loyalität und das Vertrauen gegenüber Führerpersönlichkeiten noch intakt; Machtdistanz beziehungsweise Hierarchien bestimmen weiterhin die Arbeitswelt.

Natürlich gab es schon vor der erwähnten Finanzkrise eine kritische Auseinandersetzung mit der Wirtschaft und ihren verantwortlichen Führungskräften. Man denke z. B. an die seit 1992 wöchentlich erschienene Kolumne „Business Class" von Martin Suter in verschiedenen Schweizer Zeitungen oder an Widmers *Top Dogs* (1996); in Deutschland an Thomas Manns Werk oder an Kurt Tucholskys ironische „Kurze Abhandlung der Nationalökonomie" aus dem Jahr 1931[5].

Betrachtet man dokumentarische Quellen, wie etwa Autobiografien, dann beanspruchen diese für sich eine der Wahrheit entsprechende Be-

---

3   Noch vor der Krise wurde in der Konsumforschung 2007 die Beliebtheit einzelner Berufsstände evaluiert. Im „Vertrauensindex" auf einer Skala von 1,0 bis 4,0 gemessen stand es schon damals mies um die Position der Top-Manager: Ärzte (3,2), Lehrer (3,1), Polizei und Militär (jeweils 2,9), Kirchenvertreter (2,7), Rechtsanwälte (2,4) und Journalisten (2,2), Top-Manager (2,1), Politiker (1,7). (Quelle: Marktforschungsinstitut GFK Deutschland http://www.gfk-verein.org/compact/fokusthemen/weltweites-ranking-vertrauenswuerdige-berufe zuletzt abgerufen am Februar 2017).

4   Auf den schlechten Ruf von Top-Managern in Europa angesprochen reagierten Studierende an einer kolumbianischen Universität anlässlich eines Vortrags über Fiktionen in der Geschäftswelt mit Unverständnis.

5   Der Text beginnt mit dem Satz: „Nationalökonomie ist, wenn die Leute sich wundern, warum sie kein Geld haben" (Tucholsky, Kurt: „Kurze Abhandlung der Nationalökonomie" 1931. Ersterscheinung in: *Die Weltbühne*, 15. September 1931, Nr. 37, S. 393).

schreibung der Wirklichkeit, auch wenn wir letztendlich wissen, wie sehr sie zur konstruierten Wirklichkeit, zum Fiktionalen neigen. Gründe dafür können gewollte (Selbst-)Heroisierungen und -Legitimierungen sein oder der verklärte Blick auf die Vergangenheit. Biografien, auch Fallstudien als semi-fiktionale Textsorten konstruieren Lebensgeschichten von Managern aus der Erinnerung heraus, meist durch Biografen oder Ghostwriter geschrieben, was den Filter der Idealisierung noch verstärken kann.

Umgekehrt bewegen sich deklarierte Fiktionen in Literatur und Film rund um die Business-Welten zuweilen sehr nah an der Wirklichkeit, beanspruchen für sich diese Nähe, selbst wenn sie auf Imagination und Abstraktion manageriellen Verhaltens aufbauen. Fiktion vermittelt Lebensnähe und bildhafte Anschauung. Um die empfundene Wirklichkeit zu verdeutlichen und umfassend zu analysieren, überhöhen die Schriftsteller diese, oft in ironischer, satirisch-warnender oder zynischer Form übertrieben, zugespitzt, verfremdet, bewertet, ohne jedoch verallgemeinernd zu reduzieren. Mehrdeutigkeit, Paradoxie, das Groteske und Absurde sind dabei von besonderem Interesse. Grenzsituationen und Geheimes werden vorgeführt. Und es wird mit metaphorischen Übertragungen gearbeitet. Die Bildhaftigkeit der Metaphern hinterlässt einen bleibenden Eindruck (*picture superiority effect*[6]) und intensiviert die Auseinandersetzung mit einem Thema. Die metaphorische Codierung ist im Manager-Jargon selber konstant hoch. So verwenden Manager in ihren Reden bis zu drei Metaphern pro Minute.

Deirdre McCloskey entmythifizierte bereits in den 1980er-Jahren in ihrer Studie *The rhetoric of economics* das rationale Bild der Wirtschaftswelt zugunsten einer rhetorischen, diskursiven Konzeption der Business-Praktiken: "[e]ach step in economic reasoning [...] is metaphoric".[7]

Insbesondere nach einer Krise oder je abstrakter und immaterieller die entsprechenden Ursachen und Zusammenhänge sind, je virtueller die ökonomischen Prozesse, desto höher fällt die Metapherndichte aus. Sprachbilder erklären komplexe Vorgänge, konstruieren Realität und formen – oft

---

6   Nelson, Douglas L./Reed, Valerie S./Walling, John R.: „Pictorial superiority effect". *Journal of Experimental Psychology: Human Learning & Memory*, 2, 1976, S. 523–528.

7   McCloskey, Deirdre: *The Rhetoric of Economics*. University of Wisconsin Press: Madison 1985, S. 75.

emotionalisierend – unsere Wahrnehmung (von der platzenden Blase bis zum Flächenbrand). Zu den in unserer Seminarlektüre häufigsten semantischen Feldern, die zur Beschreibung von Managern herbeigezogen werden, gehören zweifellos die Fauna, die Animalisierung und der Krieg oder Kampf.[8] Bei Urs Widmer verweist die metaphorische Ebene beispielsweise auf den Bereich der Hunde, die von den Analysten und Aktionären dressierten „Top Dogs", im Unterschied zu den Underdogs, den Unterlegenen und Aussenseitern der Gesellschaft[9]. Diese Top Dogs erhalten denn auch ein „Zuckerchen" (Boni), wenn sie die ambitioniert gesetzten Ziele erreichen. Die Animalisierung spielt auch beim wendigen und windigen Investmentbanker Gekko in *Wall Street I*, wenn er sagt: „If you need a friend, get a dog".

2. Was Fiktion leisten kann

Eine zentrale These unseres Seminars zielte darauf, dass die Fiktionalitätsanteile in der manageriellen Lebenswelt weit höher ausfallen können als auf der Theaterbühne oder in einem Roman, wo die Wirklichkeit gar facettenreicher und vollständiger begriffen werden kann. Die in fiktionalen Texten geschaffenen Figuren, Beziehungsmuster und Vorkommnisse können, auch wenn es sie in der Realität gar nicht gibt, in ihrem exemplarischen Charakter für unser reales Empfinden Anlass zur Reflexion bieten. Und wenn wir Kenner einer der Szenarien aus der Fiktion sind, ist es dann nicht häufig so, dass wir die Fiktionen als näher an der Wirklichkeit empfinden, als diejenigen Texte (selbst sozialwissenschaftliche, empirische), die für sich beanspruchen, die Realität zu beschreiben?

Der US-Politiker und Schriftsteller Gore Vidal (1925–2012) meinte schon 1959: „In fact, I wish sociologists would spend more time in the theater

---

8 Die Manager selber machen auch oft von Wassermetaphern Gebrauch, wie im Beitrag von Michael Festl in diesem Band deutlich wird. Die im Kontext der Finanzkrise von 2008 verwendeten Metaphern werden in mehreren Studien aufgelistet. Cf. Kathrin Lämmle/Anja Peltzer/Andreas Wagenknecht (Hrsg.): *Krise, Cash & Kommunikation. Die Finanzkrise in den Medien*, Konstanz/ München, 2012.

9 Wir assoziieren das Tier mit dem Begriff, auch wenn dieser ursprünglich aus der nordamerikanischen Holzfällerei stammt, wo der *dog* eine Aufhängevorrichtung für das Zersägen der Baumstämme war (https://de.wikipedia.org/wiki/ Underdog_(Soziologie), letzter Zugriff 18.12.2015).

and less in conducting polls and drawing graphs." Und der Theatermann und Kritiker Joseph Wood Krutch (1893–1970): „What Shakespeare has to say about human nature and human conduct is likely to be as true as, and rather more important than, what the summarizer of ten thousand questionnaires can tell us."[10]

So können wir das in Fiktionen Gebotene trefflich für Vergleiche nutzen: Mit uns selbst, mit dem, was andere dabei denken und wahrnehmen, mit dem, was wir in unseren System- und Lebenswelten beobachten. Wir können daraus Anstösse für unser verantwortliches Handeln und Gestalten ableiten.

Fiktion ist ein Angebot zur möglichen Wahrnehmung von Wirklichkeit. Dabei kann sie öffentliche Wahrnehmung durch ihre Beschreibungen verdeutlichen. Sie ist Sprachrohr und hypersensibler Seismograph gesellschaftlicher Befindlichkeit und in diesem Sinn sozialwissenschaftlicher Indikator. Sie kann aber auch zur Beeinflussung der öffentlichen Wahrnehmung führen, d. h. das öffentliche Manager-Bild wird durch die Fiktion mit geprägt, was ihr damit auch eine gewisse Verantwortung zukommen lässt. Es ist ein stetiges Pendeln zwischen Abbild und Konstruktion von Wirklichkeit. Die verdichtete, gesteigerte Wirklichkeit kann zu vertieften, teils zugespitzten Erkenntnissen führen und für die Leserschaft eine Ventilfunktion erfüllen. Für sämtliche Sozialwissenschaften bietet die Belletristik eine Quelle mit grossem Mehrwert.

Fiktionen können herausfordern und hinterfragen, was uns bislang selbstverständlich schien. Sie können einen Beitrag leisten sowohl für unser Weltverständnis, als auch für unsere eigene Orientierung und Entwicklung.[11] Ältere Texte, wie etwa Shakespeares Komödie *Der Kaufmann von Venedig* vom Ende des 16. Jahrhunderts, können uns in einer zeitgenössischen Einspielung ebenso mit neuem Verständnis und mit Ausdeutungen der Normen und Werte unseres Hier und Jetzt versorgen. Dies geschieht ganz im Sinne von Martin Walser, wenn er sagt: „Ein Buch ist für mich eine Art Schaufel, mit der ich mich umgrabe"[12].

---

10 Jewett, Andrew: *Science, Democracy, and the American University: From the Civil War to the Cold War.* Cambridge University Press: New York 2010, S. 327.

11 Vgl. Thommen, J.-P./Wunderlich, W.: *Mozart für Manager*, Versus: Zürich 2015, S. 12.

12 Walser, Martin: *Erfahrungen und Leseerfahrungen.* Suhrkamp: Frankfurt am Main 1965, S. 124.

Die Wirklichkeit wird vom Fiktionalen genährt und konfiguriert, das Erfundenes und Vorgefundenes illustriert und verdeutlicht, wodurch die Grenze fliessend wird. Beunruhigend ist die Mischung aus Wahrheit und Lüge allemal.[13] Wir erfinden Dinge nach dem Muster des kombinierenden, selektiven, analysierenden Erinnerns. Fiktion beansprucht Wahrheit. Nach Jean Baudrillard ist die Simulation gar „wahrer als das Wahre"[14]. Zur Wahrheitsfindung schaffen wir autonome mögliche, simulative Welten (aus dem Fundus der Einbildungskraft, des Traums, der Erinnerungen). Nach Enrique Vila-Matas liegt die Wahrheit irgendwo zwischen der Realität und der Fiktion.[15]

Der Nobelpreisträger 2010, Mario Vargas Llosa, schrieb wiederholt über die „Wahrheit der Lüge" und die „Phantome der Imagination" als Rebellion gegen die Lebenswelt sowie über eine friedliche Koexistenz von „literarischen und historischen Wahrheiten". „Men do not live by truth alone; they also need lies: those that they invent freely, not those that are imposed on them."[16] Der Schweizer Literaturwissenschaftler Peter von Matt doppelt nach und spricht von der „praktizierten Falschheit», dem Nachahmen, den Täuschungsstrategien, der Mimikry und der Simulation: „Die Schöpfung lügt; wohin man blickt, ist Täuschung".[17]

Der Beitrag von Fiktionen liegt auch in ihrer Demaskierung einer teilinszenierten Realität. Sie soll entmystifizieren. Unternehmen sind hier nicht nur auf Effizienz getrimmte „Maschinen", sie sind auch politische Arenen, in denen Koalitionen, ihre Machtansprüche geltend machen, und sie sind

---

13 Mario Vargas Llosa, der gleich weiter unten zitiert wird, assoziiert die Fiktion mit der Lüge. Dagegen steht in der Fiktionsforschung, etwa von Wolfgang Iser, die Verbindung des Imaginären, des Als-Ob, zur Wirklichkeit im Zentrum. Cf. Iser, Wolfgang: *Das Fiktive und das Imaginäre – Perspektiven literarischer Anthropologie*. Suhrkamp: Frankfurt am Main 1993.

14 Baudrillard, Jean: *Agonie des Realen* (Internationale marxistische Diskussion; Band 81). Merve Verlag: Berlin 1978, S. 45.

15 Zitiert in: Sánchez, Yvette: „Enrique Vila-Matas. Bartleby y compañía". In: Thomas Bodenmüller/Thomas M. Scheerer/Axel Schönberger (Hrsg.). *Romane in Spanien 1975–2000*. Band 1. Valentia: Frankfurt am Main 2004, S. 315–327.

16 Vargas Llosa, Mario: „Cervantes and the Craft of Fiction". *Jacob Burckhardt-Gespräche auf Castelen*. Schwabe & Co: Basel. 2001, S. 37 und 39.

17 Von Matt, Peter: *Die Intrige, Theorie und Praxis der Hinterlist*. Carl Hanser Verlag: München 2006, S. 21.

Theater, in dem bewusst mit Symbolen operiert wird (Kleiderordnung, Vorstandslift usw.), Rollen gespielt („bad/good guy" in Verhandlungen) oder Dramaturgien entwickelt werden. Aktionärsversammlungen können heute gar als Spektakel mit Bühnenbild bezeichnet werden, zumal sich professionelle Theaterleute um die Gestaltung der Plattform für Führungskräfte kümmern und Licht, räumliche Anordnung, Requisiten, Rednerpult, Dekoration, Kleidung, Gestik durch und durch gestalten.[18] Als Beispiel dazu mögen die Selbstinszenierungen von Steve Ballmer, des früheren CEO von Microsoft, dienen, wie etwa sein entfesselter Auftritt auf einer Mitarbeiterversammlung im Jahr 2006, der unter dem Titel „Steve Ballmer going crazy"[19] grosse Verbreitung im Internet fand. Interessant waren Ballmers Auftritte auch als Gegenposition zum sich schlicht und zurückhaltend inszenierenden Gegenspieler: Steve Jobs.

Der Künstler weiss Geschichten aus unserer Zeit zu erzählen, um Ambivalenzen und dialektische Strukturen aufzuzeigen. Urs Widmer hat sich in seiner Rolle als Autor einmal als „Von-Aussen-Einmischer» charakterisiert.[20] So kann Fiktion helfen, hinter die Kulisse der Managementinszenierung zu schauen. Sie soll den freien Blick auf die Menschen hinter dieser Fassade ermöglichen.

Schon immer konnte man fiktiven Texten eine aufklärerische, erzieherische Funktion zuordnen. Friedrich Schiller beispielsweise sah gegen Ende des 18. Jahrhunderts „Die Schaubühne als moralische Anstalt".[21] Und in verschiedenen Textstellen lässt William Shakespeare mit Hamlet verdeutlichen, welchen Einfluss aus seiner Sicht die Bühne auf den Menschen haben kann. Dort heißt es z. B.: "[…] I have heard / that guilty creatures sitting at a play / have by the very cunning of the scene / been struck so to the soul that presently / they have proclaimed their malefactions"[22].

---

18 Vgl. hierzu der Beitrag von Brigitte Biehl-Missal in diesem Band.

19 Vgl. https://www.youtube.com/watch?v=wvsboPUjrGc [letzter Zugriff 18.12.2015].

20 *Sternstunde Philosophie* am Schweizer Fernsehen *SRF* am 6.2.2011.

21 Schiller, Friedrich: „Die Schaubühne als eine moralische Anstalt betrachtet". In: *Sämtliche Werke*, Band 4, J.G. Cotta›sche Buchhandlung: Stuttgart 1879, S. 39–46. [Online-Version: http://gutenberg.spiegel.de/buch/-3328/1].

22 Shakespeare, William, *Hamlet*. Englisch und Deutsch. Rowohlt: Reinbeck bei Hamburg 1960, II.ii.617–621, p. 92 „Ich hab› gehört, daß schuldige Geschöpfe,

Aber eine rein didaktische Lückenbüsserrolle wollen wir der Literatur dennoch nicht aufbürden. Die heutigen Business-Romane erfüllen diese Funktion mit grossen Absatzerfolgen. Als Gattungs-Hybrid schaffen sie Managementfibeln in literarischer Hülle. Das heisst, sie verwenden das Storytelling, um den Stoff eines Lehrbuchs unterhaltsam und auch dem Laien zugänglich zu gestalten.[23] Letztendlich könnte man auch fragen, wo die Grenze zu ziehen ist zwischen den erfundenen, imaginierten Modellen möglicher menschlicher Verhaltensweisen eines literarischen Textes, der sich zudem nah am Dokumentarischen bewegt, und einer (fiktiven) Fallstudie. Lässt sich Literatur gar als eine Art intimistische Case Study lesen?[24]

Spätestens seit dem *linguistic turn* wussten wir, dass die empirische Realität durch Sprache immer konstruiert dargestellt wird, der sprachliche Einfluss auf Wissen und Wirklichkeit massiv ist. Der etwas gemässigtere *narrative turn*[25] schuf das Bewusstsein dafür, dass komplexe Angelegenheiten und soziale Prozesse, Lebensformen thematisch inszeniert und erzählt werden. Die Kunst des Erzählens kommt einem Manager zugute; das eine Firma umgebende Storytelling (narrative Sinnstiftung, Erfahrungen werden reinterpretiert) bleibt besser im Gedächtnis haften und vermag gar, den Börsengang zu beeinflussen. Letztendlich könnte man auch die Frage stellen, ob ein literarisch belesener Manager bessere Entscheidungen trifft.

Der Kunst kommt die Möglichkeit zu, die dargebotene Realität auf ihren Wahrheitsgehalt zu überprüfen, so der Kabarettist Gerhard Polt: „Wie einfallslos wäre die Realität, gäbe es nicht den Künstler. Wie schnell würde

---

[...] durch die Kunst der Bühne so getroffen worden sind / Im innersten Gemüt, daß sie sogleich / Zu ihren Missetaten sich bekannt [...]." (S. 93).

23 Stellvertretend sei hier einer der Business-Romane unseres HSG-Kollegen Markus Will genannt. Will, Markus: *Bad Banker.* Friedrich Reinhardt: Basel 2010.

24 Vgl. Czarniawska-Joerges, Barbara/Guillet de Monthoux, Pierre (Hrsg.): *Good Novels, Better Management. Reading Organizational Realities.* Harwood Academic Press: 1994.

25 Eine der ersten Vertreter, Hayden White, bezeichnete auch die Geschichtsschreibung als narrative Form und analysierte nach poetologischen Kriterien. White, Hayden: *Metahistory: The Historical Imagination in Nineteenth Century Europe,* Johns Hopkins UP: Baltimore 1973. [*Metahistory: die historische Einbildungskraft im 19. Jahrhundert in Europa.* Fischer: Frankfurt am Main 1991].

sie ohne ihn verkümmern."[26] Und die Business Fiktionen wollen uns wohl auch vorführen, wie wir alle in unserer ökonomisierten Gesellschaft zu Managern und Managerinnen geworden sind. Ganz abgesehen davon sind imaginative, virtuelle, fiktive Aspekte der Finanzwirtschaft, des Geldes offenkundig, zum Beispiel im bargeldlosen Zahlungsverkehr mit Kreditkarten, Bitcoin und Apple Watch.

3. Der Umgang mit Systemzwängen

Bei der Betrachtung der aktuellen Business Fiktionen fiel uns auf, dass die Bühne sehr oft mit psychologisch geschädigtem Führungspersonal bestückt ist. Sie werden als „Kranke" in einem mächtigen „Räderwerk" beschrieben, in dem sie – egal ob an der Spitze oder mittendrin stehend – nie zur Ruhe kommen, selbst wenn sie das System, wie in *Top Dogs*, bereits eliminiert hat. Ihre „Krankheiten", egal ob real oder fiktiv, rühren dabei primär aus den Systemzwängen, denen sie sich ausgesetzt sehen. Deshalb betrachten sie sich häufig als Systemopfer. Der Umgang mit den Systemzwängen entscheidet dann über ihr Schicksal. Wie stark kann oder will man sich diesen empfundenen Zwängen beugen? Die Protagonisten stehen auf der Kippe: Absturz, Anpassung, Ausblendung sind typische „unhappy endings" ihrer Werdegänge.

Die deklariert fiktionale Literatur interessiert sich selten für erfolgreiche Macher. Erfolg ist unpoetisch. Das Scheitern kann auch als eine politische Strategie eingesetzt werden, wie im Sonderfall des spanischen Klassikers *La Celestina* (1500)[27]. Das schiere Desaster, in welchem sämtliche Figuren enden, ist allerdings konstruiert, weil sich der Autor, Fernando de Rojas, ein Konvertit, nach einem subversiven Plot den extremen Systemzwängen seiner Epoche zu unterwerfen hatte. Er musste die Botschaft der Umkehrung der sozialen Ordnung durch einen fatalen Schluss relativieren und das Werk anonym publizieren lassen. Fernando de Rojas stand unter Druck und wäre

---

26 Polt, Gerhard: „Hier der Wurm und da der Mensch". *Neue Zürcher Zeitung* 7.3.2015, S. 26. Online-Version: http://www.nzz.ch/meinung/debatte/hier-der-wurm-und-da-der-mensch-1.18497034 [letzter Zugriff 14.6.2016].

27 Rojas, Fernando de: *La Celestina, oder: Tragikomödie von Calisto und Melibea* [1500]. Aus dem Spanischen übersetzt und mit einem Nachwort versehen von Fritz Vogelsang. Insel Verlag: Frankfurt am Main 1990.

durch Inquisition und Zensur verfolgt worden. Deshalb wohl konstruierte er den bis zur Künstlichkeit gesteigerten Ausgang seines Theaterstücks und stellte damit die herrschende gesellschaftliche Ordnung vordergründig wieder her.

Das Werk lässt sich – anachronistisch – durch eine heutige managerielle Brille lesen. Celestina, die Kupplerin kann als Erfolgsmodell einer Alleinunternehmerin ausgelegt werden, die ihren Bordellbetrieb und die Kuppelei bestens organisiert führt. Ihr dichtes Netzwerk freien Unternehmertums basiert auf guter Öffentlichkeitsarbeit, Vermarktung, geschicktem Einsatz des fortgeschrittenen Alters, Schlauheit, Berühmtheit, Charisma, Verhandlungsgeschick, Überzeugungstalent und der Kunst der Beredsamkeit. Die rhetorisch gewandte Celestina verführt mit Worten. Ihr markanter Geschäftsinstinkt folgt dem Ertragsdenken, der Profit- und Gewinnmaximierung, kennt das Gesetz von Angebot und Nachfrage und scheut das hohe Risiko nicht. Die Geschäftsfrau führt ein Kundenregister, inklusive einer Datenbank von Jungfrauen. Sie ist Spitze auf ihrem Gebiet, dienstleistungsorientiert, engagiert, und wird nicht müde, ihr hohes Berufsethos zu betonen. Nur in der Kundschaft des Klerus bleibt ihr ein Klumpenrisiko. Doch bei allem Erfolg im informellen Sektor folgt der moralische, opportunistische Schlussakkord: Gier, Geiz, Machtkalkül, berechnender Opportunismus führen zur Katastrophe. Für die Kernaussagen ist der gesamtgesellschaftliche Kontext von grosser Wichtigkeit.

In einer gegenwärtigen Variante verstösst der Protagonist gegen das Gesetz, geht den Schritt in die Kriminalität. Ein Beispiel hierfür aus dem wirklichen Leben ist Jérôme Kerviel, ein ehemaliger Mitarbeiter der französischen Grossbank Société Générale, der im Januar 2008 als Händler ohne Genehmigung mit Spekulationsgeschäften einen Verlust von 4,82 Milliarden Euro verursacht haben soll.[28] Im Oktober 2010 wurde er zu fünf Jahren Haft verurteilt, davon zwei ausgesetzt zur Bewährung, wegen Veruntreuung, Fälschung und betrügerischer Manipulation. Am 8. September 2014 wurde Kerviel nach insgesamt fünf Monaten Haftzeit auf Bewährung

---

28 Nicht unähnlich dazu liegt der Fall des Traders Kweku Adoboli bei der UBS, dem im Jahr 2012 vorgeworfen wurde, dass er im Umfang von etwa 2 Mrd. US-Dollar unautorisierte Handelsgeschäfte betrieben hätte, die zu hohen Verlusten bei der Bank führten.

aus dem Gefängnis entlassen. In einer Umfrage im Februar 2008 sahen 77 Prozent der Franzosen Kerviel eher als Opfer denn als Täter. Für viele Franzosen stellte er einen Antihelden dar, dem es gelang, elitären Bankern der Société Generale ihre Grenzen aufzuzeigen. Verschiedene fiktionale Formate nahmen seine Geschichte auf, wie etwa Lorentz und Nicolas Million (2008) in ihrem Comic *Das Tagebuch des Jérôme Kerviel*, eine Mischung aus Realität und Fiktion, in dem weniger Kerviel als das Finanzsystem kritisiert wird.[29]

Nicht unähnlich dazu, aber durchaus realitätsnah, an lebenden „Vorbildern" orientiert, verhält es sich in der Geschichte des aufstrebenden, jungen Börsenmaklers Bud Fox in *Wall Street* von Regisseur Oliver Stone. Fox arbeitet im Jahr 1985 in New York bei der Investmentbank Jackson Steinem & Co. für den von ihm bewunderten „Corporate Raider" Gordon Gekko. Er begreift, dass der Schlüssel zum schnellen Geld auf der Beschaffung von Insiderinformationen und deren illegaler Verwendung beruht. Doch später erkennt er seinen Irrweg, und geht aktiv gegen die Versuchung an, sich *dem System weiterhin zu unterwerfen*. Er stellt Gekko hinsichtlich seines moralisch fragwürdigen Handelns zur Rede und rächt sich an ihm, indem er dessen Übernahmepläne einer Fluggesellschaft, in der sein Vater arbeitet, vereitelt. Gekko verliert sehr viel Geld. Als er dies erfährt, sorgt er dafür, dass der Insiderhandel von Bud Fox bekannt wird, worauf dieser festgenommen wird. Doch Bud Fox entschließt sich zur Kooperation mit den Behörden und es gelingt ihm im Verborgenen Aussagen von Gekko auf Band aufzunehmen, als dieser über seine eigenen Insidervergehen spricht. Am Ende des Films rät der Vater seinem Sohn, dass er etwas Richtiges schaffen solle, anstatt Illusionen nachzujagen. Dieser Film baute auf die reale Vorlage der beiden Wallstreet-Investoren Ivan Boesky und Carl Icahn.

Die Art und Weise wie sich der Wutangestellte „Dilbert" mit seinem betrieblichen System arrangiert, ist *Zynismus*. Seit 1993 zeichnet der Cartoonist Scott Adams seinen Dilbert, wie er sich in einer von einem unfähigen und namenlosen Chef („Pointy Haired Boss") geführten Abteilung Luft macht. Das vorgestellte Dilbert-Prinzip ist eine satirische Abwandlung des Peter-Prinzips, das besagt, dass jedes Mitglied einer ausreichend komplexen

---

29 Vgl. dazu auch http://de.wikipedia.org/wiki/J%C3%A9r%C3%B4me_Kerviel [letzter Zugriff 8.3.15].

Hierarchie so lange befördert wird, bis es das Maß seiner absoluten Unfähigkeit erreicht hat.[30] Dies sei dann in der Regel auch das obere Ende der
Karriereleiter.[31] Das heisst bei Dilbert, dass die unfähigsten Mitarbeiter,
auch wenn es nicht unbedingt deren Ansinnen ist, systematisch ins Management versetzt werden, weil man annimmt, dass sie dort den geringsten
Schaden anrichten.

Abb. 1[32]

Die Verfremdung über den Cartoon bietet dem Leser eine Ventilfunktion für
sein eigenes Erleben. Adams regt aber auch, zumindest indirekt, zu einem
kritischen Denken über Management an. Manche Leser erkennen sich wohl
selbst wieder in einer der Figuren, d. h. die Fiktion würde die Realität vor-
wegnehmen. Der Kabarettist Gerhard Polt erläuterte dies in einer Laudatio
auf den Cartoonisten Peter Gut wie folgt: „Er und seine Zunft sind ohnehin
begnadet, weil sie der Wirklichkeit vorausfliegen können. […] Das Grund-
sätzliche, das Unvergängliche mit wenigen Strichen offenzulegen, ist schon
eine Kunst, deren Zauber man gerne erliegt."[33]

Als eine andere Form der Auseinandersetzung mit der Realität blendet
man sie aus oder mag sie nicht sehen. Der Autor Martin Suter lässt dies
die Managerkaste praktizieren, die er als langjähriger Schweizer Spitzen-

---

30 Adams, Scott 1997.
31 Vgl. Peter, L.J./Hull, R.: *Das Peter-Prinzip oder die Hierarchie der Unfähigen.*
    Karl E. Weick: Reinbek bei Hamburg. 1972. Vgl. dazu Karl. E. Weick, *Der
    Prozess des Organisierens.* Frankfurt am Main 1995, S. 54 ff.
32 Adams, Scott 1996, S. 224.
33 Polt, Gerhard 2015, S. 26.

Werber auch selber bestens kennt. Für die *déformation professionelle* des Homo Oeconomicus bedient sich Suter der Satire. Bekannt wurde er mit seinen Kolumnen unter dem Titel *Business Class* und dem „Trendforscher" Geri Weibel („Richtig leben mit Geri Weibel"). In den pointierten, scharf beobachteten, ironisch abgefassten Glossen nimmt er mit Liebe zum Detail die Schwächen der Manager aufs Korn. Er sieht sie als Zyniker, ausgestattet mit viel Überheblichkeit, Geltungsbedürfnis und einer skrupellosen Karrieresucht. Dazu Suter: „Als eigentlicher Leistungsausweis des Managers gilt nur seine Karriere. [...] Hinzu kommt, dass in den Vorstandsetagen heute nicht mehr gilt: Wer gut ist, verdient viel. Sondern: Wer viel verdient ist gut."[34] Sein und Schein sind omnipräsent.

Suter erzählt seine Geschichten in einer lakonischen Sprache, selten belehrend. „Ich hoffe, ich wirke nicht wie ein moralisierender Satiriker. Ich will mich nicht besser machen. Ich finde viele der Figuren dieser Glossen als Fragmente in mir selber", kommentiert er.[35] Zur Illustration sei hier aus der Geschichte „Glaser lässt abschalten" zitiert:

> Als Glaser dreißig war, galt es in Kreisen des mittleren Jungmanagements als unmännlich, mehr als fünf Stunden zu schlafen. In der Euphorie eines anständigen Schlafmankos wirkte alles, was man tat, viel effizienter. Stress war ein Stimulans. Man prahlte, wieviel man davon vertrug, und versuchte, sich gegenseitig unter den Tisch zu stressen. Später, auf der oberen Führungsetage, war Stress zwar nicht mehr Modedroge Nummer eins, aber immer noch gesellschaftsfähig. Wer nicht unter Stress stand, wirkte halt doch irgendwie ersetzlich.[36]

In den Geschichten erkennt der Betrachter oft jedes Gesicht, nur nicht sein eigenes und fühlt sich entsprechend kaum von ihnen getroffen. Das heisst, das Dechiffrieren der Manageralüren wird anderen überlassen. Dazu Suter selbst: „Allerdings habe ich schon zwei oder drei Lesungen bei einem großen Berater-Unternehmen gemacht. Und das war lustig. Denn alle im Publikum kamen in meinen Kolumnen vor. Aber sie haben es in den aller-

---

34 Suter, Martin: „Geld ist kein Produkt", *Spiegel*-Gespräch, Interview Thomas Tuma, in: *Der Spiegel* 48/2009, S. 84–87.

35 Suter, Martin: "Nichts für Kaltduscher" (Interview von Nina Weissensteiner). In: *Datum. Seiten der Zeit.* Heft Januar 2004, http://www.datum.at/artikel/ nichts-fuer-kaltduscher/ [letzter Zugriff 16.4.2015].

36 Suter, Martin: *Business Class. Geschichten aus der Welt des Managements.* Diogenes: Zürich 2000.

wenigsten Fällen gemerkt. Aber die Gattinnen waren dabei. Und die haben es gemerkt."[37]

Eine andere Form des Umgangs mit den empfundenen Systemzwängen ist die *Flucht in ein Doppelleben*. Gerade hier hat die Wirklichkeit bei den Literaten oft besonders intensiv an der Handlungslinie mit geschrieben. Man denke etwa an die Bankdirektoren, die nach der Fusion zur UBS ihre Position verloren hatten und teilweise ihren Familien vorsimulierten, dass sie noch beschäftigt sind, in dem sie sich jeden Morgen pünktlich auf den Weg zur „Arbeit" machten und am Spätnachmittag wieder nach Hause kamen. Geradezu prototypisch spiegelt sich dieses Verhalten in den Figuren von Urs Widmers bereits erwähntem Theaterstück *Top Dogs* wieder. Er karikiert entlassene und menschlich gescheiterte Top Manager, die ihre Wirklichkeit verdrängen, die sich blind stellen, gewissermassen eine Fiktion in der Fiktion erzeugen. So sagt z. B. Müller, einer der entlassenen Banker: „Ja also, im Wesentlichen hatte ich persönlich keine Probleme. All die Probleme, die bei einer Entlassung so im Allgemeinen. […] Also, wie gesagt, im Wesentlichen keine Probleme, per saldo, bei mir."[38] Doch an anderer Stelle ist er dann ehrlicher zu sich selbst, wenn er eingesteht: „Ja, also, „keine Probleme, das war vielleicht ein bisschen falsch gesagt. Als der Chef es mir sagte, das war wie, wie eine Eisenstange war das, voll ins Genick geschlagen. Ja. Draussen, im Auto, wurde mir schlecht."[39] Sie spielen eine Rolle und machen sich und anderen etwas vor. So sagt etwa Neuschwander: „Kam nach Hause wie immer. Sagte meiner Frau nicht, dass ich entlassen war. Konnte es nicht. […] Jeden Morgen bin ich in die Stadt gefahren. Ins Kino gegangen bis zum Abend. Tag für Tag."[40]

Mit einem gewissen Maß an utopischem Überschuss treibt Widmer den manageriellen Jargon in seiner ganzen Absurdität auf die Spitze. Er will überhöhen, um besser aufzuzeigen. Widmer beschreibt die Manager Janusköpfig: Sie sind egoistisch, geldgierig, skrupellos, zynisch, herablassend,

---

37 Suter, Martin: „Kochen macht mich am glücklichsten – wenn mein Schreibsoll erfüllt ist", Interview von Silke Lambeck und Jan Sidney, in: *Diogenes Magazin* Nr. 3, Frühling 2010, S. 4–12, hier S. 8.
38 Widmer, Urs: *Top Dogs*. Verlag der Autoren: Frankfurt a. M. 1997, S. 29 und 31.
39 ibid., S. 47.
40 ibid., S. 44.

machtneurotisch; nichts ist ihnen heilig und oft sind sie auch letztendlich inkompetent. Ihre Mitarbeitenden sehen sie als Spielfiguren, die sie ohne Mitgefühl und testosterongeladen für ihre eigenen Zwecke instrumentalisieren. Schwieriges und Gefährliches delegieren sie an ihre Mitarbeitenden. Sie sind ausgesprochen statusorientiert und zeigen sich als eine uniformierte Kaste (Kleidung, Zigarren, Urlaubsziele, Hobbys etc.). Er beschreibt sie aber auch als smart, visionär, flink, zielstrebig, entscheidungsfreudig, rational und kämpferisch. In dieser Form ist das Theaterstück auch ein „Kampfstück", das für einen Bankenplatz wie Zürich geschrieben ist und das politisch sowie aufklärerisch sein will.

Eine andere Variante, sich mit den Systemzwängen auseinander zu setzen, ist – gewissermassen als eine Flucht nach vorne – sich selbst und anderen glaubhaft zu machen, diese zu beherrschen. Business ist dann auch eine nicht mehr für jeden erklärbare Magie, und der Manager ist der Magier. Er zeigt grosse Visionen auf, die es zu erreichen gilt. Solche Visionäre gab und gibt es, und auf dem Weg zur Realisierung ihrer Vision hatten sie zur Überwindung der Hindernisse auch immer wieder zu „zaubern". Doch in den gescheiterten Fällen sieht man sich mit Selbstüberschätzung, Überheblichkeit, Wichtigtuerei oder Machtrausch konfrontiert, die später nicht selten auch in endlose Durchhalteparolen oder Verzweiflungstaten münden. Kompetenzdefizite und ein Mangel an Demut führen ins Chaos. Vision und Manager-Hybris[41] liegen damit eng beieinander. Es wird etwas nicht mehr Beherrschbares angestossen, und dann weiss man nicht mehr, wie es anzuhalten ist. So erging es auch dem ‚Zauberlehrling' in Goethes 1797 erschienener gleichnamigen Ballade, als er den Zauberspruch seines Meisters in dessen Abwesenheit ausprobierte, ihm dabei aber die Kontrolle aus der Hand glitt: „Die ich rief, die Geister, / Werd' ich nun nicht los."[42]

---

41 Vgl. z. B. Yiannis, Gabriel: „The Hubris of Management". *Administrative theory and Praxis* 20, 1998, S. 257–273. Oder mit Bezug auf Akquisitionen z. B. Jay B. Barney, J.B./Hesterly, W.S.: *Strategic Management and Competitive Advantages*. 2008, S. 380.

42 Die Ballade vom „Zauberlehrling" inspirierte viele andere Kunstschaffende. Ein Beispiel hierfür ist Walt Disney, der in seinem 1940 erschienenen Zeichentrickfilm *Fantasia* Micky Maus als Zauberlehrling mit Besen und Wasser kämpfen lässt.

Luis Landero publizierte 1999 seinen Roman *Der Zauberlehrling*. Darin kommt es ebenfalls zur finalen Rettung durch den alten „Zauberer", den Hexenmeister Castro. Der Schein dominiert über das Sein. Der Protagonist und Phlegmatiker Matías unterscheidet nicht immer zwischen Fiktion und Wirklichkeit, ein Don Quijote, der am Ende als Loser ohne Firma und ohne Geliebte dasteht. Der Manager wird idealisiert durch die Figuren, und gleichzeitig die Managementlehre karikiert. Die Firma wird lediglich gegründet als Zeitvertreib von Bürolisten, die sämtliche Start-up-Fehler begehen (sie arbeiten ohne Business-Plan, sind zu alt usw.), die man in den Handbüchern nachlesen kann. Der Dilettantismus bringt einen der Firmengründer, Pacheco, der sich mit Managementfibeln eingedeckt hatte, wiederholt zur Aussage: „Das kann man nachlesen."[43]

Solche Selbstüberschätzung trifft man auch an, wenn bekannte Top Manager ihre singulären Erfahrungen in Buchform als Allheilmittel für jedermann weiterreichen. Dokumentarisch Gedachtes wird dann zur Fiktion. Aus der Erinnerung heraus werden konstruierte Lebenswelten geschaffen. Bei der Inszenierung des Helden bedient dieser sich fiktionaler Elemente. So etwa setzt sich Howard Schultz, als Chairman und rückkehrender CEO von Starbucks, in einem Interview mit der *Harvard Business Review* in Szene.[44] Zweifelsohne hat sich Howard Schultz große unternehmerische Verdienste erworben. Doch in einem solchen Interview kann er wohl kaum er selbst sein, denn er weiß, dass er die Rolle des CEO einzunehmen hat. Die Organisation als Theater: *The world's a stage*. Der Manager wirkt als Drehbuchautor seiner Wirklichkeit. So inszeniert er sich als der selbst anpackende Manager („Der ist einer von uns."), der emotionale und mitfühlende Patron, ausgestattet mit der Demut des Dienens am Unternehmen. Er übernimmt Verantwortung für Fehlentwicklungen („Asche auf mein Haupt"). Und er gewährt uns Einsicht in eine vermeintliche Privatheit.

---

43 Landero, Luis: *Der Zauberlehrling* [1999]. Aus dem Spanischen übersetzt von Willi Zurbüggen. Berlin Verlag: Berlin 2005.

44 Vgl. Schultz, Howard: „We Had to Own the Mistakes". Interview by Adi Ignatius. *Harvard Business Review*, July 2010, S. 109–115. Online-Version: <https://hbr.org/2010/06/howard-schultz-on-starbucks-tu/< [letzter Zugriff 20.4. 2015] sowie den Beitrag von Anne-Berenike Rothstein in diesem Band.

The past two years have been transformational for the company and, candidly, for me personally. When I returned, in January 2008, things were actually worse than I'd thought. The decisions we had to make were very difficult, but first there had to be a time when we stood up in front of the entire company as leaders and made almost a confession—that the leadership had failed the 180,000 Starbucks people and their families. And even though I wasn't the CEO, I had been around as chairman; I should have known more. I am responsible. We had to admit to ourselves and to the people of this company that we owned the mistakes that were made. Once we did, it was a powerful turning point. It's like when you have a secret and get it out: The burden is off your shoulders.[45]

Selbst der anfänglich kritisch eingestellte Chefredaktor der *HBR* und Interviewer, Adi Ignatius, wird der Rhetorik erliegen, auch wenn sie sich vom Mainstream nährt. So verwendet Schultz die häufigsten Begriffe in CEO-Reden. Eine Forschungsarbeit[46] hat zwischen 2003 und 2010 1000 Reden analysiert und die Mainstream-Begriffe ausgezählt. Schultz gebraucht sämtliche Spitzenreiter, von der *Authentizität* bis zur *Transparenz*.[47] Zudem bedient er sich des strategischen Einsatzes der Personalpronomen: 1. Person Plural bei Misserfolg, 1. Person Singular bei Erfolg. Märchenmotive (die gespendete Niere eines Starbucks-Baristas an einen kranken Gast) finden sich in seinen Erzählungen genauso, wie die gekonnte Inszenierung des Helfereinsatzes von Tausenden von Starbucks-Mitarbeitenden zum Wiederaufbau des zerstörten New Orleans, der gleichzeitig das Image des Unternehmens aufpolieren und den Mitarbeitenden als Motivationsspritze dienen sollte, den Turnaround der Firma zu schaffen. Die Entlarvung des Begriffsmainstreams wiederholt sich in Schultzes ikonographischen Inszenierungen, wie diejenige des Starbucks Heiligenschein des immer ins rechte Licht gerückten CEO.

---

45 Schultz, Howard 2010, S. 109.

46 Guo Wie (Vivian): „The Power of Plain Language: Executives' Rhetoric in Conference Presentations, Persuasion, and Stock Market Reaction". University of Maryland 2011, S. 4 und 16.

47 Mit Authentizität sind ‚Echtheit‘, ‚Zuverlässigkeit‘, ‚Eigentlichkeit‘ und ‚Ehrlichkeit‘ gemeint, wobei Paul Watzlawick (1988) den Kern einer Person (nach Jung) in Frage stellt und Echtheitseffekte auch in inszenierten Medien, wie Film und Fotografie erzeugt sieht. Unter den weiteren Begriffen, die Schultz im Interview verwendet, finden wir etwa *trust, emotions, respect, pride, innovation, intuition, commitment, truthfulness, integrity, vulnerability, heart, confidence, benevolence, values.*

Abb. 2: Bildkomposition der Autoren.

Ähnlich verklärt inszeniert wird der frühere CEO von Daimler, Jürgen Schrempp, in der Biografie von Jürgen Grässlin. Im Untertitel ist er der „Herr der Sterne".[48] Er wird dem Leser präsentiert als schon fast übermenschlicher Rackerer, als brachialer Rambo, sehr hart zu seinem Umfeld und zu sich selbst mit enormem Steh- und Durchhaltevermögen, immer unter Dampf im Dienst für das Unternehmen. Zugunsten der „Story" bleibt wohl auch hier viel Realität auf der Strecke und die Schattenseiten werden weitgehend ausgeblendet. Der Daimler-CEO hat in Tat und Wahrheit Milliardenwerte vernichtet.

Einer der bedeutsamsten Filme aller Zeiten ist vermutlich *Citizen Kane* des Regisseurs Orson Welles aus dem Jahr 1941. Auch er erzählt die Geschichte eines Top Managers, nämlich den Aufstieg und Fall des amerikanischen Zeitungsmagnaten Charles Foster Kane. Vorbild für ihn dürfte der große amerikanische Verleger und Zeitungsmagnat William Randolph Hearst gewesen sein. In diesem Spielfilm geht es um den Mythos des amerikanischen Traums. Er erzählt die Geschichte vom Aufstieg und Fall eines Mannes, der seine Ideale verrät. Alles dreht sich nur um ihn. Er unterliegt seinem Zwang nach Kontrolle und Macht, und ist dafür bereit, die Wahrheit

---

48 Grässlin, Jürgen: *Jürgen Schrempp. Der Herr der Sterne*. Droemer: München
    1998.

zu manipulieren. Am Ende seines Lebens stirbt er einsam und verbittert. Sein finanzieller Erfolg hat ihn nicht glücklich gemacht. Auf dem Sterbebett trauert er seiner verlorenen Kindheit nach.

4. Schlussbetrachtung: Wir haben die Wahl!

Wo reihen wir nun Management, Theater und Fiktion ein? Die Ausstattung mit Symbolen der Macht, mit Statussymbolen (Fahrer, Limousine und Privatjet/-jacht, Business Class, Breite Hosenträger, Hermès Krawatten, Monogramme, Whisky, Cohiba-Zigarren), auch mit räumlich signalisierten Hierarchien (Büro-Anordnung, Parkplatz, Vorstandsaufzug) verweisen auf den hohen Grad an Inszenierung. Der Top Manager schreibt das Skript seiner Wirklichkeit, stilisiert sich hagiographisch als Ikone und Superstar, entwirft seine Maske. Heerscharen von Beratern stehen ihm zur Seite und unterstützen ihn in seiner Kommunikation, seiner Sprache, seinem Outfit usw. Somit bewegt sich der Manager immer nur am Rande seiner eigenen Realität. Sein Image ist selbstverständlich zu einem erheblichen Teil fremdgeschaffen, etwa über die Medien.

Wir haben gesehen, dass Realität und Fiktion oft so eng beieinanderliegen, als ob sie sich wechselseitig die Drehbücher schreiben. Das Management bewegt sich zwischen den beiden Sphären. Und nicht selten kommt die Fiktion näher an das heran, was die Realität sein könnte; und die Wirklichkeit ist nicht selten so krass, dass man sie sich mit kühnster Einbildungskraft kaum vorstellen kann. Das Management inszeniert sich entlang den Rändern der Realität.

Man ist sich einig: Die Systemzwänge haben für die Manager trotz einer freien Gesellschaft eher zu- als abgenommen. Die Zwänge können über gesellschaftliche Normen lebensweltlich bedingt sein, oder eher systemweltlich über Leistungs- und Karrieredruck. Systemzwänge nehmen auf dem Weg nach oben auf der Karriereleiter keineswegs ab. Zieht man (Auto-) Biografien, Ratgeber oder Interviews heran, so haben diese kaum den Charakter einer „Lebensbeichte", sondern vermitteln den Eindruck, dass es primär darum geht, Dritte (und vielleicht auch sich selbst) von sich und der Kraft des eigenen Schaffens zu überzeugen. Dazu bedient man sich fiktionaler Mittel. Somit baut auch das „Managen" selbst immer auf einer selbst- und fremdgeschaffenen Inszenierung auf.

Ernüchternd wird es dann, wenn man das mythenumrankte und teilweise selbstinszenierte Managerbild den Erkenntnissen der Aktivitätsforschung gegenüberstellt.[49] Dort ist der Manager in seinem Alltag nicht mehr der grosse, alles beherrschende Stratege, Denker und Steuermann, sondern mehr das weitgehend fremdgesteuerte Rad in einem mächtigen Räderwerk, ohne grosse, weltbewegende Taten zu vollbringen. Die Organisation wird als Theater und Maschine gezeigt, die Rollen und Berufsbilder des Managers in Diskrepanz mit seiner tatsächlichen Tätigkeit. Mintzbergs empirische Forschung zu den Arbeitsfeldern von Managern in *The Nature of Managerial World* von 1973 untersuchte minutiös das Arbeitsverhalten von Managern und kam zum Schluss, dass die Arbeitsweisen nicht produktiv sind, zu 65 Prozent aus verbaler Kommunikation bestehen, und dass Entscheidungen oft auf Basis von Vermutungen, Gerüchten, d. h. fiktional anmutenden Informationen, getroffen werden.

Mit dem unaufhaltsamen Vordringen des Ökonomischen in unseren gesamtgesellschaftlichen Alltag war es nur eine Frage der Zeit, bis die Wirtschaftswelt auch zur Schaubühne für die Kunst werden sollte. Ihre Protagonisten und Ikonen, die Manager, kommen dabei nicht gut weg, kaum etwas Positives wird an ihnen gelassen. Sie werden uns als menschlich Gescheiterte präsentiert, wobei sie dies oft nicht einmal selbst bemerken. Doch die Quellenanalyse zeigt, dass sie Optionen haben im Umgang mit ihren Systemzwängen (vgl. Abb. 1) – und jede Option bringt den Absturz irgendwie mit sich. Die Haltung „Ich bin ein Systemopfer und hatte keine Wahl" kann so nicht akzeptiert werden. Sich gegen die Systemzwänge zu stellen braucht Zivilcourage.

Die Business Fiktionen verweisen – in Ergänzung zu nicht als fiktional intendierten Formaten – auf die Wirklichkeit, da sie sich anderer Stilmittel bedienen können. Beide Bereiche sind sich gegenseitig bedingende, formende und ergänzende Partner. Die Fiktion nimmt dabei häufig die Rolle einer selbstbewussten Protesthaltung kritischer Künstlerinnen und Künstler ein.

---

49 Vgl. dazu den „Klassiker" von Henry Mintzberg: *The Nature of Managerial Work*. [1973] 2. Auflage. Harper & Row: New York 1980.

Abb. 3: Angetroffene Varianten im Umgang mit Systemzwängen, Darstellung der Autoren

Kunstschaffende halten mit der Fiktion den Handelnden den Spiegel vor und geben ihnen damit die Chance, sich selbst zu erkennen. Schon das Lachen über eine Wirtschaftskomödie kann ein kleiner Ausdruck von Selbsterkenntnis sein. Business Fiktion kann – oft durch Überhöhung der Sachverhalte – aufzeigen und aufklären, wie es aus einer gesellschaftlichen Perspektive um uns steht. Doch je ausgeprägter sie dies tut, desto mehr sagt sie uns auch, dass es immer eine Chance für einen Neuanfang gibt.

Trotz ihrer klaren Funktion, die die Fiktion für die Geschäftswelt einnehmen kann, sollte sie sich nicht zu ihrem Partner machen. Sie sollte sich zweckfrei halten. Das kann sie, denn sie weiss sich ihrem Gegenstand zu entziehen. Sie sollte der selbstbewussten Protesthaltung kritischer Kunstschaffender verbunden bleiben, auch wenn dies mit sich bringen kann, dass sie falsch gedeutet, instrumentalisiert oder verworfen wird.

Quellenverzeichnis

Adams, Scott: *Dilbert. What Do You Call a Sociopathic in a Cubicle?* Boxtree: London 2002.

Adams, Scott: *Das Dilbert-Prinzip. Die endgültige Wahrheit über Chefs, Konferenzen, Manager und andere Martyrien.* Redline Verlag: München 1997.

Adams, Scott: *The Dilbert Principle*. HarperCollins Publishers: New York 1996.

Baudrillard, Jean: *Agonie des Realen* (Internationale marxistische Diskussion; Band 81). Merve Verlag: Berlin 1978.

Barney, J.B./Hesterly, W.S.: *Strategic Management and Competitive Advantages*. Pearson: Prentice Hall 2008.

Biehl-Missal, Brigitte: *Business is Showbusiness. Wie Topmanager sich vor Publikum inszenieren*. Campus: Frankfurt a. M. 2007.

Brawer, Robert A.: *Fictions of Business: Insights on Management from Great Literature*. John Wiley & Sons: New York, 1998.

Czarniawska-Joerges, Barbara/Guillet de Monthoux, Pierre (Hrsg.): *Good Novels, Better Management. Reading Organizational Realities*. Harwood Academic Press: Chur 1994.

Grässlin, Jürgen: *Jürgen Schrempp. Der Herr der Sterne*. Droemer: München 1998.

Guo, Wie (Vivian): „The Power of Plain Language: Executives' Rhetoric in Conference Presentations, Persuasion, and Stock Market Reaction". University of Maryland 2011.

Iser, Wolfgang: *Das Fiktive und das Imaginäre – Perspektiven literarischer Anthropologie*. Suhrkamp: Frankfurt am Main 1993.

Jewett, Andrew: *Science, Democracy, and the American University: From the Civil War to the Cold War*. Cambridge University Press: New York 2010.

Künzel, Christine/Hempel, Dirk (Hrsg.): *Finanzen und Fiktionen. Grenzgänge zwischen Literatur und Wirtschaft*. Campus: Frankfurt a. M. 2011.

Landero, Luis: *Der Zauberlehrling* [1999]. Aus dem Spanischen übersetzt von Willi Zurbüggen. Berlin Verlag: Berlin 2005.

McCloskey, Deirdre: *The Rhetoric of Economics*. University of Wisconsin Press: Madison 1985.

Martínez, José: *Carlos Slim: The Richest Man in the World. An Authorized Biography*. TitleTown Publishing: Green Bay, WI 2012 [*Secretos del hombre más rico del mundo*. Océano exprés, 2011].

Million, Lorentz & Nicolas: *Le journal de Jérôme Kerviel*. Thomas Jeunesse: Paris 2008.

Mintzberg, Henry: *The Nature of Managerial Work*. 2. Auflage. Harper & Row: New York 1980.

Nelson, Douglas L./Reed, Valerie S./Walling, John R.: „Pictorial superiority effect". In: *Journal of Experimental Psychology: Human Learning & Memory*, 2, 1976, S. 523–528.

Ogbor, John O.: „Mythicizing and Reification in Entrepreneurial Discourse: Ideology Critique of Entrepreneurial Studies". In: *Journal of Management Studies*, 37, 5, 2000, S. 605–635.

Peter, L.J./Hull, R.: *Das Peter-Prinzip oder die Hierarchie der Unfähigen*. Karl Weick: Reinbek bei Hamburg 1972.

Polt, Gerhard: „Hier der Wurm und da der Mensch". In: *Neue Zürcher Zeitung* 7.3.2015, S. 26. Online-Version: http://www.nzz.ch/meinung/debatte/hier-der-wurm-und-da-der-mensch-1.18497034 [letzter Zugriff 16.4.2015].

Rojas, Fernando de: *La Celestina, oder: Tragikomödie von Calisto und Melibea* [1500]. Aus dem Spanischen übersetzt und mit einem Nachwort versehen von Fritz Vogelsang. Insel Verlag: Frankfurt a. M. 1990.

Sánchez, Yvette: „Enrique Vila-Matas. Bartleby y compañía". In: Thomas Bodenmüller/Thomas M. Scheerer/Axel Schönberger (Hrsg.). *Romane in Spanien 1975–2000*. Band 1. Valentia: Frankfurt am Main 2004, S. 315–327.

Schiller, Friedrich: „Die Schaubühne als eine moralische Anstalt betrachtet". In: *Sämtliche Werke*, Band 4, J.G. Cotta›sche Buchhandlung: Stuttgart 1879, S. 39–46. [Online-Version: http://gutenberg.spiegel.de/buch/-3328/1, letzter Zugriff 16.4.2015].

Schultz, Howard: „We Had to Own the Mistakes". Interview by Adi Ignatius. In: *Harvard Business Review*, July 2010, S. 109–115. Online-Version: https://hbr.org/2010/06/howard-schultz-on-starbucks-tu/ [letzter Zugriff 16.4.2015].

Schwarz, Jan Oliver: *Quellcode der Zukunft. Literatur in der strategischen Frühaufklärung*. Logos Verlag: Berlin 2011.

Shakespeare, William, *Hamlet, Prinz von Dänemark*. Englisch und Deutsch, Übersetzung Schlegel und Tieck, Schücking, L.L. (Hrsg). Rowohlt: Reinbeck bei Hamburg 1960.

Suter, Martin: „Nichts für Kaltduscher" (Interview von Nina Weissensteiner). In: *Datum. Seiten der Zeit.* Heft Januar 2004, http://www.datum. at/artikel/nichts-fuer-kaltduscher/, [letzter Zugriff 16.4.2015].

Suter, Martin: „Geld ist kein Produkt". Spiegel-Gespräch, Interview Thomas Tuma. In: *Der Spiegel* 48/2009, S. 84–87.

Suter, Martin: „Kochen macht mich am glücklichsten – wenn mein Schreibsoll erfüllt ist". Interview von Silke Lambeck und Jan Sidney. In: *Diogenes Magazin* Nr. 3, Frühling 2010, S. 4–12.

Suter, Martin: *Business Class. Geschichten aus der Welt des Managements.* Diogenes: Zürich 2000.

Thommen, Jean-Paul/Wunderlich, Werner: *Mozart für Manager,* Versus: Zürich 2015.

Tucholsky, Kurt: „Kurze Abhandlung der Nationalökonomie". In: *Die Weltbühne*, 15. September 1931, Nr. 37, S. 393.

Vargas Llosa, Mario: „Cervantes and the Craft of Fiction". In: *Jacob Burckhardt-Gespräche auf Castelen.* Schwabe & Co: Basel 2001.

Von Matt, Peter: *Die Intrige, Theorie und Praxis der Hinterlist.* Carl Hanser Verlag: München 2006.

Walser, Martin: *Erfahrungen und Leseerfahrungen.* Suhrkamp: Frankfurt a. M. 1965.

Watzlawick, Paul/ Kreuzer, Franz: *Die Unsicherheit unserer Wirklichkeit – Ein Gespräch über den Konstruktivismus.* München: Piper 1988.

White, Hayden: *Metahistory: The Historical Imagination in Nineteenth Century Europe,* Johns Hopkins UP: Baltimore 1973. [*Metahistory: die historische Einbildungskraft im 19. Jahrhundert in Europa.* Fischer: Frankfurt a. M. 1991.]

Widmer, Urs: *Top Dogs.* Verlag der Autoren: Frankfurt a. M. 1997.

Will, Markus: *Bad Banker.* Friedrich Reinhardt: Basel 2010.

Yiannis, Gabriel: „The Hubris of Management". In: *Administrative Theory & Praxis* , Vol. 20, Nr. 3, 1998, S. 257–273.

Vorname Name: Titel. Untertitel. Ort Jahr, Seitenangabe Zitat. Bei unselbständigen Veröffentlichungen: Autorvorname Autorname: Titel. Untertitel. In: Titel. Untertitel. Hrsg. von Herausgebervorname Herausgebername. Ort Jahr, Seitenangabe Aufsatzumfang, hier Seitenangabe Zitat.

Brigitte Biehl
(SRH Hochschule der populären Künste hdpk)

Der Daimler und der Jabberwocky: Künstlerische Kritik und Kunst als Inspiration für Manager

Einleitung

Die Kunst dient als Spiegel der Gesellschaft, und so betrachten, reflektieren und verzerren auch Theatermacher die Wirtschaftswelt und ihre Protagonisten. Das Theater hat sich traditionell des großen Mannes angenommen und nicht nur Könige, sondern auch Kapitalisten und Kommunisten mal auf ihre Gier, mal auf ihren Geiz reduziert. Immer mehr aktuelle Entwicklungen auf den „Brettern, die das Geld bedeuten" finden ihr Echo auf den Brettern, die die Welt bedeuten. In diesem Buchbeitrag werde ich eine Daimler-Hauptversammlung vorstellen, die das Regiekollektiv Rimini Protokoll mit Theaterzuschauern besuchte, um die Inszenierung von Wirklichkeit und die Wirklichkeit der Inszenierung zu erleben. Dies wird um die Diskussion eines gegenläufigen Trends ergänzt: Auch Manager wenden sich dem Theater, der Literatur und bildenden Kunst zu, um Denkweisen und Verständnismöglichkeiten zu erproben, die die herkömmliche Fachliteratur nicht ermöglicht. So kann die Lektüre des Nonsensgedichtes *Jabberwocky* (1872) von Lewis Carroll wirtschaftlichen Akteuren neue Perspektiven etwa auf Business-Sprache und andere Fiktionen in der Wirtschaftswelt eröffnen.

Wirtschaftliche Entwicklungen finden im Theater nicht nur auf der Ebene des Texts und des Inhalts ihren Widerhall, sondern, gerade beim Theater als performativer Kunst, auf der Ebene der Aufführung und ihres ästhetischen Erlebnisses. Die Performance und das ästhetische Erleben spricht nicht nur unser intellektuelles Verständnis an, sondern kann ein anderes „Gefühl für" ökonomische Realitäten ermöglichen. Mit *ästhetisch* meine ich hier nicht die landläufige Verwendung als „schön", sondern „sinnlich wahrnehmbar", im Anschluss an eine philosophische Sicht

der „neuen Ästhetik"[1], die über die Kunstwelt und Kunstkritik und ihre
Kategorien vom Schönen, dem Erhabenen und so weiter hinausgeht und
alle aktuellen ästhetischen Vorgänge im sozialen und wirtschaftlichen
Leben betrachtet. Diese Perspektive ist zeitgemäß, denn das Theater hat
sich ab Ende des 20. Jahrhunderts hin zu neuen, postdramatischen und
performativen Formen entwickelt[2], und kann, wie wir in diesem Beitrag
sehen werden, auch direkt in einem Unternehmenskontext aufgeführt
werden. Auch die Wirtschaftswelt erlebt eine sinnliche Aufladung und
Ästhetisierung, bei der Manager und Mitarbeiter zunehmend inszeniert,
Dienstleistungen und Produkte mit sinnlich wahrnehmbaren Faktoren
aufgeladen und aufgrund ihres „Inszenierungswertes" erworben werden –
ein Begriff, den Gernot Böhme verwendet. Arbeits- und Verkaufsräume
sowie Marketingrhetorik sprechen die Sinne an, und Arbeitserfolg speist
sich zunehmend aus subjektiver Energie und Emotionen, weshalb die interdisziplinäre Managementforschung von „Wirtschaftsästhetik"[3] spricht.
Diese Perspektive erlaubt zu erklären, wie die heutige Wirtschaftswelt
auf uns wirkt und wie Kunst wirken kann, die wirtschaftliche Themen
nicht nur inhaltlich spiegelt und abhandelt, sondern durch eine besondere
ästhetische Form verhandelt.

In diesem Buchbeitrag werde ich zunächst einen Blick auf das Theater
werfen, und zwar auf eine postdramatische Performance der Theatergruppe
Rimini Protokoll, die eine reale Aktionärsversammlung zum Theaterstück
erklärte. Damit hat sie Theater aus den Kunstinstitutionen hinein in die
Wirtschaftswelt geholt, und deren theatrale Seiten für eine Diskussion und
ästhetische Erfahrung der Zuschauer geöffnet. Das Bad in der Menge, die
dröhnenden Stimmen der Manager und Kapitalvertreter und das Staunen
über eine massive Bühne ermöglichten, laut Rimini Protokoll, in einer der
„teuersten Produktionen der gesamten Theaterspielzeit"[4] die eigene Rolle

---

1   Böhme, Gernot: *Atmosphäre. Essays zur neuen Ästhetik.* Suhrkamp: Frankfurt
    am Main 1995, S. 7.
2   Cf. Lehmann, Hans-Thies: *Postdramatisches Theater: Essay.* Theater der Zeit:
    Berlin 1999.
3   Biehl-Missal, Brigitte: *Wirtschaftsästhetik. Wie Unternehmen Kunst als Instru-
    ment und Inspiration nutzen.* Gabler: Wiesbaden 2011.
4   Rimini Protokoll: *Hauptversammlung,* 2009, retrieved 1.2.2015 http://www.
    rimini-protokoll.de/website/de/project_4008.html

als Kleinanleger und Nicht-Manager einmal ganz anders, körperlich und sinnlich wahrzunehmen.

In einem zweiten Schritt werde ich diskutieren, dass sich nicht nur Künstler mit wirtschaftlichen Entwicklungen auseinandersetzen, sondern dass der Weg von der Kunst zur Wirtschaft keine Einbahnstraße ist: Die Welt des Managements hat sich über das altbekannte und traditionelle Kunstsponsoring und Mäzenatentum hinaus der Wirtschaftswelt auf neue Arten zugewandt und benutzt die Kunst als Inspiration und Werkzeug. Im Kontext der Ästhetisierung von Wirtschaft besteht ein Trend des 21. Jahrhunderts darin, Kunst zur Personal- und Organisationsentwicklung einzusetzen.[5] Immer mehr globale Unternehmen engagieren Maler, Schauspieler, Dichter, Violinisten und Jazzmusiker für kurze oder längere Projekte mit den Mitarbeitenden. Auch Führungskräfte musizieren, interpretieren Gedichte und spielen Theater, um komplexes Denken und kreatives Handeln auszubilden. Manager und Mitarbeiter lesen Literaturklassiker, Dichtung und Theaterstücke, einschließlich Shakespeare, um sich auf die Suche nach Antworten zu begeben, die in einem Management-Lehrbuch nicht zu finden sind. Die Rolle der Kunst bleibt dabei ambivalent: einerseits wird ihr Einsatz mit nachhaltigen, menschlichen Ansätzen des Wirtschaftens in Verbindung gebracht, die aufgrund von Verfehlungen und wiederholten Krisen des kapitalistischen Systems von vielen Seiten gefordert werden.[6] Andererseits dienen künstlerische und ästhetische Mittel auch dazu, nicht nur die Köpfe von Mitarbeitenden zu erreichen, sondern, plakativ gesagt, auch ihre Herzen, und damit eine weitergehendere Form von Einfluss auszuüben. Manager posieren vor teuren Kunstwerken, um „innovativ" und ein wenig unnahbar zu wirken; Firmenveranstaltungen benutzen Theatermittel, um Anlegern und Stakeholdern ein sicheres „Gefühl" zu vermitteln und Vertrauen aufzubauen; und schmissige Firmenhymnen sollen den Mitarbeitern „ins Blut gehen". Dieser Beitrag beschäftigt sich mit Potenzialen der ästhetischen

---

5 Cf. Biehl-Missal, 2011, S. 91–154; Berthoin Antal, Ariane/ Strauß, Anke: *Artistic Interventions in Organisations: Finding Evidence of Values-Added. Creative Clash Report.* WZB: Berlin 2013.

6 Cf. Adler, Nancy: "The art of leadership: Now that we can do anything, what will we do?". *Academy of Management Learning and Education Journal* 5(4), 2006, S. 486–499.

Wahrnehmung sowohl für Theaterzuschauer als auch für Manager. Er diskutiert, was paradox erscheint: Auf der einen Seite die Ästhetisierung des wirtschaftlichen Systems, das mit Bildern und Emotionen arbeitet, aber, wie in Business Fiktionen in der Literatur und in Theaterprojekten dargestellt wird, Menschen „unter Eis"[7] verpackt, kaum durchdringliche Machtinszenierungen (Rimini Protokoll) und emotionale Verzweiflung[8] produziert. Auf der anderen Seite die Suche nach Menschlichkeit, Nachhaltigkeit und moralischer Weiterentwicklung, die hinter der Zuwendung zu Kunst, Literatur und Poesie zur Personalentwicklung in Unternehmen steht.

Theaterbühnen und Wirtschaft

Im Theater hat die Beschäftigung mit der Wirtschaftswelt und ihren Protagonisten eine lange Tradition, die sich mit der Ästhetisierung von Wirtschaft noch einmal gewandelt hat. Im Spiegel der Malerei, des Theaters und der Literatur, in Performances und Kunstaktionen finden die aktuellen wirtschaftlichen Entwicklungen oft ihr vielsagendes Zerrbild. Mit Veränderung der Arbeitswelt, bei der es nicht nur um Entlohnung, sondern um Selbstverwirklichung und das Einbringen der persönlichen Subjektivität, Emotionalität und Selbstinszenierung geht, und bei der Manager und Mitarbeiter „Künstler ihrer selbst" werden wollen, sind die menschlichen Krisen genauso wie die Verwertung und Vereinnahmung von Kunst Thema verschiedener Kunstformen, im Kontext von künstlerischer Kritik oder künstlerischem Widerstand.[9]

Romanautoren haben den Manager als neuen Antihelden entdeckt, beispielsweise wurden Martin Suters zynische Geschichten über die Schwächen der Managerkaste mit einem Satirepreis ausgezeichnet, und Bodo Kirchhoff walzte in *Erinnerungen an meinen Porsche* (2009) die Vorstellung eines

7   Richter, Falk: *Das System. Materialien Gespräche Textfassungen zu „Unter Eis"*, hrsg. v. Anja Dürrschmidt, Recherchen 22. Theater der Zeit: Berlin 2004.

8   Cf. Pollesch, René: *Wohnfront 2001–2002 (Stadt als Beute, Insourcing des Zuhause. Menschen in Scheiß-Hotels, Sex nach Mae West)*. Alexander Verlag: Berlin 2002.

9   Cf. Biehl-Missal, Brigitte: „ 'And if I don't want to work like an artist ...?' How the study of artistic resistance enriches organizational studies". *ephemera. Theory & Politics in Organization* 13(1), 2013, S. 73–87.

narzisstischen, sex- und geldgeilen Investmentbankers aus. Ein kritischer Trend ist auch im Theaterbereich zu bemerken: Bühnenkünstler machen Wirtschaftskrisen zum Thema für ein neues, politisches Theater. Die Elite des globalen Kapitalismus als polemische Karikatur und Manager als herzlose Maschinen holt beispielsweise Rolf Hochhuth mit *McKinsey kommt* (2004) auf die Bühne. Die Literaturnobelpreisträgerin Elfriede Jelinek kritisiert mit dem Stück *Die Kontrakte des Kaufmanns* (2009) die entfesselten Finanzströme. Auch der Broadway hat die Branche entdeckt und durch Theaterautor Roger Kirby erstmals mit *Burleigh Grime$* (2006) die öffentlichkeitsscheuen Hedgefonds-Manager, ihre Macht und Möglichkeiten ins Rampenlicht gezerrt.

Mit *Unter Eis* (2006) stellt Falk Richter das Effizienzdenken und die von Ideologie triefende Sprache von Unternehmensberatern bloß. In ihrer angepassten, leeren Konformität sprechen Protagonisten menschen- und selbstverachtend nur mit Wissen, aber ohne Verständnis, von Dingen, die Arbeitsplätze und persönliche Identität bedeuten können:

> Wenn es um Personalabbau geht, ist die Anspannung häufig natürlich hoch. ... Wenn der Berater auch die Umsetzung begleitet, ist die Exposure natürlich viel größer. Regelmäßig gibt es dann eine Reihe von Implementation Workshops an denen auch normale Mitarbeiter teilnehmen. Hier muss man das richtige Maß an Respekt, Härte und Eskalationsvermeidung finden.[10]

Die Stärke der Theateraufführungen besteht darin, dass diese „Kälte" nicht nur auf Textebene, sondern ästhetisch vermittelt wird: In der Inszenierung in der Berliner Schaubühne beispielsweise dominieren kalte, bläuliche Farben, die in Kontrast zu blassen Gesichtern und dunklen Anzügen stehen. Die Stimmen der Protagonisten werden elektronisch verstärkt, klingen blechern und hohl. Den Charakteren haben die schlichte Angst um die Karriere und die Furcht vor personalpolitischen Drohinstrumenten wie willkürlichen Leistungsfeedbacks, ein unverständlicher Branchenslang, Dresscodes, Begrüßungsfloskeln und Benimmregeln alle Ecken und Kanten abgeschliffen. Zurück bleibt ein Protagonist, der merkt, dass sein „last final call" plötzlich ertönt ist. So lässt Falk Richter mit *Unter Eis* die Kälte eines Systems, seiner Menschen und seiner Sprache erfahrbar werden. Um dem zweiten

---

10 Richter 2004, S. 78.

Teil dieses Beitrages hier einmal des großen Bogens wegen vorwegzugreifen: Die Unternehmensberatung Boston Consulting hat wenige Jahre später ein Buch mit dem Titel *What Poetry Brings to Business*[11] veröffentlicht und Lyrik-Workshops veranstaltet, bei dem es um das Hinterfragen von Sinn und Unsinn von Sprache geht.

Die Entwicklungen der Arbeitswelt finden ihr verzerrtes Echo auf vielen künstlerischen Bühnen. Stücke von René Pollesch beispielsweise stellen durch ihren typischen Duktus und gehetzten Theaterton die erzwungene Nutzbarmachung des Humankapitals jedes einzelnen dar. *Kill your Darlings! Streets of Berladelphia*, das 2012 für den Mülheimer Dramatikerpreis nominiert wurde, thematisiert die emotionale Unverbundenheit von Individuen in kapitalistischen Netzwerken – ein wiederkehrendes Motiv. Polleschs Charaktere berichteten schon zuvor, wie sie bei ihrer Arbeit Gefühle darstellen mussten. Die Suche nach der Echtheit der eigenen Empfindungen läuft ins Leere, so wächst die Verzweiflung über die fragliche Realität der eigenen Rolle und so wächst der Unmut. Wie bei *Stadt als Beute 2*, wo Protagonisten Widerstand gegen den Zwang zu haltloser Selbstverwirklichung formulieren: „Und wenn ich versuche, nicht wie ein Künstler zu leben, wenn ich so nicht arbeiten will als BEUTE UND SELBSTAUSBEUTERISCH! Und nicht daran denke, mich selbstständig zu verwirklichen WAS DANN?!"[12] Die Helden spielen ihre Zweifel aus und schreien Sätze, wie: „Dieses organische Kapital HIER [Performer zeigt auf sich] IST BEUTE!", und wenig später: „Das hier ist Müll! Die SCHEISSE! [Performerin zeigt auf sich.]"[13] Während Manager gerne positiv ihre quasi-künstlerischen Seiten herausstellen, bildet diese Theatererfahrung einen Kontrast. Inhaltlich wird die negative Seite des Künstlerseins dargestellt, aber besonders wichtig ist die ästhetische Form: Die Darsteller verbreiten mit ihrer hektischen, lauten Art eine verunsicherte und verunsichernde Atmosphäre für die Anwesenden und machen die mit dem

---

11 Morgan, Claire / Lange, Kirsten / Buswick, Ted: *What Poetry Brings to Business.* The University of Michigan Press: Ann Arbor 2010.

12 Pollesch, R., KulturanthropologInnen, Kanak, TFM-StudentInnen (2001) Stadt als Beute 2. Aufgeführt im März 2002 im Künstlerhaus Mousonturm, Frankfurt am Main, Deutschland.

13 ibid.

Künstlerdasein verbundenen Zweifel noch einmal körperlich erfahrbar. Der schnelle Sprachfluss grenzt sich sowohl vom hohen Theaterton als auch von der Alltagssprache ab. Das Tempo offenbart ohne Luftholen die Schnelllebigkeit, Unbeständigkeit und Künstlichkeit der Gefühle. Die Figuren wechseln permanent ihre nicht authentische Identität und drücken mit wiederum authentischen Schrei-Orgien ihre unsicheren Empfindungen aus. Ein Ausweg ist nicht in Sicht, selbst das Innerste ist „Beute", der Mensch ist „Müll", inflationsgeschädigtes Humankapital. In einer solchen Situation verändert sich auch das Verhältnis zum Zuschauer, der seine auf Authentizität gepolten Persönlichkeitsvorstellungen überdenken und seine falsche Sicherheit darüber verlieren kann, ob er der Arbeitskünstler seiner selbst ist oder wer er überhaupt ist.[14]

Unternehmen als Theater: Rimini Protokolls Daimler-Hauptversammlung

Als anderes Beispiel für die performative und ästhetische Auseinandersetzung mit der Wirtschaftswelt soll ein Projekt des Regiekollektivs Rimini Protokoll vorgestellt werden, auch in Rückgriff auf einen Artikel in dem englischen Management Journal *Culture and Organization*[15]. Ich habe theaterwissenschaftlich untersucht, dass Manager bei Aktionärsversammlungen, Presse- und Analystenkonferenzen Mittel benutzen, die man aus dem Theater kennt, um das Publikum zu beeinflussen.[16] Das Performancekollektiv Rimini Protokoll (Helgard Haug, Stefan Kaegi und Daniel Wetzel) machte sich genau diese der Situation inhärente Theatralität zu Nutze und hat in Kooperation mit dem Berliner Hebbel am Ufer Theater (HAU) die Daimler-Hauptversammlung zum *Schauspiel in fünf Akten* erklärt. Fast 200 Theaterzuschauern und 25 Kulturjournalisten ermöglichte die Künstlergruppe über Stimmrechtsvertretungen gegen den Willen des Daimler-Konzerns Einlass in die Hauptversammlung.

---

14 Cf. Biehl-Missal, Brigitte 2013, S. 81.
15 Cf. Biehl-Missal, Brigitte: „Using artistic form for aesthetic organizational inquiry: Rimini Protokoll constructs Daimler's Annual General Meeting as a theatre play". *Culture and Organization* 3(1), 2012, S. 211–229.
16 Cf. Biehl-Missal, Brigitte: *Business is Showbusiness. Wie Topmanager sich vor Publikum inszenieren.* Campus: Frankfurt am Main 2007.

Das Regiekollektiv hatte für frühere Performanceprojekte bereits andere, alltägliche Inszenierungsrituale als Theaterveranstaltung deklariert, beispielsweise eine Bundestagsdebatte. *Hauptversammlung* entstand aus ausführlichen Recherchen in Gesetzestexten und anderen Publikationen und stundenlangen Gesprächen der Regisseure mit Experten zum Thema und wurde zu einer 112-seitigen Dokumentation, dem so genannten „alternativen Theaterprogramm" zusammengefasst mit Aufsätzen von Experten wie Aktionärsschützern, Anwälten, Anlegern, Wirtschaftswissenschaftlern und Stakeholdern, einschließlich mir als Theaterwissenschaftlerin. Viele dieser Experten standen am Tag der Hauptversammlung für Gesprächsrunden mit den Zuschauern im Foyer zur Verfügung. Rimini Protokoll bereitete die Zuschauer auf der Homepage auf die Szenerie vor:

> Vor ca. 8000 Aktionären wird eine riesige, blaue Leinwand aufgebaut, davor, leicht erhöht sitzt der eine Teil des Ensemble: 6 Vorstandsmitglieder und 20 Aufsichtsräte. Hinter der Leinwand arbeiten dutzende von Bühnenarbeitern als Back-Office-Souffleure, um für jede Frage an die Darsteller eine Antwort einflüstern zu können. Der andere Ensembleteil besteht aus den Teilhabern des Konzerns: stolzen Aktionären, Dividende-hungrigen Aktionären, räuberischen Aktionären, touristischen Aktionären, kritischen Aktionären (...). Die Presse spielt mit und auch die Mitarbeiter des Aktionärsservice.[17]

Vor Ort erlebten die Zuschauer dann die inszenierte Veranstaltung, die ich in Rückgriff auf vorhergehende Analysen[18] zusammenfasse: Die Vorstände werden dem Publikum erhöht, in szenischer Distanz, präsentiert, ein helles Licht unterstreicht deren Wertigkeit, während das Publikum wie beim Theater im Halbdunkeln sitzt, um sich möglicherweise empathisch einzufühlen. Im epischen Theater bei Brecht hingegen, wo nicht auf Einführung spekuliert wurde, konnte auch alles hell sein. Das Bühnenbild ist minimalistisch, erinnert an eine Autokarosserie und fungiert als Testimonial für die selbst gepriesene „Designführerschaft", ebenso wie zwei blank polierte Boliden vorne an der Rampe. Die überlauten Mikrofone beschallen alle Räume des Kongresszentrums und dominieren andere Gespräche. Die kritischen Aktionäre stellen ihre Fragen von einem Rednerpult aus, in großer szenischer Distanz; brauchen sie zu lange, werden Mikrofon und Kamera abgedreht.

17 Rimini Protokoll, 2009.
18 Cf. Biehl, Brigitte 2007; Biehl-Missal, 2012.

Die Vorstandsrede benutzt viele Sprachbilder[19] um das Unternehmen wie „auf der Überholspur" erscheinen zu lassen. Der Vorstandsvorsitzende Dieter Zetsche sagt etwa in seiner Rede:

> Meine Damen und Herren, erfolgreiches Krisen-Management bemisst sich nach der Qualität des vorausschauenden Handelns. Wer auf krisenhafte Entwicklungen stets nur reagiert, wird schon nach kurzer Zeit in der Rolle des Getriebenen sein, der nicht mehr weiß, welcher Brand zuerst gelöscht werden soll. […] Im Nachhinein würden wir uns wünschen, wir hätten Mitte letzten Jahres sogar noch früher gebremst. Sobald sich aber abzeichnete, welche Dimension diese Wirtschaftskrise erreichen könnte, haben wir konsequent auf pro-aktive Krisensteuerung gesetzt.[20]

Für Rimini Protokoll musste am Text nichts ergänzt werden, um ihn wie beste Business Fiktion wirken zu lassen. Schon der dramaturgische Kniff der Rahmung der HV „als Theater" machte aus einer echten Vorstandsrede in diesem Falle eine tragfähige Theateraufführung.

Abbildung 1: Daimler Hauptversammlung 2009 (Daimler AG)

19 Cf. Biehl, Brigitte: „Vom Architekten zum Kriegsherrn. Metaphern der Top-Manager". In Bazil, Vazrik/ Wöller, Roland (Hrsg.): *Rede als Führungsinstrument. Wirtschaftsrhetorik für Manager – ein Leitfaden*. Gabler: Wiesbaden 2008, S. 189–202.
20 Zetsche, Dieter: „Rede des Vorstandsvorsitzenden anlässlich der ordentlichen Hauptversammlung der Daimler AG Berlin", 8. April 2009.

Hauptversammlung ist kein dramatisches Theater mit einem schlüssigen fiktionalen Text, sondern gilt als postdramatisch[21]: Es besteht aus nicht-fiktionalen, realen Textelementen, Performances von Alltagsdarstellern ohne angenommenes Rollenspiel der Illusion, ist auch oft zusammengesetzt aus Fragmenten, wobei es nicht um die Darstellung eines ganzheitlichen Sinnes geht. Den Teilnehmenden wird die Wirtschaftswelt in ihrer realen ästhetischen Form dargeboten und kritisch gerahmt, es kann als eine Form der Business Fiktion gesehen werden, indem reale Menschen als wahrhafte „Akteure" betrachtet werden. Rimini Protokolls Intention war nicht, die Hauptversammlung als Inszenierung zu denunzieren, sondern den Teilnehmenden das wirtschaftliche Ritual als ästhetisches Erlebnis zu präsentieren, um die Realität der Inszenierung und die Inszenierung der Realität deutlicher und kritischer wahrzunehmen.

Diese postdramatische Form entfaltet ein kritisches Potenzial dadurch, dass sie Themen nicht schlüssig problematisiert und sich damit dem dominanten und herrschenden Diskurs verweigert, den wir in der Politik und in der Wirtschaftswelt sehen.[22] Die Performance erklärt nicht, was etwa die kritikwürdigen Punkte bei der HV-Inszenierung von Managern sein könnten und warum, sondern entzieht sich damit dem sprachlichen Diskurs, den wir in der Managersprache und übersteigert in der Business Fiktion sehen, mit seinen Kontrollfloskeln, der Durchhalte-Rhetorik und Skandalisierung von Krisen und dem Gemisch von Kennzahlen, Bilanz-zahlen und Prozenten, scheinbar harten Argumenten und daraus folgenden schlüssigen Marschrichtungen und Antworten.[23] Eine bisweilen sehr ähn-liche Sprache beherrscht auch Publikationen der Management-Forschung und wird von Gender-Forschenden in diesem Bereich auch als phallogo-zentrischer Diskurs kritisiert, der sich „harte Zahlen", „perfekte Ratio-nalität" und striktes, ernsthaftes, präzises oder systematisches Vorgehen auf die Fahnen schreibt, an bestimmte Vorstellungen von Maskulinität anschließt und diese ständig reproduziert, während alles andere als „soft",

---

21 Cf. Lehmann, Hans-Thies: *Postdramatisches Theater: Essay*. Theater der Zeit:
    Berlin 1999.
22 Cf. Biehl-Missal, Brigitte 2012, S. 226.
23 Cf. Biehl, Brigitte 2008.

unwissenschaftlich, subjektiv und „weiblich" abgetan wird.[24] Durch das langatmige Vorführen dieses Diskurses, das Zuschauer quasi aussitzen müssen, zeigt die Performance die Manager und das Unternehmen in ihrer autoritären, dominierenden Gestalt auch mal als trübe Macht, lässt sie einwirken und stellt sie dabei gleichzeitig infrage. Hier wird besonders deutlich, dass die künstlerische Form in ihrer Offenheit Zugeständnisse an den Rezipienten macht, sich die Meinung selbst zu bilden – anders als der Management-Diskurs, der stets harte Fakten auflistet und immer eine Antwort parat hat.

Darüber hinaus erweist sich die künstlerische Performance als eine andere Form der Kommunikation, die subversiv und dennoch fundiert ist, indem sie es vermag, Rimini Protokolls quasi-wissenschaftliche Rechercheergebnisse dramaturgisch aufbereitet in der ästhetischen Situation[25] auszudrücken. Um das ästhetische Erlebnis kritisch zu verarbeiten, auf der Suche nach einer eigenen Meinung, gibt Rimini Protokoll seinen Zuschauern im alternativen Programmheft beispielsweise auch Fragen danach mit, wie sie sich als kleines Element dieser großen Veranstaltung fühlen, als Grashalm im Stadion, als stimmloses Element im globalen Wirtschaftsgeschehen, oder wie es denn sei, nur eine Aktie zu halten, wenn alle Daimler-Aktien zusammen die Strecke von der Erde zum Mond und zurück bedeuten?

---

24 Cf. Phillips, Mary / Pullen, Alison / Rhodes, Carl: „Writing organization as gendered practice: Interrupting the libidinal economy". Organization Studies 35(3), 2014, S. 313–333, hier S. 316.
25 Cf. Biehl-Missal, Brigitte: "'I write like a painter': Feminine creation with arts-based methods in organizational research". *Gender, Work and Organization* 22(2), 2015, S. 179–196.

*Abbildung 2: Eine Seite aus dem alternativen Programmheft von
            Rimini Protokoll*

964.557.432 DAIMLER AKTIEN

VERHALTEN SICH

ZU EINER AKTIE, DIE DU BESITZT,

wie in etwa

die Strecke von der Erde zum Mond und zurück (800.000.000 Meter)

im Verhältnis zu

1 Meter, den Du gegangen bist

Beim Projekt *Hauptversammlung* von Rimini Protokoll wird die inhaltliche
Auseinandersetzung getragen von der besonderen ästhetischen Erfahrung,
die das Projekt für die Zuschauer offerierte. Die Teilnehmenden gaben an,
Gefühle der Hilflosigkeit und Einschüchterung beim Besuch der Hauptversammlung erlebt zu haben und auch des Protests angesichts der Sicherheits-
kontrollen, der überwältigenden Bühne, der aalglatten Vorstandsrede und
der folgenden amüsanten bis ärgerlichen Aktionärsattacken.[26] Die meisten
blieben auf Distanz und wollten nicht mit anderen Aktionären ein „Teil des
Ganzen" werden, wie es oft bei rituellen Massenveranstaltungen gefördert
wird. Dieses Motiv hat etwa auch die Malerin Verena Landau verarbeitet,
die ebenfalls an dem Rimini Protokoll-Projekt beteiligt war, und zu den
zeitgenössischen bildenden Künstlern gehört, die sich mit der Wirtschaftswelt beschäftigen. Ihre Edition *pass_over*, die auch die Daimler-HV ab-
bildet, illustriert, wie die soziale Maschinerie zu arbeiten beginnt, wenn
die Aktionäre die Schwelle übertreten (*to pass over*) und ein Element der
anonymen Masse in einer kalten, leeren Atmosphäre werden, die oftmals
nur von wenig Menschlichkeit bevölkert ist.

---

26 Cf. Biehl-Missal, Brigitte 2012.

Abbildung 3: pass_over 02, *Öl auf Leinwand (Verena Landau).*

Dieser erste Fall einer künstlerischen „Invasion" einer Hauptversammlung wird in der Presse als „politischer Akt" und erstes Auftreten von „parasitärem Theater"[27] beschrieben. Dank Rimini Protokoll erstreckte sich die Presseberichterstattung über die Hauptversammlung auf alle nennenswerten, landesweit erscheinenden Feuilletons und gar auf TheaterZeitschriften, Fernsehsender und Radiostationen. Daimler kam dabei nicht gut weg, was ich an anderer Stelle analysiert habe.[28] Im Vorfeld wurde vom Zögern der Verantwortlichen berichtet, die mangelnde Kooperation mit den Künstlern wurde kritisiert. Dann war von „Schauspiel" die Rede, vom

27 Höbel, W.: „Anstachelung zum Aufruhr". *Der Spiegel* 16, 2009, S. 132–134;
   Peters, Nina: „Aktionäre sind Schauspieler wider Willen". Stuttgarter Zeitung,
   9.4.2009, S. 33.
28 Cf. Biehl-Missal, Brigitte: „Theaterkunst als Risiko und Inspiration für die
   Unternehmenskommunikation. Eine Künstlergruppe erklärt die Daimler-HV
   zum Theater". *Kommunikationsmanagement* (Losebl. hrsg. v. Bentele, Günter /
   Piwinger, Manfred/ Schönborn, Gregor. Neuwied 2001 ff.) 6.25. 2010, S. 1–22.

„großen Drama", vom „Theater". Die Rhetorik der Vorstandsrede wurde
als „Schuldabwälzung" gewertet, schlechte Konzernergebnisse erwähnt,
Stimmen von Kritikern betont, die in der Generaldebatte Umweltverschmut-
zung, Ausbeutung von Arbeitnehmern und Rüstungsgeschäfte anpranger-
ten. Das Kunstprojekt hat es vermocht, sowohl offensichtliche als auch eher
unterschwellig ablaufende Prozesse der Selbstdarstellung und Verstellung
im Wirtschaftsleben in den Vordergrund zu rücken, welche die Teilnehmer
vor Ort auf eine besondere Art ästhetisch erfahren haben.

Kunst als Inspiration für Manager

Künstler setzen sich inhaltlich mit wirtschaftlichen Entwicklungen auseinander, doch der Weg von der Kunst zur Wirtschaft ist keine Einbahnstraße. Während zunehmende künstlerische Kritik[29] laut wird und
auch bildende Künstler sich darauf konzentrieren, wie sie direkt Einfluss
nehmen könnten auf die Wirtschaft, „um sie dahingehend zu bewegen,
von einer profitorientierten zu einer sozialeren Form des Wirtschaftens
zu gelangen"[30], sehen andere in Unternehmen ein neues Arbeitsfeld, in
dem sie womöglich auch einen positiven Beitrag leisten können: Künstler
treffen mit Beschäftigten an deren Arbeitsplatz oder in eigens einberufenen
Veranstaltungen für einmalige oder mehrmalige Workshops, beziehungsweise für Projekte zusammen. Auch kleine und mittlere Unternehmen
engagieren Maler, Schauspieler, Dichter, Violinisten und Jazzmusiker für
Projekte verschiedener Art und Dauer mit den Mitarbeitenden. So genannte kunstbasierte Interventionen bringen Produkte, Menschen und
Prozesse aus der Welt der Kunst für Lern- und Veränderungsprozesse in
Organisationen.[31] Sie werden im Englischen als „arts-based interventions"
oder „artistic interventions" bezeichnet. Im Deutschen spricht man von

---

29 Cf. Biehl-Missal, Brigitte 2013.
30 Landau, Verena: „Es störte mich immer, dass Malerei ein Medium ist, das traditionell so sehr an Besitzverhältnisse gebunden ist". In: Ullrich, Wolfgang (Hrsg.):
   *Macht zeigen. Kunst als Herrschaftsstrategie. Eine Ausstellung des Deutschen
   Historischen Museums Berlin*. Ruksal Druck, Berlin 2010, S. 212–219, hier
   S. 214.
31 Cf. Berthoin Antal, Ariane 2009, retrieved 1.2.2015, from http://www.wzb.eu/
   sites/default/files/u30/research-report.pdf, S. 5.

„künstlerischen [oder auch „kunstbasierten"[32]] Interventionen", um den zweckgerichteten Einsatz künstlerischer Methoden in Organisationen von primär ästhetisch intendierter Kunst abzugrenzen, die man als zweckfrei oder zur Unterhaltung ohne langfristige Wirkungsabsicht verstehen kann. Die Wirkung solcher Einsätze lässt sich schwer fassen, soll aber auf Ebene des Einzelnen ansetzen (angefangen von der allgemeinen Reflexion über das bessere Verständnis von Prozessen und Handeln bis hin zum Fähigkeitstraining wie Kommunikation), dann auf Teamebene übergreifen (bessere Zusammenarbeit) und schließlich auf Organisationsebene (Innovationsfähigkeit, Anpassungsfähigkeit, dynamische Kompetenzen ausbilden).[33] Neben Effizienzsteigerung sollen künstlerische Initiativen in Organisationen auch erhöhten Anforderungen an Arbeit und Zusammenarbeit, Ethik und Nachhaltigkeit entsprechen.

Bildende Kunst

Kunstwerke und Manager stehen traditionell im Zusammenhang der Selbstinszenierung. Hier vermittelt Kunst Autorität und Hierarchien und eignet sich als Herrschaftsstrategie zur Inszenierung von Macht und Größe.[34] Viele offizielle Fotografien zeigen Führungspersonen mit einem Kunstwerk und dokumentieren eine Affinität von Macht und Kunst, die von Politikern schon lange bekannt ist. So wie Regisseure und Literaten sich Manager als Vorbild nehmen, haben auch schon kritische Malerinnen wie Verena Landau ungefragt Manager als Vorlage genutzt. Landau beschäftigt sich mit Themen wie der Funktionalisierung von Kunst durch die Wirtschaft und hat für ihr Projekt *Feindbild-Verleih* Figuren wie Albrecht Schmidt, Hilmar Kopper und Josef Ackermann gemalt. Die Malereien wurden dann an Privatpersonen verliehen, die sich ihren Ackermann in die Küche hängen konnten und später in Videointerviews über ihre ästhetischen Erfahrungen an diesen Bildern und ihre kritische Auseinandersetzung mit den Dargestellten Auskunft gaben.

---

32 Biehl-Missal, Brigitte, 2011, S. 93.
33 Cf. Berthoin Antal, Ariane/ Strauß, Anke, 2013.
34 Cf. Ullrich, Wolfgang: *Mit dem Rücken zur Kunst. Die neuen Statussymbole der Macht.* Klaus Wagenbach: Berlin 2000.

Abbildung 4: Feindbild-Verleih, Josef Ackermann (Verena Landau).

Die bildende Kunst wird aber im Managementkontext auch als Werkzeug eingesetzt, wie auch etwa das Theater in Unternehmen, das schon seit Jahren in vielfältigen Formen zum Training von Kommunikations- und Improvisationsfähigkeiten sowie zur Arbeit an Einstellung und Verhalten angeboten wird[35] Unternehmensberatungen laden Kunsthistoriker ein, um moderne Kunstwerke vorzugsweise aus der Firmen-Kunstsammlung zu besprechen, um den Umgang mit visuellen Eindrücken und kreativer Vieldeutigkeit auszubilden. Michael Bockemühl und der Unternehmensberater Thomas Scheffold haben das Kunstkonzept der Beratungsfirma Droege & Comp. untersucht: Aufgrund der zunehmenden Komplexität der Wirtschaftswelt und den damit verbundenen Herausforderungen für Führungspersonen soll die Beratung zu neuen Vorgehensweisen finden und dafür Kunst als „Quelle der Erneuerung" fruchtbar machen. Durch den Umgang mit Kunst lasse sich eine differenzierte Wahrnehmung und eine „erweiterte Kompetenz zur Wirtschaftsgestaltung"[36] gewinnen.

---

35 Cf. Biehl-Missal, Brigitte 2011, S. 112–130.
36 Bockemühl, Michael / Scheffold, Thomas: *Das Wie am Was. Beratung und Kunst. Das Kunstkonzept von Droege & Comp.* Frankfurter Allgemeine Buch: Frankfurt a. M. 2007, S. 74.

Diese Ideen hat die Managementforschung besonders aktiven Formaten attestiert, wenn etwa Malereien oder Skulpturen zum persönlichen oder interaktiven Reflexions- und Entwicklungsprozess hergestellt, und nicht nur betrachtet, werden: Zum Beispiel werden von Teilnehmern in einem Seminar in der Managementausbildung Puppen gefertigt, die den persönlichen Führungsansatz als Analogie „verköpern" (etwa: „offene Augen", das „Herz am rechten Fleck", oder es sind „die Hände gebunden"). Die Artefakte werden dann diskutiert, verändert und überarbeitet – wobei das eigene Konzept von Führung ebenfalls eine andere, weiterentwickelte Form annimmt.[37]

Während es bei Brecht so schön heißt: „Vorhang zu und alle Fragen offen", soll die Beschäftigung mit Kunst in der Wirtschaft aber auch gern mal Fragen ausblenden und eine klare Lösung anbieten. Beispielsweise interpretieren Unternehmensberater ein Gemälde von Günter Umberg *Ohne Titel* (2000), ein monochromes, schwarzes Bild, rechteckig, 38 mal 35 Zentimeter. Der Betrachter soll nun die Mitte des Rechtecks fixieren und abwarten. Was passiert? Aufgrund der physiologischen Reaktion des Auges verändert sich die schwarze Fläche, für den Einzelnen kann sie sich aufhellen, dunstig erscheinen, wie ein rechteckiges Loch in der Wand wirken, oder sich verdichten, farbig aussehen. „Diese Farbe hält nicht still ... vergleichbar mit dem Luftflimmern auf einer sonnenheißen Asphaltstraße oder wie die Wolken und Schlieren von Sahne, die man in den Kaffee schüttet"[38]. Auf den zweiten Blick sieht man also alles Mögliche, aber kein Schwarz, es zeigt etwas anderes und auch mehr, nichts Eindeutiges, sondern einen Prozess. Fazit:

> Es ist gut, wenn der Berater auf den ersten Blick sieht, was bei seinem Kunden der Fall ist. Aber es ist auch gut, wenn er weiß, dass er damit auf keinen Fall bereits die volle Wirklichkeit gesehen hat, sondern einen Ausschnitt ... Die Zusammenhänge, Prozesse, die Optionen eines Unternehmens treten erst langsam in den Blick, wenn sich das Auge darauf einstellt.[39]

Auch diese Zeilen mögen für den einen oder anderen nach Business Fiktion klingen oder nach Management-Diskurs, der Antworten gibt und keine Fragen eröffnet. Tatsächlich werden divergierende Interpretationen, die der

---

37 Cf. Gaya Wicks, Patricia / Rippin Ann: "Art as experience: An inquiry into art and leadership using dolls and doll-making". *Leadership* 6(3) 2010, S. 259–278.
38 Bockemühl, Michael / Scheffold, Thomas 2007, S. 110.
39 ibid.

Angestellte wagen könnte, etwa über seine Tätigkeit und das schwarze Loch, oder die möglicherweise kleine und rechteckige Existenz, nicht eröffnet.[40]

Dichtung

Auch Dichtung hat in den letzten Jahren über so genannte Poetry-Workshops ihren Weg zur Führungskräfte- und Mitarbeiterentwicklung gefunden. Auf der offensichtlichen Ebene der individuellen Fähigkeitsentwicklung schult die Beschäftigung mit Dichtung Schreib- und Redetechnik. Interessant scheint aber die Wirkung auf das komplexe und emotionale Denken für Mitarbeiter und Führungspersonen, das sich ebenfalls besonders auf der Ebene der ästhetischen Wahrnehmung entfaltet.

Beispielsweise hat die Unternehmensberatung Boston Consulting in Kooperation mit einer englischen Literaturwissenschaftlerin[41] eine Serie mit Gedichtanalysen veranstaltet, die über die Erfahrung von Ungewissheit und Mehrdeutigkeit zur Verbesserung des Umgangs mit Text und Sprache sowie des komplexen, empathischen und ethischen Denkens und der Führungsfähigkeiten dienen sollen. Es wird in diesem Zusammenhang herausgestellt, dass ein Gedicht sich nicht auf eine einzige bestimmte Bedeutung reduzieren lässt und immer weiter interpretierbar ist, voller Ergänzungen und Gegensätze, und dass Manager daraus lernen könnten, mit Mehrdeutigkeit und Unbestimmtheit umzugehen, unterschiedliche Interpretationen zu verfolgen, assoziative Verknüpfungen und verborgene Verbindungen zu entdecken, um auch sorgfältiger zu urteilen und dem im Management weit verbreiteten Entweder-Oder-Denken kritischer gegenüber zu stehen.[42]

So haben sich die Boston Consultig-Mitarbeiter des Nonsens-Gedichts *Jabberwocky* aus *Alice im Wunderland* (1865) von Lewis Carroll angenommen.[43] Hier eine Strophe der deutschen Übertragung *Der Zipferlake* von Christian Enzensberger:

Der Zipferlake
Verdaustig war's, und glaße Wieben
rotterten gorkicht im Gemank.

---

40 Cf. Biehl-Missal, Brigitte 2011, S. 106.
41 Cf. Morgan, Claire / Lange, Kirsten / Buswick, Ted 2010.
42 ibid., S. 24; Biehl-Missal 2011, S. 217.
43 Cf. Morgan, Claire / Lange, Kirsten / Buswick, Ted 2010, S. 144.

Gar elump war der Pluckerwank,
und die gabben Schweisel frieben.
„Hab acht vorm Zipferlak, mein Kind!
Sein Maul ist beiß, sein Griff ist bohr.
Vorm Fliegelflagel sieh dich vor,
dem mampfen Schnatterrind."

Das Gedicht ergibt keinen eindeutigen Sinn, viele dieser Worte existieren nicht. Nicht der Inhalt, sondern die ästhetische Wahrnehmung ist hier wichtig. Das Gedicht, anders als die lineare Alltagssprache, fragt nach Ersetzungen: Was heisst „verdaustig", was könnte es noch sein und warum? Im Management könnte man übertragen: Was bedeutet eigentlich „pro-aktive Krisensteuerung", die Zetsche bei der Daimler-HV verkündete, und warum ist dies so, und wie könnte man es noch sehen? Dann schafft die ästhetische Form jenseits von Bedeutung eine gewisse Atmosphäre, die das Befinden und die Bedeutungsfindung des Betrachters beeinflusst: Die scharfen S-Laute der ersten Zeile können das Zischen eines Monsters vermitteln, gar mit zwei großen, gefährlichen Augen (die beiden langen Vokale der letzten Worte), welches durchs Unterholz stapft (die schnelleren K-Laute der zweiten Zeile, der Rhythmus aus Daktylus „ró-tter-ten" und den Längen, der Spondeus „Ge-mank").[44] Die gedehnte Langsamkeit des ersten Verses mit den Trochäen kann bedrohlich wirken, eine unheilvolle Weisung beinhalten für das Bevorstehende. Die Schnelligkeit der dritten Zeile mag wiederum der gefährlichen Behändigkeit des Wesens eine Vorstellung verleihen, die vierte lässt gar sein Gesabber und neblige Ausdünstungen assoziieren. Gerade weil die meisten Worte keinen Sinn ergeben, versucht der Leser, die Bedeutung atmosphärisch zu assoziieren.

Auf einer eher praktischen Ebene weckt das Gedicht durch seine nichtssagenden Wörter Misstrauen gegenüber Begriffen im Alltagsdiskurs. Gerade die Management-Welt zeichnet sich durch viele formelhafte Floskeln, BWL-Phrasen und euphemistische Anglizismen aus, die in der Business Fiktion gelegentlich satirisch übertrieben und blossgestellt werden. Auch die Daimler-Hauptversammlung von Rimini Protokoll hat diese Enthüllung durch den theatralischen Rahmen zustande gebracht. Der Zipferlake zeigt, wie sinnentleert dieser Diskurs doch sein kann. In Bezug auf das

---

44 Cf. Biehl-Missal, Brigitte 2011, S. 129.

Argument, dass ich bezüglich des maskulinen Diskurses der Management-Sprache gemacht habe, kann das Gedicht auch hierauf hinweisen, auf Aggressivität, Bedrohung und Gefahr durch Stil und Form. Die Atmosphäre des Gedichts, also seine Wahrnehmung über das Hören und Sehen und Vorstellen, zeigt, wie leeren Worten ein Sinn zugeschrieben wird. Es geht um die Stimmung, den Ton, der die Musik spielt und den Sinn ergibt, um Bedrohung hin zu Bewegung. Es geht hier nicht nur um das spielerische und kreative Organisieren von Sinnzusammenhängen, sondern auch um das misstrauische Hinterfragen. Wer dies versteht und vor allem auch mit einer aufgeschlossenen Haltung verinnerlicht, besitzt eine Kompetenz, die für Führung und Folgen, bestenfalls Mitsprache und Verhandlung, im Kontext aktueller Arbeitsmodelle wichtig ist. Diese Lektion lässt sich aus dem Lesen und dem Diskutieren des Gedichtes mitnehmen, ohne dass sie so explizit ausformuliert werden muss, wie ich dies hier tue. Man kann sagen, dass eine solche Leserunde, wie auch die zuvor geschilderte aktive Kunstgestaltung, eine Form des ästhetischen Wissens oder empfundenen Verstehens um die beschriebenen Zustände entstehen lässt, das über die Ebene des rationalen, verkopften Diskurses hinausgeht.

Literatur

Die Literaturwelt beschäftigt sich nicht nur mit Managern im Rahmen der Business Fiktionen, sondern Literaturklassiker haben sich schon immer mit „dem mächtigen Mann" beschäftigt, mit Macht und Verwicklungen. Die Shakespeare-Bühne, die verkommene Könige und ratlose Thronfolger vorführte, wird von der glanzvollen Erfolgswelt des Management nicht etwa zurückgewiesen, sondern auch sie erfreut sich neben Klassikern der Weltliteratur einer gestiegenen Beliebtheit bei Managern, die, wie Harvard Business School-Professor Badaracco so schön sagt, ihren inneren Kompass einmal neu ausrichten möchten.[45] In Workshops und Management-Trainings wird Literatur als kunstbasierte Intervention eingesetzt, um Erkenntnisse zu ermöglichen, die über herkömmliches Managementwissen hinausgehen, und damit ein anderes „Gefühl" für Leadership

---

45 Cf. Badaracco, Joseph: *Questions of Character: Illuminating the Heart of Leadership Through Literature*. Harvard Business School Press: Boston 2006.

vermitteln.[46] Management-Fachliteratur und Lehrbücher mit Titeln wie *Leadership and Organization Studies* vernachlässigen oft vielschichtige und subjektive Einflussfaktoren zugunsten von Modellen und Formeln. Typische wissenschaftliche Management-Publikationen können aufgrund ihres um Nüchternheit bemühten Stils die „Essenz" von Führung schwer vermitteln, die auf Gedanken, Sorgen, Hoffnungen, Zögern, Bestimmtheit, Zweifel und alltägliche Reflexionen fußt und besser in ästhetisch freierer Form vermittelt werden könnte. Der wissenschaftliche Duktus mit seiner Fassade von Neutralität wird, wie kurz erwähnt, von der Forschung zu „Gender in Management" als dominanter maskuliner Diskurs kritisiert, der Körperlichkeit, Empfindung, und weibliche Existenz unterdrückt.[47] Auch die Management-Forschung plädiert schon dafür, künstlerische Formen der Wissensvermittlung zu nutzen, wie Theater, Tanz und visuelle Darstellungen.[48] Ein Beispiel sind Kunstwerke wie etwa die Bilder der Managementprofessorin Nancy Adler[49], die Leadership mit Aquarellen als bunten, optimistischen, aber auch kaum abgegrenzten und schwer kontrollierbaren Prozess illustriert. Ein anderes Beispiel wäre eben ein Theaterprojekt wie das von Rimini Protokoll.

So wie der künstlerische Wert von Wirtschaftsfachliteratur eher niedrig ist, stechen auch die Vielzahl an Autobiografien berühmter Manager nicht durch Einladungen zu emotionaler Abwägung komplexen menschlichen Verhaltens hervor. In literarischen Werken, denen eine künstlerische Bedeutung zugesprochen wird, werden Persönlichkeiten als Ganzes mit ihren Stärken und Schwächen dargestellt. Gute Literatur soll dem Leser einen Zugang zu seinem eigenen Inneren ermöglichen, denn Führung kommt aus dem Herzen, hat mit Fühlen und Handeln zu tun. Badaracco[50] bringt in *Illuminating the Heart of Leadership through Literature* bekannte literarische Werke mit Fragestellungen für den Leser zusammen, etwa „Do I Have a Good Dream?" *(Death of a Salesman*, Arthur Miller) und „Do I

---

46 Cf. Biehl-Missal, Brigitte 2011, S. 136–139.
47 Cf. Höpfl, Heather / Pullen, Alison / Rhodes, Carl: „Special Issue: Feminine Writing of Organizations". *Gender, Work and Organization* 22(2), 2015, S. 87–196.
48 Cf. Biehl-Missal, Brigitte 2015.
49 Cf. Adler, Nancy 2010.
50 Cf. Badaracco, Joseph 2006.

Really Care?" (*The Love of the Last Tycoon*, F. Scott Fitzgerald). Diese Kombinationen geben Hilfestellung, um über Träume, Verantwortung und innere Haltung nachzudenken, da Führungspersonen in einem zunehmend komplexen Handlungskontext stehen, bei dem sie nicht auf Standardlösungen zurückgreifen können, sondern sich auf ihre Umsicht und Einsicht und allgemeine ästhetische Kompetenz verlassen müssen.

Hier findet keine Übertragung im Verhältnis eins zu eins statt, denn das Handeln von mittelalterlichen Königen etwa ist eine andere „Managementform" als das heutige Dasein einer Führungsperson zwischen Hedge-Fonds und PowerPoints. Was gerade im heutigen Management, wo autoritäre Anordnungen oftmals von emotionalen Kontrollbemühungen ersetzt werden, aber wieder wichtig ist, ist etwa die rhetorische Überzeugungskraft, für die auch gerne die Antonius-Rede in Shakespeare's *Julius Cäsar* bemüht wird.[51]

An der breiten Shakespeare-Rezeption in der Management-Welt lässt sich aber die oft oberflächliche Interpretation kritisieren, die von den „Helden" einfach anwendbare Lektionen lernen möchte: Heinrich V. etwa benutze wirksame Symbole und Geschichten und biete Erfolgstipps für den Manager von heute.[52] Heinrich V. ist ein Meister der Täuschung mit verschiedenen Gesichtern, aber kein moralisches Ideal und Vorbild, und das Shakespeare-Stück stellt vielmehr die Frage nach dem Eingenommensein von der eigenen Rolle, gab hingegen der theateraffine Managementforscher Iain Mangham[53] zu bedenken.

Shakespeares Werke zeigen Anti-Helden und Manipulatoren und lenken den Blick auf moralische Fragen von Führung, welche uns die Kunst, die Literatur, das Theater, aber nicht die zeitgenössische Managementliteratur in dieser Komplexität vermittelt. Viele Protagonisten in der Kunst, in Literatur und Theater, werden als inkohärente, unschlüssige Charaktere gezeigt. Solche Anti-Helden halten Konzepten wie *heroic leadership* und selbstbewussten Managern Masken der Verunsicherung entgegen und zei-

51 Cf. Biehl-Missal, Brigitte 2011, S. 138.
52 Cf. Augustine, Norman/ Adelman, Kenneth: *Shakespeare in Charge: The Bard's Guide to Leading and Succeeding on the Business Stage*. Hyperion: New York 1999.
53 Cf. Mangham, Iain: "Afterword: Looking for Henry". *Journal of Organizational Change Management* 14(3) 2001, S. 295–304.

gen eine provokative Verachtung von Verantwortlichkeit und Affirmation, um Skepsis und Zweifel gegenüber Konzepten von Führung (Leading) und Folgen (Following) zu entzünden.[54] So wird deutlich, dass eine lösungsorientierte, hastige Herangehensweise, die vermeintliche Fertigbausteine und eine probate Lösung sucht, nicht die wirkliche Reichhaltigkeit von Literatur oder anderen Kunstformen erschließen kann. Bei der Rezeption ginge es eigentlich darum, Widersprüche produktiv offen zu halten – was als charakteristisch für „Führung als Kunst"[55] definiert wurde. Wer sich darauf einlässt, kann Führung und Folgen auch mit dem Empfinden gewahr werden, ob sie oder er nun selber führen oder folgen will, oder sich gerade entschließt, es nicht zu wollen.

Fazit

Künstler wie Theatermacher, Autoren und Maler haben die Welt des Managements für ihre Arbeit entdeckt. Dabei zeigen sie auf verschiedene Arten Missstände, Verfehlungen und Absurditäten des Systems auf. Zur gleichen Zeit wächst in der Wirtschaftswelt das Interesse an der Kunst, und Manager sowie Mitarbeitende wenden sich dem Theater und der Literatur zu. Dies geschieht einerseits, um eben dieses System noch weiter zu ästhetisieren, durch feinere Rhetorik, bessere Inszenierungstechniken und subtile Beeinflussung von Mitarbeitenden, beispielsweise durch die Vorgabe von Interpretationsmustern und quasi-künstlerischen Handlungsweisen, die es dann der Effizienzsteigerung wegen umzusetzen gilt. Die Hinwendung zur Kunst entspringt auch der Hoffnung, die kritisierten Zustände zu verbessern. Manager möchten ein anderes Denken erproben, die Perspektive erweiternund Lehren lernen, die Managementfachbücher nicht liefern können. Darüber hinaus verbinden Kritiker die Hoffnung mit kunstbasierten Interventionen in der Wirtschaftswelt, dass der Einzelne das Angebot nutzt, das ausschließliche Effizienz-Denken, die maskenhafte Inszenierung „unter Eis" und den immer ähnlichen maskulinen Diskurs auf Alternativen zu prüfen. Mir war wichtig hervorzuheben, dass diese Erkenntnisleistung nicht nur inhaltlich, sondern über die ästhetische

---

54 Cf. Biehl-Missal, Brigitte 2010, S. 279–294.
55 Cf. Ladkin, Donna / Taylor, Steven 2010, S. 235–241.

Form, also die sinnliche Wahrnehmung stattfindet. Beispielsweise hat die Daimler-Hauptversammlung von Rimini Protokoll das Infragestellen von formelhafter Sprache und stilisiertem, kalten Auftreten durch den theatralischen Rahmen und die ästhetische Erfahrung den Besuchern in einem trüben Licht gezeigt. Theater ist immer mehr als der blosse Text, ist die Inszenierung und die Performance. So ist auch die Wirtschaftswelt mehr als ein Text, sie ist vielmehr zunehmend eine ästhetisch aufgeladene Angelegenheit, in der es um Bilder, Emotionen und Erlebnisse geht. Deshalb ist es wichtig, die Managementforschung mit so genannten ästhetischen Ansätzen zu erweitern, und interdisziplinäre Erkenntnisse aus anderen Fachbereichen einzubringen – und eben auch die Erkenntnisse in andere Bereiche zu tragen. Eine Kritik muss fächerübergreifend arbeiten, um wie auch die Kunst-Interventionen in der Arbeitswelt, andere Sichtweisen zu eröffnen um zu zeigen, dass, wie man in der Theatersprache so schön sagt, der Schein trügen kann. Es gilt die Frage nahezulegen, was passieren würde, wenn Mitarbeitende und Manager sich entschlössen, ihre Rollen nicht mehr oder ganz anders zu spielen.

Quellenverzeichnis

Adler, Nancy: "The art of leadership: Now that we can do anything, what will we do?". *Academy of Management Learning and Education Journal* 5(4), 2006, S. 486–499.

Adler, Nancy: *Leadership Insight. Going Beyond the Dehydrated Language of Management*. Routledge: New York 2010.

Augustine, Norman/ Adelman, Kenneth: *Shakespeare in Charge: The Bard's Guide to Leading and Succeeding on the Business Stage*. Hyperion: New York 1999.

Badaracco, Joseph: *Questions of Character: Illuminating the Heart of Leadership Through Literature*. Harvard Business School Press: Boston 2006.

Berthoin Antal, Ariane: *Research Report: Research Framework for Evaluating the Effects of Artistic Interventions in Organizations*, TILLT Europe 2009, retrieved 1.2.2015, from http://www.wzb.eu/sites/default/files/u30/researchreport.pdf

Berthoin Antal, Ariane/ Strauß, Anke: *Artistic Interventions in Organisations: Finding Evidence of Values-Added.* Creative Clash Report. WZB: Berlin 2013.

Biehl, Brigitte: *Business is Showbusiness. Wie Topmanager sich vor Publikum inszenieren.* Campus: Frankfurt a. M. 2007.

Biehl, Brigitte: „Vom Architekten zum Kriegsherrn. Metaphern der Top-Manager". In Bazil, Vazrik/ Wöller, Roland (Hrsg.): *Rede als Führungsinstrument. Wirtschaftsrhetorik für Manager – ein Leitfaden.* Gabler: Wiesbaden 2008, S. 189–202.

Biehl-Missal, Brigitte: "Hero takes a fall: A lesson from theatre for leadership". *Leadership* 6(3), 2010, S. 279–294.

Biehl-Missal, Brigitte: „Theaterkunst als Risiko und Inspiration für die Unternehmenskommunikation. Eine Künstlergruppe erklärt die Daimler-HV zum Theater". *Kommunikationsmanagement* (Losebl. hrsg. v. Bentele, Günter / Piwinger, Manfred/ Schönborn, Gregor. Neuwied 2001 ff.) 6.25. 2010. S. 1–22.

Biehl-Missal, Brigitte: *Wirtschaftsästhetik. Wie Unternehmen Kunst als Instrument und Inspiration nutzen.* Gabler: Wiesbaden 2011.

Biehl-Missal, Brigitte: „Using artistic form for aesthetic organizational inquiry: Rimini Protokoll constructs Daimler's Annual General Meeting as a theatre play". *Culture and Organization* 3(1), 2012, S. 211–229.

Biehl-Missal, Brigitte: „'And if I don't want to work like an artist …?' How the study of artistic resistance enriches organizational studies". *ephemera. Theory & Politics in Organization* 13(1), 2013, S. 73–87.

Biehl-Missal, Brigitte: "'I write like a painter': Feminine creation with arts-based methods in organizational research". *Gender, Work and Organization* 22(2), 2015, S. 179–196.

Bockemühl, Michael / Scheffold, Thomas: *Das Wie am Was. Beratung und Kunst. Das Kunstkonzept von Droege & Comp.* Frankfurter Allgemeine Buch: Frankfurt a. M. 2007.

Böhme, Gernot: *Atmosphäre. Essays zur neuen Ästhetik.* Suhrkamp: Frankfurt a. M. 1995.

Carroll, Steven / Flood, Patrick. *The Persuasive Leader. Lessons from the Arts.* Jossey-Bass: San Francisco 2010.

Gaya Wicks, Patricia / Rippin Ann: "Art as experience: An inquiry into art and leadership using dolls and doll-making". *Leadership* 6(3) 2010, S. 259–278.

Höbel, W.: „Anstachelung zum Aufruhr". *Der Spiegel* 16, 2009, S. 132–134.

Höpfl, Heather / Pullen, Alison / Rhodes, Carl: „Special Issue: Feminine Writing of Organizations". Gender, Work and Organization 22(2), 2015, S. 87–196.

Ladkin, Donna / Taylor, Steven: "Editorial: special issue on leadership as art: variations on a theme". *Leadership* 6(3), 2010, S. 235–241.

Landau, Verena: „Es störte mich immer, dass Malerei ein Medium ist, das traditionell so sehr an Besitzverhältnisse gebunden ist". In: Ullrich, Wolfgang (Hrsg.): *Macht zeigen. Kunst als Herrschaftsstrategie. Eine Ausstellung des Deutschen Historischen Museums Berlin.* Ruksal Druck, Berlin 2010, S. 212–219.

Lehmann, Hans-Thies: *Postdramatisches Theater: Essay.* Theater der Zeit: Berlin 1999.

Mangham, Iain: "Afterword: Looking for Henry". *Journal of Organizational Change Management* 14(3) 2001, S. 295–304.

Morgan, Claire / Lange, Kirsten / Buswick, Ted: *What Poetry Brings to Business.* The University of Michigan Press: Ann Arbor 2010.

Peters, Nina: „Aktionäre sind Schauspieler wider Willen". Stuttgarter Zeitung, 9.4.2009, S. 33.

Phillips, Mary / Pullen, Alison / Rhodes, Carl: „Writing organization as gendered practice: Interrupting the libidinal economy". Organization Studies 35(3), 2014, S. 313–333.

Pollesch, René: *Wohnfront 2001–2002 (Stadt als Beute, Insourcing des Zuhause. Menschen in Scheiß-Hotels, Sex nach Mae West).* Alexander Verlag: Berlin 2002.

Pollesch, R., KulturanthropologInnen, Kanak, TFM-StudentInnen (2001) Stadt als Beute 2. Aufgeführt im März 2002 im Künstlerhaus Mousonturm, Frankfurt am Main, Deutschland.

Richter, Falk: *Das System. Materialien Gespräche Textfassungen zu „Unter Eis",* hrsg. v. Anja Dürrschmidt, Recherchen 22. Theater der Zeit: Berlin 2004.

Rimini Protokoll: *Hauptversammlung*, 2009, retrieved 1.2.2015 http://www.rimini-protokoll.de/website/de/project_4008.html

Ullrich, Wolfgang: *Mit dem Rücken zur Kunst. Die neuen Statussymbole der Macht*. Klaus Wagenbach: Berlin 2000.

Zetsche, Dieter: „Rede des Vorstandsvorsitzenden anlässlich der ordentlichen Hauptversammlung der Daimler AG Berlin, 8. April 2009", retrieved 1.3.2015 https://www.daimler.com/Projects/c2c/channel/documents/1698387_daimler_ir_hv2009_rede_d.pdf

Anne-Berenike Rothstein
(Universität Konstanz)

„Pour your heart into it" – Inszenierungs- und Emotionalisierungsstrategien eines Managers

1. Von Eroberern, Königen und Arbeitern – (Selbst-)Stilisierungen eines Managers

„The only thing standing between you and your goal is the bullshit story you keep telling yourself as to why you can't achieve it"[1].

„You have to be authentic, you have to be true, and you have to believe in your heart that this is going to work"[2].

Die Lebenswege erfolgreicher Manager bieten für die Gesellschaft eine medial breit aufbereitete Plattform, sich mit eigenen Wünschen und Zielen auseinanderzusetzen. Ehrgeiz und Engagement scheinen dem Betrachter Ingredienzien dieses finanziell beeindruckenden und daher oftmals bewunderten Erfolgs. Beide Eingangszitate reflektieren diesen wirtschaftlichen Aufstieg, sprechen den Zuhörer bzw. Zuschauer auf einer persönlichen Ebene an und zielen doch auf ganz unterschiedliche Charaktereigenschaften ab: Jordan Belfort[3] rekurriert letztlich auf den Kampf mit sich selbst, während sich *Starbucks*-CEO Howard Schultz mit seiner Außenwirkung („authentic", „true") auseinandersetzt und sein Herz als ultimativen Ratgeber angibt, d. h. ganz explizit die Gefühlsebene anspricht. Diese Gefühlsbetonung eines

---

1 http://www.goodreads.com/quotes/222119-the-only-thing-standing-between-you-and-your-goal-is, abgerufen am 09.08.2015.

2 Howard Schultz im Interview in der Juli-August-Ausgabe 2010 der *Harvard Business Review* (https://hbr.org/2010/07/the-hbr-interview-we-had-to-own-the-mistakes, abgerufen am 05.08.2015).

3 Jordan Belfort arbeitet heute als Motivationstrainer. Ende der 1980er Jahre verdiente er als Aktienhändler ein Millionenvermögen, wurde allerdings aufgrund seiner Verwicklung in Wertpapierbetrügereien und Geldwäsche 1998 zu einer mehrjährigen Gefängnisstrafe verurteilt. Bekannt wurde seine Lebensgeschichte durch Martin Scorseses *The Wolf of Wall Street* (2013), der Jordan Belforts Autobiografie von 2007 zu Grunde legt.

wirtschaftlichen Anliegens ist ein beliebtes und nicht unbedingt innovatives Überzeugungs- und Selbstinszenierungsinstrument. Da diese Emotionalisierung bis hin zur Sentimentalisierung jedoch bei Howard Schultz systematisch mit Fiktionalisierung und Dramatisierung einhergeht, bietet seine Selbstinszenierung für den vorliegenden Sammelband einen idealen Untersuchungsgegenstand. Der folgende Beitrag widmet sich visuellen und rhetorischen (Selbst-)Darstellungsstrategien Howard Schultz', die u. a. an einem Interview in der *Harvard Business Review* (2010) und dem „first partner meeting"-Film im Rahmen der *Race Together*-Kampagne (2014/2015) von *Starbucks* aufgezeigt werden sollen. Der Aufsatz verfolgt nicht das Ziel, die Inszenierungsstrategien von Schultz' zu demaskieren, vielmehr strebt er ihre Systematisierung und Kontextualisierung sowie eine Definition von Emotionalisierung im Kontext von Managerinszenierungen an.

2. Inszenierung und Narrativierung eines Unternehmers/-ns

2.1 Visuelle Inszenierungsstrategien: „from rags to riches" – ein Mann aus dem Volk und für das Volk

Howard Schultz ist ein klassisches Beispiel für den amerikanischen Traum, die Verkörperung der „From rags to riches"-Story, der vom Tellerwäscher (bzw. einer Kindheit in einer Sozialwohnung in Brooklyn) durch harte Arbeit zum Millionär (bzw. zum milliardenschweren CEO der Kaffeehauskette *Starbucks*) aufsteigt[4]. Wie auch andere bekannte Manager rekurriert Schultz auf diesen persönlichen Hintergrund gerne und oft in Interviews und ganz explizit in seinen Biografien[5], um quasi seine Selbstinszenierung in einen kulturgeschichtlichen Kontext zu setzen. In seiner Autofiktion des idealistischen Mannes aus dem Volk lehnt er das Bild des Patriarchen strikt ab[6]. Für seine

---

4 http://www.bloomberg.com/bw/stories/2002-09-08/resume-howard-schultz, abgerufen am 09.08.2015.

5 *Pour Your Heart Into It: How Starbucks Built a Company One Cup at a Time* (1999) und *Onward: How Starbucks Fought for Its Life Without Losing Its Soul* (2012).

6 Im Gegensatz dazu wird das Bild des Eroberers und Seefahrers auf Amancio Ortega, Chef der Modekette *Inditex* und *Zara*-Gründer, projiziert; sein Siegeszug in der Modewelt mit historischen Bezügen zur Welteroberung verglichen (O'Shea, Covadonga: *Así es Amancio Ortega, el hombre que creó ZARA. Lo*

fast schon christologisch anmutende, ikonographische Selbstinszenierung erscheint der Manager ganz als Metonymie des Unternehmens, auf vielen Fotos mit dem *Starbucks*-Zeichen, das sich wie ein Nimbus um seinen Kopf rundet; zuweilen unterstreicht noch zusätzlich ein Lilien-Sträußchen am Revers die makellos-reine Inszenierung des Managers[7]. Fast ausschließlich mit weißem Hemd, oftmals im Gespräch, suggeriert Schultz zugleich auch eine Nähe zum Zuschauer. Die Erhöhung (die mit dem *Starbucks*-Nimbus aufgenommenen Fotos zeigen Schultz aus der Froschperspektive) mit paralleler Gleichsetzung zum Zuhörer (Schultz im Gespräch[8], (sein berühmtes Mantra „Let's keep talking" ist sogar Leitspruch für die *Race Together*-Kampagne); Schultz mit Basketballkappe[9]) definieren den Manager – auch ikonographisch – zum einen als Führungskraft bzw. Leitfigur (s)eines Unternehmens, zum anderen ist er Teil der Gruppe von Menschen, denen er (s)ein Gesicht gibt.

2.2 Rhetorische Inszenierungsstrategien – „to celebrate the human connection"[10]

Im absoluten Einklang mit Schultz' visueller Inszenierung lässt sich seine Rhetorik als Konversationsrhetorik („Rhetoric is exploring thought by conversation"[11]) und Emotionsrhetorik definieren, die auf sprachlicher Ebene (Wiederholungen, Metaphern[12]) und auf inhaltlicher Ebene (Aufbau von

---

que me contó de su vida y de su empresa. Madrid 2008). Carlos Slim, Chef von
u. a. *Telmex* und *América Movil*, wird mit König Midas verglichen. (http://www.
eleconomista.es/economia-eAm-mexico/noticias/6549680/03/15/Carlos-Slim-el-
rey-Midas-mexicano-.html#.Kku8TWKZcU5lD3R, abgerufen am 13.08.2015).

7 Vgl. http://slant.investorplace.com/2013/10/howard-schultz-sbux-starbucks-
stock/, abgerufen am 16.08.2015.

8 https://upload.wikimedia.org/wikipedia/commons/e/ea/Howard-
Schultz_2011-04-12_photoby_AdamBielawski.jpg, abgerufen am 05.08.2015

9 http://media.komonews.com/images/070213_Howard_Schultz.jpg, abgerufen
am 05.08.2015.

10 Howard Schultz im Interview in der Juli-August-Ausgabe 2010 der *Harvard
Business Review* (https://hbr.org/2010/07/the-hbr-interview-we-had-to-own-
the-mistakes, abgerufen am 11.08.2015).

11 McCloskey, Donald/Deirdre 1985, S. 483.

12 Vgl. McCloskey, Donald/Deirdre 1985. McCloskey untersucht die Rhetorik der
Wirtschaftswissenschaften und erkennt ein hohes Maß an Metapherndichte in
der Ökonomie.

Dichotomien, Pseudo-Privatheit, Epiphanie- und Wundergeschichten) den Zuhörer *beständig* davon in Kenntnis setzt, dass dieser Manager (und damit auch sein Unternehmen) vorrangig in der Weitergabe von Werten und Menschlichkeit seine Daseinsberechtigung findet (und nicht etwa nur im wirtschaftlichen Wachstum besteht); so antwortet er auf die Frage nach seinem Vermächtnis als Manager:

> Our role as leaders is to celebrate the human connection that we have been able to create as a company, and to make sure people realize the deep level of respect we have for the work they do and how they act. That is the legacy of the company. It's not to get bigger or to make more money[13].

Diese „Menschlichkeit" wird zunächst am Repräsentanten des Unternehmens festgemacht, indem dieser die Wertevermittlung vornimmt, die bei Schultz rhetorisch vorrangig durch Wiederholung derselben Begriffe funktioniert: „transparency" und „authenticity"[14] sind seine Maximen. Diese hehren Ziele werden nun gepaart mit einer Fülle von Begriffen aus dem Bereich der Gefühle und sogar des Religiösen: „emotions", „humility", „trust", „benevolence", „respect", „heart", „confidence", „truthfulness", „values", „vulnerability". Seine zweite Biografie, die seine Rückkehr als CEO 2008 ins Zentrum stellt (das Unternehmen war nach seinem Rücktritt als Vorstandsvorsitzender 2000 nach und nach in Finanz- und Image-Schwierigkeiten geraten), trägt den bezeichnenden Titel: *Onward: How Starbucks Fought for Its Life Without Losing Its Soul* und dramatisiert und fiktionalisiert das Unternehmen als Insel der Menschlichkeit, die sich gegen die grausam-grobe Wirtschaftswelt letzt-

---

13 Howard Schultz im Interview in der Juli-August-Ausgabe 2010 der *Harvard Business Review* (https://hbr.org/2010/07/the-hbr-interview-we-had-to-own-the-mistakes, abgerufen am 10.08.2015).

14 Vgl. hierzu auch den Vortrag von Yvette Sánchez bei der Tagung *Business-Fiktionen* in St. Gallen (http://www.cls.unisg.ch/~/media/internet/content/dateien/instituteundcenters/cls-hsg/veranstaltungen/business%20fiktionen%2031-10-2014/07_yvette%20s%C3%A1nchez.pdf). Vgl. ebenso die Untersuchung von Guo, die anhand einer empirischen Arbeit die Begriffsverwendung von Führungskräften untersucht und „transparency", „authenticity" und „competence" als am häufigsten verwendete Begriffe von Führungskräften ausmacht, die damit vom Publikum auch als am glaubwürdigsten wahrgenommen wurden (Guo, Wie (Vivian): *The Power of Plain Language: Executives' Rhetoric in Conference Presentations, Persuasion, and Stock Market Reaction.* Washington D.C. 2011, 16).

lich durchzusetzen vermag. Die Kurzbeschreibung für das Buch legt den Vergleich eines Kampfes gegen und den Sieg über das Unrecht in der Welt nahe:

> In *Onward*, he [Schultz] shares this remarkable story, revealing how, during one of the most tumultuous economic periods in American history, Starbucks again achieved profitability and sustainability without sacrificing humanity[15].

Bei einem Blick in das Inhaltsverzeichnis lassen sich in den Großkapitelüberschriften die bereits oben kategorisierten Schlagwörter wiederfinden: „(Part 1) Love", „(Part 2) Confidence", „Pain", „Hope", „Courage". Die Idee zu seinem weltweit agierenden Unternehmen hat Schultz nach eigenen Angaben auch durch einen magischen, ephiphanieartigen[16] Moment erhalten: Beim Besuch in einer Espresso-Bar in Mailand lernt er 1983 die Vorzüge des frisch gemahlenen Kaffees kennen und ist so begeistert, dass er eine Firma aus Seattle in ein Milliardenunternehmen verwandeln wird (dass sich die „Geburt" von *Starbucks* bereits 1981 in New York ereignete und v. a. auf das Geschäftstalent und Marketinggeschick von Schultz zurückzuführen ist, ist eine Randnotiz, die von Schultz nicht erwähnt wird[17]). Mit der Definition seines Führungsstils positioniert sich Schultz diametral zum Bild des nach Ruhm und Geld eifernden Managers:

> I think the leader today has to demonstrate both transparency and vulnerability, and with that comes truthfulness and humility and obviously the ability to instill confidence in people, and not through some top-down hierarchical approach[18].

---

15 http://www.amazon.de/Onward-Starbucks-Fought-without-Losing-ebook/dp/ B004OEIQEA, abgerufen am 11.08.2015.

16 Die Vergangenheit mit Epiphanie-Erlebnissen zu definieren ist ein beliebtes Mittel, um ein bestimmtes, letztlich für die restliche Gesellschaft unerreichbares Bild eines Menschen aufzubauen (Weber, Max: *On Charisma and Institution-Building*. Chicago 1968, 48).

17 http://www.zeit.de/2003/17/Starbucks, abgerufen am 10.08.2015.

18 Howard Schultz im Interview in der Juli-August-Ausgabe 2010 der *Harvard Business Review* (https://hbr.org/2010/07/the-hbr-interview-we-had-to-own-the-mistakes, abgerufen am 10.08.2015). Und zum Besipiel in ähnlicher Weise: „I think, the currency of leadership is transparency. You've got to be truthful. I don't think you should be vulnerable every day, but there are moments where you've got to share your soul and conscience with people and show them who you are, and not be afraid of it" (http://www.azquotes.com/author/13154-Howard_Schultz, abgerufen am 08.08.2015).

Das vorrangige Ziel dieser Emotionalisierung der Inhalte ist es, ein großes Identifikationspotential zu schaffen (auch durch das Zusammenspiel von Ich-Botschaften und Wir-Gefühl) und eine Sympathie für den Unternehmer (der pseudo-private Einsichten in seinen Erfolg gibt) und das Unternehmen zu entwickeln, die möglichst lange andauern soll. Die Identifikation läuft über den Hinweis auf ein Gemeinschaftsgefühl[19], das den Unternehmer, die Angestellten und den Käufer zu einer Gruppe mit ähnlichen Wertvorstellungen zusammenschließt. In einer beinahe christologisch anmutenden „Heilsgeschichte" findet Schultz im Interview mit der *Harvard Business Review* das passende Narrativ für diese Trias: Eine weibliche Barista in Tacoma, Washington, bedient täglich eine Kundin, die zunehmend kränklicher wirkt. Gefragt nach der Ursache, antwortet die Kundin, dass sie eine Nierentransplantation benötige, um nicht zu sterben. Die Barista spendet ihre Niere der Kundin – für Schultz, der die Barista vor Ort besucht, um ihr zu danken, ist dies das beste Beispiel „to celebrate the human connection"[20]. Es ist aber auch eine vorbildhafte Geschichte einer gänzlich verklärenden Inszenierung dafür, wie nicht mehr allein der Unternehmer die Menschlichkeit transportiert, sondern sogar seine Angestellten (Jünger) ihm auf seinem Weg folgen. Doch auch Howard Schultz ist sich bewusst, dass eine positiv konnotierte Emotions-Rhetorik allein nicht ausreicht, um Identifikation zu schaffen. Oppositionen, die sich gegen diese moralisch einwandfreie Welt stellen, findet Schultz in *McDonald's* und *Dunkin' Donuts*, die nach seiner Ansicht zu allem bereit sind, sogar „willing to do anything to capture or intercept customers – free coffee, coupons, say anything, do anything"[21].

---

19 Schultz verwendet auch Metaphern aus dem *American Baseball* („And this for a company that had always hit not singles or doubles but home runs", https://hbr.org/2010/07/the-hbr-interview-we-had-to-own-the-mistakes, abgerufen am 10.08.2015), auf die an dieser Stelle nicht näher eingegangen werden kann.

20 https://hbr.org/2010/07/the-hbr-interview-we-had-to-own-the-mistakes, abgerufen am 10.08.2015.

21 https://hbr.org/2010/07/the-hbr-interview-we-had-to-own-the-mistakes, abgerufen am 10.08.2015.

3. Die *Race Together*-Mitgliederversammlung – ein Drama mit Rahmen- und Binnenhandlung

Über die Internetauftritte von *Starbucks* ließen sich sicherlich mannigfaltige Abhandlungen schreiben und auch die *Race Together*-Kampagne (im Untertitel: *Conversation has the Power to Change Hearts and Minds* zeigt sich wieder der Einsatz der Schultzschen Schlagwörter) mit allen Für- und Gegenstimmen wäre eine eigenständige Publikation wert. Hintergrund der Kampagne sind die in den USA problematischen „race relations", die im Dezember 2014 wieder einen neuen traurigen Höhepunkt erreicht hatten[22]. Howard Schultz/*Starbucks* positionierte sich zu dem brisanten gesellschaftlichen Thema[23] (visuell untermalt im Pressebild, bei dem sich Schultz mittig unter das Schlagwort „Race" stellt und damit seinen Wunsch nach der Verbindung der Ethnien zeigt[24]) und veröffentlichte in der *New York Times* eine wirkungsmächtige komplette Seite in schwarz, auf der in kleinen weißen Lettern in der Mitte steht: „Shall We Overcome"?[25], das Firmenzeichen dezent am rechten Bildrand. Dies war der Anfang einer Mitte März 2015 gestarteten Initiative, die Gespräche und Diskussionen der „race relations" in Amerika anregen sollten, vornehmlich zwischen Angestellten von *Starbucks*, die – visuell unterstützt durch einen mit „Race Together" handschriftlich ausgezeichneten Becher – aufgefordert waren, sich mit ihren Kunden über „race relation" zu unterhalten. Ein Informationsblatt zu diesem Thema in *USA Today*, Partner von *Starbucks* bei dieser Initiative, war mehreren Ausgaben beigelegt, sämtliche Netzwerke sozialer Medien für Kommentare und Diskussionen eingerichtet und offen.

---

22 Weiße Polizisten hatten den 18 Jahre alten Michael Brown in Ferguson und den 43jährigen Eric Garner in Staten Island, N.Y. (http://www.theguardian.com/us-news/2015/aug/12/ferguson-state-of-emergency-protests) aus nicht gänzlich geklärten Gründen erschossen; in beiden Fällen kam es zu keinem Prozess (http://www.nytimes.com/2014/07/19/nyregion/staten-island-man-dies-after-he-is-put-in-chokehold-during-arrest.html?_r=0, jeweils abgerufen am 12.08.2015).

23 Wie auch zuvor zu Heirat von Gleichgeschlechtlichen, Waffenkontrolle, „US government gridlock" etc.

24 https://www.aei.org/publication/starbucks-races-to-the-bottom/

25 https://news.starbucks.com/news/what-race-together-means-for-starbucks-partners-and-customers, abgerufen am 05.08.2015.

Im Folgenden liegt der Fokus auf einem kleinen, über die *Starbucks*-Homepages einsehbaren Film, der das „first partner meeting" im Dezember 2014[26] zeigt, das als Grundstein der *Race Together*-Kampagne angesehen werden will und im vorliegenden Kontext der bislang dargestellten Inszenierungsstrategien von Schultz gelesen werden darf: Wer bei dem rund fünfminütigen „video from the first partner meeting in December 2014" (so wird der Film auf der Homepage bezeichnet) eine Konferenz des Leadership-Teams oder ihrer Partner erwartet hat, in der konkrete Möglichkeiten einer *Starbucks*-Intervention in die gesellschaftlichen Unruhen diskutiert werden, wird überrascht: Der Beitrag, der keinerlei Sachinformationen bietet und den Zuschauer ausschließlich auf rein emotional-persönlicher Ebene anspricht, ist ein kleiner, durchchoreographierter und -dramatisierter Film mit einem Plot (Rahmen- und Binnenhandlung), einem Hauptdarsteller, Nebendarstellern, Musik und letztlich sowohl spielfilmähnlichen als auch dokumentarästhetischen Charakteristika. In die Nähe des Dokumentarischen setzt sich der Film durch den Einsatz von Schwarzbildern mit weißer Schrift und der Verwendung von aktuellem Fotomaterial. In einer Art Prolog, von einer ruhig-nachdenklichen Instrumentalmusik begleitet, wird der Zuschauer dank der erwähnten, langsam nacheinander eingeblendeten Schwarzbilder mit weißer Schrift über den Ort des Geschehens in Kenntnis gesetzt („Wednesday Dec 10th. Starbucks Support Center, Seattle WA"), dann über den Initiator und den Rahmen, musikalisch durch den Einsatz einer Melodie (die sich später als musikalisches Leitmotiv[27] für Schultz herauskristallisieren wird) unterstrichen („Howard Schultz calls an improptu open forum") und schließlich über die Reaktion auf die Initiative („Hundreds of Starbucks Partners join the conversation"). Nach diesem Prolog erklingt wieder die leitmotivische Melodie, die Schwarzbilder werden ausgeblendet und der Zuschauer sieht Schultz hemdsärmelig in einer Mischung aus Fabrik- und Konferenzraum sitzen, wie er offensichtlich zu einer Menschen-

---

26 https://news.starbucks.com/news/race-together-conversation-has-the-power-to-change-hearts-and-minds, abgerufen u. a. am 12.08.2015.
27 Giannetti, Louis 1999, 211.

menge spricht. Er beginnt seine Ansprache mit ruhiger Stimme[28] *medias in res* mit einer Ich-Botschaft und zugleich der Versicherung, dass die nun folgenden Minuten nichts mit den wirtschaftlichen Interessen von *Starbucks* zu tun haben: „The last few weeks I've felt a burden of personal responsibility, not about the company but about what's going on in America"[29]. Nun folgen direkt Bilder von Straßenkrawallen, aber auch von Solidaritätsbekundungen, die immer zuerst in der Totalen gezeigt und herangezoomt werden. D.h. durch die permanente und wiederholte Fokussierung auf den inhaltlichen Bildmittelpunkt wird die Auseinandersetzung des Zuschauers mit dem Inhalt zuerst auf der Bildebene vorbereitet bzw. antizipiert. Howard Schultz' Stimme ist dann im Voice-Over zu hören; er beschreibt die Bilder nicht, sondern bezieht Stellung zu ihnen, denn er möchte, so sagt er, Lösungen für die Probleme entwickeln und setzt sich auch gegen Kritiker durch („And I've had people say to me ‚You know, Howard, that's not a subject that I think you should touch'"). Diese „Kritiker" sind ein ausschließlich dramatisches Element[30], um den Kampf für die Gerechtigkeit etwas spannender zu gestalten. Nun zieht die Kamera auf und der Zuschauer sieht Schultz vor seinem Publikum; er wechselt von der Ich- zur Wir- Perspektive („If we just keep going about our business …") und schickt einen Appell an seine Mitarbeitenden, wie er sein Unternehmen zu den Geschehnissen positionieren möchte („But I don't feel, candidly, that just staying quiet as a company, and staying quiet in this building is who we are and who I want us to be") – es geht also (wieder) um eine Definition des Leaders und seines Unternehmens, nun im Hinblick auf eine gesellschaftspolitische Positionierung. Howard Schultz, Protagonist des Films, und zugleich rahmenspendender Initiator

---

28 Die Selbstdarstellung Schultz' lässt sich sicherlich als Kontrast zum (millionenfach angeklickten) überemotionalen Auftritt von Steve Ballmer (CEO von *Microsoft*) auf einer Mitarbeiterversammlung von 2006 ansehen (http://www.youtube.com/watch?v=wvsboPUjrGc).

29 https://news.starbucks.com/news/race-together-conversation-has-the-power-to-change-hearts-and-minds, abgerufen am 12.08.2015. Alle weiteren Zitate sind unter diesem Link einsehbar.

30 Vgl. hierzu auch Howard / Mabley, die für einen gelungen Plot ein Ziel definieren, das der Protagonist nur im Überwinden von Hindernissen erreichen kann (Howard, David / Mabley, Edward 1996, 64 ff.).

der Kampagne eröffnet die Diskussion, seine letzten Worte „should or could do" werden auf Schwarzbild nur noch gesprochen. Daraus wird deutlich, dass sich alle nun folgenden Beiträge direkt an dieser Vorgabe orientieren. Die nun folgenden zehn Wortmeldungen unterschiedlicher Diskussionsteilnehmender (jeweils anderer Hautfarbe, anderen Alters und anderen Geschlechts) sind emotional-persönliche Ansichten zur „race relation" und formulieren alle den Wunsch, das Thema im privaten wie öffentlichen Rahmen zu diskutieren. Auffallend ist die Reihenfolge der Beitragenden, zunächst kommen zwei Männer zu Wort, die beide im Kontext der aktuellen politischen Situation sprachlich an Schultz' Rhetorik erinnern („You can't see it [racism], but you feel it" sagt der farbige Familienvater, „[...] we need to elevate everyone up to the exact same point so that we are really all equal", so der jung-dynamische Arbeiter). Nach diesen Wortmeldungen steuert der Beitrag zu seinem Höhepunkt (fast genau in der Mitte des Films). Eine farbige Frau formuliert nun in der identischen Emotionsrhetorik von Schultz ihre Zugehörigkeit zum Unternehmen: „I'm very touched, moved" (ein tiefer Seufzer). „And inspired by this conversation" (fängt zu weinen an und schließt die Augen, Applaus, legt die Hand aufs Herz). „This is why I joined this company 10 months ago. Because we have the courage to talk about the things that matter for humanity" (ist überwältigt und bricht ab). Die nächsten sieben Beiträge formulieren alle den Wunsch nach Konversation, auch nach Aufklärung, nur einmal wird noch auf das Unternehmen angespielt (wieder wird der Mut zur Initiative gelobt und der Stolz formuliert, Teil des Unternehmens zu sein). Schultz rückt allmählich wieder ins Blickfeld, nun stehend, als aufmerksamer Zuhörer. Die Musik mit Schultz' Leitmotiv setzt wieder ein und Schultz formuliert vor der gesamten Menge nun das von ihm postulierte Fazit des Treffens: „One thing I tell you is, we're not gonna stay quiet and ignore what's going on in the country. We're gonna find a way to thread our values and our sense of humanity into the national conversation"; wieder folgt eine Ausblende in schwarz (dem Zuschauer wird signalisiert, dass nun die Rahmenhandlung und Quintessenz folgen). Über dem Schwarzbild mit weißer Schrift („It all starts with a conversation") erklingt nur noch Schultz' Stimme im Voice-Over „and perhaps we can have some positive effect on the national discourse". Nun erhebt sich noch eine andere Stimme (die dem Zuschauer bereits durch ihren emotionalen Auftritt bekannt ist) und schließt die Sitzung (die Musik bleibt als elegische Untermalung) nicht nur mit einem Fazit („And this is the forum to start"), sondern auch mit einer antizipierten Versinnbildlichung der Konversation (der Zuschauer sieht die Frau nun wieder im Bild): „Hey, I may not agree with you (nun ist die Hand nicht am Herz, sondern zur Faust erhoben), I may not understand you. You may not agree or understand me. But I have value. You have value". Ihr letzter Satz ist ein direkter Rekurs auf das *Starbucks*-Café als sicheren, Ethnien vereinenden Ort: „Your perspective matters and we will hash this out in a safe space". Der Ausdruck „safe space" wird bereits über dem Schwarzbild gesprochen, das ausgeblendet wird und mit einem aufgeblendeten „Let's keep talking" schließt der Film.

Diese Mitgliederversammlung könnte man m. E. als Imagefilm bezeichnen, der nach strengen dramaturgischen Regeln aufgebaut und damit sogar in die Nähe eines Kurz-Spielfilmes oder Semi-Dokumentarfilms zu setzen ist. Zwar wird in dem Clip nicht das Produkt porträtiert, aber das Unternehmen als Sozialgefüge, vielleicht sogar Sozialutopie (im Gegensatz zur aktuellen Wirklichkeit) dargestellt und sogar beworben.

4. Macht der Gefühle oder Konstruktionen von Wirklichkeit

Durch visuelle und rhetorische Inszenierungen gelingt es Howard Schultz, sich als eine Art Heilsbringer und sein Unternehmen als eine bestimmte Form der Sozialutopie zu stilisieren. Damit zielt er auf die Konstruktion einer eigenen, verkauf- und bewerbbaren Wirklichkeit: eine diskussionsfreundliche und warmherzige Kaffeehausatmosphäre, die sich als Gegenentwurf zur Realität und zu anderen Unternehmenskulturen definieren möchte. M.E. könnte man von einem *Starbucks-Narrativ* sprechen, das die Synthese von Wirtschaftlichkeit, Emotionalisierung und Fiktionalisierung bzw. Dramatisierung demonstriert. Die vorliegende Analyse hat gezeigt, welche Kohärenz zwischen den visuellen und rhetorischen Inszenierungsstrategien von Howard Schultz besteht und mit welcher Stringenz diese Darstellungsmechanismen in unterschiedlichen Bereichen fortgesetzt werden.

Der Beitrag versteht sich als Anregung zum Thema der Emotionalisierung als Teil der Managerinszenierung. Eine tiefergehende Diskussion könnte u. a. darin bestehen, sich näher mit den gesellschafts- und kulturspezifischen Eigenheiten zu beschäftigen (wie lässt sich die Herz- und Religionsmetaphorik in den jeweiligen kulturgeschichtlichen Kontext setzen?) und Fragen nach der gender-spezifischen Konnotation der Ausführungen stellen (Funktioniert diese überbordende Gefühls-Metaphorik v. a. deshalb, weil Schultz ein sportlich-viriler Mann ist? Wie inszenieren sich Frauen, wie wirkt genau dieser Sprachgebrauch bei weiblichen Managern?). Auch die (Image-)Filme bieten m. E. ein ideales Ausgangsfeld zur Untersuchung von dramatischen und fiktionalen Elementen.

Quellenvereichnis

Giannetti, Louis: *Understanding Movies*. Prentice Hall: New Jersey 1999.

Guo, Wie (Vivian): *The Power of Plain Language: Executives' Rhetoric in Conference Presentations, Persuasion, and Stock Market Reaction*. University of Maryland: Washington D.C. 2011.

Howard, David / Mabley, Edward: *Drehbuchhandwerk. Techniken und Grundlagen mit Analysen erfolgreicher Filme*. Emons: Köln 1996.

McCloskey, Donald/Deirdre: „The Rhetoric of Economics". *Journal of Economic Literature*, vol. 21, No.2, 1983, 481–517.

O'Shea, Covadonga: *Así es Amancio Ortega, el hombre que creó ZARA. Lo que me contó de su vida y de su empresa*. La esfera de los libros: Madrid 2008.

Sánchez, Yvette: „Literaten und Manager zwischen Bild- und Leibhaftigkeit: Steigern „Authentizität" oder „Transparenz" den Fiktionalitätsgehalt?" (Vortrag am 31.10.2014, http://www.cls.unisg.ch/~/media/internet/content/dateien/instituteundcenters/cls-hsg/veranstaltungen/business%20fiktionen%2031-102014/07_yvette%20s%C3%A1nchez.pdf)

Schultz, Howard / Jones Yang, Dori: *Pour Your Heart Into It: How Starbucks Built a Company One Cup at a Time*. Hyperion: New York 1999.

Schultz, Howard / Gordon, Joanne: *Onward: How Starbucks Fought for Its Life Without Losing Its Soul*. Wiley: New York 2012.

Weber, Max: *On Charisma and Institution-Building*. The University of Chicago Press: Chicago 1968.

Internetdokumente:

http://www.goodreads.com/quotes/222119-the-only-thing-standing-between-you-and-your-goal-is

https://hbr.org/2010/07/the-hbr-interview-we-had-to-own-the-mistakes

http://www.bloomberg.com/bw/stories/2002-09-08/resume-howard-schultz

http://www.amazon.de/Onward-Starbucks-Fought-without-Losing-ebook/dp/B004OEIQEA

https://upload.wikimedia.org/wikipedia/commons/e/ea/Howard-Schultz_2011-04-12_photoby_Adam-Bielawski.jpg

http://www.azquotes.com/author/13154-Howard_Schultz

http://media.komonews.com/images/070213_Howard_Schultz.jpg

http://www.zeit.de/2003/17/Starbucks

http://www.youtube.com/watch?v=wvsboPUjrGc)

https://news.starbucks.com/news/race-together-conversation-has-the-power-to-change-hearts-and-minds

https://news.starbucks.com/news/what-race-together-means-for-starbucks-partners-and-customers, abgerufen am 05.08.2015.

http://www.eleconomista.es/economia-eAm-mexico/noticias/6549680/03/15/Carlos-Slim-el-rey-Midas-mexicano-.html#.Kku8TWKZcU5lD3R

http://slant.investorplace.com/2013/10/howard-schultz-sbux-starbucks-stock/

https://www.aei.org/publication/starbucks-races-to-the-bottom/

[all retrieved 15.11.2015]

Michael G. Festl (Universität St. Gallen) und Diana Festl-Pell
(Karlshochschule International University Karlsruhe)

Rettet Leviathan vor dem Ertrinken! Ein abduktiver Beitrag zu Wassermetaphern in der Wirtschaftskrise und ihrer Funktion

1 Eine charmante Forderung

Der Welt mehr Magie, der Wirtschaft mehr Fiktion verleihen, das klingt seit Max Webers melancholischen Meditationen zur Entzauberung der Welt charmant. Was die Wirtschaft betrifft, wird diese charmante Forderung im Folgenden jedoch auf zweifache Weise in Frage gestellt. Zum einen wird sich zeigen, dass sie insofern ins Leere läuft, als die Wirtschaft schon jetzt starke fiktionale Gehalte aufweist. Zum anderen wird evident werden, dass die Ergebnisse, die die Wirtschaft mittels ihrer Fiktionalität generiert, nicht zwingend positiv zu bewerten sind.[1] Beides soll auf Basis einer funktionalistischen Analyse geschehen, die sich der Tatsache widmet, dass in der jüngsten, bis heute nachwirkenden Wirtschaftskrise erstaunlich oft eine ganz bestimmte Sprachfigur – ein Metaphernkonglomerat, wie man auch sagen könnte – verwendet wird. Kennzeichen einer funktionalistischen Analyse ist es, ein Phänomen in den Blick zu nehmen und zu fragen, welche gesellschaftliche Funktion es erfüllt. Dabei ist das Phänomen, dem sich die vorliegende Untersuchung widmet, die Tatsache, dass im Sprechen über die jüngste Wirtschaftskrise erstaunlich oft auf Metaphern zurückgegriffen wird, die auf die eine oder andere Weise, manchmal direkter, manchmal indirekter mit Wasser zu tun haben, sprich, Wassermetaphern herangezogen werden, wie wir der Kürze halber

---

1 Mit der auf diese Weise zum Ausdruck gebrachten Skepsis gegenüber der Fiktionalisierung der Wirtschaft geht kein Zweifel daran einher, dass Literatur bessere Manager hervorbringen könnte, wie z.B. vertreten in: Czarniaska-Joerges, Barbara / Guillet de Monthoux, Pierre: *Good Novels, Better Management. Reading Organizational Realities in Fiction.* Routledge: London und New York, 1994. Für den Hinweis auf dieses Werk danken wir Yvette Sánchez.

sagen möchten.[2] Einschränkend soll vorausgeschickt werden, dass der vorliegende Aufsatz – im Geiste von Charles S. Peirce' Konzept des abduktiven Schließens – auf pointierte Weise darauf fokussiert, eine neue Idee in den Mittelpunkt zu stellen, deren Überzeugungskraft in Anschlussuntersuchungen genauer zu untersuchen ist. Für Peirce ist Abduktion „the process of forming explanatory hypotheses" und als solcher eine Operation „by which theories and conceptions are engendered".[3]

Dazu werden wir zunächst das Phänomen in den Blick nehmen, also darlegen, wie diese Wassermetaphorik in der Wirtschaftskrise zum Einsatz kommt (2). Im Anschluss allgemein auf die Funktion von Metaphern eingehen und vier Gründe unterscheiden, warum Prosa auch außerhalb des literarischen Bereichs im engeren Sinne gern durch Metaphern als Teil fiktionaler Sprache ersetzt wird (3). Beides zusammenführend unterbreiten wir unsere These über die Funktion der Wassermetaphorik in der Wirtschaftskrise und beleuchten dabei die Rolle, die Manager innerhalb dieses Komplexes spielen (4).

2 Wirtschaft im Wasser

Nun also zum Phänomen. Dieses stellen wir, aufgrund der dadurch erhöhten Plastizität, immanent – also von innen heraus – dar.[4] Ausgelöst wurde die im Jahr 2007 ihren Anfang nehmende Wirtschaftskrise durch das Platzen

---

2 Die Aufmerksamkeit für diesen Sachverhalt verdanken wir dem Vortragsmanuskript Francesca Rigottis *Metafore della crisi*, auf Basis dessen sie beim Symposium des Jahres 2014 der Schweizerischen Philosophischen Gesellschaft in St. Gallen referiert hat. Empirisch stützt sich diese These auf eine EDV-basierte Auswertung der Häufigkeit von Metaphern, mit denen die Medien die hier besprochene Wirtschaftskrise beschreiben. Sieben der neunzehn häufigsten Metaphern haben dabei etwas mit Wasser zu tun. Cf. Kuck, Kristin / Römer, David: „Argumentationsmuster und Metaphern im Mediendiskurs zur Finanzkrise". In: Lämmle, Kathrin / Peltzer, Anja / Wagenknecht, Andreas (Hrsg.): *Krise, Cash & Kommunikation. Die Finanzkrise in den Medien*, UVK: Konstanz / München 2012, S. 71–94, hier S. 84.

3 Peirce, Charles S.: *Collected Papers of Charles Sanders Peirce*. Herausgegeben von C. Hartshorne, P. Weiss und A. Burks. Harvard University Press: Cambridge MA, 1931–1958. 5.172 und 5.590.

4 Dass sogar die Ökonomie als Theorie der Wirtschaft von Metaphern durchzogen, ja genuin literarisch ist, zeigt überzeugend – und selbst wiederum auf

einer *Blase*, der Immobilienblase, wobei hier in Sachen Metaphorik nicht eindeutig ist, ob tatsächlich eine *Wasserblase* oder etwa eine Luft- oder gar eine Blutblase dem verwendeten Bild Pate steht. Eindeutiger in Sachen Wassermetaphorik wird es, sobald die Folgen dieses Blasenplatzens behandelt werden. Da kann man unter anderem hören, dass das Platzen der Blase dazu führte, dass Anlegern, Eigenheimbesitzern und Finanzinstitutionen das *Wasser* nun *bis zum Halse reiche*, sich manche gerade noch *über Wasser halten* könnten, einige dagegen bereits unter *Wasser stünden*, bestehende Vermögenswerte würden sich auf drastische Weise *auflösen*, wobei ein Ende ihres *Verdunstens* nicht in Sicht sei. Die Notlage werde noch dadurch verschärft, dass *der Untergang* einer Institution *das Untergehen* vieler anderer Institutionen *kaskadenartig* nach sich ziehe. Dass man sich von diesem *Sog nach unten* nicht so leicht befreien und zurück *an die Oberfläche schwimmen* kann, sei dabei auf den jetzt herrschenden Mangel an *Liquidität* im Markt zurückzuführen, förmlich *ausgetrocknet* seien die Märkte mittlerweile. Auf keinen Fall dürfe man die Prekarität der Situation unterschätzen. Von einem *Sturm im Wasserglas* könne mitnichten die Rede sein. Nichts Geringeres habe die globale Ökonomie nämlich *erlitten* als *Schiffbruch*.

Bezüglich der Frage nach den nun einzuleitenden Rettungsmaßnahmen ist die Gruppe der Wassermetaphern um *Flutwelle* und *Tsunami* der Gruppe der Windmetaphern um Sturm und Hurrikan überlegen, wenn auch auf beide Metaphernkonglomerate zurückgegriffen wird. Letztere, die Windmetaphorik, impliziert nämlich, dass man sich am besten ein trockenes Plätzchen sucht, sich nicht rührt und wartet, bis der Sturm vorübergezogen ist, aber dies ist in der Regel nicht, was zum Umgang mit der Wirtschaftskrise geraten wird. Vielmehr könne man, so wird von Seiten der Wirtschaft moniert, einiges tun, um den *Wirtschaftsdampfer schneller wieder flott zu bekommen*, was ja schon alleine deshalb unabdingbar sei, da, was die Wirtschaft betrifft, *alle im gleichen Boot sitzen*. Das im Zusammenhang mit Wasser stehende Bild der *Flutwelle* fügt sich hierzu insofern ein, als man von einer solchen zunächst *überschwemmt* wird und man sich als Folge davon in einer Situation wiederfindet, in der *Land unter* herrscht. Unter

---

literarisch anspruchsvolle Weise – McCloskey, Deirdre N.: *The Rhetoric of Economics*. The University of Wisconsin Press: Madison 1985/1998.

solchen Umständen kann nicht passiv darauf gewartet werden, bis sich das *Wasser* von selbst wieder zurückgezogen hat, sondern es muss gehandelt werden, um sich der *Wassermassen* schneller zu entledigen, und dies – aktives Bekämpfen – ist, was von Seiten der Wirtschaft oft empfohlen wird.

Konkret müsse zuallererst jeder *in Schieflage* geratene *Wirtschafts-dampfer* vom Staat gerettet werden, und zwar nicht durch Ziehen ins *Trockendock*, ergo: Verstaatlichung, sondern *auf hoher See* sei zu *flicken*, sprich: mit staatlichen Mitteln die momentan auftretenden *Löcher stopfen*. Aufgrund des bereits erwähnten *Kaskadeneffekts* würden ohne diese Rettungsaktionen nämlich *alle Dämme brechen*.[5] Gleichzeitig müsse dringend benötigtes Geld in den Wirtschaftskreislauf *gepumpt* werden, wobei hier vor allem die Zentralbanken gefragt seien. Diese hätten ihre *Schleusen zu öffnen* und den Markt mit *Liquiditätsspritzen* zu versorgen, ihn am besten gleich mit *Liquidität fluten*. Das sei zwar keine Garantie dafür, dass die Wirtschaft bald wieder *im Wind segelt*, denn seit John Maynard Keynes wisse man ja, dass man die Pferde zwar *zur Tränke führen* kann, diese aber erst noch *selbst saufen müssen*, in Prosa, dass die potentiellen Investoren das Geld auch abrufen müssen, das ihnen die Zentralbanken günstig zur Verfügung stellen. Jedenfalls könne die globale Wirtschaft nur auf diese Weise, *mit Liquiditätsspritzen*, wieder *auf Kurs gebracht werden*, um zunächst *in ruhigeres Fahrwasser zu gelangen* und, falls danach nicht erst *mal eine Flaute aufzieht*, auch wieder *Fahrt aufzunehmen*. Auf diese Weise kann verhindert werden, dass die gerade erlebte *Schneeschmelze* der globalen Ökonomie von einer langanhaltenden *wirtschaftlichen Eiszeit* gefolgt wird.

Jetzt gelte es also zu handeln. Jedenfalls könnte man es sich aufgrund der akuten Gefahr momentan nicht leisten, die Frage zu stellen, ob man sich angesichts der Vehemenz der gerade erlittenen Wirtschaftskrise an einer *Wasserscheide* befinde, an der man endlich *klar Schiff* mit der globalen Ökonomie *machen sollte*. Diese Frage sei, wenn überhaupt, erst zu behandeln, wenn die unmittelbare Gefahr der *Eiszeit* mittels *Liquiditätsspritzen* gebannt ist. Aber besser sollte man diese Frage, so die herrschende Wirtschaftslehre, vollständig unterdrücken, denn angesichts der Komplexität des

---

5   Die Dammbruchmetapher an dieser Stelle verdanken wir Markus A. Will.

Wirtschaftssystems sei es opportun, intentionalen Verbesserungsversuchen der globalen Wirtschaftsordnung von vornherein *den Wind aus den Segeln zu nehmen.*

Anzumerken bleibt noch, dass die Wirtschaft das Wasser nicht erst in der Krise für sich entdeckt hat. Vielmehr spielen Wassermetaphern, wie die folgende Liste zeigt, in ihr ganz allgemein eine große Rolle. Wer zahlen kann, ist schließlich *flüssig*, wer es nicht kann, ist es nicht und muss sich nach neuen Geld*quellen* umsehen. Und wem auch dies nicht gelingt, der ist aus Sicht der Ökonomie schlichtweg *über-flüssig*. Keynes' Diktum mit den Pferden an der Tränke aus dem frühen 20. Jahrhundert wurde bereits erwähnt. Im späten 18. Jahrhundert sorgte des Weiteren Benjamin Franklin für eine Bereicherung der Wassermetaphern in der Wirtschaft, als er die Beobachtung der Gemeinsamkeit von Geld und Zeit – *beides fließt* – zu der Identitätsaussage „Time is Money" verdichtete.[6] Entscheidend für die hier verfolgten Zwecke aber bleibt, dass die Verbindung von Wassermetaphorik und Wirtschaft in der letzten Krise zu ungeahnten Höhen getrieben wurde.[7]

3 Funktionen von Metaphern

Um vom Phänomen der inflationären Verwendung von Wassermetaphern in der Wirtschaftskrise zu deren Funktion zu kommen, möchten wir zunächst allgemein fragen, welchen Zwecken Metaphern dienen. Dabei unterscheiden wir vier Funktionen, ohne behaupten zu wollen, diese Liste wäre erschöpfend.[8] Metaphern können, erstens, ästhetischen Zwecken dienen. Eine Metapher wird dabei verwendet, um dem Rezipienten eine Freude

---

6 Zu Franklins Wendung vergleiche wiederum das bereits erwähnte Vortragsmanuskript Rigottis (siehe Fußnote 2).

7 Die Frage, ob diese Phänomenbeschreibung möglicherweise lediglich zeigt, dass unsere Gesellschaft als Ganze von Wassermetaphern durchzogen ist und die massive Verwendung von Wassermetaphern in der Wirtschaftskrise daher lediglich als Epiphänomen dieses größeren Komplexes zu verstehen ist, lassen wir zugunsten der Schreibökonomie unbeantwortet. Die Art ihrer Beantwortung machte in Bezug auf die beiden hier erreichten Ergebnisse für die Frage nach der Fiktionalität der Wirtschaft ohnehin keinen Unterschied.

8 Zum Beispiel übergehen wir, um uns kurz zu halten, den epistemologischen Ansatz innerhalb der kognitiven Linguistik. Für den Hinweis auf diesen Ansatz danken wir einem/r anonymen Gutachter/in.

zu bereiten. Dies geschieht, indem die Metapher als Ornament der Botschaftsübermittlung dient, die Sachaussage also schmückt. Dank Metapher wird der in Frage stehende Sachverhalt ansprechender vom Sender zum Empfänger transportiert als bei Verwendung schlichter Alltagssprache. Auf diese Funktion der Metapher hat unter dem Überbegriff „Analogie" Aristoteles mit Nachdruck hingewiesen. Er wählte als Beispiel u. a. das Alter, wenn selbiges von Dichtern als „Abend des Lebens" oder auch als „Sonnenuntergang des Lebens" bezeichnet wird und umgekehrt, wenn der Abend als „Alter des Tages" bezeichnet wird.[9]

Von der ästhetischen Funktion der Metapher ist, zweitens, die didaktische zu unterscheiden. Hier wird eine Metapher in der Hoffnung verwendet, dass sie beim Rezipienten das Verständnis für die zu übermittelnde Botschaft erhöht. Mittels Metapher soll ein Sachverhalt leichter nachvollziehbar, weil plastischer dargestellt werden. Um die hohe Bedeutung der Französischen Revolution für den weiteren Verlauf der europäischen Geschichte zu erklären, kann ein Sprecher beispielsweise sagen, diese habe ein politisches Erdbeben oder auch einen politischen Flächenbrand ausgelöst. Oder, um dem Rezipienten die hohe Bedeutung Angela Merkels für die CDU zu verdeutlichen, hält der Sprecher schlichtweg fest: „Angela Merkel ist die CDU".

Zudem existiert, drittens, eine pragmatische Funktion der Metapher. So möchten wir Metaphern bezeichnen, die den oder die Rezipienten zum Handeln veranlassen sollen.[10] Dank der Verwendung einer Metapher soll eine bestimmte Aktion ausgelöst werden oder auch, dies ist mitgedacht, eine mögliche Aktion unterdrückt werden. Dazu kann es mitunter nötig sein, den eigentlichen Sachverhalt mittels Metapher zu verschleiern, zum Beispiel im Sinne einer Übertreibung. Denn, wenn sich die Sachlage an sich bereits so darstellte, dass sie beim Rezipienten die vom Sender gewünschte

---

9   Aristoteles: *Poetik*. Reclam: Stuttgart, 1994, 1457b.

10 Was wir pragmatische Funktion der Metapher nennen, ist ähnlich zu Rigotti, die bezüglich Politik von „evokativen" Metaphern spricht, deren Ziel es sei, den Rezipienten „unmittelbar wachzurufen […] und in persönliche Betroffenheit [zu] versetzen", wobei wir mit dem Adjektiv ‚pragmatisch' stärker auf den Aspekt des Handelns abheben möchten, während es Rigotti um das Mitfühlen und Nachvollziehen zu gehen scheint. Rigotti, Francesca: *Die Macht und ihre Metaphern. Über die sprachlichen Bilder der Politik*. Campus: Frankfurt/M. 1994, S. 19.

Handlung auslösen würde, wäre die Verwendung der Metapher optional, ja, möglicherweise gar ein Hindernis für das Intendierte, in jedem Fall ein unnötiges Risiko. Aus der Suggestionskraft der Metapher speist sich die oftmals anzutreffende Skepsis gegenüber Metaphern, welche mitunter als reines Mittel der Manipulation angesehen werden, von Platons Verdacht, die meisten Dichter würden lügen[11], bis zu Orwells Warnung vor den politischen Gefahren, die vor allem von der häufigen Verwendung schal gewordener Metaphern ausgehen: Genutzt von der politischen Orthodoxie „to make lies sound truthful and murder respectable, and to give an appearance of solidity to pure wind", gehörten diese in den Mülleimer („dustbin").[12] Metaphern können also verwendet werden, um die Wahrscheinlichkeit von Aktionen zu erhöhen, vom Anstacheln zu einer Revolution bis zum Quietismus als Unterlassen einer möglichen Aktion. Innerhalb der pragmatischen Funktion der Metapher können wiederum zwei Unterformen voneinander abgegrenzt werden.

Zum einen der Euphemismus, mit dem ein Sachverhalt qua Metapher in ein besseres Licht gerückt wird, als er eigentlich verdient. Ein Beispiel hierfür stellt die Bezeichnung radioaktiver Endlager als „Entsorgungsparks" dar[13], ein anderes die Bezeichnung von Waterboarding als „verbesserte Vernehmungsmethode". Hier nimmt die Metapher die Form des Euphemismus an. Eine problematische Praktik wird qua linguistischer Umkodierung verharmlost, um Widerstand gegen sie zu hemmen oder gar nicht erst aufkommen zu lassen. Ebenso kann eine euphemistische Metapher verwendet werden, um die Wahrscheinlichkeit einer Handlung zu erhöhen, z. B. wenn Menschen dazu gebracht werden sollen, ein anstehendes Fußballspiel zu besuchen, indem dieses als „Duell der Giganten" gepriesen wird.

Zum anderen kann die pragmatische Metapher die Form des Dysphemismus, dem Gegenstück zum Euphemismus, annehmen. Der Dys-

---

11 Platon: *Der Staat*. Reclam: Stuttgart. 1982, 607b.

12 Orwell, George: 1946/Keine Jahresangabe, S. 359–360. Dabei nimmt Orwell neugeschaffene Metaphern, denen es gelingt, beim Leser ein lebendiges Bild des beschriebenen Sachverhalts auszulösen, von seiner Kritik aus. Op. cit., S. 350.

13 Dieses Beispiel entnehmen wir: Reitz, Michael (07. Juli 2012): *Der Geist ist sich selbst voraus. Die Metaphernlehre des Philosophen Hans Blumenberg* 2012, retrieved 16.03.2015, from http://www.deutschlandfunk.de/der-geist-ist-sich-selbst-voraus.1184.de.html?dram:article_id=216424

phemismus wird verwendet, um einen Sachverhalt beim Rezipienten der Botschaft schlechter, schlimmer, depravierter erscheinen zu lassen, als er ist. Als Beispiel taugt die von den Nationalsozialisten adoptierte Dolchstoßlegende, mittels derer die Weimarer Republik verunglimpft wurde. Die demokratische Revolution des Volkes gegen den deutschen Kaiser im Jahre 1918 wurde mit dem negativ konnotierten Begriff des „Dolchstoßes" gegen das eigene Heer belegt. Die als Resultat dieser erfolgreichen Revolution entstandene Republik konnte dadurch mit dem Stigma schlimmen Frevels versehen werden. Dies mit dem Ziel der Auslösung von Aktionen gegen selbige Republik, oder zumindest zur Legitimation solcher Aktionen.[14]

Neben der pragmatischen Metapher, die, wie gesehen, zwei Formen annehmen kann, ist, viertens, die metaphysische Metapher zu erwähnen, wie wir selbige bezeichnen möchten. Die dabei zutage tretende Vorstellung der Funktion von Metaphern wurde primär von Hans Blumenberg explizit gemacht, der in diesem Kontext auch von absoluten Metaphern spricht, „absolute" Metaphern oder auch notwendige Metaphern, wie man vielleicht sagen sollte, weil sich in diesem Fall das metaphorisch Ausgedrückte nicht in die Alltagssprache übersetzen lässt, nicht durch herkömmliche Begriffe substituierbar ist; „Übertragungen", so Blumenberg über diese Art der Metaphern, „die sich nicht ins Eigentliche, in die Logizität zurückholen lassen".[15] Gemäß Blumenberg offenbaren solche Metaphern Wissensgehalte, die sich mit Begriffen nicht oder zumindest noch nicht erfassen lassen. Sie weisen damit über das begriffliche Verstehen hinaus.

Mit einem konkreten Beispiel können wir hierbei nicht aufwarten, denn das Nennen eines Beispiels wäre der performative Beweis dafür, dass es

---

14 Oft genug wiederholt, können sich solche Metaphern zu Mythen verdichten und eine hohe Sprengkraft gewinnen, wofür Münkler in Bezug auf Deutschland sensibilisiert und Mythen dabei als „symbolische[s] Kapital" umschreibt. Münkler, Herfried: *Die Deutschen und ihre Mythen.* Rowohlt: Berlin 2009, S. 11.

15 Blumenberg, Hans: *Paradigmen zu einer Metaphorologie.* Suhrkamp: Frankfurt a. M. 1998/2013, S. 14. Bei Blumenberg ist diese Art der Metapher zentral für ein philosophisches Projekt, mit dessen Hilfe Blumenberg glaubt, die Begriffsgeschichte neu schreiben zu können. Zum philosophischen „Skandalon" eines solchen Projektes cf. Haverkamp, Anselm: „Prolegomena: Das Skandalon der Metaphorologie". In: Blumenberg, Hans: *Paradigmen zu einer Metaphorologie.* Suhrkamp: Frankfurt a. M. 2013, S. 195–240.

sich nicht um eine absolute Metapher in Blumenbergs Sinn handelt, da das Beispiel nur nachvollziehbar wäre, wenn aus der Metapher in die Alltagssprache zumindest teilweise zurückübersetzt werden könnte, was jedoch per Definition ausgeschlossen ist. Was Blumenberg, der Sprachforscher, im Unterschied zu Blumenberg, dem Metaphysiker, dabei primär im Sinn zu haben scheint, ist die Untersuchung von Metaphernkonglomeraten, weil in derartigen Konglomeraten Aussagen über Dinge stecken können, die sich mit der Normalsprache nicht transportieren lassen. Beispielsweise könne man, so argumentiert Blumenberg, aus der Häufung von Aeronautik-Metaphern in der Moderne vieles über den modernen Menschen erschließen, das man nicht herausfinden könnte, wenn man lediglich die verwendeten Begriffe zur (Selbst-)Beschreibung der Moderne untersucht. Wer Metaphern inspiziert, dringe deshalb in höhere als die wissenschaftlich erfassbaren Bereiche vor, weshalb wir diese Funktion von Metaphern als metaphysisch bezeichnen: Die Metapher transportiert Sinngehalte, die (noch) nicht vollständig erkannt werden können.

4 Wirtschaft als Leben

Welche dieser Funktionen von Metaphern spielen bei der Erklärung der Ubiquität der Wassermetaphorik in der Wirtschaftskrise eine Rolle? Die metaphysische scheint uns allenfalls von geringer Relevanz zu sein, werden mit den verwendeten Metaphern doch Diagnosen und Maßnahmen umschrieben, die auf der empirischen Wissenschaft Ökonomie beruhen, und damit grundsätzlich übersetzbar sind.

Die ästhetische Funktion der Metapher dürfte durchaus eine Rolle spielen. Dank der abwechslungsreichen und anziehenden Wassermetaphorik – Schiffsunglücke beispielsweise haben durchaus etwas Faszinierendes, wenn auch auf perfide Art und Weise[16] – können die mit der Wirtschaftskrise verbundenen Sachverhalte auf ansprechendere Weise kommuniziert werden. Daher ist mit Metaphern aufwartenden Berichten zur Wirtschaftskrise eine höhere Aufmerksamkeit beschieden, was wiederum primäres Anliegen der Medien als hauptsächliche Verbreiter dieser Metaphern ist.

---

16 Cf. hierfür wiederum Blumenberg, diesmal seine Studie *Schiffbruch mit Zuschauer*. Blumenberg, Hans: *Schiffbruch mit Zuschauer. Paradigma einer Daseinsmetapher*. Suhrkamp: Frankfurt a. M. 1979/2012.

Auch die didaktische Funktion von Metaphern dürfte von Belang sein. Die eingesetzten Metaphern erhöhen nicht nur das Interesse an den Sachverhalten und damit deren Einprägsamkeit, sondern, gezielt eingesetzt, können sie zudem das Verständnis auf der Sachebene steigern. In jedem Fall dürfte die Aussage, der offene Immobilienfonds x trocknet aus, eine in didaktischer Hinsicht sinnvolle Ergänzung darstellen, anstatt lediglich zu explizieren, dass die Anbieter des Fonds x Forderungen von Anlegern zur Rückerstattung ihrer eingesetzten Mittel aufgrund des Überschreitens einer kritischen Masse dieser Forderungen nicht mehr bedienen könnten, weil der Großteil ihrer angelegten Mittel in Immobilien investiert ist, und aus regulatorischen Gründen auch sein muss, und sich daher nur in längerer Frist in faktisch auszahlbare Mittel zurücktransformieren lässt.[17]

Entscheidend zur Erklärung der Funktion der Wassermetaphorik in der Wirtschaftskrise aber ist, so unser abduktiver Schluss, die pragmatische Funktion von Metaphern, und zwar in einer nicht ganz einfach zu entwirrenden Verschränkung beider Formen dieser Metapher, der des Euphemismus und der des Dysphemismus. Um dies vor Augen zu führen, werden wir zunächst an die zu Beginn dargelegte Wassermetaphorik in der Wirtschaftskrise anknüpfen und versuchen, selbige konsequent zu Ende zu denken. Was die Verkünder der Wassermetaphorik mitunter nämlich vergessen, vielleicht auch vergessen machen möchten, ist die Frage nach den Ursachen der letzten Wirtschaftskrise. Und dies obwohl sich die Beantwortung dieser Frage in den Kontext der Wassermetaphorik einfügen ließe.

Kommen wir zu den Ursachen der Wirtschaftskrise und wollen dabei der Wassermetaphorik treu bleiben, gilt es nämlich, zu berücksichtigen, dass das globale Wirtschaftssystem heute mächtiger ist als je zuvor, dass es einem

---

17 In der so verwendeten Metapher stellt, wie man in der Metapherntheorie sagen würde, die Wendung „trocknet aus" das Vehikel der Metapher dar, die Wendung, die an das eigentlich zu Sagende tritt. Die lange Erklärung des Sachverhalts stellt den Tenor dar, den Sachverhalt, der weitergegeben werden soll. Dabei dürfte es sich im genannten Fall durchaus um eine Metapher handeln, bei der das Vehikel weit entfernt vom Tenor ist, was gemäß Donoghue grundsätzlich für die literarische Qualität dieser Metapher spricht: „The force of a good metaphor is to give something a different life, a new life. A metaphor is all the better the more the vehicle differs from the tenor". Donoghue, Denis: *Metaphor*. Harvard University Press: Cambridge Ma. 2014, S. 2.

gewaltigen *Seeungeheuer* gleicht, dem biblischen *Leviathan*, so mächtig, dass der politische *Leviathan* des Thomas Hobbes gegen dieses ein *kleiner Fisch* ist. Des Weiteren darf man wohl festhalten, dass diese Krise von der Wirtschaft selbst ausgelöst worden ist, nicht etwa durch politisches Versagen, einem kriegsbedingten Ölschock etwa. Wie aber kann es passieren, so die naheliegende Frage, dass eine solch mächtige Wirtschaft *in Seenot gerät*? Wie kann es sein, dass einem solch *gewaltigen Leviathan*, dessen *Element* das *Wasser* doch ist, selbiges nun *bis zum Halse steht*? Zu antworten ist, dass dieser *Leviathan* die missliche Lage, in der er sich befindet, selbst verschuldet hat, indem er die *See* so sehr *in Wallung brachte*, dass er nun Gefahr läuft, von den dabei ausgelösten *Wellen verschluckt* zu werden.

Aber wenn dem so ist, so wollen wir etwas provokant hinzufügen, ist es dann wirklich legitim, dass die Gesellschaft im Allgemeinen, die Politik im Besonderen diesem *Leviathan* zu Hilfe eilt, noch dazu, wo selbiger doch sonst nicht selten verächtlich auf die Gesellschaft herabblickt, diese als Bittsteller bezeichnet, als an seinem Tropfe hängende? Warum soll die Gesellschaft das globale Wirtschaftssystem, mittels eines staatlichen Bailouts, vor den negativen Auswirkungen von Konstrukten retten, die die Wirtschaft selbst, allen voran die global vernetzte Finanzwirtschaft, erzeugt hat? Vor Konstrukten wie Sub-prime lending, Junk Bonds, Special Purpose Vehicles, Floating-Rate Mortgages, Credit Default Swaps, Insurance Linked Securities, Syndicated Loans, Collateralized Debt Obligations, Location-Efficient Mortgage, Upper-Class-Caviar Carriers, Dirty-Garbage-Downfall Bonds? Zugegeben, die letzten beiden haben wir frei erfunden, aber das fällt im Wust dieser ganzen Konstrukte kaum auf.

Die globale Wirtschaftsordnung *nicht* mit staatlichen Mitteln retten, das wäre angesichts der Umstände ihrer *Seenot* eigentlich konsequent gewesen. Das wurde aber nicht unterlassen, im Gegenteil, es wurden üppig ausgestattete *Rettungswesten* ausgeworfen, um *Leviathan* vor dem selbstverschuldeten *Ertrinken zu retten*. Dass dies getan wurde, hat, so unsere These, auch etwas mit der Wassermetaphorik zu tun, freilich in der nicht konsequent zu Ende gedachten Form – ohne Leviathan. Dies wäre die Funktion der Wassermetaphorik in der Wirtschaftskrise, nach der wir fragen. Wie nun hat die Wassermetaphorik einen Beitrag dazu geleistet, dass die Gesellschaft willens war, diesem Wirtschaftssystem mit massiven Investitionspaketen unter die Arme zu greifen? Der Schlüssel zur Beantwortung dieser Frage liegt

u. E. in der Verschränkung von Euphemismus und Dysphemismus, mit der die missliche Lage der Wirtschaft qua Wassermetaphorik vermittelt wurde. Einerseits fungierte die Wassermetaphorik als Dysphemismus. Die Situation wurde u. a. mit den Metaphern ‚wir haben Schiffbruch erlitten‘, ‚uns steht das Wasser bis zum Hals‘, ‚es herrscht Land unter‘ dramatischer dargestellt, als sie war. Die Krise, in der sich die Gesellschaft dank der Wirtschaftskrise wiederfand, war zu keiner Zeit auch nur annähernd so dramatisch wie die Situation eines Schiffbrüchigen auf hoher See. Niemand hatte wohl das Gefühl, in unmittelbarer Lebensgefahr zu schweben. Zudem zieht man es natürlich vor, sich in einer Wirtschaftskrise zu befinden als in einer Situation, in der einem das Wasser im wörtlichen Sinne bis zum Halse steht. Aber die Verwendung schockierender Wassermetaphern im Umfeld nautischer Katastrophenszenarien zur Beschreibung der gesamtgesellschaftlichen Situation wirkte in hohem Maße alarmierend, dramatisierend und war zur Verbreitung von Panik und damit dem Heraufbeschwören von Aktionismus gut geeignet. Die Wassermetaphorik war probates Mittel, um die Situation schlimmer darzustellen, als sie sich faktisch gestaltete – Dysphemismus.

Gleichzeitig übermittelte die Wassermetaphorik einen entscheidenden Euphemismus, einen Euphemismus, der den Dysphemismus in Sachen Situationsbeschreibung einbettete. Der wiederkehrende Vergleich zwischen zwei Begriffen, die anhaltende Nennung beider in einem Atemzug, das Übersetzen von einem Sinnbereich in den anderen und wieder zurück, löst gemäß einem in sprachphilosophischer Hinsicht gut etablierten Topos beim Rezipienten die Auffassung aus, dass beide auch wirklich etwas miteinander zu tun haben, dass sich beide auch in der Realität ähneln, dass beide auch tatsächlich Eigenschaften teilen.[18] Im hier abduktiv behandelten Fall wurde die Wirtschaft fortgesetzt mit dem Wasser zusammengebracht, an selbiges assimiliert, womit den Rezipienten nahegelegt wird, dass die Wirtschaft Eigenschaften mit dem Wasser teilt. Auf diese Weise wird die Wirtschaft

---

18 An vielen Beispielen wird diese Transferleistung der Metapher, die Strukturierung eines Sinn- und Handlungsbereichs durch Metaphern, von Lakoff und Johnson herausgearbeitet. Lakoff, George, / Johnson, Mark: *Leben in Metaphern. Konstruktion und Gebrauch von Sprachbildern.* Carl-Auer: Heidelberg. 1980/2003, z. B. „Argumentieren ist Krieg“ S. 12–13 oder „Zeit ist Geld“ S. 16–17.

in eine andere Sinndimension erhoben; angeglichen an das Wasser, das vor allem für Leben steht, wird auch sie mit Leben in Verbindung gebracht. Wie das Wasser ist auch die globale Wirtschaftssordnung als lebensnotwendig anzusehen, so der Subtext, der in der Verwendung der Wassermetaphorik in der Wirtschaftskrise mitschwingt.[19] Ohne dies explizit machen zu müssen, übermittelt diese Metaphorik somit einen starken Euphemismus der Wirtschaft. Der Ruhm des Wassers färbt auf sie ab. Überhaupt gibt es nur eine Flüssigkeit, die in noch höherem Maße als Symbol für Leben steht als Wasser: Blut. Vielleicht ist es daher auch kein Zufall, dass die Blutmetaphorik am Ursprung der modernen Wirtschaftswissenschaft steht. Es ist Francois Quesnay, der die moderne Wirtschaftswissenschaft auf den Weg bringt, indem er, neueste Erkenntnisse aus der Medizin seiner Zeit aufnehmend, eine Analogie zwischen dem Wirtschafts- und dem Blutkreislauf in den Mittelpunkt seiner ökonomischen Überlegungen stellt.

Dieser Euphemismus der Wirtschaft als Ganzer umwölbt, wie gesagt, den Dysphemismus in der Beschreibung der gegenwärtigen Situation der Wirtschaft, bettet ihn ein. Werden diese beiden Teile zusammengedacht, liegt die Vermutung nahe, dass der Wassermetaphorik in der Wirtschaft hohe Persuasionskraft für die Affirmation der Rettung der Wirtschaftsordnung zukommt, dass sie von hohem funktionalen Wert für die Verfechter der Rettung der Wirtschaft durch die Politik ist. Dank des Euphemismus der Wirtschaft als Ganzer – Wirtschaft ist Leben – kann kein Zweifel darüber aufkommen, dass das vorherrschende Wirtschaftssystem unbedingt und in jeder Situation gerettet werden muss. Dank des Dysphemismus in der Beschreibung der Situation, in der die globale Wirtschaft sich befindet – der Wirtschaft steht das Wasser bis zum Hals –, wird wiederum kein Zweifel daran gelassen, dass diese Wirtschaft in höchster Gefahr schwebt. Die Wassermetaphorik in der Wirtschaftskrise sorgt somit dafür, dass die Lage der schiffbrüchigen Wirtschaft als hochdramatisch eingestuft wird

---

19 Für die Wirtschaft als Leben cf. Boers, Frank / Demecheleer, Murielle: „A few Metaphorical Models in (Western) Economic Discourse". In: Liebert, Wolf-Andreas / Redeker, Gisela / Waugh, Linda (Hrsg.): *Discourse and Perspective in Cognitive Linguistics*. John Benjamins: Amsterdam / Philadelphia 1997, S. 115–129. Diese untersuchen drei große Metaphernbereiche in der Wirtschaft: Weg-Metaphern, Gesundheitsmetaphern und Kriegsmetaphern. Die Metapher des Lebens passt gut in die zweite Kategorie.

und gleichzeitig dafür, dass die Schiffbrüchige als eine mit allen Mitteln zu rettende ausgewiesen wird.

Damit möchten wir nun keineswegs insinuieren, die von der Politik zur Rettung der Wirtschaft im Überfluss ausgeworfenen Rettungswesten wurden hauptsächlich aufgrund einer gelungenen Metaphorik ausgeworfen. Sicherlich lassen sich signifikantere Variablen zur Erklärung dieses Zusammenhangs finden. Was wir aber zur Diskussion stellen möchten, ist, dass sich diese Metaphorik überaus behände in diese gesellschaftlichen Vorgänge einfügen lässt und vielleicht als ein Mosaikstein im ganzen Bild der Rettung der Wirtschaft anzusehen ist. Insofern kann eine funktionalistische Untersuchung der Sprache helfen, derartige Vorgänge tiefer zu durchdringen und dafür sensibilisieren, welch eminenten Einfluss Sprache auf Handeln haben kann, und dass die Sprache, gerade die fiktionale Sprache, ein mächtiges pragmatisches Werkzeug darstellt, das, wie jedes andere Werkzeug auch, sowohl zu gutem Zwecke gebraucht als auch zu schlechtem Zwecke missbraucht werden kann.

Dabei ist die kritische Frage, die an jede funktionalistische Analyse zu stellen ist, die nach der Intentionalität: Wer soll das eigentlich sein, der für die Verwendung solcher Metaphern sorgt und noch dazu auf derart listige Art und Weise, wie hier postuliert? In Anlehnung an die Evolutionstheorie könnte ein Funktionalist hier entgegnen, man habe sich dies nicht dergestalt vorzustellen, als wäre zuerst die Problematik da und als hätte sich dann jemand überlegt, wie er seine Sprechweise der Problematik anzupassen habe, um selbige zu überwinden, sondern vielmehr so, dass die Sprechweise zuerst da war und diese von Haus aus gut auf die sich nun stellende Herausforderung gepasst hat – „passen", englisch: „to fit", im Sinne von Zufällig-Richtig-auf-eine-Umweltveränderung-Eingestellt-Sein und nicht im Sinne intentionaler Anpassung. Auf Basis dieser Argumentation hinge das Überleben gesellschaftlicher Systeme nicht von der Schnelligkeit der Anpassung auf Umweltveränderungen ab, sondern muss, wie das Überleben von Gattungen in der Biologie, als ein zufälliger Vorgang angesehen werden, insofern gerade die gesellschaftlichen Praktiken weitergeführt werden, die von vornherein über eine gegenüber der neuen Herausforderung gut angepasste Rechtfertigungsrhetorik verfügen. In Bezug auf die globale Wirtschaftsordnung wäre somit festzuhalten, dass diese mit ihrer Wassermetaphorik über ein per se widerstandsfähiges Deutungsangebot verfügt, eine Metaphorik, derer sich die Wirtschaft, wie wir angedeutet haben, ganz grundsätzlich bedient und die sie in Krisen lediglich mobilisiert und intensiviert.[20]

Schlussendlich kommen wir auf die sogenannten „Top-Manager" zu sprechen, auch hier wieder pointiert, denn, was wir vermuten, gilt sicherlich nicht für alle, vielleicht sogar nur für eine kleine, jedoch hervorstechende und auffällige Minderheit unter ihnen. Aus dem, was bisher dargelegt wurde, geht bereits hervor, dass wir nicht etwa behaupten möchten, die Top-Manager seien Urheber der Wassermetaphorik. Dies würde eine Überschätzung ihres Einflusses, ihrer Gerissenheit und vermutlich auch ihrer fiktionalen Kompetenzen darstellen. Was wir aber glauben, ist, dass manche Manager die größten Profiteure der Wassermetaphorik in der Wirtschaftskrise sind. Dank dieses funktional so hochwertigen Metaphernkonglomerats können sie, die vielbewunderten *Kapitäne* der Wirtschaft, ihre imposanten *Dampfer*, die Unternehmen, weiterhin über die globalen *Wirtschaftsströme* *navigieren*. Anstatt die Wirtschaftswelt angesichts wiederkehrender gesamtgesellschaftlicher Krisen gründlich zu reformieren, was sicherlich eine Beschneidung der Macht der Top-Manager beinhalten würde, bleibt für sie alles beim Alten, so als wäre nichts geschehen, so als hätte es auch die jüngste *Seenot* nie gegeben.

Nicht zuletzt – ja wahrscheinlich sogar vor allem – profitiert manch Manager also von der großen Fiktion, Wirtschaft wäre mit Leben gleichzusetzen, in Verbindung mit der Auffassung, dass man in Leben, in Natürliches, besser nicht künstlich eingreift, man es höchstens zu retten versucht, wenn es in Lebensgefahr schwebt. So als wäre nichts passiert, so als hätte es nicht erst kürzlich eine Vielzahl von Top-Managern gegeben, die ihre *Schiffe* zu unserer aller Schaden grob fahrlässig zum *Kentern brachten*, dürfen dieselben Manager auch dank einer Fiktion weiterhin von ihren luxuriös ausgestatteten *Kommandobrücken* grüßen und werden, so es doch mal zu einer Kündigung kommt, nicht selten mit üppig ausgestatten *Rettungswesten* entlassen.

---

20 Die potentielle Mächtigkeit von Metaphern macht Marshak für den Bereich der Organisationstheorie deutlich. Marshak, Robert: „Metaphors, metaphoric fields and organizational change". In: Grant, David / Oswick, Cliff (Hrsg.): *Metaphor and Organizations*, Sage: London 1996, S. 147–165.

Dass sich unter ihren Zuschauern hin und wieder eine *Landratte* findet, die ihnen die Bewunderung versagt und es sich erlaubt, nicht zurückzugrüßen, sondern *ihr Navigieren* kritisch zu beäugen, ficht diese mächtigen *Kapitäne* vermutlich nicht an. Überhaupt, so sind nicht wenige Kadervertreter wie auch Seemänner geneigt zu verkünden: Von Landratten müssen wir uns gar nichts sagen lassen, diese haben leicht reden, ziehen sie es doch vor, auf dem sicheren Lande zu verweilen, während wir uns den Stürmen stellen – folglich ist es nur gut und recht, dass diese Landratten zwar lamentieren dürfen, jedoch nichts zu entscheiden haben. Uns armen, unnützen *Klabautermännern* bleibt daher nur, uns mit den Worten des römischen Dichters Lukrez zu trösten, der im Zweiten Buch seiner Abhandlung *Über die Natur der Dinge* in Bezug auf Schiffbruch mit Zuschauer (Blumenberg) folgendes festgehalten hat:

Süß ist's, anderer Not bei tobendem Kampfe der Winde
Auf hoch wogigem Meer vom fernen Ufer zu schauen.
Nicht als könnte man sich am Unfall andrer ergötzen
Sondern dieweil man es sieht, von welcher Bedrängnis man frei ist.

Nur – die letzte Wirtschaftskrise hat auf brutale Weise gezeigt: Niemand darf sich gänzlich frei von den Manövern der Wirtschaftskapitäne wähnen. Diese Freiheit wäre eine Fiktion, eine gefährliche noch dazu.

Quellenverzeichnis

Aristoteles: *Poetik*. Reclam: Stuttgart, 1994.

Boers, Frank / Demecheleer, Murielle: „A few Metaphorical Models in (Western) Economic Discourse". In: Liebert, Wolf-Andreas / Redeker, Gisela / Waugh, Linda (Hrsg.): *Discourse and Perspective in Cognitive Linguistics*. John Benjamins: Amsterdam / Philadelphia 1997, S. 115–129.

Blumenberg, Hans: *Paradigmen zu einer Metaphorologie*. Suhrkamp: Frankfurt/M. 1998/2013.

Blumenberg, Hans: *Schiffbruch mit Zuschauer. Paradigma einer Daseinsmetapher*. Suhrkamp: Frankfurt/M. 1979/2012.

Czarniaska-Joerges, Barbara / Guillet de Monthoux, Pierre: *Good Novels, Better Management. Reading Organizational Realities in Fiction*. Routledge: London und New York, 1994.

Donoghue, Denis: *Metaphor*. Harvard University Press: Cambridge Ma. 2014.

Haverkamp, Anselm: „Prolegomena: Das Skandalon der Metaphorologie". In: Blumenberg, Hans: *Paradigmen zu einer Metaphorologie*. Suhrkamp: Frankfurt/M. 2013, S. 195–240.

Kuck, Kristin / Römer, David: „Argumentationsmuster und Metaphern im Mediendiskurs zur Finanzkrise". In: Lämmle, Kathrin / Peltzer, Anja / Wagenknecht, Andreas (Hrsg.): *Krise, Cash & Kommunikation. Die Finanzkrise in den Medien*, UVK: Konstanz / München 2012, S. 71–94.

Lakoff, George / Johnson, Mark: *Leben in Metaphern. Konstruktion und Gebrauch von Sprachbildern*. Carl-Auer: Heidelberg. 1980/2003.

Marshak, Robert: „Metaphors, metaphoric fields and organizational change". In: Grant, David / Oswick, Cliff (Hrsg.): *Metaphor and Organizations*, Sage: London 1996, S. 147–165.

McCloskey, Deirdre N.: *The Rhetoric of Economics*. The University of Wisconsin Press: Madison, 1985/1998.

Münkler, Herfried: *Die Deutschen und ihre Mythen*. Rowohlt: Berlin. 2009.

Peirce, Charles S.: *Collected Papers of Charles Sanders Peirce*. Herausgegeben von C. Hartshorne, P. Weiss und A. Burks, 1931–1958, Harvard University Press: Cambridge MA.

Platon: *Der Staat*. Reclam: Stuttgart. 1982.

Orwell, George: „Politics and the English Language". In: Id.: *Essays*. Penguin: London, 1946/Keine Jahresangabe, S. 348–360.

Reitz, Michael (07. Juli 2012): *Der Geist ist sich selbst voraus. Die Metaphernlehre des Philosophen Hans Blumenberg*, retrieved 16. 03 2015, from http://www.deutschlandfunk.de/der-geist-ist-sich-selbst-voraus.1184.de.html?dram:article_id=216424

Rigotti, Francesca: *Die Macht und ihre Metaphern. Über die sprachlichen Bilder der Politik*. Campus: Frankfurt/M. 1994.

II. Literaturen mit historischer Perspektive

Katrin Seele (Pädagogische Hochschule Bern) /
Peter Seele (USI Lugano)

Literatur als Entdeckungsverfahren

Eine wettbewerbstheoretische Erweiterung des „Komplikationsmodells" und eine exemplarische Anwendung auf Michael Endes „Momo"

Einleitung

Die Fertigkeit, literarische Texte als solche zu lesen, zu verstehen und mit eigenen Vorstellungen zu füllen, ergibt sich nicht per se durch die Lesefertigkeit, sondern muss erst erlernt werden (vgl. Waldmann 2006: 32 f.). Daher nimmt im schulischen Literaturunterricht (meist innerhalb des Erstsprachen-, manchmal aber auch innerhalb des Fremdsprachenunterrichts) die systematische Erzähltextanalyse eine wichtige Rolle ein: „Kinder und Jugendliche sollen durch Unterricht dazu befähigt werden, intersubjektiv nachvollziehbare und systematisch zusammenhängende Erkenntnisse eines Gegenstandes zu entwickeln und von anderen einzufordern" (Leubner und Saupe 2012: 1). Es handelt sich hierbei um ein allgemein wissenschaftsmethodisches Desiderat, das keineswegs nur an Schülerinnen und Schüler gerichtet ist, sondern auch für die Bezugsdisziplin Literaturwissenschaft gilt: „Da jeder literaturwissenschaftlichen Arbeit eine Vielzahl theoretischer Vorannahmen und methodischer Entscheidungen zugrunde liegt", ist es empfehlenswert, „sich diese Voraussetzungen […] bewusst und die verwendeten Verfahren explizit zu machen" (Nünning und Nünning 2010: 2). Die „Option, Texte ohne Theorien und Methoden zu analysieren oder zu interpretieren" gibt es dagegen Ansgar und Vera Nünning zufolge nicht, da jede Lektüre und Interpretation eines literarischen Textes zumindest – vielleicht sogar unbewusst – „Alltagstheorien" auf den Text anwendet (ebd.).

Oftmals werden an literarische Texte zum Zwecke der Analyse, Interpretation und Einordung Theorien, Modelle und Methoden[1] aus anderen

---

1 Zum hier zugrundeliegenden Theorie-, Modell- und Methodenbegriff siehe Nünning und Nünning (2010: 6 f.).

Disziplinen (z. B. der Psychologie, der Soziologie, der Geschichtswissen-
schaft) herangetragen. Dies ist dem jeweiligen Erkenntnisinteresse und
der Zielsetzung literaturwissenschaftlicher Arbeit geschuldet. In diesem
Aufsatz konzentrieren wir uns auf eine textgebundene Literatur-, konkreter: Erzähltextanalyse. Wir nutzen dazu das „Komplikationsmodell"
(Leubner et al. 2012: 98 ff.; Leubner und Saupe 2012: 60 ff. mit Verweis
auf Stückrath (o. J.)[2]) mit seinen grundlegenden Hypothesen (s. u. Theoriebaustein 2) und erweitern es um Elemente und Hypothesen, die der
Wettbewerbstheorie Friedrich August von Hayeks entlehnt sind (s. u.
Theoriebaustein 1). Das so wettbewerbstheoretisch erweiterte „Komplikationsmodell" nutzen wir abschließend beispielhaft für eine Analyse
des Jugendromans „Momo" von Michael Ende (1973) mit dem Ziel,
wettbewerbstheoretische Strukturen im Roman sichtbar zu machen und
damit die Romanrezeption um eine wettbewerbstheoretische Lesart zu
ergänzen.

Literarische Texte durch die „Wettbewerbsbrille" zu lesen, ist keineswegs ein neues Ansinnen. So zeigt Sandra Richter (2012) auf, dass
„Wettbewerb" in der Literatur „über die Jahrhunderte vergleichsweise
vielgestaltig" auftrat und dass Literatur in der Lage ist, „wettbewerbliche Situationen zu personalisieren" (ebd.). Dies – so zeigen wir in diesem
Beitrag – ist auch bei „Momo" der Fall. Der Beitrag der in diesem Artikel
beschriebenen Herangehensweise liegt folglich darin, ein in der deutschen
Literaturdidaktik verwendetes und bestens etabliertes Modell (hier: das
„Komplikationsmodell") mit wettbewerbstheoretischen Überlegungen aus
der Ökonomie zu verknüpfen und somit die Brücke nicht nur zwischen
Ökonomie und Literatur, sondern dort insbesondere in den Bereich der
Literaturdidaktik als Vermittlungswissenschaft zu schlagen. Mit diesem
Ansatz versuchen wir zu zeigen, inwieweit der Grundkomplex der ‚Komplikation' erweitert und differenzierter verstanden werden kann. Dabei
spielen die theoretischen Grundpfeiler der ökonomischen Wettbewerbstheorie in ihrer Fokussierung auf Neuheit und Ordnungsbildung eine entscheidende Rolle, wie der folgende Absatz zu Hayeks Theorie zu zeigen
vermag.

---

2 Leubner und Saupe 2012 verweisen bei der Modellbildung mehrfach auf Stückrath (o. J.).

Theoriebaustein Nr. 1: „Wettbewerb als Entdeckungsverfahren"

In seinem 1968 gehaltenen Vortrag „Der Wettbewerb als Entdeckungsverfahren" beschreibt Friedrich August von Hayek (2011: 188) den Wettbewerb als „ein Verfahren zur Entdeckung von Tatsachen […], die ohne sein Bestehen entweder unbekannt bleiben oder doch zumindest nicht genutzt werden würden". Hayek verdeutlicht dies an Beispielen wie Sport, Prüfungen, Preisverleihungen etc. und stellt heraus, dass es „sinnlos" wäre, „einen Wettbewerb zu veranstalten", wenn der Sieger im Voraus bekannt wäre, dass aber umgekehrt der Wettbewerb das Instrument ist, um zu entdecken, wer der Sieger ist (ebd.).

Mit Blick auf den Bereich des Marktes führt von Hayek aus, dass sich wettbewerbliche Prozesse im Umfeld knapper Güter ereignen. Wiederum sei der Wettbewerb erst das Entdeckungsverfahren, mit dem ermittelt werde, „welche Güter knapp oder welche Dinge Güter sind, oder wie knapp oder wertvoll sie sind" (von Hayek 2011: 192). Für die Akteure am Markt biete dieses Entdeckungsverfahren die Möglichkeit herauszufinden, „welche Art von Gegenständen und Leistungen verlangt werden und wie dringlich" (von Hayek 2011: 193). Der Markt ist dabei die Summe aller Teilnehmer von Angebot und Nachfrage, nicht jedoch eine eigene Entität (Seele und Zapf 2017). Die Akteure könnten zwar nicht voraussagen, „welche besonderen Individuen dadurch begünstigt werden und welche nicht" (von Hayek 2011: 194), jedoch würden ihre „Erwartungen von bestimmten Transaktionen mit anderen Menschen, auf die die Pläne aller Wirtschaftenden aufgebaut sind, in hohem Maße erfüllt" (von Hayek 2011: 195). Dies führe zu einer „wechselseitige[n] Anpassung der individuellen Pläne" im Sinne einer „negativen Rückkoppelung" und somit zum Funktionieren der Marktordnung (ebd.).

Der Wettbewerb wirkt somit laut von Hayek in folgender Weise ordnend[3]:

• Individuelle Akteure finden heraus, welche Leistungen wie dringlich von anderen verlangt werden.

---

3 Vor dem Hintergrund, dass nur ein bestimmter Teil der Ordnung, die durch den Wettbewerb hergestellt wird, durch vorhersehbare Umstände, ein anderer Teil jedoch zufällig herbeigeführt wird (von Hayek 2011: 196, Saeverin 2004).

- Individuelle Akteure erhalten eine positive oder negative Rückmeldung zu dem Angebot, das sie zu Markte tragen.
- Individuelle Akteure passen aufgrund der negativen Rückkoppelung ihre Leistungen an.
- Alles, was erzeugt und auf dem Markt angeboten wird, wird von denjenigen Akteuren erzeugt und auf dem Markt angeboten, die es am billigsten erzeugen und auf dem Markt anbieten können (von Hayek 2011: 196).

Diese ordnenden Mechanismen fasst Hayek im Begriff der ‚spontanen Ordnung‘ zusammen, welche in eine stets dynamische, in Veränderung begriffene und von Zufällen geprägte Wirklichkeit mündet: Wirtschaftliche Entscheidungen werden „durch unvorhergesehene Veränderungen notwendig gemacht" (von Hayek 2011: 198), welche in Preisen ihren Ausdruck finden: „Die wichtigste Funktion der Preise ist […], dass sie uns sagen, *nicht wieviel*, sondern *was* wir leisten sollen" (ebd.). Sie können als indexikalisches Zeichen für die Ergebnisse des Marktmechanismus‘ verstanden werden. Als solches ermöglichen sie, „dass ein anderer veranlasst wird, die Lücke zu füllen, wenn einer nicht die Erwartungen erfüllt, auf die Dritte ihre Pläne gegründet haben" (ebd.).

Theoriebaustein Nr. 2: Das „Komplikationsmodell"

Das „Komplikationsmodell" ist ein Modell zur Analyse und Darstellung von Handlungsstrukturen in Erzähltexten, das der strukturalistischen Tradition entstammt und – seine verschiedenen Entwicklungsstadien berücksichtigend – von Martin Leubner und Anja Saupe (2012) differenziert beschrieben wird. Theoretische Ausgangspunkte des Modells sind demnach zum einen die von Teun A. van Dijk (1980) ausformulierte Hypothese, dass Alltagserzählungen in der Regel einer Makrostruktur von Komplikation und Auflösung dieser Komplikation folgen, welche von „Ort, Zeit und Umständen" eines Ereignisses gerahmt werden (Leubner und Saupe 2012: 49). Da sich van Dijks Untersuchung auf Alltagserzählungen und nicht auf literarische Texte bezieht, kann andererseits die Arbeit Vladimir Propps zur *Morphologie des Märchens* (1972) als wichtiger Ausgangspunkt für das Komplikationsmodell innerhalb der Literaturtheorie angesehen werden, wo Propp „Schädigung" und „Mangelsituation" als zentrale handlungstreibende Elemente des Märchens beschreibt (Propp, zitiert in Leubner und Saupe 2012: 52).

Eine richtungsweisende Ausweitung auf andere literarische Erzähltexte erfährt das Modell Propps, Leubner und Saupe (ebd.) zufolge, durch den Literaturwissenschaftler Jörn Stückrath (o. J.; 2001), der „Schädigung und Mangel genauer bestimmt und vor allem nach den Faktoren fragt, die Komplikation und Auflösung [...] explizit oder implizit verursachen" (Leubner und Saupe 2012: 52). Stückrath geht in seinem Modell davon aus, dass eine literarische Erzählung sich aufbaut aus verschiedenen „ereignishaften Sachverhalten", die eine konzessive Struktur aufweisen, d. h. in einem Erzähltext geschieht etwas, *obwohl* erwartbar gewesen wäre, dass etwas anderes geschieht (Stückrath 2001: 428). Demzufolge sind die „ereignishaften Sachverhalte" die Ausgangspunkte für die Textinterpretation, d. h. sie bieten Ankerpunkte für mögliche Rückschlüsse auf die Makrostruktur des Textes: „Die aufgrund der Bestimmung der ereignishaften Sachverhalte ermöglichte Zusammenfassung der Deutungshypothesen verweist auf eine allgemeine erzähltheoretische Makrostruktur, bestehend aus „Komplikation" und „Erklärung der Komplikation" [...] sowie „Auflösung" [...] und „Erklärung der Auflösung" (Stückrath 2001: 435).

Bereits die von Propp (1972) verwendeten Begriffe der „Schädigung" und der „Mangelsituation" weisen mit den Begriffen „Schädigung" und „Mangel" eine Affinität zum ökonomischen Begriffsinventar auf. Leubner und Saupe (2012: 52) sehen die Einführung des Güterbegriffs in die Erzähltextanalyse als Stückraths entscheidende Neuerung; Schädigungs- und Mangelsituationen in Bezug auf materielle, personale oder ideelle Werte werden somit als zentrale Komplikationen in der Entwicklung von Handlungen in Erzähltexten dargestellt:

> Nach Stückrath richten sich Schädigung oder Mangel auf ein Gut, dessen Genuss für eine Figur wertvoll ist; dieses Gut kann sehr unterschiedlicher Art sein, materieller, personaler oder ideeller. Eine Schädigung entsteht dann, wenn die Figur dieses Gut verloren hat oder zu verlieren droht (beziehungsweise es ihr beschädigt wird oder beschädigt zu werden droht), ein Mangel, wenn sie es (noch) nicht besitzt, aber besitzen möchte.

Die Autoren weisen darauf hin, dass ein Erzähltext meist verschiedene Komplikationen vom Standpunkt unterschiedlicher Figuren aus vorweist, dass jedoch in der Regel deutlich wird, welches die für einen Erzähltext zentrale Komplikation ist und welche „Figurenmerkmale für die Komplikationshandlung entscheidend" sind (Leubner und Saupe 2012: 52). Leubner et al. (2012) stellen aufbauend auf Stückrath das Komplikationsmodell folgendermaßen graphisch dar:

Abbildung 1: Komplikationsmodell (Leubner et al. 2012: 99)

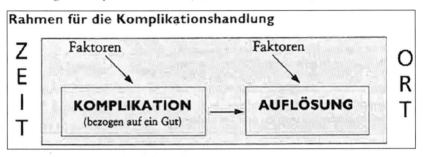

Leubner und Saupe stellen zusammenfassend fest, dass sich die „Handlung von Erzählungen aller Medien [...] mit Hilfe eines solchen Modells zumeist so erfassen" lässt und „dass ihre für ein Textverstehen bedeutsamen Strukturen erschlossen werden können" (Leubner und Saupe 2012: 54). Einschränkend halten sie jedoch fest, dass es trotz der ausgedehnten Anwendbarkeit des Modells auf literarische Erzähltexte am Rezipienten ist, dem Text die für das Modell relevanten Informationen zu entnehmen und zentrale Figuren und Standpunkte eines Erzähltextes zu identifizieren (ebd.). Durch dieses für die Handlungsanalyse notwendige Textverstehen enthält die Untersuchung bereits einen interpretatorischen Anteil.

Literatur im Entdeckungsverfahren: ein wettbewerbstheoretischer Zugang zu literarischen Texten

Wie bereits oben gezeigt, weist das Komplikationsmodell mit Begriffen wie „Schädigung" und „Mangel" eine Affinität zur ökonomischen Begrifflichkeit auf. In der grafischen Darstellung (Abb. 1) wird jedoch deutlich, dass Stückrath (2001), Leubner und Saupe (2012) und Leubner et al. (2012) den Fokus auf die Komplikation, die einer handlungstragenden Figur begegnet, sowie auf deren Auflösung legen. Rückt man stattdessen das Gut, das „für diese Figur [...] besonders wichtig ist", ins Zentrum, so ergibt sich folgende Darstellung des von Leubner und Saupe (2012)/ Leubner et al. (2012) in Anknüpfung an Stückrath (o. J.) entwickelten Komplikationsmodells:

Abbildung 2: Komplikationsmodell, eigene Darstellung

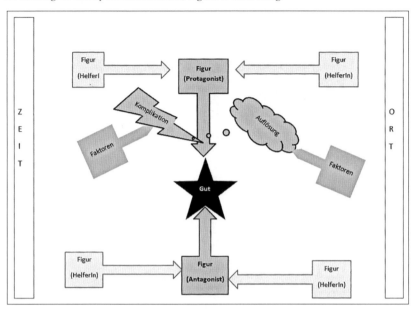

Wie bei Leubner und Saupe (2012) beschrieben, findet die erzählte Handlung in einem Rahmen von Zeit und Ort statt. In diesem Rahmen entsteht eine Komplikation – wobei Leubner et al. (2012: 98) betonen, dass eine Komplikation „stets an eine Figur geknüpft ist". Die Komplikation ereignet sich also nicht in Bezug auf das Gut, sondern in Bezug auf eine Figur. Dabei gilt die Voraussetzung, „dass für diese Figur ein Gut besonders wichtig ist" (ebd.). Stückrath (o. J.), Leubner und Saupe (2012: 53) und Leubner et al. (2012: 98) betonen weiter, dass bestimmte Faktoren sowohl für die Entwicklung als auch für die Auflösung der Komplikation maßgeblich sind, beispielsweise besondere Figurenmerkmale. Abb. 2 verdeutlicht ebenfalls, dass innerhalb der erzählten Handlung (oder des Handlungsstrangs – Stückrath (o. J.) spricht von „Episode") verschiedene Figuren in die Komplikationshandlung involviert sein können, z. B. als ProtagonistIn, AntagonistIn oder deren HelferIn.

Was das beschriebene Komplikationsmodell nicht leistet, ist eine differenzierte Strukturanalyse der sich aufbauenden und auflösenden Komplikation als Prozess. Hier – so unsere These – kann die von Hayek beschriebene Wettbewerbstheorie das Modell sinnvoll ergänzen:

Abbildung 3: wettbewerbstheoretische Erweiterung des Komplikationsmodells I

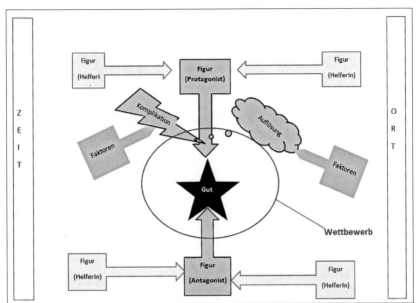

Die erste wettbewerbstheoretische Erweiterung des Komplikationsmodells betont und zentriert das Gut, das von der durch die zentrale Figur erlebten Komplikation betroffen ist: Die Figur erstrebt das (materielle, ideelle oder personale) Gut, wird aber in ihrem Streben durch eine Komplikation gestört, die sich aus der Knappheit des Gutes ergibt, wobei, aufgrund eines Wettbewerbs die Nachfrage der Figur (zeitweilig) nicht befriedigt werden kann. Abb. 3 veranschaulicht, wie dies durch das Auftreten einer antagonistischen Figur oder auch durch nicht personal verursachte Ereignisse (Krankheit, Tod etc.) geschehen kann.

Nach von Hayek ist der Wettbewerb ein Entdeckungsverfahren, welches eine Neubewertung der Realität nach sich zieht. Der Wettbewerb fördert Unbekanntes und Neues zutage (Wohlgemuth 2008). Für die Erweiterung des Komplikationsmodells bedeutet dies: indem die Beziehung einer zentralen Figur zu dem von ihr wertgeschätzten, jedoch knappen Gut eine Komplikation erfährt, muss die Figur in eine Wettbewerbssituation – sei es mit einer antagonistischen Figur, einer höheren Macht, etc. – eintreten, um es zu erkämpfen. Nicht nur wird also ein literarischer Erzähltext die Facetten dieses Wettbewerbs schildern; von Hayek betont vor allem den explorativen Charakter des Wettbewerbsprozesses, so dass die grafische Darstellung des wettbewerbstheoretisch erweiterten Komplikationsmodells einer weiteren Ergänzung bedarf.

Der Wettbewerb richtet den Fokus auf das umkämpfte Gut sowie auf die um es wetteifernden Parteien. Dabei werden Eigenschaften und Attribute der Figuren wie des Gutes selbst offenbar, die ohne den Wettbewerb im Verborgenen geblieben wären oder sich gar nicht erst entwickelt hätten. Der Prozess führt also zu einer neuen Sicht der zentralen Figur auf das Gut, auf sich, ihre Helfer, ihre Antagonisten, aber auch auf die Komplikation selbst (erzählungsimmanente Perspektive), die neu bewertet werden und zu neuen Erkenntnissen führen. Auf beiden Ebenen findet also eine Wandlung der Wahrnehmung statt und Akteure werden zu innovativen Akteuren (Priddat 2008). Abb. 4 symbolisiert die vom Wettbewerbskreis ausgehenden Richtungen der Neubewertung (Pfeile).

Abbildung 4: wettbewerbstheoretische Erweiterung des Komplikationsmodells II

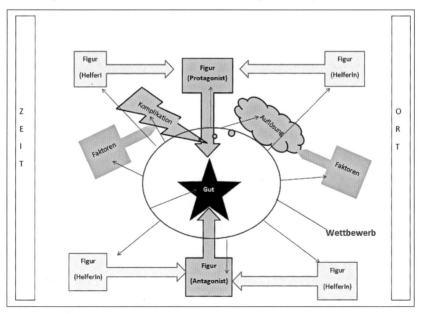

Da der von der zentralen Figur durchlaufene Wettbewerb Auswirkungen auf die Figureneigenschaften sowie auf die Figurenhandlung hat, ist es sinnvoll, den Prozess des Entdeckungsverfahrens ebenfalls grafisch darzustellen: Abb. 5 veranschaulicht, dass der Wettbewerb um das begehrte Gut eine „alte" Ordnung, die in der Exposition der Erzählung beschrieben wurde, auf die Probe stellt oder sogar außer Kraft setzt. Die Erzählhandlung schildert dann die Wettbewerbsphase, in der neu ermittelt wird, welche Eigenschaften und Attribute die Figuren und das begehrte Gut haben und in welcher Weise der Wettbewerb als Komplikation für bestimmte Figuren bewertet werden muss. In einer dritten Phase – analog zur von Stückrath (o. J.), Leubner und Saupe (2012: 49) und Leubner et al. (2012: 98) beschriebenen „Auflösung" der Komplikation – stellt sich dann eine neue Ordnung ein und vor. Dabei kann es geschehen, dass „alte" Attribute und Eigenschaften im Anschluss an den Wettbewerb nicht mehr gelten.

Abbildung 5: Prozess des wettbewerblichen Entdeckungsverfahrens

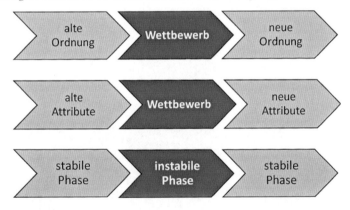

Die Komplikation kann somit wettbewerbstheoretisch als instabile Phase innerhalb der Erzählhandlung gelten, in der ursprünglich (d. h. von der Exposition her) stabile Figurenmerkmale und -konstellationen aufgebrochen werden, um – im Prozess des Wettbewerbs – neue Merkmale und Konstellationen zu ermitteln und schließlich erneut und abschließend in eine stabile Phase hinüber zu führen, die ihrerseits wiederum Gegenstand des fortlaufenden Wettbewerbsverfahrens ist. Somit sind die literarischen Phasen des wettbewerblichen Entdeckungsverfahrens Teil dessen, was von Hayek als

,spontane Ordnung' bezeichnet. Anders als im kontinuierlichen Wettbewerb der Wirtschaft fällt im literarischen Werk die spontane Ordnung in ein ,vorher' und ein ,nachher'. Dies konstituiert die Dramaturgie des Werks als literarisch fixierter oder geronnener Ordnungshaftigkeit. Den Wechsel der spontanen Ordnung verdichtet das literarische Werk zeitontologisch-dramaturgisch. Auf die literarische Konstruktion des jeweiligen Werkes übertragen bedeutet dies: Nach der Komplikation ist vor der Komplikation, da durch die kontinuierliche Wandlung der Figuren, Faktoren und Komplikationen die Fundamente für weitere ,Entdeckungen' angelegt sind. Was im Ökonomischen ein kontinuierlicher Fluss ist, wäre in der literarischen Konstruktion die künstlerische Verdichtung zu einem Werk.

Mit Blick auf die vier Kriterien des Komplikationsmodells und von Hayeks Wettbewerbstheorie schlagen wir eine Reihe von Leitfragen vor, welche einen wettbewerbstheoretischen Literaturzugang im Rahmen des Komplikationsmodells ermöglichen. Eine probate Methode für die selbständige Textanalyse bei Schülerinnen und Schülern ab der Sekundarstufe ist, Leubner und Saupe (2012: 78) zufolge, ein „strategieorientierter" Fragenkatalog, mit dem Ziel, „prozedurales Analysewissen aufzubauen". Dabei geht nicht darum, den Fragebogen „schematisch ,abzuarbeiten'" (Leubner und Saupe 2012: 78), sondern um eine systematische, intersubjektiv nachvollziehbare und strategisch ausgerichtete Textanalyse. Mithilfe eines solchen Fragebogens können Aufgaben bestimmt werden, „die für die Erzählung besonders lohnend sind und die dementsprechend besonders gründlich bearbeitet werden sollten" (Leubner und Saupe 2012: 81). Dabei ist nicht intendiert, dass die Bearbeitung des Fragebogens durch unterschiedliche Leserinnen und Leser zu einheitlichen Ergebnissen führt und auch nicht, dass grundsätzlich auf jede Frage zufriedenstellende Antworten gefunden werden können. Auch führt die Bearbeitung des Fragebogens nicht immer und nicht zwingend zu einer eindeutigen Interpretationshypothese (ebd.). Die Arbeit mit dem Fragebogen kann aber – und das ist das methodische Ziel seiner Verwendung – „in eine einleitende Hypothesenbildung und eine abschließende Auswertung des Arbeitsprozesses eingebettet und auf diese Weise mit Interpretationsansätzen verbunden werden" (ebd.).

Der Fragekatalog ist im Anhang im Wesentlichen abgedruckt und wird im Folgenden exemplarisch anhand von Michael Endes „Momo" zur Anwendung gebracht und diskutiert.

Michael Endes „Momo" (1973) – wettbewerbstheoretisch gelesen

Fragen zu den Figuren

Der „Märchen-Roman" „Momo" von Michael Ende (1973) entwickelt sich um die Protagonistin Momo, ein junges Mädchen, das sich völlig allein in einem alten Amphitheater der im Roman beschriebenen Stadt ansiedelt und sich dort ein freundschaftliches Beziehungsnetzwerk mit den in Armut lebenden Nachbarn des Amphitheaters erschließt. Momo ist materiell mittellos, sie besitzt nichts „als was sie irgendwo fand oder geschenkt bekam" (Ende 2011: 8), ist aber auch genügsam und hat scheinbar keine materiellen Bedürfnisse: „Irgendetwas zu essen hatte sie jetzt immer, mal mehr, mal weniger, wie es sich eben fügte und wie die Leute es entbehren konnten. Sie hatte ein Dach über dem Kopf, sie hatte ein Bett und sie konnte sich, wenn es kalt war, ein Feuer machen. Und was das Wichtigste war: Sie hatte viele gute Freunde" (ebd.: 13). Momos materieller Mittellosigkeit steht eine zentrale Fähigkeit gegenüber: Sie hat ein besonderes Talent, zuzuhören:

> Momo konnte so zuhören, dass dummen Leuten plötzlich sehr gescheite Gedanken kamen. Nicht etwa, weil sie etwas sagte oder fragte, was den anderen auf solche Gedanken brachte, nein, sie saß nur da und hörte einfach zu, mit aller Aufmerksamkeit und Anteilnahme. (ebd.: 14 f.)

Mit diesem Talent wirkt Momo auf ihre Mitmenschen mal versöhnend, mal inspirierend, stets bewirkt sie jedoch Positives und gewinnt auf diese Art viele Freunde, mit denen sie gern ihre Zeit verbringt. Momo und ihre Freunde sind zwar materiell arm, jedoch reich an Zeit, und so sind sie viele Stunden beisammen. Die Zeit wie auch die Freundschaft erscheinen ihnen geradezu als freie Güter.

Als Antagonisten Momos treten die „Grauen Herren" auf, geisterhafte Gestalten, deren Lebenskraft sich daraus speist, die Zeit anderer Menschen zu stehlen und zu konsumieren (sowohl ideell als auch materiell, in Form von zu Zigarren gerollten „Stundenblumen"). Dies gelingt ihnen dadurch, dass sie Menschen überreden, Zeit zu sparen und bestimmte, scheinbare unnütze und Zeit vergeudende Tätigkeiten zu unterlassen. Dadurch verändern sich das Leben der Menschen und die zwischenmenschliche Interaktion gravierend: „Es war eine lautlose und unmerkliche Eroberung, die tagtäglich weiter vordrang und gegen die sich niemand wehrte, weil niemand sie so recht bemerkte" (ebd.: 43).

Fragen zur Handlung:
Begehrte Güter, Wettbewerb und Komplikation

In der Romanhandlung werden eine Reihe von Gütern beschrieben und thematisiert, sowohl materielle (Geld, Wohnraum, Kleidung, Essen) als auch ideelle (Zeit, Fantasie, Freundschaft, Geduld, Einfühlungsvermögen) und personale (Momos Freunde, vor allem Beppo Straßenkehrer und Gigi). Als zentrales Gut, um das sich ein Wettbewerb entwickelt, kann jedoch die menschliche Zeit identifiziert werden, die sich auch in die anderen Güter konvertieren lässt: „Es gibt Kalender und Uhren, um sie zu messen, aber das will wenig besagen, denn jeder weiß, dass einem eine einzige Stunde wie eine Ewigkeit vorkommen kann, mitunter kann sie aber auch wie ein Augenblick vergehen – je nachdem, was man in dieser Stunde erlebt. Denn die Zeit ist Leben. Und das Leben wohnt im Herzen" (ebd.: 61).

Die Zeit wird von der Protagonistin und ihren Freunden zunächst als freies Gut wahrgenommen, d. h. die Nachfrage nach diesem Gut wird vollständig gedeckt. Durch das Auftreten der Grauen Herren jedoch, die die Zeit anderer Menschen konsumieren, steigt die Nachfrage nach dem Gut sprunghaft an und kann nicht mehr gedeckt werden. Mit dem Auftreten der Grauen Herren wird das Gut *Zeit* knapp: Die Grauen Herren treiben die Stadtbewohner zu mehr Arbeit und mehr Effizienz an, Tagträumereien, Spielereien und Mußestunden werden untersagt. Für die Protagonistin, Momo, bedeutet dies, dass die Zeit ihrer Freunde nicht mehr ihr zur Verfügung steht, sondern von den Grauen Herren akquiriert wird – Momo selbst widersetzt sich dem Trend, Zeit zu sparen und Effizienz zu fördern.

Die Verknappung des Gutes Zeit durch das Auftreten der Grauen Herren auf dem Zeit-Markt kann als zentrale *Komplikation* des Romans für die Protagonistin gelesen werden. Durch die Verknappung der Zeit sind aber auch personale Güter in Gefahr: Gigi und Beppo Straßenkehrer, ihre Freunde, welche immer weniger Zeit für sie haben und sogar zeitweise ganz verschwinden.

Wettbewerbstheoretisch betrachtet konnten die Einwohner der beschriebenen Stadt ihre Zeit gegen verschiedene andere Güter eintauschen: zum einen gegen die von Momo zur Verfügung gestellten fantasievollen und verträumten Stunden, in denen sie gemeinsam spielen oder in denen Momo ihnen zuhört. Zum anderen gegen die von den Grauen Herren versprochene Zeit-Ersparnis auf einem Zeit-Konto – die Grauen Herren rechnen den Bewohnern der Stadt ihre Zeitverschwendung vor und schaffen so einen Anreiz zur strafferen Organisation und Mehrarbeit. Letztere führt tatsächlich auch zu einer materiellen Prosperität: So erlangt Gigi durch das Zeitsparen Ruhm als Sänger, hat einen Diener und ein großes Haus mit einem „weiten Rasen, auf dem einige Windhunde spielten und ein Springbrunnen plätscherte" (ebd.: 223), ein „Pfauenpärchen" (ebd.) sowie ein „langes, elegantes Auto" (ebd.: 225).

Die Romanhandlung beschreibt zunächst die scheinbar stabilen Charaktereigenschaften der Hauptfiguren (Momo: fantasievoll, kann gut zuhören und schlichten, Gigi: Träumer, fantasievoll, Beppo Straßenkehrer: nachdenklich, langsam im Denken und Handeln, fürsorglich für Momo), um dann, im in der Romanhandlung inszenierten Wettbewerbsverfahren um das knapp gewordene Gut *Zeit*, neue, dem Leser/ der Leserin bis dahin unbekannte Charaktereigenschaften offenzulegen (s. Abb. 6). Hier wird das vom Wettbewerb ausgehende Entdeckungsverfahren plastisch, welches von Hayek beschreibt: die zentralen Romanfiguren offenbaren im Kampf um das Gut *Zeit* neue Seiten, sogar ein Grauer Herr, der – eigentlich kalten und abweisenden Charakters – zeigt im Gespräch mit Momo Schwäche:

> „Was – was war das?", stammelte er. „Du hast mich ausgehorcht! Ich bin krank! Du hast mich krank gemacht, du!" – Und dann in beinahe flehendem Ton: „Ich habe lauter Unsinn geredet, liebes Kind. Vergiss es! Du musst mich vergessen, so wie alle anderen uns vergessen! Du musst! Du musst!" (ebd.: 106)

Bei Gigi Fremdenführer wird die Veränderung, welche durch das Wettbewerbsverfahren angestossen wird, ebenfalls sehr deutlich – Momo, und mit ihr der Leser des Romans, entdeckt seine charakterliche Veränderung: Der beruflich erfolgreich und materiell wohlhabend gewordene Gigi erkennt sich sogar selbst neu, als er Momo wiedertrifft, und gesteht:

> „Da siehst du's nun – so weit ist es mit mir gekommen." Er ließ ein kleines bitteres Lachen hören. „Ich kann nicht mehr zurück, selbst wenn ich wollte. Es ist vorbei mit mir. ‚Gigi bleibt Gigi!' – Erinnerst du dich noch? Aber Gigi ist nicht Gigi geblieben. […] Für mich gibt's nichts mehr zu träumen. Ich könnte es auch bei euch nicht wieder lernen." (ebd.: 230)

Damit ändert das Wettbewerbsverfahren auch etwas an der Figurenkonstellation, bzw. am Verhalten der Figuren zueinander. Während Momo und ihre Freunde zunächst eine Einheit bilden, die sich anfangs auch noch gemeinsam gegen die schleichend einsetzenden Veränderungen in der Stadt zur Wehr setzen, treibt der Wettbewerb schließlich einen Keil zwischen Momo und ihre Freunde. Nur durch das restlose Bekämpfen der Antagonisten im Wettbewerb, die Grauen Herren, kann Momo schließlich als Siegerin aus dem gesamten Wettbewerbsverfahren um die Zeit als knappem Gut hervorgehen.

Die Komplikation, die in diesem Roman die Hauptfigur Momo und das begehrte Gut Zeit (konkret: die Zeit der Menschen füreinander und damit die Zeit ihrer Freunde für sie) betrifft, kann aus Momos Perspektive als Schädigungssituation beschrieben werden, da Momo zunächst über eine scheinbar unbegrenzte Menge dieser Zeit verfügt, sich die Zeit ihrer Freunde jedoch durch das Auftreten der Grauen Herren extrem verknappt. Durch diese Verknappung, den Zeitentzug, wird Momo geschädigt.

Auflösung

Die positive Auflösung erfährt die Romanhandlung durch ihren metaphysischen Erzählstrang. Mit der Hilfe des sagenhaften Schöpfers und Hüters der Zeit, Meister Hora, der Momo das Wesen der Zeit erklärt, und mit Hilfe seiner sprechenden Schildkröte Kassiopeia, kann Momo die Grauen Herren zurückschlagen. Dies erreicht sie durch die Verknappung und den Verbrauch der für die Grauen Herren existenzbegründenden Ressource Zeit (in Form von zu rauchenden Zigarren aus der Zeit der anderen Menschen). Der Wettbewerb um die Zeit wird in dieser finalen Konstellation zu einem Wettbewerb um die Lebenszeit der Grauen Herren, die von der Zeit der Anderen leben.

Die folgende Tabelle verdeutlicht die Romanhandlung entlang der zentralen Komplikation und des sich daraus entwickelnden Wettbewerbsverfahrens. Bewusst beschränkt sie sich auf vier zentrale Figuren, an denen der Wettbewerb als Entdeckungsverfahren am besten sichtbar wird, nämlich die Protagonistin und den Antagonisten sowie zwei wichtige Helfer der Protagonistin:

Abbildung 6: Wettbewerbstheoretische Analyse, Fokus auf vier zentrale Figuren(-gruppen)

	Momo	Gigi	Beppo	Graue Herren
Figuren-konstellation *(zu Beginn)*	Protagonistin	Helfer/ Freund Momos	Helfer/ Freund Momos	Antagonisten
Begehrte Güter				
ideell	Muße	Ruhm	Muße	Macht, Kontrolle
personal	Freunde (u. a. Gigi, Beppo)	Freunde (v. a. Momo)	Freunde (v. a. Momo)	/
materiell	Grundbedürfnis-befriedigung	Reichtum	Grundbedürfnis-befriedigung	Stundenblumen (konservierte Zeit)
Knappheit	Zeit, die für die o. g. Güter zur Verfügung steht, ist begrenzt			
Eigenschaften	Geduld Einfühlungsver-mögen Genügsamkeit Kreativität Mut	Kreativität Ehrgeiz Charme Ineffizienz	Gutmütigkeit Langsamkeit Sich wundern Ineffizienz Niedriges Selbst-wertgefühl Naivität	Machtstreben Egoismus Gefühlskälte Effizienz
Komplikation	Momos Freunde haben keine Zeit mehr für sie (= Schädigung d. personalen Gutes)			Für ihre Fortexistenz brauchen die Grauen Herren die Zeit der Anderen (= Mangelsituation)
Faktoren für die Komplikation	hohe Wertschätzung der Freundschaft	Streben nach Ruhm	niedriges Selbst-wertgefühl, Naivität	Zeit-Hunger
Wettbewerb	Momo vs. Graue Herren, um das Gut *Zeit*, in das alle anderen begehrten Güter konvertierbar sind			
Auflösung	Momo kann die Grauen Herren besiegen und damit die Zeit ihrer Freunde zurückgewinnen (= positive Auflösung)			
Neu zu entdeckende Figuren-eigenschaften	Mut Kampfgeist	Wird ein Star, reich, vielbeschäftigt, nicht mehr Herr seiner Zeit	Ist ängstlich und leichtgläubig, gehorcht, als die Grauen Herren ihn erpressen, fängt an, Zeit zu sparen	Haben auch eine menschliche Seite, Schwächen (z. B. mehr als gewollt preisgeben)

	Momo	Gigi	Beppo	Graue Herren
Neu gewonnenes Wissen	Philosophische Durchdringung des Wesens der Zeit (mit Hilfe von Meister Hora)			
Figuren-konstellation (Wettbewerbs-phase)	Protagonistin	Helfer der Grauen Herren	Eigenabsicht: Helfer Momos Tatsächlich: Helfer der Grauen Herren	Antagonisten
Faktoren für die Auflösung der Komplikation	Resultat der neu entdeckten Figuren-eigenschaften + Mut			Resultat der neu entdeckten Figu-reneigenschaften
Figuren-konstellation (Schluss)	Protagonistin (Siegerin)	Helfer/ Freund Momos	Helfer/ Freund Momos	Antagonisten (besiegt)

Fazit

Wir verstehen Wettbewerb hier mit von Hayek als Entdeckungsverfahren und beziehen dieses in das Komplikationsmodell der literarischen Textanalyse ein. Am Beispiel des Romans „Momo" lässt sich zeigen, inwieweit die Handlung vom Wettbewerb verschiedener Figuren um das knappe Gut *Zeit* getragen wird, denn die Knappheit eines Gutes ist wesentliches Element der Wettbewerbstheorie. Bei „Momo" kommt hinzu, dass die Grauen Herren erst eine gesteigerte Knappheit von Zeit auslösen und den Wettbewerbsgedanken als Leitthema der Erzählung begründen. Aus dieser grundsätzlich wettbewerblichen Situation ergibt sich die Komplikation zwischen den Figuren, die im Falle Momos zu einem finalen Kampf um die Ressource Zeit führt. Die jeweiligen Entdeckungen der Figuren im Wettbewerb sind die handlungsleitenden Elemente der literarischen Konstruktion (siehe Abb. 6). Das Entdeckungsverfahren Hayekscher Prägung erlaubt es in der Literaturwissenschaft und in der Literaturdidaktik folglich, die ‚Komplikation' stärker prozessual zu denken: Ist die Komplikation eine Beschreibung eines Zustands, ist das Entdeckungsverfahren demgegenüber stärker auf den Prozess des Entdeckens und der Konstitution einer neuen

‚spontanen Ordnung' verpflichtet. Dies ermöglicht in der Rekonstruktion, Interpretation und Dekonstruktion eine stärker von den Akteuren her gedachte Interaktion entlang der Kriterien der Partizipation des gemeinsamen Verfahrens. Zentraler Punkt dabei ist der Begriff des Guts. In der Ökonomie werden Güter als knapp verstanden. Momo führt dies am Beispiel des Guts Zeit in existenzieller Weise vor und ist – unserer Meinung nach – deshalb exemplarisch besonders geeignet den Zuspitzungscharakter des wettbewerbstheoretisch erweiterten Komplikationsmodells zu veranschaulichen. Andere Güter, die als ebenso ‚knapp' verstanden werden dürfen, wären beispielsweise: Glück, Zuneigung, Gesundheit, Machtanspruch, Gegenwart, Aufmerksamkeit. Dies zu elaborieren wäre indes Aufgabe weiterer exemplarischer Forschungen.

Konzeptionell wäre es folglich denkbar, in einem nächsten Schritt das wettbewerbstheoretisch erweiterte Komplikationsmodell auf andere Werke anzuwenden. So könnte gezeigt werden, dass die spontane Ordnung des Wettbewerbs als konstitutives Prinzip der literarischen Konstruktion anzusehen ist. Dies hätte zweierlei Implikationen: Zum einen wäre damit ein Rahmen für Literaturinterpretationen geschaffen, welcher funktional die Handlung und literarische Konstruktion aufzeigt. Zum anderen könnte das wettbewerbstheoretische Komplikationsmodell auch für Autoren nützlich sein, um literarische Konstruktionen zu entwickeln. Insgesamt trägt das wettbewerbstheoretisch erweiterte Komplikationsmodell dazu bei, literarische Texte ökonomisch zu fokussieren und grundlegende Textelemente (Handlung, Figuren(-konstellation)) somit aus einer methodisch und theoretisch neuartigen Perspektive zu betrachten und zu interpretieren. Damit kann die Ursache einer literarischen Komplikation in einem neuen Licht gesehen werden: dem der ökonomischen Begrifflichkeit von Nutzen, Wettbewerb und Knappheit.

Anhang: Fragenkatalog: Literatur als Entdeckungsverfahren: systematische Handlungs- und Figurenanalyse von Erzähltexten[4]

A. Beurteilungsebene: gesamter Text

1.   Fragen zu den Figuren
Bedeutung der Figuren für die Handlung

1.1.   Lässt sich eine Figur erkennen, deren Komplikation[5] für die Handlung grundlegend ist (ProtagonistIn/ „HeldIn")?

1.2.   Lässt sich eine Figur/ lassen sich Figuren erkennen, die diese Komplikation (weitgehend) verursacht/ verursachen (GegenspielerIn)?

1.3.   Lässt sich eine Figur/ lassen sich Figuren erkennen, die nicht mit dem Protagonisten/ der Protagonistin identisch ist/ sind, aber zu einer positiven Auflösung der Komplikation entscheidend beiträgt oder beizutragen versucht/ versuchen (HelferIn)?

2.   Fragen zur Handlung

2.1.   Begehrte Güter[6]

2.1.1. Welches Gut ist/ welche Güter sind in dieser Erzählung relevant?

2.1.2. Handelt es sich um (ein) materielle(s), personale(s) oder ideelle(s) Gut/ Güter?

2.1.3. Handelt es sich bei dem Gut/ den Gütern um (ein) knappe(s) oder um (ein) freie(s) Gut/ Güter[7]?

2.1.4. Welchen Nutzen hat das Gut/ haben die Güter für die zentrale Figur?

2.2.   Wettbewerb

2.2.1. Gibt es einen Wettbewerb verschiedener Akteure um bestimmte Güter (s. o.)? Wenn ja, wer sind die Akteure?

---

4   Nach Leubner/ Saupe 2012.

5   „Eine Komplikation ergibt sich, wenn die Figur ihr Gut nicht (ungestört) geniessen kann." (Leubner et al. 2012: 98)

6   Gut: „materielles oder immaterielles Mittel zur Befriedigung von menschlichen Bedürfnissen; insofern vermag es Nutzen zu stiften." (Gabler Wirtschaftslexikon)

7   Knappe Güter sind nur in geringerer Menge verfügbar, als zur vollständigen Befriedigung (Sättigung) menschlicher Bedürfnisse notwendig. Freie Güter dagegen sind in so grosser Menge verfügbar, dass eine vollständige Befriedigung menschlicher Bedürfnisse mit dem Gut möglich ist. (Gabler Wirtschaftslexikon)

2.2.2. Welche Figur(en) gewinnt/ gewinnen, welche verliert/ verlieren diesen Wettbewerb?

2.2.3. Nennen Sie die Eigenschaften/ Verfahren, aufgrund derer die Figuren den Wettbewerb gewinnen/ verlieren.

2.2.4. Inwiefern ändern Figuren im Verlauf des Wettbewerbs um ein begehrtes Gut ihre Gewohnheiten und Gebräuche?

2.2.5. Ändert sich durch das Wettbewerbsverfahren etwas an der Grundkonstellation der Figuren zueinander?[8]

2.2.6. Wird durch das Wettbewerbsverfahren neues Wissen entdeckt, das den Figuren nützlich ist?

2.3.   Komplikation

„Eine Komplikation bezieht sich auf ein Gut (materiell, personal, ideell), dessen Genuss für eine Figur wertvoll[9] ist." (Leubner/ Saupe 2006: 60).

2.3.1. Ist die Komplikation für die zentrale Figur eine

a) Schädigung[10] oder

b) Mangelsituation[11]?

2.4.   Auflösung

2.4.1. Wie wird die für die Figur zentrale Komplikation (Schädigung/ Mangel) aufgelöst?

a) abgewehrt/ rückgängig gemacht bzw. aufgehoben (= positive Auflösung)

b) nicht abgewehrt/ nicht rückgängig gemacht/ nicht aufgehoben (= negative Aufhebung)

c) weder eindeutig überwunden noch eindeutig nicht überwunden[12].

---

8   Von Hayek (2011): „Spontane Ordnung)".

9   D.h. das Gut hat einen Nutzen für die Figur.

10 „Eine Schädigung ergibt sich dann, wenn die Figur dieses Gut verloren hat oder zu verlieren droht (bzw. es ihr beschädigt wird oder beschädigt zu werden droht)" (Leubner/ Saupe 2006: 60).

11 „Ein Mangel [ergibt sich dann], wenn sie [die Figur] es nicht besitzt, aber besitzen möchte." (Leubner/ Saupe 2006: 60).

12 „Eine weder positive noch negative Auflösung entsteht dann, wenn die Komplikation nur teilweise abgewehrt/ rückgängig gemacht beziehungsweise aufgehoben werden kann oder wenn sie schließlich als solche nicht mehr besteht, weil sich die zentralen Güter der betroffenen Figur geändert haben." (Leubner/ Saupe 2006: 60).

2.5.   Faktoren für die Komplikation

2.5.1.   Welche explizit oder implizit dargestellten Motive[13] sind für die Komplikation (bzw. ihre Entstehung) maßgeblich?

2.5.2.   Welche explizit oder implizit dargestellten Motive sind für die Auflösung maßgeblich?

3.   Fragen zum Rahmen (Raum und Zeit)

3.1.   In welchem Raum/ in welchen Räumen findet die Handlung der Erzählung statt?

3.2.   Zu welcher Zeit findet die Handlung der Erzählung statt?

Quellen:

Ende, Michael (2011): Momo. 5. Auflage. Stuttgart: Thienemann (zuerst 1973).

Hayek, Friedrich August von (2011): Der Wettbewerb als Entdeckungsverfahren (zuerst 1968). In: Vanberg, Viktor J.: Hayek Lesebuch. Tübingen: Mohr Siebeck.

Leubner, Martin/ Saupe, Anja (2012): Erzählungen in Literatur und Medien und ihre Didaktik. 3. Auflage. Baltmmannsweiler: Schneider Verlag Hohengehren.

Leubner, Martin/ Saupe, Anja/ Richter, Matthias (2012): Literaturdidaktik. 2. Auflage. Berlin: Akademie Verlag.

Nünning, Ansgar/ Nünning, Vera (2010): Wege zum Ziel: Methoden als planvoll und systematisch eingesetzte Problemlösungsstrategien. In: Nünning, Ansgar/ Nünning, Vera (Hrsg.): Methoden der literatur- und kulturwissenschaftlichen Textanalyse. Stuttgart/ Weimar: Metzler. S. 1–27.

Priddat, Birger (2008): Wie konstruiert man innovative Akteure in der Ökonomie? In: Seele, P. und Priddat, B.: Das Neue in Ökonomie und Management. Wiesbaden: Gabler Verlag. 1–24.

Propp, Vladimir (1972): Morphologie des Märchens. Hrsg. v. Karl Eimermacher. München: Hanser (zuerst 1928 in russ. Sprache).

Richter, Sandra (2012): Mensch und Markt. Warum wir den Wettbewerb fürchten und ihn trotzdem brauchen, Hamburg: Murmann.

---

13 „Die Motive können vielfältiger Art sein, zum Beispiel gesellschaftlicher, natur- oder schicksalhafter." (Leubner/ Saupe 2006: 60).

Saeverin, Peter (2004): Transcendence Matters. Institutioneller Wandel in der Hindu-Welt als transitionale Verschränkung von globalem Wettbewerb und lokalem Nicht-Wettbewerb (dharma). Marburg: Metropolis Verlag.

Seele, Peter/ Zapf, Lucas (2017): Der Markt existiert nicht. Aufklärung gegen die Marktvergötterung. Berlin: Springer.

Springer Gabler Verlag (Hrsg.): Gabler Wirtschaftslexikon. Online-Ausgabe. URL: http://wirtschaftslexikon.gabler.de/ (abgerufen am 21.03.2015).

Stückrath, Jörn (2001): Die Bestimmung „ereignishafter Sachverhalte" als Verfahren zur Analyse und Interpretation von Erzähltexten. In: Heilmann, J./ Simon, J. (Hrsg.): Kompetenz und Kreativität. Eine Universität in Entwicklung. Lüneburg: Unibuch. S. 424–35.

Stückrath, Jörn (o.J.): Die Erzählung „Dat Wettlopen twischen den Hasen und den Swinegel up de lütje Haide bi Buxtehude" von Wilhelm Schröder. Analyse und Interpretation. Zit. n. Leubner, Martin/ Saupe, Anja (2012): Erzählungen in Literatur und Medien und ihre Didaktik. Baltmannsweiler: Schneider Verlag Hohengehren.

Waldmann, Günter (2006): Produktiver Umgang mit Literatur im Unterricht. Grundriss einer produktiven Hermeneutik. Baltmannsweiler: Schneider Verlag Hohengehren.

Wohlgemuth, Michael (2008): Neuheit und Wettbewerb – Über das Neue in Hayeks Entdeckungsverfahren. In: Seele, P. und Priddat, B.: Das Neue in Ökonomie und Management. Wiesbaden: Gabler Verlag. 25–47.

Daniel Cuonz
(Universität St. Gallen)

Bilanzen lesen, literarisch

Buchführung und Lebensführung bei Gustav Freytag, Gottfried Keller und Thomas Mann

I)

Bilanz ziehen – von allen Redensarten, die aus der Fachterminologie der Wirtschaft in die Alltagssprache eingewandert sind, dürfte diese zu den best-etablierten gehören. Verwendet wird sie in geradezu verblüffender Selbst-verständlichkeit, fernab von ihrer begrifflichen Herkunft und in durchaus grundsätzlichem Sinn. Erkundigt man sich etwa per Suchfunktion nach lieferbaren Büchern, die im Titel oder Klappentext eine Beschäftigung mit dem Themenfeld Bilanz und Bilanzierung ankündigen, erhält man neben den erwartbaren Hinweisen auf wirtschaftlich oder wirtschaftswissen-schaftlich orientierte Publikationen auch eine beträchtliche Anzahl Treffer aus dem boomenden Segment der so genannten Lebenshilfe. Und dort geht es dann eben um diejenigen Dinge, die man bisher vielleicht nicht *auf der Rechnung hatte*, wie man sagt. Und um das, was *wirklich zählt* – *unter dem Strich*, sozusagen.

Was Alltagskultur und Alltagssprache allenthalben verraten, haben die Klassiker der modernen Soziologie freilich schon früh systematisch be-schrieben. Max Weber sah in der Kulturtechnik der Buchführung bekannt-lich die Grundlage für die allgemeine Rationalisierung des Lebens im und durch den Kapitalismus.[1] Werner Sombart ist noch einen Schritt weiter gegangen und hat gefragt, ob die Buchführung womöglich gar als Ursache des Kapitalismus zu betrachten sei.[2] Und auch wenn Weber und Sombart die Einzelakzente unterschiedlich setzen, so sind sie sich doch einig darin,

---

1 Vgl. Weber, Max: *Wirtschaft und Gesellschaft*, Mohr: Tübingen 1980, S. 45–49.
2 Vgl. Sombart, Werner: *Der moderne Kapitalismus, Bd. II: Das europäische Wirtschaftsleben im Zeitalter des Frühkapitalismus*, dtv: München 1987, S. 118–120.

dass die Buchführung maßgeblich an der Durchsetzung jener methodisch-systematischen Auffassung einer sinnvollen Lebensführung beteiligt war, die uns heute in Form einer Reihe von Eigenschaften des modernen Menschen vielleicht fast schon allzu selbstverständlich erscheinen: Realitätssinn, Selbstkontrolle, Abstraktionsvermögen, Zweckdenken.

Prägnanter noch als in der deutschen Alltagssprache kommt der Zusammenhang von Buchführung und Lebensführung im Englischen zum Ausdruck. Der gebräuchlichste technische Ausdruck für Buchführung lautet *accounting*. Wenn eine Sache *of no account* ist, dann ist sie unwichtig, wohingegen *to take someting into account* heißt, die Wichtigkeit von etwas in Betracht zu ziehen. *Accountability* heißt Verantwortlichkeit, und *to give an account of oneself* heißt nicht nur allgemein Rechenschaft über sich abzulegen, sondern auch, sich in seiner Individualität anderen begreiflich zu machen, indem man eine Geschichte über sich erzählt.[3]

Damit ist nun auch die literarische Einsatzstelle in der Verhältnisbestimmung von Buchführung und Lebensführung benannt. Historisch betrachtet, ist sie untrennbar verbunden mit einem der schillerndsten Helden der Weltliteratur: Robinson Crusoe. Der mehrere Zeilen lange Originaltitel von Daniel Defoes 1719 erschienen Roman beginnt mit den Worten *The Life and Strange Surprising Adventures of Robinson Crusoe*, und er endet mit dem wichtigen Vermerk: *Written by himself*. Von ähnlich angelegten Romanen der Zeit unterscheidet sich dieser jedoch durch die insistente Art und Weise, wie er auch inhaltlich darauf eingeht, was den fiktiven Autor dazu befähigt, diese Rechenschaft über sein Leben abzulegen. Wie die meisten Helden Defoes zeichnet sich auch der Kaufmannssohn Crusoe durch eine auffällige Auskunftsfreudigkeit in Bezug auf seine finanziellen Verhältnisse aus. Und er demonstriert dabei eine an der Kunst der Buchführung offensichtlich geschulte Systematik. Bilanz zieht er aber bezeichnenderweise nicht nur über seine Finanzen, sondern auch und gerade über seine Situation auf der einsamen Insel:

---

3   Es handelt sich bei diesem sprachlichen Zusammenhang, wenn man so will, um eine besonders sinnfällige Ausdifferenzierung des oft konstatierten und auch in der deutschen Sprache nachweisbaren allgemeineren Sachverhalts, wonach die sprachliche Dimension des „Erzählens" (*to ac-count*) mit der Kulturtechnik des „Zählens" (*to count*) gekoppelt ist.

I now began to consider seriously my condition, and the circumstance I was reduced to, and I drew up the state of my affairs in writing, not so much to leave them to any that were to come after me, […] as to deliver my thoughts from daily poring upon them, and afflicting my mind; and as my reason began now to master my despondency, I began to comfort myself as well as I could, and to set the good against the evil, that I might have something to distinguish my case from worse; and I stated it very impartially, like debtor and creditor, the comforts I enjoyed against the miseries I suffered, thus:[4]

Es folgt die Situationsanalyse des Schiffbrüchigen, aufgeschlüsselt in Einzelposten des ihm Widerfahrenen, zweispaltig unter den Rubriken *Good* und *Evil*.

Vor diesem Hintergrund hat Ian Watt in seinem literaturtheoretischen Standardwerk *The Rise oft the Novel* (1957) Robinson Crusoe als Prototypen jenes modernen Romanhelden beschrieben, den er treffend den „hero of economic individualism"[5] nennt. Gemeint ist damit die in Crusoes „buchhalterischem Bewusstsein"[6] exemplarisch zum Ausdruck kommende Verbindung zwischen dem Aufstieg des Kapitalismus und der Ausbildung jenes spezifisch modernen Ich-Bewusstseins, das für die Entstehung des modernen Romans überhaupt erst die Voraussetzung schafft. Robinson Crusoe (und mit ihm eine ganze Reihe weiterer Romanhelden des 18. Jahrhunderts) sei von einer gleichsam „angeborenen Verehrung"[7] für die Kunst der Buchführung geradezu beseelt. Nichts wäre für diese Erzähler ihrer Lebensgeschichten abwegiger als Ausführungen dazu, wie und wann und warum sie diese Fähigkeit erlernt haben. Sie haben sie, sagt Watt, ganz einfach „im Blut".[8]

Es wäre nun aber ein Missverständnis, diesen Befund umstandslos auf die Romanhelden des mittleren und des späten 19. Jahrhunderts zu übertragen. Es mag zunächst paradox erscheinen, aber in dem Maß, wie der mit dem Aufstieg des Kapitalismus verbundene gesellschaftliche Mentalitätswechsel eine Breitenwirkung entfaltet, verliert der Umgang mit der ihm zu Grunde

---

4 Defoe, Daniel: *Robinson Crusoe*. Penguin: London 1994, S. 71.
5 Watt, Ian: *The Rise of the Novel. Studies in Defoe, Richardson and Fielding* [1963], Penguin: London, 2011.
6 Ebd., S. 65 (Übers. D.C.)
7 Ebd., S. 66.
8 Ebd., S. 65.

liegenden Kulturtechnik – zumindest in seiner literarischen Darstellung – an Selbstverständlichkeit. Die kulturelle und gesellschaftliche Bedeutung der Buchführung steht zwar immer noch und mehr denn je außer Frage. Auf dem Spiel steht nun jedoch die Deutungshoheit über sie.

Es ist naheliegend, den Implikationen dieser Beobachtung schwerpunktmäßig mit Blick auf denjenigen Roman nachzugehen, der die Grundbegriffe der doppelten Buchführung bereits im Titel nennt: Gustav Freytags *Soll und Haben*. Dem Umstand, dass dieser Roman in mehrfacher Hinsicht mit Vorsicht zu genießen ist, versuchen die folgenden Ausführungen durch zwei gezielte Selbstunterbrechungen Rechnung zu tragen. Aus dem gegebenen Anlass allzu offensichtlicher Komplexitätsunterschlagung werden zwei kurze, aber gezielte Seitenblicke auf Romane zu unternehmen sein, in denen eine ganz bestimmte Thematik dezidiert anders dargestellt wird. Mit diesem Vorgehen ist der Anspruch verbunden, den intrikaten Problemgehalt des wohl meist gelesenen deutschen Romans des 19. Jahrhunderts auch und gerade in derjenigen Sphäre aufzuspüren, die dieser selbst als sein begriffliches Stammland beansprucht. Anders gesagt: Es ist an der Zeit, Gustav Freytags *Soll und Haben* einer Bilanz-Prüfung zu unterziehen.

II)

Das Erfolgsrezept dieses Gründerzeit-Bestsellers verrät sich bereits in der Anordnung des Personals. Es ist ein reichlich buntes und ungewöhnlich vielköpfiges Ensemble, das hier zum Gruppen-Porträt einer anbrechenden Epoche versammelt wird. Schon auf den ersten Blick lassen sich mindestens drei Untergruppen ausmachen: Im Zentrum – natürlich – die Bürger: Allesamt sind sie Kaufleute, allesamt sind sie strebsam und brav. Die Konturierung ihres charakterlichen Formats entspricht ihrem wirtschaftlichen Gewicht: hier der großbürgerlich-stramme Prinzipal Traugott Schröter, dort die kleinbürgerlich-schrullige Belegschaft seines Kontors. Daneben die Gruppe der Adligen. Im Vordergrund der Freiherr von Rothsattel und seine Familie sowie der joviale Fritz von Fink, Sohn aus reichem Haus und zeitweilig Volontär in Schröters Kontor. Die Darstellung dieser Figuren orientiert sich nahezu exklusiv und bis ins mimische und gestische Detail an der Frage, inwieweit ihnen der Umgang mit dem Verlust der alten Standesprivilegien und die Einstellung auf neue Realitäten gelingt, schwer fällt oder misslingt. Eine dritte Gruppe bilden die in Abstufungen negativer Verzerrung dargestellten Vertreter des aufstrebenden Finanzkapitalismus: windige Geldverleiher und ruchlose Spekulanten, deren Geschäftsmethoden im besten Fall als dubios und im schlimmsten Fall als schwerkriminell dargestellt werden. Hinzu kommen die Arbeiter, namentlich die so genannten „Auflader" in Schröters Handelsgeschäft und das Personal des Ritterguts in Ostpolen sowie eine Vielzahl von schemenhaft bleibenden Nebenfiguren, die zu den geschilderten Vorgängen so etwas wie eine historische Kulisse bilden: amerikanische Kolonialisten, polnische Revolutionäre, preußische Soldaten.[9] Und inmitten von alledem: Anton Wohlfart, die Zentralfigur, der Held des Romans, durch dessen Positionierung innerhalb des Gruppenbilds die Handlung des Romans bestimmt wird.

Konstruiert wird so ein festgefügter sozialer Kosmos, an dessen So-und-und-nicht-anders-gewollt-Sein kein Zweifel bestehen kann. Freytag hat es seinen bürgerlichen Lesern sehr leicht gemacht, in diesem Roman ihre eigene Lebenssphäre als die beste aller Welten zu erkennen. Spätere Lesergenerationen haben sich dann vor allem dafür interessiert, wie dieses Epochen-Porträt eine derartige Identifikationswirkung zu erzielen vermochte. Treffend ist in diesem Zusammenhang der Begriff der „Kontrastkonstellation"[10] eingeführt worden. Gemeint ist damit Freytags teilweise hart an der Grenze der Karikatur operierende moralische Schwarzweiß-Malerei, durch die das Bürgertum konkurrenzlos in der Mitte der Gesellschaft installiert wird. Der Anschein der Bruchlosigkeit verdankt sich der kompromisslosen Abgrenzung.

Am nachdrücklichsten kommt der bürgerliche Anspruch auf eine gesellschaftliche Zentralstellung dadurch zur Geltung, dass er ständig mit der Unfähigkeit des Adels, die Position länger einzunehmen, kontrastiert wird. Gemäß diesem Strickmuster reiht sich eine Parallele an die nächste: Die bürgerliche Arbeitsmoral hat ihre negative Entsprechung in der leichten

---

9   Zur literaturtheoretischen Schnittstelle von Figurenkonstellation und Sozialgeschichte vgl. auch Plumpe, Gerhard: „Roman". In: McInnes, V.E. /Plumpe, G. (Hrsg.): *Bürgerlicher Realismus und Gründerzeit 1848–1890*. Carl Hanser: München/Wien 1996 (= *Hansers Sozialgeschichte der Literatur*, Bd. 6), S. 529–689.

10 Vgl. Kafitz, Dieter: *Figurenkonstellation als Mittel der Wirklichkeitserfassung. Dargestellt an Romanen der 2. Hälfte des 19. Jahrhunderts*, Athenäum: Kronberg 1978, S. 71–84.

Muße des adligen Zeitvertreibs, der bürgerliche Familiensinn im adligen Standesdünkel, die bürgerliche Vorsicht im adligen Leichtsinn und so weiter. Immerhin besteht aber auch für den Adel die Option, die Zeichen der Zeit zu erkennen und im bürgerlichen Sinn geschäftstüchtig zu werden. Und der Baron von Rothsattel zeigt dazu sogar recht gute Anlagen. „Jetzt", so belehrt er seine Frau, „tritt eine andere Macht an die Stelle unserer Privilegien, das Geld".[11] In der Umsetzung dieser Einsicht macht er in der sozioökonomischen Logik von Freytags Roman jedoch einen entscheidenden Fehler. Er versteht den Schritt in die ökonomische Realität seiner Zeit nicht als Annäherung an das Bürgertum und missachtet folglich auch ein für das bürgerliche Selbstverständnis zentrales Gebot der Abgrenzung. Denn alles, aber auch gar alles, was am modernen Wirtschaftssystem als in irgendeiner Weise moralisch fragwürdig erscheint, wird in *Soll und Haben* über die herabsetzende Darstellung der jüdischen Figuren abgehandelt. So kommt der Unterschied zwischen guter und böser Wirtschaft allein dadurch zum Ausdruck, dass der adlige Kapitalismus-Anfänger ihn nicht als Unterschied zwischen bürgerlichen und jüdischen Geschäftspraktiken zu erkennen vermag – und deshalb ins Unglück stürzt.

Dass die publikumswirksamste literarische Affirmation des erstarkenden bürgerlichen Selbstbewusstseins unverhohlen antisemitische Ressentiments bedient, ist unbestritten und gehört zu den beklemmenden historischen Einsichten, die mit der Lektüre dieses Romans verbunden sind. Nach wie vor umstritten ist hingegen die Frage, inwieweit sich daraus eine in diesem Ausmaß gehärtete Grundhaltung des Autors ableiten lässt oder anders: inwieweit sich in Bezug auf die Darstellung der jüdischen Figuren in *Soll und Haben* eine Diskrepanz zwischen Wirkungsabsicht und Wirkungsdynamik belegen lässt. Mindestens ebenso interessant wie die kontextuelle Frage nach dem Ausmaß dieser Diskrepanz[12] ist jedoch die textuelle Frage, wie diese Diskrepanz überhaupt entstehen konnte. Wenn jedoch der Befund

---

11 Freytag, Gustav 2002, S. 28. Zitate werden fortan durch die Angabe einfacher Seitenzahlen im Haupttext nachgewiesen.
12 Vgl. dazu die sorgfältigen Sondierungen von Gelber, Mark H.: „Antisemitismus, literarischer Antisemitismus und die Konstellation der bösen Juden in Gustav Freytags Soll und Haben". In: Krobb, F. (Hrsg.): 150 Jahre „Soll und Haben". Studien zu Gustav Freytags kontroversem Roman, Königshausen und Neumann: Würzburg 2005, S. 285–300.

einer wirkungsdynamischen „Eigenlogik der Kontrastkonstellation"[13] zutrifft, dann sind davon nicht nur die antisemitischen Stereotypen als solche betroffen, sondern auch und vor allem das Problem, das durch den Reduktionismus des Ressentiments verstellt wird. Die Vermutung, dass die Figurenkonstellation in *Soll und Haben* gerade dort am aussagekräftigsten ist, wo sich ihre Implikationen kulturdiagnostisch verselbständigen, müsste sich in diesem Sinne also gerade an den Einsatzstellen der Verflechtung von moralischer Schuld und ökonomischen Schulden überprüfen lassen.

An diese Problematik rührt symptomatisch der Titel des Romans. Das gilt zumindest dann, wenn man die erweiterte Kulturbedeutung der doppelten Buchführung auch und gerade darin erkennen mag, dass sie den Anteil des Schuldbegriffs an der geordneten unternehmerischen Tätigkeit formal darstellbar macht.[14] Im Frühkapitalismus lagen die Dinge diesbezüglich noch vergleichsweise einfach. Ökonomischer Erfolg war das vorzeigbare Resultat der menschlichen Bemühung um eine Abtragung der Folgelasten der Erbsünde durch Arbeit. Im Zuge der Säkularisierung des Wirtschaftssystems der Moderne hat sich diese ethische Legitimierung der kaufmännischen Tätigkeit jedoch sukzessive abgenutzt. Die kompromittierende Mehrdeutigkeit des Umstands, dass jedem Guthaben strukturell eine Schuld gegenüber steht, gewann damit freilich an Brisanz. Und erst in dieser Hinsicht zeigt sich, worin jene kulturelle Leistung der doppelten Buchführung besteht, auf die es hier ankommt. Durch die Einführung der Unterscheidung zwischen Soll und Haben stand den Kaufleuten ein Mittel zur Verfügung, um die Paradoxie der Gleichzeitigkeit von Vermögen und Schuld im Rahmen der Bilanzierung ihrer Geschäfte formal aufzuheben – und damit gewissermaßen symbolisch unschädlich zu machen.

---

13 Kafitz, Dieter 1978, S. 75.
14 Diese Sichtweise entwickelt Dirk Baecker (vgl. Baecker, Dirk: „Die Schrift des Kapitals". In: Gumbrecht, H.-U. / Pfeiffer, K. L. (Hrsg.) *Schrift*. Fink: München 1993, S. 257–272 hier S. 267): „Entscheidend für die Systematik der Geschäftsführung beziehungsweise die Operationen des Unternehmens ist die Interpretation einer Schuld als Vermögen. Aber dieser Interpretation geht die Verbuchung des Vermögens als Kapital, also als Schuld voraus. Jedes durch die Buchführung erfasste Vermögen ist demnach eine Schuld und jede Schuld ein Vermögen. Nur die Unterscheidung zwischen Soll und Haben und die Attribution der beiden Seiten desselben auf verschiedene Adressen (das Unternehmen der Kaufmann) verhindert die Offenlegung dieser Gleichzeitigkeit als Paradoxie."

Begreiflich ist daher das Ansinnen, diese Problemlösungskompetenz der Buchführung zu einem umfassenden ethischen Legitimationssystem auszubauen. Der bleibende dokumentarische Verdienst von *Soll und Haben* besteht in diesem Sinne – und vermutlich entgegen der Absicht des Autors – darin, die offensichtliche Überzogenheit dieses Anspruchs auf ihrem historischen Höhepunkt fassbar gemacht zu haben. Denn wenn Romantitel die traditionelle Nennung des Helden und die Ankündigung seiner Lebensgeschichte durch die Grundbegriffe der doppelten Buchführung ersetzt werden, dann heißt das nicht nur, dass hier Wirtschaftliches im thematischen Vordergrund stehen wird, sondern auch, dass es dabei nicht mehr so sehr um das Leben eines Einzelnen als vielmehr um die allgemeine Übertragbarkeit von Verfahrensweisen der Buchführung auf die Bewertung von Lebensläufen geht: Bilanz als Lebensform.[15]

Folgerichtig setzt die Erzählhandlung dort ein, wo sich der Held im wahrsten Sinne des Wortes aufmacht, dieses Versprechen einzulösen und seine Lehrjahre anzutreten. Und dies nicht etwa in dem beziehungsreichen Sinn wie sein berühmter Vorgänger Wilhelm Meister, sondern buchstäblich und brav als kaufmännischer Lehrling im Kontor der Firma T. O. Schröter. Schon auf den ersten Seiten ist mit Händen zu greifen, dass *Soll und Haben* den Beweis anzutreten bestimmt ist, dass auch kaufmännische Inhalte die Form des Bildungsromans auszufüllen vermögen, ja dass das formale Versprechen des Bildungsromans erst durch den Weg zur bürgerlichen Geschäftstüchtigkeit als inhaltlich erfüllt gelten darf.

So steht denn Anton Wohlfarts Entwicklungsgang im Zeichen von Bilanzierung und Berechnung noch bevor er überhaupt beginnt. Seine Aufnahme

---

15 Vgl. Weiss, Jochen: „Die protestantische Ethik und der Geist der Buchführung. Bürgerliche Lebensbilanz in *Soll und Haben*". In: Krobb, F. (Hrsg.): *150 Jahre „Soll und Haben". Studien zu Gustav Freytags kontroversem Roman*, Königshausen und Neumann: Würzburg 2005, S. 87–102. Der problematische Aspekt an Weiss' Argumentation liegt jedoch darin, dass er die Aufschlusskraft von Max Webers Protestantismus-These in Bezug auf den Entwicklungsstand des Wirtschaftssystems in der zweiten Hälfte des 19. Jahrhunderts überschätzt. Deshalb entgehen ihm in Bezug auf das Postulat eines bilanzförmigen Lebens in *Soll und Haben* sowohl die romantheoretischen als auch die kulturanalytischen Implikationen, die mit der Verkomplizierung des Schuldbegriffs im Zuge der Vollendung jenes Säkularisierungs-Prozesses verbunden sind, dessen Voraussetzungen Max Weber untersucht hat.

als kaufmännischer Lehrling in dem angesehenen Handelsgeschäft verdankt Anton nämlich der vorbildlichen Berufsauffassung seines Vaters, eines Kalkulators in preußischem Staatsdienst. Dieser hatte bei der Durchsicht alter Akten einen längst verloren geglaubten Schuldschein gefunden, der es der Firma T.O. Schröter ermöglichte, eine bereits abgeschriebene Forderung in beträchtlicher Höhe geltend zu machen. Mit unverhohlenem Bürgerstolz verkündet der Erzähler, der brave Kalkulator habe jegliche Erkenntlichkeitsbekundungen des Handelshauses abgelehnt, in der Überzeugung nichts Außergewöhnliches, sondern nur seine Pflicht, und das heißt: im wahrsten Sinne des Wortes etwas Kalkulierbares getan zu haben.

Trotzdem oder gerade deshalb freut sich der Kalkulator Wohlfart alle Jahre wieder, wenn um die Weihnachtszeit ein Paket mit feinstem Zucker und bestem Kaffee aus der Hauptstadt bei ihm eintrifft. Der Duft des teuren Kaffees erfüllt sein bescheidenes Haus mit einem Hauch von Welthandel und fast schon fühlt er sich dann wie ein Kompagnon seines unbekannten Freundes, des großen Kaufmanns: „[...] es war ein unscheinbares, leichtes Band, welches den Haushalt des Kalkulators mit dem geschäftlichen Treiben der großen Welt verknüpfte; und doch wurde es für Anton ein Leitseil, wodurch sein ganzes Leben Richtung erhielt" (8). Stets aufs Neue muss der Knabe seinem Vater deshalb bestätigen, dass auch er eines Tages Kaufmann werden wolle.

Den Aufbruch Antons auf diesen Lebensweg wird der alte Vater nicht mehr erleben. Das gibt dem Erzähler die Gelegenheit, noch einmal, als wäre es nicht schon deutlich genug, mit Nachdruck darauf hinzuweisen dass dieses „Leitseil" kein anderes sein kann als das der ständigen Bilanzierung. Es ist im buchstäblichen Sinn das Vermächtnis des Vaters an den Sohn:

> Der alte Herr war nicht umsonst Kalkulator gewesen, sein Haushalt war in musterhafter Ordnung, seine sehr geringe Hinterlassenschaft in der geheimen Schublade des Schreibtisches, in dem gehörigen Bündel Papier, zu Heller und Pfennig aufgezeichnet; alles, was im letzten Jahre durch das Dienstmädchen zerschlagen oder verwüstet worden war, fand sich an der betreffenden Stelle bemerkt und abgerechnet, über jedes war Disposition getroffen; auch ein Brief an den Kaufherrn fand sich vor, den der Verstorbene noch in den letzten Tagen mit zitternder Hand geschrieben hatte [...] (11).

In Bezug auf diesen Brief werden dem Leser dann auch die konzeptuellen Grundlagen der ökonomischen Bilanzierbarkeit von Lebensläufen mitgeteilt: Das Leben des Einzelnen ist unabhängig von dessen eigenen Zutun Gegenstand einer Bilanz. Jedoch hat es jeder Einzelne sehr wohl selbst in der Hand, diese Bilanz ausgeglichen zu halten. Dass Anton seine Lehre schneller als üblich abschließt und zu seiner freudigen Überraschung zum regulären Mitarbeiter des Kontors befördert wird, begründet der Prinzipal in diesem Sinne und mit einschlägigem Vokabular: „Ich habe so gehandelt […], weil Sie tüchtig sind, und weil der Brief, den Sie mir bei Ihrem Eintritt in das Geschäft überbrachten, Ihnen einen Kredit bei mir eröffnet hat" (141).

III)

Damit ist nun auch der erste jener zu Beginn in Aussicht gestellten Seitenblicke am Platz. Dass sich Tüchtigkeit lohnt, ist das unhinterfragte und gegenüber jeglicher Befragung erzählerisch immun gemachte *Credo* von *Soll und Haben*. Worüber sich Freytags Roman damit mit weltanschaulich beredtem Stillschweigen hinwegsetzt, findet sich in Gottfried Kellers *Grünem Heinrich* (1879/80) nuanciert auseinandergelegt. Man kann es geradezu als das Lebensverhängnis Heinrich Lees bezeichnen, dass er auch dann noch an dem Ideal einer Korrelation von Tüchtigkeit und Glück festhält, wo der Verlauf seines eigenen Lebens längst den besten Beweis dafür abgibt, dass dieses Ideal als allgemeiner Wertmaßstab unhaltbar ist – oder besser: unhaltbar geworden ist. Denn auch der grüne Heinrich orientiert sich in dieser Hinsicht an den Werten seines zu früh verstorbenen Vaters. Jedoch ist die Selbstverpflichtung auf den Pioniergeist-Liberalismus des Vaters in Anbetracht der Entwicklungsstufe des Kapitalismus, mit der es der Sohn zu tun bekommt, verhängnisvoll antiquiert.[16]

Hinzu kommt, dass sich Heinrich auch abgesehen von zeitbedingten Schwierigkeiten in finanziellen Angelegenheiten äußerst schwer tut. Auch dies ist eine indirekte Folge der Abwesenheit des Vaters. Denn Heinrichs fromme Mutter lebt ihm einen Umgang mit Geld vor, der „eher magisch als ‚wirtschaftlich'"[17] ist und der ihn daher von der ökonomischen Realität seiner Zeit zusätzlich entfernt: „[N]ie übersah sie unnötiger Weise ihre Bar-

---

16 Vgl. dazu: Muschg, Adolf: *Gottfried Keller*. Kindler: Stuttgart 1977, S. 143–181.
17 Ebd., S. 145.

schaft," heißt es an einer Stelle, „aber jedes Guldenstück war ihr beinahe ein heiliges Symbolum des Schicksals, wenn sie es in die Hand nahm, um es gegen Lebensbedürfnisse auszutauschen."[18] Kurzum: Was bei Gustav Freytag bis zur Unkenntlichkeit vereinfacht ist, ist bei Keller so vertrackt wie es nur sein kann. Während das Vermächtnis eines zu früh verstorbenen Vaters Anton Wohlfart mit einem Kredit versieht, der ihn sowohl in moralischer als auch in ökonomischer Hinsicht von vornherein absichert, wird das Vermächtnis eines toten Vaters für den grünen Heinrich zu einer Hypothek, an der er sein Leben lang sowohl moralisch als auch ökonomisch zu tragen haben wird.

Erstmals konfrontiert wird Heinrich mit diesem Verhängnis – wie könnte es anders sein – im Zeichen der Buchführung. In der Jugendgeschichte ist von dem zeitweiligen Umgang Heinrichs mit einem etwas älteren Schulkameraden die Rede, dessen Charakterisierung bereits vorwegnimmt, in welcher Form er mit seiner Umwelt in Verkehr zu treten bestimmt ist:

> Meierlein, so hieß er, besaß kein tieferes Talent; in seinen verschiedensten Unternehmungen war nie etwas Neues oder Eigenes sichtbar, sondern er brachte nur das gut zuwege, was er sich vorgemacht sah, und ihn beseelte nur ein unablässiges Bedürfnis, sich alles Erdenkliche anzueignen. [...] seine Schulhefte waren korrekt und in bester Ordnung, seine Schrift klein und zierlich, besonders seine Zahlen wußte er ausnehmend angenehm und rundlich in Reihen zu setzen.[19]

Und in Zahlen weiß Meierlein so ziemlich alles zu übersetzen, was sich zwischen den Knaben tagein tagaus abspielt. Und nicht nur das: Er trägt das alles auch in ein „niedlich angefertigtes Büchelchen ein [...], dessen Seiten mit Soll und Haben ansehnlich überschrieben waren."[20] Jeder Gefallen wird so zur Dienstleistung, jede Geschicklichkeitsübung auf dem Schulweg zum Gewinnspiel, jeder Austausch noch so kindlicher Gegenstände zum Verkaufsgeschäft. Die Beträge, so berichtet der grüne Heinrich später, schrieb Meierlein „genau in sein Buch mit allerliebsten wohlgestalteten Zahlen, was mir solches Vergnügen gewährte, daß ich laut auflachte. Er aber sagte

---

18 Keller, Gottfried: *Der grüne Heinrich* 1879/80. In: Morgenthaler, W. [u.a.] (Hrsg.): *Sämtliche Werke. Historisch-Kritische Ausgabe.* 32 Bde., Stroemfeld/Verlag Neue Zürcher Zeitung: Basel/Frankfurt a.M./Zürich 1996–2013 (HKKA), Bd. 1, S. 148.
19 Ebd., S. 143 f.
20 Ebd., S. 145.

ernsthaft, da sei gar nichts zu lachen, ich sollte bedenken, daß ich alles einmal berichtigen müßte [...]".[21]

Auffällig in diesen Passagen ist das Insistieren auf der geradezu kalligraphischen Qualität der Buchführung. Sie lässt den Knaben Meierlein als einen kindlichen, aber eben keineswegs unschuldigen Vorläufer jener wirtschaftskriminellen Schreiberexistenzen erscheinen, die Keller in seinem Spätwerk *Martin Salander* (1886) auftreten lässt. Denn gerade dort, wo der Kapitalismus in diesem Roman seine hässlichste Fratze zeigt, wird am nachdrücklichsten Buch geführt und am schönsten geschrieben. Das gilt etwa für den Betrüger Wohlwend, der sich hinter vorgeblicher Schreibarbeit mit großer Geste gleichsam verschanzt, als der Titelheld ihn zur Rechenschaft ziehen will. Und mehr noch für die Gebrüder Weidelich, die am Ende ins Zuchthaus kommen – der eine, weil er alte Pfandbriefe mit viel Geschick in neue umschreibt und der andere, weil er in ebenso virtuoser Weise Kopien von Schuldbriefen anfertigt, die er bei den Banken belehnen lässt. Erst wenn diese Machenschaften aufgedeckt sind, beginnt man zu begreifen, worauf der auktoriale Erzähler hinauswollte, als er zu einem frühen Zeitpunkt des Romans in einem Atemzug auf die Geschäftstüchtigkeit der Gebrüder Weidelich und auf deren Begabung für das „Malen kalligraphischer Kunststücke"[22] zu sprechen kommt. So thematisiert Keller in seinem Spätwerk die Korrumpierbarkeit ökonomischer Rationalität, indem er die ihr zu Grunde liegende Kulturtechnik als die hohe Kunst der Fälschung darstellt, deren Erzeugnisse im buchstäblichen Sinne zu schön sind, um wahr zu sein.[23]

Indessen: Der Seitenblick auf Kellers Altersroman macht in erster Linie deutlich, dass und inwiefern die Dinge im *Grünen Heinrich* eben komplizierter liegen. Hier wird die ökonomische Rationalität der Buchführung nicht über die Differenzierung von Gebrauch und Missbrauch kritisierbar gemacht, sondern in Bezug auf die problematische Faktizität ihres gesamt-

---

21 Ebd.
22 Keller, Gottfried: *Martin Salander* 1866. In: Morgenthaler, W. [u. a.] (Hrsg.): *Sämtliche Werke. Historisch-Kritische Ausgabe.* 32 Bde., Stroemfeld/Verlag Neue Zürcher Zeitung: Basel/Frankfurt a. M./Zürich 1996–2013 (HKKA) Bd. 8, S. 102.
23 In diesem Sinne ließe sich auch in die bis an die Grenze des Grotesken heranreichende Parallelität der Lebensführung dieser korrupten Landschreiber-Zwillinge als ein personifiziertes Sinn-Zerrbild der doppelten Buchführung deuten.

gesellschaftlichen Geltungsanspruchs. Der Tag, an dem es dann soweit ist und Meierlein seine Schlussrechnung präsentiert, gibt Heinrich in diesem Sinne einen bitteren Vorgeschmack auf den weiteren Verlauf seines Lebens. Er akzeptiert zwar die Bilanz-Realität seiner Verschuldung, hat ihr aber nichts entgegenzusetzen – nichts, außer einer tiefen Traurigkeit, auch und gerade über den diesbezüglichen Gram seiner Mutter, den er im weiteren Verlauf seines Lebens als notorischer Schuldenmacher, ins Unerträgliche, ja ins Tödliche steigern wird.

Aber auch Meierlein geht aus der Sache keineswegs als Gewinner hervor. Vom Schuldirektor werden beide Knaben zu gleichen Teilen bestraft, und auch ein Ringkampf, den sie kurze Zeit später anlässlich einer Kadettenübung in symbolträchtiger Verbissenheit austragen, endet unentschieden. Zwar wird der kindliche Schuldenvogt noch in den Träumen des erwachsenen Heinrich Lee als strafender Dämon herumspuken und ihm die moralische Schuld seiner ökonomischen Schuldenwirtschaft vorhalten. Reüssieren im Sinne eines geglückten Lebens lässt Keller den Vertreter des modernen Wirtschaftssystems aber auch nicht. Er stirbt jung, stürzt ab auf einer Baustelle, auf der er als Immobilienspekulant am falschen Ort hat „Kosten sparen"[24] wollen. Meierlein, so könnte man sagen, stirbt an einer Überdosis ökonomischer Rationalität, der grüne Heinrich krankt an der Bilanz-Unverträglichkeit seines Selbstverwirklichungs-Ideals. Gustav Freytags Held jedoch bekommt den ökonomischen Rationalismus verabreicht wie Medizin, löffelweise, zur Stärkung der bürgerlichen Abwehrkräfte.

Und da diese Abwehrkräfte auch die Gelegenheit erhalten müssen, sich zu bewähren, gehört es denn auch zur Bilanzförmigkeit von Anton Wohlfarts Bildungsweg, dass er seinen Startkredit bald schon strapazieren wird. Auf Vermittlung seines Freundes Fritz von Fink, des adligen Volontärs im Schröterschen Handelsgeschäft, erhält er Zutritt zu den regelmäßig stattfindenden Tanzstunden im Hause einer gewissen Frau von Baldereck. Es handelt sich dabei um eine Art Treffpunkt für die Söhne und Töchter der gehobenen Gesellschaft, der auch von deren Eltern als Gelegenheit zur unverbindlichen Sondierung standesgemäßer Heiratsoptionen geschätzt wird. Im Hause Schröter gönnt man dem fleißigen Kontoristen das bisschen Zerstreuung an der Seite der adligen Fräuleins und schneidigen Leutnants,

24 Keller, Gottfried 1879/80, S. 159.

und die Damen sind sogar fast ein bisschen stolz auf ihn. Dies jedoch nur solange, bis gerüchteweise bekannt wird, dass Antons gesellschaftliche Erfolge auf der Verleugnung seiner bürgerlichen Herkunft zu Gunsten adliger Erwartungshaltungen beruht. Denn Fink vermochte seinen bürgerlichen Freund nur dadurch in diesen Kreis einzuführen, dass er ihn durch vage Andeutungen mit einer geheimnisvoll-hochadligen Abstammung und einem Millionenerbe in Verbindung gebracht hatte.

Vom Prinzipal höchstpersönlich muss der ahnungslose Anton darauf hingewiesen werden, dass er damit nicht weniger als die Grundsätze kaufmännischer Lebensführung verraten hat. Sein gesellschaftlicher Erfolg beruhte auf einem ungedeckten Kredit. Noch hat Anton die Logik von Debet und Kredit nicht in dem Maß verinnerlicht, dass er sie auf alle Lebenssituationen anzuwenden wüsste. Über die Grundlagen scheint er jedoch bereits zu verfügen, wie seinem treuherzigen Rapport an den Prinzipal zu entnehmen ist:

> „Sie haben recht, ich habe sehr unrecht getan, über meine Verhältnisse hinaus-zugehen, ich habe das während der ganzen Zeit empfunden; seit einigen Tagen, wo ich Kasse gemacht habe und gesehen, daß ich in Schulden gekommen bin" – hier lächelte der Kaufmann fast unmerklich – „ist's mir klargeworden, daß ich auf unrechtem Wege bin, ich habe nur nicht gewußt, wie ich zurück soll. (193)

Nachdem Anton sich mit Anstand aus dem Tanzzirkel verbschiedet hat, ist der Prinzipal bereit, ihm auch bei der Beseitigung der finanziellen Spur des zeitweiligen Abwegs behilflich zu sein: „[…] er ließ die Summe an Anton zahlen und diesem zur Last schreiben, und auch das war abgemacht" (203). Der Erzähler scheint einigen Wert darauf zu legen, dass erst damit die Sache wirklich erledigt ist. Erst durch diese private Umschuldung nämlich erhält Antons Rückkehr auf den rechten Weg den Status der Bilanzierbarkeit. Zwischenbilanz als Lebensschule. *Lesson learned.*

IV)

Und damit ist auch schon der zweite Seitenblick angezeigt. Er richtet sich auf einen Kaufmannsroman, der zwar gerade noch in einer Traditionslinie zu Freytags *Soll und Haben* steht, das Prinzip der buchhalterischen Lebensführung jedoch bereits dadurch am sinnfälligsten problematisiert, dass er die ökonomische Zwischenbilanz als formalen Indikator eines Verfallsprozesses ausweist. Die Rede ist von Thomas Manns *Buddenbrooks* (1901). Parallel zu dem im Untertitel angekündigten *Verfall einer Familie* – wenngleich von der umfangreichen Forschung mit weniger Interesse bedacht – vollzieht sich nämlich auch der Verfall der gleichnamigen Firma. Es ist erstaunlich, mit wie viel Akribie sich Thomas Mann einer glaubhaften und stringenten Darstellung der finanziellen Verhältnisse der Familie Buddenbrook gewidmet hat. Man könnte sagen: Er hat sich gleichsam als Buchhalter seiner Figuren betätigt. Auf mehreren erhalten gebliebenen Notizzetteln hat er die Vermögensverhältnisse der Buddenbrooks zu den verschiedenen Zeitpunkten der Romanhandlung exakt aufgeschlüsselt.[25] An drei Stellen des Romans lässt er das entsprechende Zahlenmaterial explizit und in aller Ausführlichkeit in den Roman einfließen: Am Ende, wenn die Liquidation der Firma bevorsteht, und zweimal im Sinne einer Zwischenbilanz, immer dann, wenn eine neue Generation die Geschäfte übernimmt.

In absoluten Zahlen präsentieren diese Zwischenbilanzen zwar einen verhältnismäßig komfortablen Reichtum. Trotzdem kündigt sich in ihnen diskret, aber unverkennbar der Niedergang an, noch bevor in der zweiten Hälfte des Romans die kulturellen und psychologischen Verfallserscheinungen den Handlungsverlauf zu bestimmen beginnen. Um dies zu bemerken, braucht man sich bloß die Mühe zu machen, die Einzelposten dieser Bilanzen gegeneinander abzuwiegen, das heißt Erbschaften, Mitgiften und ähnliches vom eigentlichen Geschäftsgang zu unterscheiden. So ist festzustellen, dass der Gewinn der Firma Buddenbrook im gesamten Erzählzeitraum vergleichsweise bescheiden ausfällt, ständig rückläufig ist und zuletzt nicht einmal mehr ausreichen würde, um die zahlreicher werdenden Verlustgeschäfte auszugleichen.[26]

---

25 Es ist das Verdienst von Georg Potempa, diese Zettel mit ebenso viel wirtschaftlichem Sachverstand wie philologischer Akribie ausgewertet und bekannt gemacht zu haben (vgl. Potempa, Georg: „Über das Vermögen der Buddenbrooks". In Ders.: *Geld – „Blüte des Bösen?" Drei Aufsätze über literarisch-finanzielle Themen*, Holzberg: Oldenburg 1978, S. 41–77). Die Originale befinden sich im Besitz des Thomas-Mann-Archivs, Zürich. In Form von Transkriptionen sind sie mittlerweile auch vollständig publiziert (vgl. Mann, Thomas: *Buddenbrooks. Verfall einer Familie*, 1901 GKFA, Bd. 1 1901, S. 442 f., 446, 455, 486 f.).

26 Vgl. dazu ausführlich Potempa, Georg 1978, S. 43–49, 54–60, sowie in übersichtlicher Verknappung Moulden, Ken/ von Wilpert, Gero (Hrsg.): *Buddenbrooks-Handbuch*. Kröner: Stuttgart 1988. *Betrachtungen eines Unpolitischen* (1918), GFKA, Bd. 13. 1. 1988 , S. 167–169.

Die Zwischenbilanzen bringen den Verfall der Firma jedoch nicht nur zum Ausdruck, sondern sie sind in gewisser Hinsicht auch substanziell an ihm beteiligt. Nicht umsonst erfolgen beide Vermögensaufstellungen durch das jeweils neue Familienoberhaupt nicht in einem geschäftlichen Kontext oder aus geschäftlichem Anlass, sondern als Beitrag zur Besprechung einer häuslichen Angelegenheit. Deutlich genug verweisen diese Szenen damit auf eine Schieflage zwischen Geschäftsführung und Lebensführung. Thomas Mann selbst hat noch zu Lebzeiten für sich in Anspruch genommen, mit seinem Erstlingsroman Max Webers berühmter Kapitalismus-These zuvorgekommen zu sein.[27] Nicht zu Unrecht. Er antizipiert sie sozusagen mit Blick auf den Rand jener Erfolgsgeschichte, von der sie handelt.[28]

Mit Konsul Jean Buddenbrook lernt der Leser nämlich einen Unternehmer-Typus kennen, dessen Schwäche, sowohl im Menschlichen als auch im Geschäftlichen, in der seltsam unzeitgemäßen religiösen Überhöhung seiner kaufmännischen Tätigkeit besteht. Das zeigt sich am anschaulichsten in seiner Passion für die Familienchronik, für die sein heiter-robuster Vater, wie kaum zufällig gesagt wird, „wenig Sinn"[29] hatte. Er selbst erhebt die Familienchronik zum Medium der fortlaufenden Bilanzierung seines ganz

27 Gemeint ist die folgende Passage aus den *Betrachtungen eines Unpolitischen* (1918): „Ich lege einigen Wert auf die Feststellung, daß ich den Gedanken, der modern-kapitalistische Erwerbsmensch, der Bourgeois mit seiner *asketischen* Idee der Berufspflicht sei ein Geschöpf protestantischer Ethik, des Puritanismus und Kalvinismus, völlig auf eigene Hand, ohne Lektüre, durch unmittelbare Einsicht erfühlte und erfand und erst nachträglich, vor kurzem, bemerkt habe, daß er gleichzeitig von gelehrten Denkern gedacht und ausgesprochen worden." (GFKA, Bd. 13. 1, S. 159).

28 Vgl. dazu: Sommer, Andreas Urs: „Der Bankrott ‚protestantischer Ethik'. Thomas Manns *Buddenbrooks*. Prolegomena einer religionsphilosophischen Romaninterpretation". *Wirkendes Wort* 44.1 (1994), S. 88–110 sowie Schwöbel, Christoph: „*Buddenbrooks*. Die protestantische Ethik und der Geist des Bürgertums". In: Ders. *Die Religion des Zauberers. Theologisches in den großen Romanen Thomas Manns*, Mohr Siebeck: Tübingen 2008, S. 61–90. Für eine kritische Einschätzung dieser Selbstdeutung Thomas Manns vgl. Hamacher, Bernd: „Ökonomie und Religion – Goethe, Thomas Mann und die ‚protestantische Ethik'". In: Dirk Hempel/Christine Künzel (Hrsg.): *„Denn wovon lebt der Mensch?" Literatur und Wirtschaft*, Frankfurt a. M. u. a.: Peter Lang 2009, S. 117–135.

29 Mann, Thomas 1901, S. 60.

persönlichen Gnadenkontos. An einer Stelle wird er dabei von Nahem gezeigt. „Seine Feder", heißt es dort, „führte hie und da einen kaufmännischen Schnörkel aus und redete Zeile für Zeile mit Gott."[30] Dieser Bilanz-Kult macht Jean Buddenbrook jedoch als Geschäftsmann in hohem Maße anfällig für einschlägige Fehlleistungen.[31] Erwartbarerweise fällt er auf die dreist gefälschten Bilanzen seines künftigen Schwiegersohns herein und trägt damit nicht nur der Firma einen herben Verlust ein, sondern besiegelt auch den unglücklichen Lebensverlauf seiner Tochter Tony. Es sei nicht schwierig gewesen, ihn mit „hübsche[n] Bücher[n]"[32] zu täuschen, so muss er später erfahren und dabei mit sich selbst, mehr aber noch mit einer Geschäftswelt hadern, die gegen seine Bilanz-Religion frevelt.

An seinem Sohn, Senator Thomas Buddenbrook, lässt sich dann sozusagen aus der Gegenrichtung studieren, wie auszehrend sich die strikte Orientierung an einer protestantischen Leistungsethik auswirkt, wenn sie außerhalb der Ökonomie keinen Rückhalt mehr hat.[33] Seine Lebensführung macht deutlich, dass sich der Geist der kontinuierlichen Bilanzierung auch zur dauerhaft-grüblerischen Selbst-Infragestellung zusammenkrümmen kann und sich dann sowohl für den Einzelnen als auch für dessen Geschäfte in fataler Weise entwicklungshemmend auswirkt. Das zeigt sich exemplarisch in der vorläufigen Schlussbilanz, die Thomas Buddenbrook am Ende seines Lebens aufstellt. In symptomatischer Weise werden nun auch diejenigen Vermögenswerte beziffert und dem Vermögen zugerechnet, die in die vorangehenden Bilanzen nicht einbezogen wurden. Thomas Buddenbrook verstößt damit gegen ein kaufmännisches Gebot, dessen metaphorische Sinnfälligkeit im vorliegenden Zusammenhang nicht hoch

---

30 Ebd., S. 57.
31 Man könnte sogar sagen, dass diese privatreligiöse Überhöhung der Buchführung eine entscheidende Grundlage dafür bildet, dass die Buddenbrooks den eigentlichen Grund für ihren Untergang bis zum Schluss als eine sowohl kaufmännische als auch kulturelle Tugend ansehen: „die Erhaltung der *familia*" bzw. des „*oikos*" als Maßstab des wirtschaftlichen Handelns (vgl. Priddat, Birger P.: „Über das Scheitern der Familie, nicht des Kapitalismus. Über Thomas Manns Buddenbrooks", in: *Thomas Mann Jahrbuch* 25 (2012), S. 259–273, hier: S. 271).
32 Ebd., S. 249.
33 Vgl. Kinder, Anna: *Geldströme. Ökonomie im Romanwerk Thomas Manns*, Berlin/Boston: de Gruyter 2013, S. 50 ff.

genug veranschlagt werden kann. Der entsprechende Fachausdruck lautet: „Bilanzkontinuität".[34]

In Freytags *Soll und Haben* kommt dieses Gebot zwar nur am Rande in seinem angestammten Sinn zur Sprache. Dafür kann man es im übertragenen Sinn als *das* Strukturgesetz schlechthin der erzählerischen Darstellung von Anton Wohlfarts Entwicklungsgang bezeichnen. Immer wieder erhält der Held die Gelegenheit, einen Schritt weiter zu kommen, indem er seine Lebensbilanz um einige Posten erweitert. So wird denn auch bald deutlich, dass es sich bei seinem Tanzstunden-Intermezzo nur um eine moralisch-ökonomische Vorschule gehandelt hat. Die diesbezügliche Lektion fürs Leben steht ihm noch bevor. Etwa in der Mitte des Romans beginnt sich nämlich abzuzeichnen, dass die Familie von Rothsattel wirtschaftlich ruiniert ist. Das Rittergut der Familie ist aus den Fängen der Spekulanten nicht mehr zu befreien. Es bleibt nur noch der Umzug auf einen heruntergewirtschafteten Besitz irgendwo in Polen, den der Baron im Rahmen einer seiner verunglückten Spekulationen erworben hat. Angesichts der gesellschaftlichen Isolation und der Verzweiflung über eine ausweglos erscheinende ökonomische Situation erinnert sich die adlige Familie an den jungen Kaufmann, der sich kurzzeitig in ihre gesellschaftliche Sphäre verirrt hatte, und bittet ihn um Hilfe.

Für Anton steht außer Frage, dass er sein Möglichstes tun muss, um der Familie zu helfen – wobei er sich freilich vor allem an dem ritterlichen Gedanken erfreut, zum Retter Lenores zu werden, der schönen Tochter des Hauses, die er seit seiner Ankunft in der Hauptstadt heimlich verehrt. Die Reaktion des Prinzipals, den Anton seinerseits ins Vertrauen und zu Rate zieht, könnte schroffer indes nicht ausfallen. Ihr Grundtenor lautet: Wer seine kaufmännischen Tatkraft in den Dienst eines Bankrotteurs vom Schlage Rothsattels stellt, rührt an nicht weniger als das Wertefundament, auf dem diese Tatkraft beruht. Denn der Baron konnte, nach Ansicht des Kaufmanns, allein deshalb in die Hände der Spekulanten fallen, weil ihn sein Standesdünkel charakterlich von all dem trennt, was in praktischer Hinsicht für eine geordnete Geschäftsführung vonnöten ist. Erst wenn Anton diese Lektion gelernt hat, wird seine eigene Lebensbilanz kein Defizit mehr aufweisen.

---

34 Vgl. Potempa 1978, S. 59.

In der Mitte des Romans ist er dazu ganz offensichtlich noch nicht reif genug. Jedoch lassen sich die Worte Schröters gleichsam als Lektüreanweisung in die folgenden Kapitel mitnehmen. Dort lässt sich Schritt für Schritt mitverfolgen, wie Anton als Gutsverwalter der Familie Rothsattel die Lektion seines Prinzipals nachholt. Seine schwärmerische Wertschätzung für die aristokratische Lebensform weicht der zunehmenden Irritation über die nicht nachlassende Ignoranz des Barons und der zunehmenden Ernüchterung über das Wesen Lenores. Diese zeigt zwar reichlich guten Willen, eine gute Wirtschafterin in Antons Sinne zu werden, richtig aufblühen kann sie jedoch erst an der Seite des Abenteurers Fink bei der in Western-Manier dargestellten Verteidigung des Guts gegen marodierende Banden polnischer Revolutionäre.

Überhaupt: Dass am Ende die ökonomische Rettung der Familie Rothsattel gelingt, ist gewiss auch das Verdienst von Antons umsichtigem Wirtschaften. Dass sie gescheitert wäre, wenn sein Freund Fink nicht rechtzeitig wieder aufgetaucht wäre, um das Gut zu kaufen und Lenore zu heiraten, ist indes ebenso unzweifelhaft. Fink tut von allen Figuren dieses Romans das am wenigsten Erwartbare. Der Sohn aus gutem Hause, der Millionenerbe mit glänzenden Aussichten auf ein erfolgreiches Leben in der Metropole Hamburg, plant seine Zukunft auf einem heruntergekommen Landgut im polnischen Niemandsland an der Seite der Tochter eines Bankrotteurs – und führt damit quasi im Alleingang die Wendung im Zentralkonflikt des Romans herbei.

Fink ist daher gelegentlich zum eigentlichen Helden des Romans oder zumindest zum heimlichen Favoriten Freytags erklärt worden.[35] Doch diese Lesart zielt an der Anlage der Figur vorbei. Zu deutlich ist die Darstellung des galant-gebildet-sportlich-superreichen Alleskönners auf die Verkörperung einer kleinbürgerlichen Männerphantasie angelegt. Die Überzeichnung Finks ist das Andere der Konturlosigkeit Antons. Sie dient der Einübung in die Abstinenz von überzogenen Erwartungen an eine bürgerliche Existenz. Dass die Lebensentscheidung des Tatmenschen aus jeglicher Bilanz-Logik herausfällt, verkündet dieser explizit selbst, und zwar an die Adresse seiner zukünftigen Frau: „Also auf einige Stürme mache dich gefaßt, aber auch

---

35 Für einen Überblick über einige Variationen dieser Deutungs-Alternative vgl. Kafitz 1978, S. 79–82 und S. 254.

auf herzliche Liebe und auf ein fröhliches Leben. Du sollst mir wieder lachen, Lenore. Meine Hemden brauchst du nicht zu nähen; wenn du das Wirtschaftsbuch nicht führen willst, so läßt du es bleiben." (844) Dass die Lebensform des bürgerlichen Helden letztlich alternativlos ist, zeigt sich mithin auch daran, dass die dezidierte Lossagung von der Rationalität des Bilanz-Prinzips am Ende nur dem Leben einer Kunstfigur Form zu geben vermag.

V)

So tut Anton am Ende, was er zu tun hat. Er kehrt zurück in das Epizentrum seines bürgerlichen Lebens. Und wichtiger noch, er zieht Bilanz:

> Er erkannte, daß er mit seiner eigenen Kraft ein keckes Spiel gewagt, und der Gedanke fiel wie ein trüber Hauch auf den Spiegel, in dem er die Gestalten der letzten Vergangenheit sah. Aber er bereute nicht, was er getan. Er hatte Verluste gehabt, aber auch gewonnen [...] Und so sah er über die Häupter der Pferde, die ihn seiner Heimat zuführten, und sagte zu sich selbst: „Vorwärts! ich bin frei, und mein Weg ist jetzt klar." (765)

Viele Hindernisse gibt es auf der Grundlage dieser Einsicht bis zum guten Ende tatsächlich nicht mehr zu überwinden. Antons Rückkehr in den Kreis des Schröterschen Handelsgeschäfts trieft schon fast vor Demut und Anspruchslosigkeit. Aber gerade deshalb erhält er am Ende den höchsten Lohn, den das Besitzbürgertum für einen erfolgreich abgeschlossenen Bildungsweg zu vergeben hat – keine Prinzessin zwar und kein halbes Königreich dazu, aber immerhin die Teilhaberschaft am Handelsgeschäft und die jugendliche Schwester des Prinzipals zur Ehefrau.

Mit biederer Feierlichkeit inszeniert der Schluss des Romans den finalen Triumph des bilanzförmigen Lebens. Nachdem der Prinzipal das Geheimnis gelüftet hat, dass Sabine nicht nur seine Schwester ist, sondern auch sein „stiller Associé" (848), verlässt er diskret den Raum und lässt seine Schwester und seinen Zögling allein. Der Leser darf bleiben und wird Zeuge einer bizarren Szene, die man als den nur mäßig geglückten Versuch einer finalen Affirmation der Einheit von Buchführung und Lebensführung durch deren erotische Explikation bezeichnen könnte.

> Erstaunt sah Anton auf den Chef im hellen Frauengewande mit schwarzen Haarflechten. Manches Jahr hatte er, ohne es zu wissen, auch ihr gehorcht und ihr zu Diensten gehandelt. Und wie in alter Zeit sich der reisige Vasall seiner jungen

Lehnsherrin neigte, so verneigte auch er sich unwillkürlich vor der jungfräulichen Gestalt, welche jetzt mit *geröteten* Wangen auf ihn zutrat. Sabine griff in den Schrank, sie legte zwei Bücher mit goldenem Schnitt, in grünes Leder gebunden, auf das Pult. Und Anton bei der Hand fassend bat sie mit *zitternder* Stimme: „Kommen Sie doch, sehn Sie mein Soll und Haben an." (849)

Was Sabine vor Anton entblößt, sind die Geheimbücher der Handlung. Anton weiß zwar um die betriebswirtschaftliche Tragweite eines solchen Vertrauensbeweises. Damit er die Ambiguität der ihm geltenden Verheißung im vollen Umfang begreift, bedarf es aber noch Sabines Hinweis auf den entscheidenden Unterschied zwischen den beiden vor ihm liegenden Büchern. Das eine ist so gut wie abgeschlossen. Das andere ist noch leer – jungfräulich gleichsam, wie die Frau, die vor ihm steht. Beschrieben ist nur die Titelseite. Sie offenbart Anton, dass er am Ziel seines Bildungswegs angelangt ist:

Anton las: „Mit Gott." „Geheimbuch von T.O. Schröter und Kompagnie.": Sabine drückte seine Hand und sprach leise und bittend: „Und der neue Kompagnon sollen Sie sein, mein Freund. Anton stand regungslos, aber sein Herz pochte laut, und hell stieg die Röte auf seine Wangen. Noch immer hielt Sabine ihn an der Hand, er sah ihr Antlitz nahe an dem seinen, und wie einen Hauch fühlte er ihren leisen Kuß auf seinen Lippen. Da schlang er den Arm um die Geliebte und lautlos hielten die Glücklichen einander umfaßt. (850)

Freytags Bilanzroman schließt mit der unfreiwilligen, aber symptomatischen Parodie seines formalen Kalküls, die in Worte zu fassen dem Prinzipal vorbehalten ist: „Jetzt halten wir dich, du Schwärmender in den Blättern des Geheimbuchs und in unseren Armen." Und umgekehrt. Denn das Schlusstableau zeigt Anton zwar mit seiner Braut im Arm. Vor allem aber zeigt es ihn im wahrsten Sinne des Wortes als den, der er im übertragenen Sinn der Komplettierung seines Bildungswegs geworden ist. Es zeigt ihn – das Bild des jungen Glücks vor dem aufgeschlagenen Geheimbuch drängt dem Leser den Kalauer förmlich auf – es zeigt ihn als ‚Buch-Halter'.

Die höchste Stufe des Glücks, von der dieser Roman zu wissen scheint, ist das Aufgehen des Einzelnen in der Eröffnung eines neuen Soll und Haben. Wo Wohlfart war, soll „Schröter und Kompagnie" werden. Anders gesagt: Buchhalterische Bilanzierung ist eben doch kein Lebensinhalt, der eine neue Romanform auszuprägen vermocht hätte, sondern ein Romaninhalt, der alle Ansätze zu so etwas wie einer individuellen Lebensform in nahezu grotesker Weise überzeichnet.

Und vielleicht gibt am Ende gerade diese unfreiwillig tragikomische Bedeutungsschicht auch darüber Auskunft, was diesen Roman zum Bestseller seiner Zeit gemacht hat. Der Erfolg von *Soll und Haben* ließe sich in diesem Sinne auch und gerade als ein frühes Beispiel für die neurotische Konditionierung des anhaltenden Erfolgs von Erfolgsgeschichten in der Unterhaltungsökonomie des Kapitalismus begreifen. In dem Leser-Begehren, sich mit einem zu identifizieren, dessen Leistung sich im wahrsten Sinne des Wortes unter dem Strich gelohnt hat, manifestieren sich *ex negativo* vielleicht schon die ersten Züge eines kollektiven Unbehagens an dem unschwer absehbaren Umstand, dass dies nicht die Regel sei.

Quellenverzeichnis

Baecker, Dirk: „Die Schrift des Kapitals". In: Gumbrecht, H.-U. / Pfeiffer, K. L. (Hrsg.) *Schrift*. Fink: München 1993, S. 257–272.

Defoe, Daniel: Robinson Crusoe. Penguin: London 1994.

Freytag, Gustav: *Soll und Haben. Roman in sechs Büchern*. Mit einem Nachwort v. H. Winter, Manuscriptum: Waltrop/Leipzig 2002.

Gelber, Mark H.: „Antisemitismus, literarischer Antisemitismus und die Konstellation der bösen Juden in Gustav Freytags *Soll und Haben*". In: Krobb, F. (Hrsg.): *150 Jahre „Soll und Haben". Studien zu Gustav Freytags kontroversem Roman*, Königshausen und Neumann: Würzburg 2005, S. 285–300.

Hamacher, Bernd: „Ökonomie und Religion – Goethe, Thomas Mann und die ‚protestantische Ethik'". In: Dirk Hempel/Christine Künzel (Hrsg.): *„Denn wovon lebt der Mensch?" Literatur und Wirtschaft*, Frankfurt a. M. u. a.: Peter Lang 2009, S. 117–135.

Grappard, Ulla/Hewitson, Gilian (Hrsg.): *Robinson Crusoe's Economic Man. A Construction and Deconstruction*, Routledge: Oxon/New York 2011.

Kafitz, Dieter: *Figurenkonstellation als Mittel der Wirklichkeitserfassung. Dargestellt an Romanen der 2. Hälfte des 19. Jahrhunderts*, Athenäum: Kronberg 1978.

Keller, Gottfried: *Der grüne Heinrich* 1879/80. In: Morgenthaler, W. [u. a.] (Hrsg.): *Sämtliche Werke. Historisch-Kritische Ausgabe*. 32 Bde.,

Stroemfeld/Verlag Neue Zürcher Zeitung: Basel/Frankfurt a. M./Zürich 1996–2013 (HKKA), Bd. 1.

Keller, Gottfried: *Martin Salander* 1866. In: Morgenthaler, W. [u. a.] (Hrsg.): *Sämtliche Werke. Historisch-Kritische Ausgabe.* 32 Bde., Stroemfeld/ Verlag Neue Zürcher Zeitung: Basel/Frankfurt a. M./Zürich 1996–2013 (HKKA) Bd. 8.

Kinder, Anna: *Geldströme. Ökonomie im Romanwerk Thomas Manns,* Berlin/Boston: de Gruyter 2013.

Mann, Thomas: *Große kommentierte Frankfurter Ausgabe. Werke – Briefe – Tagebücher* (GKFA). Hrsg. in Zusammenarbeit mit dem Thomas-Mann-Archiv der ETH Zürich v. H. Detering [u. a.], Fischer Verlag: Frankfurt a. M. 2002 ff, Bd. 1.

Mann, Thomas: *Buddenbrooks. Verfall einer Familie,* 1901 GKFA, Bd. 1.

Moulden, Ken/von Wilpert, Gero (Hrsg.): *Buddenbrooks-Handbuch.* Kröner: Stuttgart 1988.

Betrachtungen eines Unpolitischen (1918), GFKA, Bd. 13. 1.

Muschg, Adolf: *Gottfried Keller.* Kindler: Stuttgart 1977.

Plumpe, Gerhard: „Roman". In: McInnes, V.E. /Plumpe, G. (Hrsg.): *Bürgerlicher Realismus und Gründerzeit 1848–1890.* Carl Hanser: München/ Wien 1996 (= *Hansers Sozialgeschichte der Literatur,* Bd. 6), S. 529–689.

Potempa, Georg: „Über das Vermögen der Buddenbrooks". In Ders.: *Geld – „Blüte des Bösen?" Drei Aufsätze über literarisch-finanzielle Themen,* Holzberg: Oldenburg 1978, S. 41–77.

Priddat, Birger P.: „Über das Scheitern der Familie, nicht des Kapitalismus. Über Thomas Manns Buddenbrooks", in: *Thomas Mann Jahrbuch* 25 (2012), S. 259–273.

Sombart, Werner: *Der moderne Kapitalismus, Bd. II: Das europäische Wirtschaftsleben im Zeitalter des Frühkapitalismus,* dtv: München 1987.

Sommer, Andreas Urs: „Der Bankrott ‚protestantischer Ethik'. Thomas Manns *Buddenbrooks.* Prolegomena einer religionsphilosophischen Romaninterpretation". *Wirkendes Wort* 44.1 (1994), S. 88–110.

Schwöbel, Christoph: „*Buddenbrooks.* Die protestantische Ethik und der Geist des Bürgertums". In: Ders. *Die Religion des Zauberers. Theologisches in den großen Romanen Thomas Manns,* Mohr Siebeck: Tübingen 2008, S. 61–90.

Watt, Ian: *The Rise of the Novel. Studies in Defoe, Richardson and Fielding*, Penguin: London, 1963.

Weber, Max: *Wirtschaft und Gesellschaft*, Mohr: Tübingen 1980.

Weiss, Jochen: „Die protestantische Ethik und der Geist der Buchführung. Bürgerliche Lebensbilanz in *Soll und Haben*". In: Krobb, F. (Hrsg.): *150 Jahre „Soll und Haben". Studien zu Gustav Freytags kontroversem Roman*, Königshausen und Neumann: Würzburg 2005, S. 87–102.

Reinhard Krüger
(Universität Stuttgart)

Arkadische Wirtschaft: Der Weg des Schäfers vom ‚Unternehmer' zum Lohnarbeiter, oder von der Entdeckung des Mehrwerts in der arkadischen Welt

> „toy ny ta trouppe ne sentez gueres
> les brebis ny les chevres"
> Honoré d'Urfé: Widmungsschreiben an seine Romanheldin Astrée, 1607

1. Der Romanhirte als Unternehmer?

Daß die Fiktionen arkadischer Welten in der frühneuzeitlichen Literatur mit dem Wirtschaften zu tun haben, ist eigentlich so offensichtlich, daß man sich wundert, daß dieses Thema noch niemals in der Forschung behandelt worden ist. Der Schäfer ist nämlich der einzige Berufsstand, dessen Tätigkeit in bemerkenswertem Umfang Gegenstand der Literatur geworden ist.

Somit liegt das Thema des ökonomischen Handelns eigentlich auf der Hand; denn wenigstens in Spanien und vor allem in England wird die Ökonomie des Mittelalters und der Frühen Neuzeit durch das Aufkommen der Schafweidewirtschaft und der Produktion einer exzeptionellen Wollqualität so sehr verändert, daß die sogenannte ursprüngliche Akkumulation des Kapitals in die Gänge kommt.[1] Die Schafweidewirtschaft steht damit am Beginn der Entwicklung des modernen Kapitalismus. Wenn also die Romanschäfer von ihren Autoren mit ihren imaginären Herden in Bewegung gesetzt werden, um auf die Weiden zu ziehen, dann geht es zunächst nicht um die poetische Inszenierung einer Freizeitbeschäftigung, sondern es steht im Hintergrund auch immer die Idee, daß diese Handlung mit der

---

1 Cf. Karl Marx: *Das Kapital*, Bd. I, Kapitel 24: *Über die sogenannte ursprüngliche Akkumulation des Kapitals*, in: Karl Marx / Friedrich Engels: *Werke*, 23, Berlin/DDR 1968, 741–791.

Absicht betrieben wird, durch die zielgerichtete Sorge um die Herde einen materiellen Zuwachs zu erwirtschaften, der aus neuen Tieren, Fleisch, Milch, Käse und Wolle besteht.

Es kann also die These gewagt werden, daß der Romanhirte, der über seine Herde verfügt, aufgrund seiner Gewinnabsicht Charakterzüge eines Unternehmers aufweist. Oder anders formuliert, die Romanhirten sind auch immer poetische Inszenierungen des Wissens um die Schafweidewirtschaft und um die Eigenschaften jener, die diesem Beruf und Unternehmen nachgehen. Freilich werden diese Aktivitäten in den Texten derartig marginalisiert, daß man sich die Frage stellen muß, weshalb dies der Fall ist.

2. Poetische Fiktionen sozialer Differenz

Bekanntermaßen ist ein nicht unwesentlicher Teil der europäischen Literatur gerade daraus entstanden, daß der soziale Unterschied oder die soziale Fallhöhe zwischen den Repräsentanten der untersten Gesellschaftsschichten und solchen der politischen und militärischen Eliten zum Thema von poetischen Konstruktionen und fiktionalen Texten wurden. Dies ist im Fall der mittelalterlichen Pastorella oder Pastorelle die poetisch fruchtbar gemachte Distanz und Spannung zwischen der Schafhirtin und dem Ritter, der sie aufsucht und trifft. Der Ritter kann dadurch, daß er in der poetischen Fiktion sich einer Hirtin annähert, die Regeln der höfischen Liebe für sich außer Kraft setzen und, vielleicht ganz im Gegensatz zu den Verhältnissen am Hofe, doch auch zum Ziel männlichen Verlangens kommen. Dies ist freilich an die Voraussetzung gebunden, daß die Schäferin, der er den Hof macht, für die nach dieser *rencontre* möglichen sogenannten Schäferstunde auch bereit ist. Denn der Ritter kann sich auch in der Pastorella nicht ungehindert und gänzlich ohne Aufwand das nehmen, was er gerne bekommen möchte. Dennoch ist die Überschreitung der Regeln der höfischen Gesellschaft und Liebe hier einer der Motoren der pastoralen Imaginationen. Er wird es auch im Übergang der europäischen Gesellschaften zur Verfassung des frühneuzeitlichen Nationalstaats bleiben.

Der ökonomische Hintergrund ist aber jetzt ein vollkommen anderer: Die Schafweidewirtschaft ist zu einem entscheidenden Katalysator ökonomischer Entwicklung und Transformation der Gesellschaft geworden. Hier taucht jedoch der Hirte nicht mehr als Besitzer seiner Herde auf, sondern er ist zumeist der von einem Herdenbesitzer abhängige Lohnarbeiter geworden.[2] Die ökonomische Aktivität des Hirten spaltet sich damit gleichsam in zwei Funktionen auf, nämlich in die des Herdenbesitzers und in die des mit den Schafen, zumeist als Tagelöhner arbeitenden Menschen. Es kommt hinzu, daß es eine enorme soziale Diskrepanz zwischen dem gibt, was die bürgerliche oder aristokratische Elite der frühneuzeitlichen Staaten repräsentiert, und dem, was die Hirten in den Texten auf der Ebene der sozialen Wirklichkeit verkörpern. Üblicherweise sind die Hirten nämlich bereits seit dem 15. Jahrhundert nichts anderes als geradezu am Rande des Prekariats lebende Lohnarbeiter, die sich von den Besitzern der Schafherden einiges gefallen lassen müssen. Dies stellt natürlich einen enormen Widerspruch dar zu der Fiktion von den ihre Freiheit genießenden Schafhirten, deren poetisches Bild in der arkadischen Literatur entworfen wird.

Im Zuge der ökonomischen Spaltung zwischen Herdenbesitzern und Schäfern, also der Herausbildung von Klassenverhältnissen, geraten letztere schon seit dem 16. Jahrhundert unter den Generalverdacht, ihrer Arbeit grundsätzlich nur in betrügerischer Weise nachzugehen. Sie ließen, so der Vorwurf, die Schafe nach der Reinigung vor der Schur noch einige Tage auf der Weide herumlaufen, damit deren Fell wieder verdrecke und damit schwerer würde. Sie ließen zudem die geschorene Wolle in feuchten Kellern lagern, damit diese Wasser aufnähme und ebenfalls schwerer würde. Schließlich verwendeten sie zu schweres Material, um die Wolle zu Bündeln zu binden, all dies, um beim Verkauf mehr Geld einnehmen zu können. Verordnungen und Gesetze gegen die Schäfer, die genau solche Praktiken verboten, gab es überall in Europa. Daraus entwickelte sich der Mythos vom verbrecherischen Schäfer, der auf der untersten Stufe der sozialen Wertung stand. Noch im ausgehenden 17. Jahrhundert werden im letzten Prozeß, der in Frankreich gegen die Hexerei geführt wurde, zwei Schäfer zum Tod verurteilt und auch hingerichtet, weil sie scheinbar durch traditionelle Praktiken der medizinischen Versorgung von erkrankten Schafen zu deren Tod beigetragen und damit die Herdenbesitzerin geschädigt hätten. Deutlicher kann die Diskrepanz zwischen Herdenbesitzern

2 Cf. Haid, Hans: *Das Schaf. Eine Kulturgeschichte.* Böhlau: Wien, Köln, Weimar 2010, S. 98 sq.; Herbers, Klaus: *Geschichte Spaniens im Mittelalter. Vom Westgotenreich bis zum Ende des 15. Jahrhunderts.* Kohlhammer, Stuttgart 2006.

und Schafhirten nicht veranschaulicht werden als in dieser gegebenenfalls auf
Leben und Tod zugespitzten ökonomischen Beziehung.

Tatsächlich werden die Schäfer nicht geringgeschätzt, weil sie einfach
der arbeitenden Bevölkerung und damit dem rechtlosen Vierten Stand
angehörten, denn anderen Berufsgruppen wie den Spinnerinnen und den
Schmieden widmet neben anderen vor allem Velázquez in der ersten Hälfte
des 17. Jahrhunderts großformatige Bilder, die von Achtung gegenüber
diesen Berufen zeugen.

Somit ergibt sich die Frage, wie es denn geschehen konnte, daß aus-
gerechnet eine sozial so niedrig gestellte Berufsgruppe dennoch zum Pro-
jektionsbild arkadischer Phantasien vom edlen Hirten werden konnte.
Hier können wir nun in Anschlag bringen, daß gerade aus der Opposition
zwischen niedrigster sozialer Wertung und adliger Herkunft der meisten
nach Arkadien emigrierten Edelleute eine interessante Denkkonstruktion
gebildet werden konnte: Die in der spekulativen Philosophie durchaus
gängige *contradictio in adjectio* stützte die Vermutung, daß man gerade
im Zusammendenken der extremen Gegensätze den realen Verhältnissen
auf die Spur gelangen könne. Die Distanz zwischen dem Hirten als der am
geringsten geachteten Form des sozialen Daseins und seiner Idealisierung
im Schäferroman vertrug sich mit einer solchen Denkfigur durchaus, die
zudem in anschaulicher Weise die ökonomische Spaltung zwischen Herdenbesitzern und Hirten repräsentierte.

3. Zur Soziogenese pastoraler Phantasien in der Frühen Neuzeit

Das Thema des Schäferlebens wird durch Jacopo Sannazaros *Arcadia* in
antiker, an Theokrit und Vergil geschulter Manier aus dem Jahre 1504
wiederbelebt. Hier werden Motive, wie sie Theokrit und nach ihm Vergil
behandelt haben, genutzt, um ein Leben im Weichbild oder noch weiter
entfernt von städtischem und höfischem Leben zu imaginieren. Dies ereignet sich im Gegensatz zu Horaz, der das Jammern über die Unbilden des
Stadtlebens lächerlich machte, zumal er dezidiert feststellen konnte, daß
niemand tatsächlich freiwillig bereit sei, die Vorteile des Stadtlebens gegen
die Mühsal des Landlebens einzutauschen:

agricolam laudat iuris legumque peritus,
sub galli cantum consultor ubi ostia pulsat;
ille, datis vadibus qui rure extractus in urbem est,
solos felicis viventis clamat in urbe.[3]

Dagegen wird in der Literatur der Frühen Neuzeit die Fiktion der Möglichkeit eines außerhalb der Städte und Höfe anzustrebenden Lebens konstruiert. Ein Leben außerhalb der Städte bedeutete vor allen Dingen aber ein Leben in Abgeschiedenheit und abseits vom Hofe. An den Höfen trafen nämlich die Repräsentanten verschiedenster sozialer Eliten aufeinander, und es entstand ein ganz spezifischer Typ des sozialen Umgangs miteinander, dessen nicht jeder Teilnehmer an diesem höfischen Spektakel auch tatsächlich Herr werden konnte.

Um in der höfischen Gesellschaft zu bestehen, bedarf es entweder einer hohen sozialen Intelligenz, die es gestattet, sehr sensibel zu erkennen, in welchem Moment mit wem Bündnisse geschlossen werden müssen. Dieses Verhalten ist schon bei nichtmenschlichen Primaten zu beobachten[4], es ist freilich aber nicht bei allen Menschen – wie auch nicht bei allen nichtmenschlichen Primaten – gleichermaßen intensiv ausgeprägt. Um am Hofe zu bestehen, bedarf es daneben möglicherweise auch noch eines entschlossenen Durchsetzungswillens der eigenen Macht, der die anderen letztlich nicht widerstehen können. In jedem Fall ist hierfür eine soziale Spezialbegabung erforderlich, die nicht jedermann vorweisen kann, und die diejenigen, die hier unterlegen sind, unter erheblichen sozialen Stress setzen.

Wer sich durch höfisches Leben und *mutatis mutandis* auch durch städtisches Leben gestreßt oder unter Druck gesetzt fühlte, wie es in der Literatur der frühen Neuzeit immer wieder thematisiert wurde, sucht nach intellektuellen Räumen der Entlastung, die ihnen Auswege vom Streß des politischen Lebens am Hof und in der Stadt weisen. Insbesondere in den Traktaten vom Elend des Hoflebens, die wir spätestens seit dem Beginn des 15. Jahrhunderts kennen, ist von den psychosozial negativen Folgen

---

3 Quintus Horatius Flacchus: *Sermones* I, 1. Jener Gesetzes und Rechts Wohlkundiger preiset den Landmann, / Wenn beim Hahnengesang ratsuchend ein Frager am Tor pocht. / Dieser, wenn Bürgschaftspflicht Ihn zieht vom Lande zur Stadt hin, / Ruft laut: „Keiner ist glücklich fürwahr, als wer in der Stadt lebt!"

4 De Waal, Frans: *Peacemaking among Primates.* Harvard University Press: Cambridge, Mass. 1989.

des Hoflebens die Rede. Sozialer Druck entsteht einmal durch die Pläne anderer Bewohner von Hof und Stadt, die den eigenen Interessen zuwiderlaufen können und die man nicht unter Kontrolle bringen kann. Dieser Druck entsteht zusätzlich dadurch, daß man die Maßnahmen der anderen beständig beobachten und analysieren muß, um die eigenen Interessen zu wahren. Wer dafür talentiert ist, der kann am Hofe gut über- oder gar gerne leben. Doch wer kein Talent für den Umgang mit den anderen Menschen am Hof hat, für den gerät dies zu einem Streß, der einen das Leben an diesem Ort fliehen läßt. Eine emblematische Gestalt für diesen Charakter ist Alceste aus Molières Komödie *Le Misanthrope* (1666), die eher die Tragödie des in Fragen der Gesellschaftsstrukturen hellsichtigen, in Fragen der Selbstanpassung an die gesellschaftlichen Normen jedoch unterlegenen Intellektuellen ist.

Der daraus möglicherweise resultierende Eskapismus ist jedoch nur die eine Variante der Motivationen, sich aus dem höfischen Leben verabschieden zu wollen. Wir können nämlich gleichermaßen eine semantische Dimension dieser Bewegung identifizieren, die gerade in der erklärten Absicht, den Hof verlassen zu wollen, eine politische Aussage gegen die aufkommende Zentralgewalt beinhaltet.

Realiter wird jedoch niemand freiwillig den Hof oder die Stadt verlassen wollen, um abgeschieden von der Stadt sein Leben zu gestalten. Es geht hier immer nur darum, daß in der Fiktion, in dem schönen Schein von Literatur, und damit in einem imaginären Entlastungsraum, ein Leben abseits von Stadt und Hof gedacht werden kann. Die Spuren eines solchen Denkens finden wir explizit in den poetischen Diskursen der Pastoralliteratur: So sagt der Druide Adamas in Honoré d'Urfés fünfbändigem Schäferroman *L'Astrée* (1607–1627): „qu'encor qu'il fust berger, il ne laissoit d'estre de l'ancien tige des chevaliers, et que ses ancestres avoient esleu ceste sorte de vie pour plus reposée, et plus heureuse que celle des cours."[5]

Hier, in diesem ruhigen Leben, das viel glücklicher als das an den Höfen sei, hat man die Möglichkeit, sich mit Gestalten zu identifizieren und in diese zu verwandeln, die nach anderen Regeln leben können. Deren Lebenswirklichkeit und deren soziale Systeme werden gerade nicht von jenen Re-

---

5   D'Urfé, Honoré: *L'Astrée*, ed. Hugues Vaganey, V vols. Société historique et archéologique du Forez: Lyon 1925–1928; I, livre VIII, S. 368.

geln bestimmt, die in der Stadt und am Hofe herrschen. Ein solches Leben in Freiheit zu denken, führt allerdings noch lange nicht dazu, daß man tatsächlich Stadt und Hof verläßt, denn niemand ist real bereit, sein nicht gerade gering ausgestattetes Leben in Stadt und Hof gegen das spärliche Dasein von Schafhirten zu tauschen. Vielmehr handelt es sich hier nur um kurzzeitige intellektuelle Eskapaden, die es gestatten, das Leben in der Stadt und am Hof umso leichter zu ertragen. Es kommt hinzu, daß man mit der Formulierung von Lebensmodellen und von sozialen Räumen, die außerhalb des Hofes nach nicht-höfischen Regeln organisiert sind, natürlich auch implizit die Forderung aufstellen und natürlich auch implizit an die Möglichkeit denken kann, daß ein anderes Leben als jenes in den sozialen Strukturen des frühneuzeitlichen Staates möglich ist. Dies ist der politische Unterton eines gegen die monarchische Zentralisierung der Gesellschaft gerichteten Denkens.

Geradezu emblematisch für diesen Konflikt ist die Äußerung, die Honoré d'Urfé seinem Schäferroman vorangestellt hat: Hier schreibt er, daß seine Schafhirten nicht nach Schaf stänken und daß das Gold und Brokat an ihrer Kleidung durchaus dem entspricht, was man in Paris auch auf der Bühne sehen könne, wenn eine Pastorale gegeben würde. Schafhirte zu werden, ohne auf den Luxus der städtischen und höfischen Lebens zu verzichten, das ist die Perspektive, aus der sich die arkadische Literatur dieser Zeit lesen läßt. Es sind Bühnenhirten, von deren Dasein wir lesen, Bilder von Kunstfiguren und nicht Bilder realer Schafhirte, wie wir bereits oben dargestellt haben. Der reale Schafhirt, der ja eigentlich Lohnarbeiter im Auftrag eines Herdenbesitzers und eine reiche Quelle von Wohlstand für die Besitzer ist, wird in der Schäferliteratur vollkommen aufgehoben in der Figur eines autonom handelnden Schäfers, der auch Eigentümer seiner Herde ist. An die Stelle des gescholtenen und mißachteten Schäfers der realen Schafweidewirtschaft in der Frühen Neuzeit tritt in der Pastoralliteratur der Schäfer, der gleichsam als freier agrikultureller und weidewirtschaftlicher Unternehmer auch die Kontrolle über seine Produktionsmittel besitzt.

Bei Vergil können wir schon in den ersten beiden Eklogen erkennen, daß sich um die Weidewirtschaft drei Typen von ökonomisch Handelnden herausgebildet hatten: Die besitzlosen Schäfer, die Herdenbesitzer, die auch als Schäfer arbeiten können, und die Besitzer der Weiden. In der frühneu-

zeitlichen Bukolik wird vor allem der zweite Typ erscheinen, der bei Vergil
der Schäfer und Herdenbesitzer Corydon aus der zweiten Ekloge ist.

Die Romanhirten jedoch können ihre Herde nicht über hunderte von
Kilometern treiben, wie es der voll ausgeprägten Transhumanz (Wander-
weidewirtschaft) entspräche, weil auf diesem Weg kaum die amourösen
rencontres zustandekommen könnten, die ja der poetische Treibstoff der
Pastoralliteratur sind. Im Pastoralroman werden die Schafe gemeinschaft-
lich auf die Weide geführt oder wenigstens auf benachbarte Weiden, die
es irgendwie gestatten, daß man sich noch trifft und die elementare Kommunikation entstehen kann, die am Anfang einer jeden Liebe stehen mag.
Wir haben es daher in jedem Fall mit bereits eher seßhaften Hirten zu
tun, die gerade noch an der Grenze zur seminomadischen Lebensweise der
Transhumanz stehen.

Nun erscheint die Schafweidewirtschaft in der Schäferliteratur kaum
mehr als ein Vorwand für eine Erzählung, wobei die Schafweidewirtschaft
eher nur noch ein marginales Thema ist, zumal es vor allem um die poetische Verhandlung von Freiheit und einer egalitär zwischen allen Menschen
herrschenden Liebe geht. Aber gerade in der Marginalisierung des Themas
des schäferischen Unternehmertums erkennen wir, wie sehr dieses Thema
aufgrund der Diskrepanz zwischen den realen, unterdrückten Schäfern und
den hier imaginierten schäferischen Unternehmergestalten reflektiert wird.

Diese Marginalisierung der Thematik des Wirtschaftens mit dem Schaf
entspricht nun genau den Berufsverboten, die für den Adel beispielsweise
existierten, wenn dieser nicht derogieren, wenn dieser also nicht seiner
Steuerprivilegien beziehungsweise seines Privilegs der Steuerfreiheit verlustig gehen wollte. Es kann mehr als nur am Rande erwähnt werden,
daß die Romanhirten, die poetische Symbole für die in die Schäferwelt
flüchtenden aristokratischen Eliten sind, sich gerade durch nur sehr wenige
ökonomische Aktivitäten auszeichnen müssen. Es reicht hier festzustellen,
daß sie Besitzer ihrer Schafherden sind, daß sie eine uneingeschränkte Verfügungsgewalt über ihr Vieh haben und daß sie selbstverständlich auch
davon leben, daß die Schafe geschoren und die Wolle verkauft wird.

Dennoch haben wir es mit der für die Romanwelt der frühen Neuzeit
geradezu charakteristischen und weitgehenden Abwesenheit von Geld zu
tun. Der Schäfer, als *alter ego* des Aristokraten, benötigt kein Geld, zumal
die Aristokratie nach dem tradierten naturalwirtschaftlichen Austausch-

prinzip eigentlich immer noch ohne Geld leben können müßte. Tatsächlich ist dies in der frühen Neuzeit schon lange nicht mehr der Fall, zumal die Transformation des Wirtschaftens, die Monetarisierung des zwölften Jahrhunderts, welche die Naturalwirtschaft durch eine Geldwirtschaft ersetzt hat, im sechzehnten und siebzehnten Jahrhundert natürlich schon längst die soziale Praxis von Aristokraten bestimmen. Da diese nun allerdings unter einem chronischen Geldmangel leiden, wird gerade die Abwesenheit von Geld nicht zum Thema von Literatur oder aber nur zu einem sehr marginalen Thema. Der von Schulden getriebene Adlige Dom Juan aus Molières Komödie *Le Festin de Pierre* ist das poetische Bild dieser Lebensweise.

4. Aristokratische Schäfer ohne Berufstätigkeit

Nehmen wir das Beispiel der *Astrée* von Honoré d'Urfé, besteht die Paradoxie der Konstruktion der Schäferwelt darin, daß wir hier auf der einen Seite Eigentümer ihrer Herden vorgeführt bekommen. Deren Tätigkeit ist zweifelsfrei wirtschaftlicher Natur und wird auch in eigenem Interesse und eigenem Auftrag betrieben. Auf der anderen Seite wird von dem konkreten Umgang mit den Schafen und der Ökonomie der Schafweidewirtschaft in dem viele Tausend Seiten langen Roman *L'Astrée* so gut wie nichts berichtet. Stattdessen finden wir die vollständige Umwandlung der Information über das Wirtschaften in den Bereich der Diskussion um die Liebesbeziehungen und den emotionalen Austausch vor. Wenn der Schäfer als Eigentümer seiner Herde ökonomisch handelt, dann erscheint er auch als jemand, der einer nichtaristokratischen Tätigkeit nachgeht, die unter den rechtlichen Voraussetzungen Frankreichs im sechzehnten und siebzehnten Jahrhundert auch zum Verlust des Adelstitels beitragen würden. Nur ist die Fiktion des Schäferromans genau diejenige, daß der adlige Mensch, ohne seinen Charakter als Adliger zu verlieren, in freier Entscheidung auf das Land gehen kann, um dort mit den Schäfern gemeinsam als Schäfer leben zu können. Seine Berufstätigkeit als Schäfer führt gemäß dieser Funktion jedoch nicht dazu, daß er seines Adelstitels verlustig geht, ja im Gegenteil, es wird sogar ständig darauf hingewiesen, daß der Übergang von der höfischen Welt zur Schäferwelt nicht mit dem Verlust des Adelstitels oder der Vorrechte des Adels einhergeht.

Die Konsequenz aus dieser Konstruktion ist, daß auf der einen Seite zwar dargestellt wird, daß der Adlige als Schäfer lebt, ja sogar Eigner einer Schafherde sein könnte, auf der anderen Seite aber jegliches konkretes Wirtschaften im Kontext der Schafweidewirtschaft nicht vorgeführt wird. Zu sehr würde die Darstellung der wirtschaftlichen Aktivität eines Schafherdenbesitzers den allgemeinen Erwartungen hinsichtlich eines den Regeln der Aristokratie angemessen Lebens widersprechen, sodaß genau diese anschaulichen Details ausgespart bleiben. Dies entspricht auch genau der Problematik, die Honoré d'Urfé selbst angesprochen hat: Seine Schäfer stänken nicht nach Schaf, was nichts anderes heißt, als daß sie keinen unmittelbaren physischen Kontakt mit ihren Schafen haben. Dennoch sind sie ökonomisch aktiv, diese ökonomische Aktivität ist jedoch vollkommen verschoben in ein anderes Praxisfeld: Diese Schäfer unterhalten miteinander verschiedene Formen emotionaler Beziehungen und des Gefühlsaustausches, an deren Spitze natürlich die Liebesbeziehung steht.

Nicht der Beruf des Schäfers als solcher ist demnach von Interesse, sondern seine Funktion als soziales Medium, in dem Beziehungen emotionaler Art zwischen den Menschen entstehen und praktiziert werden können.

5. Wirtschaften mit dem ‚Seelengeld'

Wenn es nun um die Untersuchung der sprachlichen Inszenierung ökonomischen Handelns in der *Astrée* geht, dann ist natürlich die Frage nach dem Vorkommen und der Verwendung von Begriffen wie *payer* beziehungsweise *monnoye* und ihren Derivaten einschlägig. Alleine die systematische, computergestützte Analyse fördert bereits für den ersten Band der *Astrée* zahlreiche, hochsignifikante Resultate zutage: Der Austausch von Emotionen in dieser fiktiven Schäfergesellschaft wird nämlich reguliert nach den Gesetzen der Ökonomie, genauer gesagt nach den Gesetzen und in den Begriffen der Geldwirtschaft. Die Monetarisierung des Lebens seit dem Hochmittelalter hat hier die Sprache soweit geprägt, daß die Metaphorik des Geldes und des Bezahlens auch in emotionalen Fragen omnipräsent ist. Ein einziges Beispiel gleich aus dem ersten Kapitel des ersten Buches der *Astrée* mag dies belegen:

> C'est en quoi, dit le desolé, je vous estime miserable; car si rien ne peut estre le prix d'amour que l'Amour mesme, vous ne fustes jamais aimé de personne, puis que

vous n'aimastes jamais, et ainsi vous pouvez bien marchander plusieurs amitiéz, mais non pas les acheter, n'ayant pas la monnoye dont telle marchandise se paye.[6] Die Liebe selbst wird hier also als der Preis der Liebe festgelegt, und man könne zwar mit verschiedenen Freundschaften handeln, diese jedoch nicht kaufen, da man nicht über das Geld respektive die gültige Währung verfüge, mit der man eine derartige Ware (die Liebe und die Freundschaft) bezahlen könne.

Beispiele dieser Art finden wir zuhauf, und es geht sogar so weit, daß nicht nur *monnoye* und *payer* als möglicherweise abgedroschene Metaphern vorkommen. Es geht soweit, daß bis in die Details des Verlangens nach Zins und Zinsenzins hinein genauestens beschrieben wird, wie man beispielsweise für welchen genossenen Vorteil bei einem anderen nun auch noch Zinsen respektive andere Entgelte entrichten muß. Das bedeutet weiterhin, daß Honoré d'Urfé diesen Roman durchaus im vollkommenen Bewußtsein von den ökonomischen Strukturen einer durch Monetarisierung geprägten Gesellschaft schreibt.

Wir können eine systematische semantische Aufladung des Diskurses über die Liebesgefühle und deren Austausch durch eine Metaphorik erkennen, die der Erfahrung des Prozesses der Monetarisierung des Lebens seit dem Hochmittelalter entnommen ist.

Man kann die These aufstellen, daß wir es hier mit einer sehr bewußt konstruierten Abwesenheit der Handarbeit der Schäfer zu tun haben. Diese legen nicht mehr Hand an ihre Schafe an, wohl aber wirtschaften sie mit einem ,Geld', welches das allgemeine Äquivalent der Liebe und der Emotionen beziehungsweise der freundschaftlichen Gefühle ist.

Nur kann aber der Adlige im arkadischen Exil als Aristokrat eben nicht Gelderwerb und praktische Handarbeit betreiben, sondern er muß vielmehr die ökonomische Aktivität vollkommen gemäß der Monetarisierungsprozesse auf ein anderes Praxisfeld, nämlich das des emotionalen Austausches

---

6 *L'Astrée*, ed. cit., I, S. 28: „Deshalb, sagt der Enttäuschte, halte ich Sie auch für elend; denn wenn nichts der Preis für die Liebe sein kann als die Liebe selbst, wurden Sie niemals von jemandem geliebt, zumal Sie ja selbst niemals geliebt haben, und auf diese Weise können Sie gut mit verschiedenen Freundschaften handeln, sie aber nicht kaufen, denn sie verfügen nicht über das Geld, mit dem eine derartige Ware bezahlt wird."

verschieben. Mit dem Liebesgefühl wird die Abwesenheit von Geld sublimiert, und der Austausch der Gefühle bleibt so die Währung, über die der Romanhirte verfügt. Damit erscheinen die freien Schäfer als Unternehmer und zugleich als jene, die gerade nicht Hand anlegen, aber durchaus im vollen Bewußtsein der Regeln der Geldökonomie miteinander ihre Beziehungen eingehen. Die Schäfer tauschen nicht Schafe und ihre Produkte, sondern Liebe und Liebesworte aus. Diese werden, wie wenn es um den Austausch von Schafen und Wolle ginge, mit einer Metaphorik kommuniziert, die dem Prozeß der Monetarisierung entstammt.

Obgleich es bei den Schäfern in der Pastoraldichtung letztlich immer wieder um selbstbestimmte Metamorphosen von Rittern und Adligen geht, verhandeln diese ihre soziale Interaktion bereits nach dem Modell des Geldaustauschs. Der von den Metaphern der Monetarisierung überformte Liebesdiskurs wird praktisch zur Ersatzhandlung für die abwesende reale ökonomische Aktivität des aristokratischen Romanschäfers. Faktisch substituiert hier bereits das Geld den emotionalen Austausch. Nicht daß der emotionale Austausch wie bei Charles Dickens' *Christmas Carol*, Honoré de Balzacs *Le père Goriot* und Gustave Flauberts *Madame Bovary* schon durch das Geld ersetzt worden wäre: Aber er wird beschrieben als handle es sich darum, Geld zu bezahlen, nennen wir es also mit einer modernen Metapher ‚Seelengeld'. Handlungen auf dem Gebiet der kommunikativen Praxis der Liebe, emotionale Vorgaben und Forderungen, Kritik an einer zu viel oder zu wenig beantworteten Liebe, all dies wird in den Kategorien der Geldwirtschaft ausgedrückt. Damit hat das Bürgertum faktisch auch in der literarischen Repräsentation der emotionalen Beziehungen zwischen Aristokraten, so wie sie in der Pastoralliteratur konstruiert wird, bereits die Herrschaft über die Zeichen und damit auch die Herrschaft über die begriffliche Repräsentation und das Denken dieses Feldes menschlicher Praxis übernommen.

6. Pastorale Unternehmer ohne Berufspraxis

Was bleibt nach dieser Diagnose vom Bild des Schäfers als Unternehmer? Er ist Eigentümer einer Schafherde und handelt nur auf der Ebene des emotionalen Austausches nach den Prinzipien der Geldwirtschaft. Das Verbindungsglied zwischen beiden, der konkrete Umgang mit den Schafen, bleibt systematisch ausgespart, denn genau hier liegt die größte Gefahr für die Aufrechterhaltung der Fiktion von einem glücklichen Leben außerhalb des Hofes: Erstens würde der zum Schäfer gewandelte Adlige, legte er Hand an seine Schafe, sofort seines Adelstitel verlustig gehen, und zweitens würde er sich dadurch sozial in einen normalen Tagelöhner, in einen normalen Arbeiter und damit in ein Mitglied des im *Ancien Régme* rechtlosen Vierten Standes verwandeln. Anders formuliert: Man kann in der Literatur des 17. Jahrhunderts keine Adligen präsentieren, die einem Gewerbe nachgehen und dennoch nicht ihres adligen Ansehens verlustig gehen. Ein solcher Adliger wäre nämlich tatsächlich vom konkreten Umgang mit seinen Schafen abhängig und er müßte sein Leben auf dieser Basis gestalten. Genau die Vermeidung der Handarbeit jedoch und damit die Vermeidung der konkreten ökonomischen Aktivität ist nun der Kern der Strategie der Konstruktion einer Schäferwelt, die auf der einen Seite den Eskapismus von Hof und Stadt gestattet, auf der anderen Seite aber nicht dazu führt daß derartige Adlige ihrer Vorrechte verlustig gehen müßten.

Die Transformation der Lebensform vom höfischen zum arkadischen Leben kann also nur vonstattengehen, wenn der Adlige, der symbolisch das Tor nach Arkadien durchschreitet, sich in diesem Prozeß nicht etwa in einen Handarbeiter verwandelt, sondern weiterhin durch die Freistellung von der Arbeit eines der Charakteristika adligen Lebensstiles wahrt.

Das Problem besteht nun darin, daß die soziale Fallhöhe zwischen Adel und Schäfern in der frühen Neuzeit mit der Entwicklung der Schafweidewirtschaft noch viel stärker zu Tage trat als dies bisher der Fall gewesen war. Während die militärischen und politischen Eliten des Landes nach wie vor ein hohes Ansehen genossen oder dies wenigstens einforderten, wurden die Schafhirten in zunehmendem Maße zu Tagelöhnern, die zum Synonym für Betrug und auf die unterste Stufenleiter der Gesellschaft verbannt werden. Es mußte also versucht werden, in der pastoralen Literatur, in der die Adligen in der poetischen Fiktion in eine arkadische Landschaft auswandern und sich dabei in Schäfer verwandeln, genau diese Diskrepanz zwischen realem Adel und realer Schäferei zu überbrücken.

So wird von den Verfassern von Pastoralliteratur der Typ des spezifisch literarischen, die Schafweidewirtschaft betreibenden, sich jedoch nicht in die konkreten Angelegenheiten dieses Gewerbes eindringenden Schafherdenbesitzers und damit auch der eines Unternehmers erfunden, für den in der sozialen Realität nur eine adäquate, analoge soziale Gestalt identifiziert werden kann: Es handelt sich dabei um den Schafherdenbesitzer, der die Arbeit mit den Schafen an Tagelöhner überträgt und sich freigestellt von der Notwendigkeit der Arbeit, anderen Dingen zuwenden kann. Der Adlige als Schäfer und damit als Unternehmer auf dem Sektor der wirtschaftlichen Aktivität der Viehweidewirtschaft zeichnet sich also durch die Abwesenheit und durch die Freisetzung von jeglicher konkreter wirtschaftlicher Aktivität aus. Dies kann an dem Text nun sehr genau nachgewiesen werden. Einem Programm gleich stellt Honoré d'Urfé seinem Roman ein Sendschreiben an seine Roman-Heldin voran, in dem er deutlich sagt, daß es sich bei seinen Schäfern nicht um jene handelt, die aus der Notwendigkeit des Überlebens arbeiten, sondern jene, die aus freien Stücken dieses Schäferdasein gewählt haben, um ruhiger leben zu können:

> Que si l'on te reproche que tu ne parles pas le langage des villageois, et que toy ny ta trouppe ne sentez gueres les brebis ny les chevres, responds leur, ma bergere, que pour peu qu'ils ayent cognoissance de toy, ils sçauront que tu n'es pas, ny celles aussi qui te suivent, de ces bergeres necessiteuses, qui pour gagner leur vie conduisent les trouppeaux aux pastufages, mais que vous n'avez toutes pris cette condition, que pour vivre plus doucement et sans contrainte.[7]

Faktisch ist es nun nicht möglich, im Rahmen einer Forschungsskizze, wie sie dieser Aufsatz vorstellen soll, einen so umfangreichen Roman wie die *Astrée* tatsächlich *in extenso* und systematisch hinsichtlich aller einschlägigen Stellen zu lesen, in denen die Ökonomie verhandelt wird. So bietet sich, wenigstes für das Auftauchen bestimmter Begriffe, die automatisierte Lektüre eines alphanumerischen Digitalisats an. Hier nun stellt sich, wenn man nach weiteren ökonomischen Termini sucht, sehr schnell ein überraschendes Ergebnis ein: Der Begriff *mouton* und die verwandten Begriffe beispielsweise tauchen so unvorstellbar selten im Text auf, daß man sich wundert, daß dieser Roman überhaupt als Pastoralroman bezeichnet

---

7 *L'Astrée*, ed.cit., I, *L'Autheur à la bergère Astrée*, s.p. „Wenn man dir vorwirft, nicht die Sprache der Städter zu sprechen, und daß weder du noch deine Gesellschaft weder nach Schaf noch nach Ziege stänke, so antworte ihnen, meine Schäferin, da sie ja nur wenig Kenntnis von dir haben, daß weder du noch jene, die dir folgen zu jenen notgeplagten Schäfern gehören, die, um ihren Lebensunterhalt zu verdienen, die Herden auf die Weisen treiben, sondern daß ihr alle diese Lebensweise gewählt habt, um ruhiger id ohne Zwang zu leben."

werden konnte und auch als solcher gelesen wurde. Die Untersuchung der digitalisierten Edition der *Astrée* zeigt zudem sehr schnell, daß neben dem Begriff *mouton* auch *troupeau* nur sehr selten auftaucht, während der Begriff des *berger*, also die Berufsbezeichnung des Schäfers, selbstverständlich im Text omnipräsent ist. Dies veranlaßt zu der Schlußfolgerung, daß wir eine klare begriffliche und auch vorstellungsmäßige Trennung zwischen der Berufsbezeichnung des *berger* auf der einen Seite und dem eigentlichen Gegenstand seiner Berufstätigkeit auf der anderen Seite in diesem Roman vorfinden können. Dies hat weiter zur Konsequenz, daß es hier eigentlich nur um das Bild von romanesk handelnden Schäfergestalten, nicht aber um deren tatsächliche Berufspraxis geht. Dies ist nun die Grundkonstruktion der pastoralen Literatur, so wie sie noch bis in das ausgehende 18. Jahrhundert hinein modellgebend sein wird.

Das Modell für eine vom konkreten Umgang mit den Schafen losgelöste Tätigkeit im Bereich der Schafweidewirtschaft ist nun in den üblichen Rechtsverhältnissen zwischen Schafherdenbesitzern und ihren Tagelöhnern zu erkennen. Der Besitzer einer Schafherde hat mit seinen Tieren in der Regel nicht viel mehr zu tun, als daß er als Eigentümer auftritt, während er Schafhirten engagiert, die sich zu bestimmtem Lohn um den Auftrieb der Herden kümmern. Das heißt, daß der Unternehmer in der Schafweidewirtschaft selbst überhaupt keinen Kontakt mehr zu den Schafen hat, sondern diese Aufgaben in arbeitsteiliger Weise von den Schafhirten erledigen läßt. Es ist der Besitzer der Schafherden, der, dadurch daß er keinen Kontakt zu den Schafen hat, auch nicht mehr nach Schaf stinkt, so wie es Honoré d'Urfé sagen würde. Seine Hirten sind nach dem Modell der Gestalten konstruiert, die man auf der Bühne sähe:

> Mais ce qui m'a fortifié d'avantage en l'opinion que j'ay, que mes bergers et bergeres pouvoient parler de cette façon sans sortir de la bien-seance du berger, c'a esté, que j'ay veu ceux qui en representent sur les theatres, ne leur faire pas porter des habits de bureau, des sabots ny des accoustremens malfaits, comme les gens de village les portent ordinairement. Au contraire, s'ils leur donnent une houlette en la main, elle est peinte et dorée, leurs juppes sont de taffetas, leur pannetiere bien troussée, et quelque fois faite de toile d'or ou d'argent, et se contentent, pourveu que l'on puisse reconnoistre que la forme de l'habit a quelque chose de berger.[8]

---

8   *L'Astrée*, ed.cit., I, *L'Autheur à la bergère Astrée*. s.p. : „Aber das, was mich umso mehr in der Auffassung bestärkt hat, die ich vertrete, daß meine Schäfer

Doch das Schaf stinkt, und noch mehr wohl die Ziege, das weiß man, wenn man es schon nicht selbst erfahren hat, wenigstens aus der einschlägigen Literatur. Hier steht Theokrit allen voran, der in seinem Gedicht von dem Ziegen- und dem Schafhirten *Komatas und Lakon* schreibt: „Die Geißbockfelle bei dir da / Sind abscheulicher noch von Geruch beinah' wie du selber."[9] Das Wissen um den Geruch der Herden wie um die verschiedenen Funktionen im ökonomischen System der Weidewirtschaft ist schon Erbe der antiken Bukolik und damit auch Zeichen der bereits in der Antike herausgebildeten arbeitsteiligen Ökonomie. Theokrits Gedicht *Die Hirten* mag hier als Beleg ausreichen. Darin läßt nämlich Theokrit den Hirten Korydon als denjenigen sprechen, dem der Herdenbesitzer Aegon seine Herde zur Besorgung anvertraut hat. Dabei leistet er seine Arbeit bereits unter der Kontrolle des Herdenbesitzers Aegon, zumal dieser sich selbst noch mit der Aufzucht der Jungtiere befaßt und folglich auch noch in der Nähe seines Viehes und seines Arbeiters ist:

> Battos. Sag' mir, Korydon, wessen die Kühe da sind? Des Philondas?
> Korydon. Nicht doch; sie sind Aegon's, der mir sie zu weiden vertraut hat.
> Battos. Nun, und du melkst sie doch unter der Hand nach einander am Abend?
> Korydon. Ja, wenn der Alte die Kälber nicht aufzög' und mich bewachte.[10]

In der frühneuzeitlichen Pastoralliteratur ist auch dies schon anders, zumal die Romanschäfer beispielsweise ihre Tiere nicht mehr selbst melken. Wir erkennen in diesem, vom konkreten Umgang mit den Schafen befreiten Unternehmertum im Kontext der Schafweidewirtschaft genau jene sozioökonomischen Strukturen, die ganz analog auch dem Pastoralroman zugrunde

---

und Schäferinnen auf diese Weise sprechen können, ohne den Verhaltenscodex der Schäfer zu verlassen, das war, daß ich jene gesehen habe, die sie auf der Bühne darstellen, diese nicht in gewöhnlicher Kleidung, Holzschuhen noch schlechter Ausrüstung darstellten, wie sie die Dorfbewohner üblicherweise tragen. Im Gegenteil, wenn sie ihnen einen Hirtenstab in die Hand geben, dann ist er bemalt und vergoldet, ihre Röcke sind aus Taft, ihr Brotkorb ist gut geflochten und manchmal aus Gold- oder Silberstoff hergestellt, und damit begnügen sie sich, vorausgesetzt, daß man erkennen kann, daß die Form der Kleidung etwas Schäferisches an sich hat."

9 Theokrit: *Idyllen*, IV. Νομείς *Die Hirten*, in: Theokritos: *Idyllen*. Stuttgart 1883, S. 46.

10 Ebd., S. 40.

liegen. Die Schäfer sind hier zwar Besitzer der Schafe, die jedoch nur in den seltensten Fällen in konkreten Kontakt zu ihren Tieren treten.

Das bedeutet nicht, daß die Berufspraxis der Schäfer nun vollkommen aus dem Buch verschwunden sei. Doch sie ist in einer ganz besonderen Art und Weise präsent, die man nicht als die eigentlich realistische Darstellung des Schäferlebens auffassen kann, denn die *Astrée* ist nun einmal keine romanhafte Abhandlung über die Schafweidewirtschaft. So kommt es beispielsweise im ersten Buch des zweiten Teils zu einer deutlichen Häufung des Begriffs *brebis*, was so viel wie ‚Mutterschaf‘ bedeutet. Nicht weniger als zehn Mal taucht das Wort auf, und zwar im Kontext einer recht konkret werdenden Erzählung von der Erkrankung und Genesung eines Schafes nach Heilbehandlung durch einen Schäfer. Dabei zeigt Honoré d'Urfé, daß er bis in die Details der damaligen Veterinärmedizin, der anzuwendenden Heilkräuter, ihrer verschiedenen Namen etc. sehr genau über die Details der Schafweidewirtschaft Bescheid wußte.

Aber es bleibt genau bei diesen zehn Vorkommen des Wortes *brebis* im ersten Buch des zweiten Teiles: In den folgenden elf Büchern kommt es nicht mehr vor.[11] Damit erscheint diese Thematisierung der Schafweidewirtschaft nicht etwa als systematische Präsenz dieses Themas im Buche, sondern eher als *decorum*, mit dem zu Beginn des zweiten Teils der Leser auf die pastorale Handlung eingestellt werden soll, bevor es dann in den folgenden elf Büchern nur noch um die Liebe der Schäfer und Schäferinnen zueinander geht.

Eine weitere Form der Präsenz des Wissens um die Schafweidewirtschaft ist sein Einsatz als Allegorie und Modell für den Liebesdiskurs. Ein Beispiel finden wir ebenfalls im ersten Buch des zweiten Bandes. Hier geht es darum, wie die Liebe zwar zunächst durch visuelle Reize entzündet wird, dann aber vor allem durch das sichere Wissen um die Tugenden, Verdienste etc. der geliebten Person zur Perfektion geführt wird. Dies sei nun vergleichbar mit dem Aufwachsen der Lämmer, die zunächst nur die leichte Milch erhielten, zur Perfektion dann aber zur festen Nahrung übergingen:

---

11 Derartige auf statistische Analysen gestützte Befunde können vor allem mit alphanumerischen Digitalisaten leicht erhoben werden. Sie sind unmittelbar als Basis der Interpretation nutzbar, womit sich ein spezifischer Vorteil der Verfahren der *digital humanities* zeigt.

Mais tout ainsi que ce produit quelque chose, n'est-ce pas ce qui la nourrit, et qui la met apres en sa perfection, de mesme devons nous dire de l'amour, parce que si nos agneaux naissent de nos brebis, et qu'au commencement ils tirent quelque legere nourriture de leur laict, ce n'est pas toutefois ce laict qui les met en leur perfection, mais une plus ferme nourriture qu'ils reçoivent de l'herbe qu'ils se paissent. Aussi les yeux peuvent bien commencer et eslever une jeune affection, mais lors qu'elle est creue, il faut bien quelque chose de plus ferme et plus solide, pour la rendre parfaicte, et cela ne peuct estre que la cognoissance des vertus, des beautez, des merites, et d'une reciproque affection de celle que nous aymons.[12]

Es ist gleichsam eine Aufladung des Liebesdiskurses mit Bildern aus der Schafweidewirtschaft, die wir hier konstatieren können, wobei jedoch der Liebesdiskurs immer im Vordergrund steht und dominant bleibt. Dieser Vorgang ist analog zu der Monetarisierung des Liebesdiskurses zu verstehen und könnte damit auch als eine Pastoralisierung des Liebesdiskurses verstanden werden.

Selbstverständlich sind auch dies Darbietungsformen des Wissens um die Schafweidewirtschaft, sie sind hier jedoch nur ein Vorwand, um anderes darstellen zu können. Darin unterscheidet sich die *Astrée* deutlich beispielsweise von Velázquez nahezu zeitgleicher Darstellung der Schmiede des Hephaistos (*La Fragua de Vulcano*, 1630): Hier wird die antike Mythologie zum Vorwand, reale Schmiede bei der Arbeit zeigen zu können.

All diese verschiedenen Aspekte wird man nun zusammen berücksichtigen müssen, wenn es darum geht, die spezifische Ausstattung dieser Figuren von Romanhirten zu identifizieren, die uns in Gestalt des Pastoralromans seit dem 16. Jahrhundert immer wieder begegnen werden. Die Fiktion derartiger Romanhirten ist natürlich bestimmt von den Erfahrungen der sozialen Wirklichkeit der eigenen Zeit und von den Wünschen und Imagi-

---

12 *L'Astrée*, ed.cit., II, 13 : „Aber ganz so, wie das etwas hervorbringt, ist es nicht aus das, was es ernährt und schließloch zur Perfektion führt, können wir das auch von der Liebe sagen, denn wenn unsere Schafe Lämmer gebären und sie am Anfang eine leichte Nahrung aus ihrer Milch beziehen, ist es nicht immer diese Milch, die sie perfektioniert, sondern eine viel festere Kost, die sie aus den Gräsern beziehen, die sie weiden. Ebenso können die Augen beginnen und eine junge Zuneigung verstärken, aber dann, wenn sie gewachsen ist, braucht es einer viel festeren und solideren Sache, um sie perfekt zu machen, und dies kann nicht anderes geschehen als durch die Kenntnis der Tugenden, der Schönheiten, der Verdienste und eine gegenseitige Zuneigung von jener, die wir lieben."

nationen, die angesichts der aktuellen Lebenssituation als Projektionen in eine poetische Anderwelt manifest werden.

Aber der Romanhirte kann natürlich nicht aus der sogenannten ‚untersten Hefe' der Gesellschaft stammen, sondern er muß sich in gewisser Weise deutlich davon abheben. Er kann nicht aus den Vorbildern des damaligen städtischen Prekariats oder Lumpenproletariats gebildet sein, sondern er muß eine Gestalt sein, die in einer durchaus poetisch verklärten Welt, wie man sie bei Theokrit oder auch Vergil erkennen mag, existiert. Er muß also eine herausgehobene Gestalt sein, die sich aufgrund ihrer Lebensumstände durchaus mit Literatur, Kunst und vor allen Dingen mit amouröser Kommunikation auskennt und auch damit aufhalten darf. Der Romanhirte muß zudem Merkmale aristokratischen Daseins aufweisen. Er darf nicht wirtschaftlich handeln, da ein Adeliger, wie der Romanhirte, der sich zwecks einer Veränderung seines Lebens in eine andere Welt begeben hat, in dieser nicht sein adliges Dasein preisgeben kann und will.

7. Völkerhirten

Dabei treffen wir nun in den historischen Konstruktionen von Gesellschaften der archaischen Frühzeit auf die Vorstellung, daß die gesellschaftliche Funktion des Herrschers und die des Hirten zunächst miteinander vollkommen kompatibel gewesen sein sollen. Hiernach hätten die Könige sich auch immer wieder um ihre Schafe gekümmert. Die im Alten Testament referierte, dem Prozeß der Arbeitsteilung folgenden Aufspaltung der Funktion des Herrschers und der Funktion des Schafhirten [vgl. Psalm 23], deren Simultaneität zugleich gelegentlich immer noch gewahrt bleibt, entspricht ziemlich genau dem, was wir bei Homer als Metapher vom Völkerhirten antreffen. Hier wird praktisch gleichzeitig zum Alten Testament vom Herrscher als Hirten seines Volkes gesprochen, dies allerdings schon in der eindeutigen Weise, daß hiermit die Funktion des Hirten als Metapher auf die Funktion des Herrschers übertragen worden ist. Nun ist es in der Tat so, daß in archaischen Gesellschaften der Herrscher auch immer der Besitzer von Herden war und die Größe seiner Herde auch seine Macht bestimmte; heute ist dies in Afrika beispielsweise noch immer so. Herrschaft und Schafbesitz (natürlich auch allgemein Viehbesitz) liegen hier in der Regel untrennbar nebeneinander. Dies bedeutet auch, daß der Herrscher als Besitzer von

Herden natürlich auch eine ganz archaische Form des Unternehmertums in Sachen Schafweidewirtschaft darstellt.

> Ces Bergers oyans raconter tant de merveilles de vostre grandeur n'eussent jamais eu la hardiesse de se presenter devant Vostre Majesté, si je ne les eusse asseurez que ces grands Roys, dont l'antiquité se vante le plus, ont esté Pasteurs, qui ont porté la houlette et le Sceptre d'une mesme main. Ceste consideration, et la connoissance que depuis ils ont euë, que les plus grandes gloires de ces bons Roys ont esté celles de la paix et de la justice, avec lesquelles ils ont heureusement conservé leurs peuples, leur a fait esperer que comme vous les imitiez et les surpassiez en ce soing paternel, vous ne mespriseriez non plus ces houlettes, et ces troupeaux qu'ils vous viennent presenter comme à leur Roy, et Pasteur souverain.[13]

Wenn wir nun die Ikonographie der Herrschaft des 16., 17. oder 18. Jahrhunderts eingehender betrachten, so werden wir des Umstands gewahr, daß es zahlreiche Bilder gibt, in denen sich Herrschergestalten mit den entsprechenden Utensilien ausgestattet auch als Hirten malen und darstellen lassen. Dazu gehört in aller Regel neben einem natürlich prächtigen Gewand, das mit Bändern verziert ist, vor allem die *houlette*, das heißt die Steinschleuder, mit der der Hirte die Schafe über die Weide dirigiert, gelegentlich auch die *pannetière*, also die Brotbüchse, in der der Hirte seine Essensvorräte für den Tag aufbewahrt und schließlich die *corne-muse*, also der Dudelsack, mit dem der Hirte in seiner Freizeit musiziert. Hier gelangen wir an einen Punkt, der für die weitere Erörterung noch von Bedeutung sein wird: Hat der Hirte Freizeit, wendet er sich der Kunst zu.

Wenn seit archaischer Zeit Herrschaft und Hirtendasein als durchaus miteinander vereinbar gelten, wenn der Herrscher auch immer eine Art von Unternehmer in Sachen der Schafweidewirtschaft ist, so dürfte auch für die

---

13 *L'Astrée*, ed.cit., I, Au Roy, s.p.: „Diese Hirten, nachdem die so von den zahlreichen Wundertaten Eurer Größe gehört hatten, hätten niemals den Wagemut besessen, sich Ihrer Majestät vorzustellen, wenn ich sie nicht versichert hätte, daß die großen Könige, derer sich die Antike am meisten rühmt, Schäfer gewesen sind, die den Hirtenstab und das Szepter in derselben Hand hielten. Diese Überlegung und das Wissen, das sie seitdem gesammelt hatten, daß die größten Ruhmestaten dieser guten Könige jene des Friedens und der Gerechtigkeit gewesen sind, mit denen sie ihre Völker glücklich bewahrt haben, hat sie hoffen lassen, daß Ihr, zumal Ihr jenen nacheifert und in väterlicher Sorge übertrefft, die Hirtenstäbe und diese Herden, die Sie Ihnen als ihrem König und obersten Hirten präsentieren, nicht geringschätzet."

Frühe Neuzeit diese begriffliche Engführung von Herrschaft und Schafweidewirtschaft ohne Probleme vonstattengegangen sein. Der Herrscher, der
Grande, der Aristokrat ist auch immer jemand, der über bestimmte ökonomische Ressourcen auf dem Lande verfügt. In dieser Funktion ist er natürlich auch, und zwar als der Feudalherr seiner Untertanen, metaphorisch
als ein Hirte beschreib- und darstellbar, was es nun genau gestattet, den
Granden auch sich selbst ikonographisch als Hirte repräsentieren zu lassen.
Diese Bilder der Granden als Hirten sind nicht Bilder des Rückzugs und
damit der Niederlage innerhalb des sozialen Gefüges von Hof und Stadt,
sondern sie sind vielmehr ein zusätzliches Indiz dafür, daß dieser Grande
auch über ökonomische Ressourcen verfügt, über die er herrscht. Es ist
gleichermaßen das Bild des Eskapismus eines Granden möglich, der vor
den Ränken von Hof und Stadt geflohen ist, aber zugleich wird er mit dem
Bild des Hirten auch als jemand dargestellt, der an der Spitze seiner ökonomischen Ressourcen und damit auch der personellen Ressourcen steht,
über die er verfügt. In diesem Sinne ist er auch Hirte seines Volks, und zwar
wie die Völkerhirten des archaischen homerischen Epos.

Wenn der Aristokrat sich also ebenfalls ikonographisch als Hirte darstellen läßt wie er auch durch die Grenzen der Fiktion hinweg in den
imaginären sozialen Raum der Pastoralromans hinübertreten kann, um
sich in einen Schäfer zu verwandeln und mit den anderen Schäfern sich
gleichermaßen um die Schafweidewirtschaft und um die Ökonomie des
Liebesaustausches zu sorgen, dann tritt nur zutage, was eines der ökonomischen Charakteristika des Adels überhaupt ist: Er ist Herrscher über
Menschen, er ist Herrscher über ökonomische Ressourcen und Strukturen
und er ist schließlich jener, der abseits des Hofes von einem freien Leben auf
dem Lande träumt, das er so führen könnte, wie es in Zeiten alter feudaler
Freiheit noch der Fall gewesen ist.

8. Der Schäfer als Eigentümer seiner Schafe

Wir können die Eigentumsverhältnisse, um die es geht, sehr genau an der
Art und Weise identifizieren, wie in der arkadischen Literatur der Umgang
der Schäfer mit ihren Schafen und die Verfügung der Schäfer über ihre
Produktionsmittel dargestellt wird. Besonders eindrucksvoll sehen wir dies
an einer der vielen Binnennovellen, die Honoré d'Urfé als Exkurse in die

Architektur seines Romans eingefügt hat. Es geht um die Geschichte von Celion und Bellinde, die wir im zehnten Buch des ersten Bandes finden.

> Il advint que Celion, jeune berger de ces quartiers, ayant esgaré une brebis, la vint retrouver dans le trouppeau de Bellinde où elle s'estoit retirée. Elle la luy rendit avec tant de courtoisie, que le recouvrement de sa brebis fut le commencement de sa propre perte, et dés lors il commença de sentir de quelle force deux beaux yeux sçavent offenser, car auparavant il en estoit si ignorant que la pensée seulement ne luy en estoit point encor entrée en l'ame. Mais quelque ignorance qui fust en luy, si se conduisit-il de sorte qu'il fit par ses recherches recognoistre quel estoit son mal au seul medecin dont il pouvoit attendre la guerison.[14]

Es geschieht also im pastoralen Roman, was in der pastoralen Wirklichkeit ständig der Fall ist, nämlich daß gelegentlich auch einmal von den beruflichen Verpflichtungen eines Schäfers die Rede ist. Dies geschieht in der Regel nicht etwa, um die Tätigkeit des Schäfers zu zeigen; die Handlung des Schäfers wird vielmehr zu einem System, nach dessen Dynamik sich auch die Beziehungen zwischen den Romanhirten entwickeln. Das wirtschaftliche Handeln der Schäfer wird zum Vorwand und Vehikel, die Entwicklung emotionaler Beziehungen zwischen den Schäfern darzustellen. Es gibt gleichsam die pragmatische Dimension einer ‚Grammatik' vor, gemäß deren Regeln vor allem die Erzählung von emotionalen Beziehungen konstruiert werden. Ein Beispiel dafür ist die erwähnte Erzählung von *Celion et Bellinde*.

Hier wird von einem Schäfer berichtet, der eine wunderschöne Tochter hat. Diese wird, da Fortuna den benachbarten Schäfer nicht ungerecht behandeln will, zum Anlaß, daß auch dem Nachbarn eine wunderschöne Tochter geboren wird. Seit ihrer Kindheit werden diese nun gemeinsam ernährt und großgezogen:

---

14 *L'Astrée*, ed.cit., I, 390/91: „Es geschah, daß Celion, eine junger Hirte aus dieser Gegend, der ein Lamm verloren hatte, dieses in der Herde von Bellinde wiederfand, wohin es sich zurückgezogen hatte. Sie gab es ihm mit so viel Höfischheit zurück, daß das Wiederfinden seines Lamms der Beginn seines Selbstverlusts war, und er von nun an begann zu empfinden, mit welcher Kraft diese zwei schönen Augen anzugreifen wissen, denn zuvor wußte er davon so wenig, daß noch nicht einmal die Idee davon in die Seele getreten war. Aber welche Unkenntnis auch in ihm war, so benahm er sich doch in der Weise, daß er durch seine Suche den einzigen Arzt, von dem er Heilung erwarten durfte, erkennen ließ, welches seine Krankheit war."

Sçachez donc qu'assez pres d'icy, le long de la riviere de Lignon, il y eut un tres-honneste pasteur nommé Philemon, qui apres avoir demeuré long temps marié eut une fille qu'il nomma Bellinde, et qui, venant à croistre, fit autant paroistre de beauté en l'esprit que l'on luy en voyoit au corps.

Assez pres de sa maison logeoit un autre berger nommé Leon, avec qui le voisi-nage l'avoit lié d'un tres estroit lien d'amitié, et la fortune ne voulant pas en cela advantager l'un sur l'autre, luy donna aussi en mesme temps une fille, de qui la jeunesse promettoit beaucoup de sa future beauté: elle fut nommé Amaranthe.[15]

Die Nachbarschaft der beiden Väter bedingt, daß die beiden Mädchen Freundschaft schließen und sich dann auch um die gemeinsame Besorgung der Schafe kümmern. Dabei geschieht es, daß die Mädchengemeinschaft der jungen Schäferinnen sich wandelt und ein junger Schäfer aus der Nachbar-schaft in Erscheinung tritt. Nach der Erzählung verirrt sich ein Mutterschaf aus der Herde des jungen Hirten Celion und verläuft sich in die Herde von Bellinde. Dies ist eigentlich die poetische Chiffre und die Vorschau des Ein-dringens des jungen Hirten in die pastorale Mädchenwelt. Celion, der das Schaf sucht, gelangt zur Herde von Bellinde, findet es dort und Bellinde gibt es ihm sofort wieder.

Dies nun genau ist der Moment, in dem sich beide ineinander verlieben. Es ist nicht mehr die Rede von dem Lamm, sondern vielmehr von den Medizinern, die aufgesucht werden müßten, um den rätselhaften Zustand, in den beide verfallen sind, aufzuklären und gegebenenfalls auch zu heilen.

Bei weiterem Fortschritt der Liebe zwischen den beiden kommt es dann zu einer Szene, die ein wenig albern erscheinen mag. Celion hat nämlich eine besonders gute Beziehung zu dem Leithammel seiner Herde in dem Sinne, daß dieser ihm aufs Wort gehorcht.

Cependant Bellinde [...] le rencontra qui se jouoit avec son belier dans ce grand pré où la plupart des bergers d'ordinaire paissent leurs troupeaux. Cet animal

---

15 *L'Astrée*, ed.cit., I, 390: „Sie sollen also wissen, daß in der Nähe von hier am Fluß Lignon ein sehr ehrbarer Hirte namens Philemon lebte, der, nachdem er lange Zeit verheiratet war, eine Tochter bekam, die er Bellinde nannte, und die, als sie erwachsen wurde, so viel Geistesschönheit aufwies wie man schon an ihrem Körper sah. Ganz in der Nähe ihres Hauses wohnte ein anderer Schäfer namens Leon, mit dem ihn die Nachbarschaft in eine sehr enge Freundschaft verbunden hat, und Fortuna, die in diesem Punkt keinen von beiden bevorzugen wollte, schenkte ihm zur gleichen Zeit eine Tochter, bei der schon die Jugend viel von ihrer zukünftigen Schönheit versprach: man nannte sie Amaranthe."

estoit le conducteur du trouppeau et si bien dressé qu'il sembloit qu'il entendist son maistre quand il parloit à luy. A quoy la bergere prit tant de plasir qu'elle s'y arresta longuement. En fin elle voulut essayer s'il la recognoistroit comme luy, mais il estoit encore plus prompt à tout ce qu'elle vouloit, sur quoy s'esloignant un peu de la trouppe, elle dit à Celion: Que vous semble, mon frere, de l'accointance de vostre beslier et de moy? il est de plus plaisans que je veis jamais. – Tel qu'il est, belle bergere, dit-il, si vous voulez me faire cet honneur de le recevoir, il est à vous. Mais il ne faut pas s'estonner qu'il vous rende tant d'obeissance, car il sçait bien qu'autrement je le desavouerois pour mien, ayant appris par tant de chansons qu'il a ouyes de moy en paissant, que j'estois plus à vous qu'à moy. – C'est tres bien expliquer, dit la bergere, l'obeissance de vostre belier, que je ne veux recevoir pour vous estre mieux employé qu'à moy.[16]

Hier wird der Leithammel zum Zeugnis der Liebe zu Bellinde, die Celion in vielen nur von seinem Hammel vernommenen Liedern gestanden hat. Daher, so der Text weiter, sei es auch kein Wunder, wenn dieser Leithammel, den Celion seiner Schäferin zum Geschenk machen will, auch auf Bellinde höre. Lassen wir die Frage dieses bemerkenswerten Geschenks der Liebe hier einmal außen vor. Die Tatsache, daß Celion seinen Leithammel verschenken kann, belegt, daß er von Honoré d'Urfé auch als Eigentümer seiner Schafe konzipiert ist. Das bedeutet, daß Celion auch die uneingeschränkte Verfügungsgewalt über seine Schafe besitzt, in eigener Regie handelt und vor allem unter dem Gesichtspunkt des sozialen Rangs, den er einnimmt, als weit entfernt gedacht wird von jenen Tagelöhnern, die die Schafherden für andere Herdenbesitzer auf die Weide treiben. Was einen Tagelöhner, der

---

16 *L'Astrée*, ed.cit., I, 397: „Schließlich fand ihn Bellinde wie er mit seinem Leithammel auf dieser großen Wiese spielte, wo die meisten Schäfer üblicherweise ihre Herden weideten. Dieses Tier war der Anführer der Herde und so gut dressiert, daß es so schien, als verstände er seinen Herren, wenn dieser zu ihm sprach. Daran fand die Schäferin so viel Freude, daß sie lange Zeit stehenblieb. Schließlich wollte sie versuchen, ob sie ihn auch erkenne, doch er war noch viel schneller in allem, was sie tun wollte, wobei sie, ein wenig entfernt von ihrer Herde, zu Celion sagte: Was haltet Ihr, mein Bruder, von der Bekanntschaft zwischen Ihrem Leithammel und mir? Er ist der angenehmste, den ich jemals gesehen habe. – So wie er ist, schöne Schäferin, sagt er, wenn Ihr mir diese Ehre erweisen wolltet, ihn zu nehmen, dann gehört er Ihnen. Aber wundert Euch nicht, daß er Ihnen große Gehorsamkeit erweist, denn er weiß gut, daß ich andernfalls leugnen würde, daß er mir gehört, wo er doch durch so viele Lieder, die er von mir gehört hat, während er weidete, daß ich mehr Ihnen als mir selbst gehöre."

die Schäferei betreibt, geschehen könnte, wenn er einen Hammel, der ihm nicht gehört, verschenkt und den Herdenbesitzer damit schädigt, das zeigt auch der letzte Hexereiprozeß in Frankreich. Hier ging es um den Schaden, der durch den Verlust einiger Tiere verursacht wurde, was letztlich mit dem Tod der Schäfer auf dem Scheiterhaufen vergolten wurde. Celion ist also als Besitzer seiner Schafe vorzustellen.

9. Der Schäfer als Künstler

Was sind nun die Besonderheiten des Berufs des Schäfers, die es auch gestatten, daß sich der Pastoralroman in einer derartigen Breite über jene Handlungen der Schäfer auslassen kann, die gerade nicht zu seinen spezifischen Aufgaben gehören? Es ist allgemein bekannt, daß eine große Zahl von Schafen mit einem vergleichsweise geringen Aufwand an Arbeitskraft und Arbeitszeit betreut und bewirtschaftet werden kann. Dies ist vor allem auch darin begründet, daß ganze Schafherden aufgrund ihres schwarmhaften Gruppenverhaltens besonders leicht und von nur einer einzigen Person zusammengehalten und damit versorgt werden können. Das bedeutet, daß mit einer hohen Effizienz gearbeitet wird und ein sehr großer Zeitraum der Muße übrig bleibt. Honoré d'Urfé legt in seinem Roman Zeugnis davon ab, daß er dieses Schwarmverhalten der Schafe kennt, vor allem, wenn sie bei Hitze zur Temperaturregulierung Kreise Bilden und die Köpfe aneinanderstecken:

> Ces discours eussent bien continué davantage, si de fortune, estant pres du carrefour de Mercure, ils n'eussent ouy chanter Phillis: elle estoit assise avec une autre bergere au pied d'un arbre, cependant que leur brebis, à l'ombre de quelques taillis, ruminoient toutes resserrées ensemble, attendant que le chaud fut un peu abattu pour restourner au pasturage.[17]

Es ist die spezifische, im Wesen des Schäferberufs begründete Struktur seiner Arbeitszeit, die einen recht großen Zeitraum der Muße impliziert.

---

17 *L'Astrée*, ed.cit., II, 17: „Diese Reden hätten gerne noch weitergehen können, wenn sie nicht per Zufall in der Nähe des Kreuzweges Merkurs Phillis hätten singen hören; sie hatte mit einer anderen Schäferin am Fuße eines Baumes gesessen, während ihre Schafe im Schatten einiger Gehölze ganz eng aneinander stehend wiederkäuten und darauf warteten, daß die Hitze etwas zurückginge, um auf die Weide zurückzukehren."

Genau dieses Verhältnis von aufgewandter Arbeitszeit zur Zeit der Muße selbst wird nun genutzt zur Pflege und zur Herstellung von sozialer Interaktion. Dazu gehören neben der Entwicklung kultureller Aktivitäten auch die Anbahnung und Herstellung sozialer, im speziellen Fall der Schäferei auch emotionaler Beziehungen zwischen den Menschen. In der *Astrée* von Honoré d'Urfé ist es so, wie in der tatsächlichen Schafweidewirtschaft, nämlich daß die Hirten, nachdem sie ihre Schafe auf die Weide getrieben haben, über einen recht großen Zeitraum von Freizeit verfügen. Dieser wird angefüllt von der Darstellung der sozialen Interaktion der Schäfer und dies bedeutet für den Pastoralroman vor allem mit der Darstellung von sozialer Kommunikation, die sich auf dem Wege des Entstehens von Liebe zwischen Schäfer und Schäferin vollzieht.

Wir erkennen an mehreren Stellen der *Astrée*, wie Honoré d'Urfé es beschreibt, daß der Schäfer Celion mit dem Leithammel seiner Herde eine besondere Ebene der Kommunikation etabliert hat. Er habe in seiner Freizeit eine Vielzahl von Liebesliedern erfunden, in denen er seine Liebe zu Bellinde besingt und die er auch dem Leithammel seiner Herde vorgesungen habe. Daher sei dem Hammel die Liebe Celions zu Bellinde so bekannt, daß er auch dem Kommando der geliebten Schäferin folgen würde. Beachten wir hier diese bemerkenswerte Konstruktion von Liebesbeziehung nicht, sondern behalten einfach im Blick, daß in der Mußezeit des Schäfers es ihm möglich ist, Liebeslieder zu erfinden, die er unter anderem seinem Leithammel vorsingt. Der Schäfer wird damit zum Erfinder von Chansons, von Poesie und Musik. Dies ist eine der wesentlichen kulturellen Errungenschaften, die gemäß der Geschichtsmythologie des Berufs der Schäfer immer eine der Hauptbeschäftigungen der Schäfer gewesen sei. Honoré d'Urfé führt damit seine Schäfer gemäß den Thesen über die Anthropogenese des Schäferberufs als die Erfinder von Kunst und Kultur vor.

Der vielleicht erste, der diese Idee historisch und systematisch entwickelt hatte, daß es möglich sein müßte, die Spezifik des Hirtendaseins in dem Kontext der Entstehung von Hirtenliteratur zu stellen, war Bernard de Fontenelle. In einer Abhandlung mit dem Titel *Traité de la nature de l'églogue* (1688) schreibt er nämlich, daß das Leben der Hirten die früheste Daseinsweise des Menschen gewesen sei. Diese konnten derartig produktiv arbeiten und wirtschaften, daß sie genügend freie Zeit hatten, sich auch anderen Tätigkeiten zuzuwenden. Diese anderen Tätigkeiten sind dann vor allem Gesang und Poesie. Es ist also eine Urzeit der Überflußproduktion zu identifizieren, in der die Arbeitskräfte von der Notwendigkeit der Produktion soweit freigesetzt sind, daß sie noch über ausreichende Zeit verfügen, sich der Entwicklung und der Pflege der genannten Künste zu verschreiben. Wir erkennen hier im Ursprung von Berufsleben und Kultur den Schäfer, der als Eigentümer seiner Herde im Wesentlichen selbst entscheiden kann, wann er seine Freizeit nutzt, um Kultur und anderes zu betreiben.

Abb. 1: Arkadische Hirten, Vergil MSS Vat. lat. 3867

Der Hirte steht also nicht nur am Ursprung der systematisch betriebenen produktiven Tätigkeit des Menschen, sondern er hat auch die Zeit, sich der Anbahnung von Liebesbeziehungen zu widmen und zu diesem Zwecke auch der Entwicklung der Kunst, Musik und Poesie. Arkadische Lebenswirklichkeit wie auch die arkadische Dichtung kennen damit faktisch die drei großen Themen einer jeden Literatur, respektive die drei Themen, aus denen jede Literatur abgeleitet ist: Das Thema der materiellen, der biologischen und schließlich der kulturellen Reproduktion des Lebens.

10. Demontage und ökonomische Aufklärung des Pastoralmythos

Alles hatten die Verfasser von Pastoralliteratur darangesetzt, damit die Spuren einer pastoralen ökonomischen Praxis, wie wir sie bei Theokrit erkennen, aus den Werken getilgt wurden. Doch, so scheint es, hatte der ökonomische Erfolg der Schafweidewirtschaft die Gesellschaft schon derartig verändert, daß auch der Blick auf die realen Schäfer gerichtet werden mußte, und zwar wurde er auf diese gerichtet, in dem Maße wie die Verbürgerlichung der Gesellschaft weiterhin voranschritt.

So weiß man auch unter den Eliten der frühneuzeitlichen Gesellschaften in zunehmendem Maße von der konkreten Bedeutung der Schafweidewirtschaft und der teils enormen Gewinne, die mit diesem Gewerbe erzielt werden können. Inwiefern Adlige an solchen Aktivitäten beteiligt waren, die ja auch sonst vielfach als stille Teilhaber von Unternehmungen agierten, müßte erst noch untersucht werden.

Man darf hier nicht außer Betracht lassen, daß einer der wichtigsten Texte, der von der Schafweidewirtschaft und von ihren katastrophalen Folgen für die Gesellschaft handelte, nämlich Thomas Morus' *Utopia*, sich reger Lektüre und Bekanntheit erfreute. Nicht nur, daß es in Frankreich zu Neuausgaben und auch zu Übersetzungen ins Französische gekommen war, vor allem aber wurde dieser Text im Kontext von geschichtsphilosophischen und sozialutopischen Überlegungen zum Thema Arkadien rezipiert. Arkadischer Traum und utopische Konstruktion trafen sich hier im 18. Jahrhundert; mit dem Ergebnis, daß das reale Schäferleben weder in Utopien noch in Arkadien stattfindet.[18]

Quellenverzeichnis

Condorcet, Marie Jean Antoine Nicolas Caritat, Marquis de: *Esquisse d'un tableau historique des progrès de l'esprit humain*. Ed. Prior-Belaval, Vrin: Paris 1970.

D'Urfé, Honoré: *L'Astrée*, ed. Hugues Vaganey, V vols. Société historique et archéologique du Forez: Lyon 1925–1928.

Fontenelle, Bernard Le Bovier de: *Poésies pastorales avec un Traité sur la nature de l'églogue et une Digression sur les Anciens Poëtes & Modernes*. Louis Van Dole et Estienne Foulque: La Haye 1688.

Herrnstadt, Rudolf: *Die Entdeckung der Klassen. Die Geschichte des Begriffs Klasse von den Anfängen bis zum Vorabend der Pariser Julirevolution 1830*. Verlag der Wissenschaften: Berlin 1965.

Morus, Thomas: *La description de l'isle d'Utopie, où est comprins le miroer des républicques du monde… rédigé… par… Thomas Morus… avec l'épistre liminaire composée par M. Budé*. C. L'Angelier: Paris, 1550.

Theokrit: *Idyllen*, IV. Νομεῖς *Die Hirten*, in: Theokritos: *Idyllen*. Stuttgart 1883.

---

18 Cf. dazu ausführlicher Reinhard Krüger: *Arkadien in Frankreich: Von aristokratischer Freiheit und bürgerlicher Revolution*, Göttingen 2018 (im Druck).

Beatrice Nickel
(Ruhr-Universität Bochum)

Novellistik und Ökonomie: Fiktionen des Wirtschaftens und Handelns in *Il Novellino* und *Les Cent Nouvelles Nouvelles*

1. Einleitende Betrachtungen

Völlig zu Recht hat Brockmeier als wichtige Entstehungsbedingung der Novelle die Entwicklung des Handels und den Aufstieg des Bürgertums identifiziert: „Die Nachricht ist das Medium des Handels, und gute Neuigkeit bedeutet dem Bürger seit je Profit und Vergnügen. Üppige Sammlungen von [...] Novellen begleiten den Aufstieg des Bürgertums seit dem ausgehenden Mittelalter."[1]. Die folgende Darstellung zeigt die Verbindung der frühen Novellistik mit der Ökonomie auf und konzentriert sich dabei auf zwei romanische Novellensammlungen, nämlich *Il Novellino*[2] (zwischen 1281 und 1300) und *Les Cent Nouvelles Nouvelles* (ca. 1462), die stark von ersterer beeinflusst worden sind. Ganz allgemein gilt, dass die vom *Novellino* initiierte und sich ab der zweiten Hälfte des 15. Jahrhunderts in Frankreich ausbreitende literarische Gattung der Novelle und der frühneuzeitliche Bürger in mehrerei Hinsicht in engem Zusammenhang miteinander stehen:[3] Erstens ist das Bürgertum das primäre Zielpublikum der Novelle, denn sie setzt notwendigerweise die Lesefähigkeit voraus und kommt aufgrund ihrer relativen Kürze dem nur über ein sehr begrenztes

---

1 Brockmeier, Peter: *Lust und Herrschaft. Studien über gesellschaftliche Aspekte der Novellistik: Boccaccio, Sacchetti, Margarete von Navarra, Cervantes.* J.B. Metzlersche Verlagsbuchhandlung: Stuttgart 1972, S. VIII.

2 Dieser Titel wurde erstmals in einer Ausgabe aus dem Jahre 1836 für die Novellensammlung verwendet. Davor benutzte man die beiden folgenden Titel: *Le ciento novelle antike* (1525) und *Libro di novelle e di bel parlar gentile* (1572). Vgl. hierzu Passano, Giambattista: *Novellieri italiani in prosa.* Forni: Bologna 1965, S. 467.

3 Die folgenden Ausführungen zur Verbindung von früher Novelle und Bürgertum sind entnommen: Nickel, Beatrice: „Der Bürger und seine Welt in der frühneuzeitlichen Novellistik". *PhiN* 59, 2012, S. 24–36, hier S. 24 ff.

Zeitkontingent verfügenden, einen Beruf ausübenden Bürger entgegen, wie Werner Krauss zu Recht bemerkt hat:

> Wie die Versnovelle in Frankreich, so ist die im 14. Jahrhundert von Boccaccio standardisierte Prosanovelle für das Bürgertum geschrieben. Während das feudalistische Epos von seinen Hörern unbedingte Verfügung über ihre Zeit verlangte, muß sich umgekehrt die Novelle in einem stark begrenzten Zeitraum realisieren. Sie muß mit einem geschäftigen Bürgertum rechnen, das mit seiner Zeit haushälterisch umgehen muß und einen offenen Sinn für witzige Pointen und für rasch umrissene Anekdoten besitzt.[4]

Im poetologischen Vorwort der anonym erschienenen Novellensammlung *Le parangon de nouvelles* (1531) heißt es über die Textfunktion der Novelle dementsprechend folgendermaßen:

> Car l'arc trop longuement sans remission tendu devient lache ou se romp: ainsi faict l'entendement occupé de affaires urgens et cures severes sans intermission d'aulcung esbatement. Pour lequel facilement avoir, les presentes nouvelles de plusieurs bons aucteurs recitees ont esté assemblees en petite et jolye forme, pour plus facilement en tous lieux en avoir la fruytion totale.[5]

Die Novellen der Sammlung sind also explizit an jene Menschen gerichtet, die – wie ein angespannter Bogen („l'arc [...] tendu") – der Entspannung bedürfen, und zwar wegen ihrer permanenten beruflichen (geistigen) Anspannung („l'entendement occupé de affaires urgens et cures severes"). Diese Entspannung soll dabei durch eine kurze und kurzweilige Lektüre erzielt werden können.[6] Dabei stellt „la fruytion totale" eine vollkommene Umdeutung des horazischen *delectare aut prodesse* dar, denn beide überlagern sich und verschmelzen miteinander: Der Nutzen ist die Unterhaltung (während der Lektüre) bzw. die Entspannung, die noch über die Lektüre hinaus ihre positive Wirkung entfalten soll.[7] Als Adressat ist hier zweifels-

---

4 Krauss, Werner: *Grundprobleme der Literaturwissenschaft*. Rowohlt Verlag: Reinbek bei Hamburg 1968, S. 29.

5 Pérouse, Gabriel A. (Hrsg.): *Le parangon de nouvelles*. Librairie Droz: Paris/ Genève 1979, S. 1 f.

6 Zum wirkungspoetologischen Aspekt der 'recreatio' vgl. Wehle, Winfried 1981, S. 193 ff.

7 Vgl. Des Périers, Bonaventure: *Nouvelles récréations et joyeux devis I–XC*. Hrsg. v. Krystyna Kasprzyk. Librairie Nizet: Paris 1980, S. 14: In der ersten (poetologischen) Novelle („en forme de preambule"), die eine Préface zu ersetzen scheint, erklärt der Autor „que je ne fais pas peu de chose pour vous [scil. les lecteurs;

ohne primär an das städtische und vor allem kaufmännische Bürgertum gedacht.[8]

Dieser Rezipientenkreis entspricht vielfach den Protagonisten der Novellen, was auch bei Boccaccio zutrifft: Vittore Branca hat *Il Decameron* (1348–53) zu Recht als „epopea dei mercantanti"[9] beschrieben, denn Boccaccio hat in den Novellen seiner Sammlung das kaufmännische Leben im Florenz des 13. Jahrhunderts widergespiegelt. Auch schon die älteste italienische Novellensammlung[10], die hier untersucht werden soll, ist zu großen Teilen dem städtischen Leben gewidmet, wobei vielfach auch die ökonomischen Beziehungen der Menschen untereinander in den Blick genommen werden. Vor allem die *Cent Nouvelles Nouvelles* thematisieren in dieser Tradition auch in mehreren Novellen ökonomische Aspekte des alltäglichen Lebens. Auf die Fiktionen von Ökonomie in den beiden Novellensammlungen wird noch zurückzukommen sein.

Eine weitere Verbindung zwischen Novelle und Bürgertum besteht hinsichtlich des Handlungsortes: Die kurzen Erzählungen spielen nämlich zumeist in der Stadt, wobei die Akteure prinzipiell allen Ständen entstammen können, wir es sehr oft aber – dem vorgestellten städtischen Handlungsraum entsprechend – mit Figuren zu tun haben, denen Attribute des Bürgertums zugeordnet sind oder die sogar explizit als Bürger benannt

---

B.N.], en vous donnant dequoy vous resjouir : qui est la meilleure chióse que puysse faire l'homme. Le plus gentil enseignement pour la vie, c'est *Bene vivere et laeteri.*" Hervorhebung vom Autor. Vgl. hierzu Hassell, Woodrow James 1981, S. 298 ff. und Leeker, Joachim 2003, S. 149 f. Schon Boccaccio verspricht den Lesern des *Decameron* in seinem *Proemio* ein „alleggiamento". Boccaccio, Giovanni: *Decameron*. Hrsg. v. Vittore Branca. A. Mondadori: Milano 1985, S. 8.

8 Vgl. Krüger, Reinhard: *Die französische Renaissance. Literatur, Gesellschaft und Kultur des 14. bis 16. Jahrhunderts.* Klett: Stuttgart 2002, S. 97: „Demnach können wir die politisch, administrativ oder in Handelsgeschäften eingespannten Menschen als den Adressaten der Novelle identifizieren."

9 Branca, Vittore: *Boccaccio medievale e nuovi studi sul Decameron.* 3. Aufl. Sansoni Editore: Firenze 1996, S. 134 ff. Vgl. hierzu auch Wetzel, Hermann H.: *Die romanische Novelle bis Cervantes.* Metzler: Stuttgart 1977, S. 23 ff.

10 Wehle hat *Il Novellino* „als erste angesehene und noch sehr archaische Novellensammlung" (S. 61) bezeichnet. Vgl. Wehle, Winfried: *Novellenerzählen. Französische Renaissancenovellistik als Diskurs.* Wilhelm Fink Verlag: München 1981.

werden. Repräsentativ hat Jean-Pierre Siméon[11] die *Nouvelles récréations et joyeux devis* (1558) von Bonaventure des Périers hinsichtlich der in ihnen benannten oder thematisierten sozialen Klassen untersucht und konnte aufzeigen, dass der Großteil der Personen in diesen Novellen dem städtischen Bürgertum entstammt. Dabei handelt es sich um Justiz- und Verwaltungsbeamte, Händler, Schriftsteller, Apotheker, Ärzte, Universitätsangehörige (Professoren, Doktoren, Studenten), Geistliche und um solche Personen, denen bürgerliche Attribute (Haus, teure Wohngegend, materieller Wohlstand, große Dienerschaft, gute Bildung etc.) zugeordnet sind, deren Beruf aber nicht genannt wird. Daneben tauchen aber auch die „classes populaires"[12] auf: die Landbevölkerung (Bauern, Hirten, Dorfbewohner etc.), Handwerker, Diener, Kammermädchen und soziale Randgruppen (wie zum Beispiel Diebe, Kurtisanen, Geisteskranke, Gaukler, Haudegen etc.). Signifikanterweise sind die Vertreter des städtischen Bürgertums quantitativ den Repräsentanten aller anderen sozialen Klassen überlegen.[13] Des Périers' Novellensammlung vermittelt damit insofern kein realistisches Bild von der damaligen Gesellschaftsstruktur, als bei ihm die Landbevölkerung einen verschwindend kleinen Anteil am Gesamtpersonal ausmacht, obgleich diese im 16. Jahrhundert noch die quantitativ stärkste Bevölkerungsgruppe darstellte[14]: „Que la grande majorité de la population demeure rurale au XVIe siècle on ne le devinerait pas à la lecture de *Devis*. En effet le monde des campagnes n'apparaît, directement ou indirectement, que dans quatorze contes au plus [...]."[15] Der Vorzug, den Des Périers in seiner Novellensammlung dem städtischen Bürgertum gegenüber der Landbevölkerung

---

11 Die folgende Darstellung bezieht sich auf Siméon, Jean-Pierre: „Classes sociales et antagonismes sociaux dans *Les nouvelles récréations et joyeux devis* de Bonaventure des Périers". In: Sozzi, Lionello/Saulnier, Verdun-Louis (Hrsg.): *La nouvelle française à la Renaissance*. Editions Slatkine: Genève/Paris 1981, S. 319–352.

12 Siméon, Jean-Pierre 1981, S. 327.

13 Etwa vierzig Novellen der Sammlung handeln von Bürgern. Vgl. Sozzi, Lionello: *Les contes de Bonaventure des Périers. Contribution à l'étude de la nouvelle française de la Renaissance*. G. Giappichelli Editore: Torino 1965, S. 286 ff.

14 Vgl. Delumeau, Jean: *La civilisation de la Renaissance*. Les Éditions Arthaud: Paris 1984, S. 251 ff.

15 Siméon, Jean-Pierre 1981, S. 343.

gibt, spiegelt nicht die tatsächliche damalige Bevölkerungsschichtung, liegt aber in der Natur der Sache begründet, denn das Gattungsmerkmal der Novelle geht darauf zurück, dass sie den Eindruck erweckt, eine Neuigkeit zu präsentieren. Die Stadt eignet sich deshalb in besonderem Maße als Handlungsort – in *Les Cent Nouvelles Nouvelles* finden sich über 50 verschiedene Handlungsorte bzw. -städte in unterschiedlichen Ländern (die beliebteste Stadt ist dabei Paris, gefolgt von Lille und Rom) –, weil die Novelle *per se* auf einen Ort angewiesen ist, an dem Neuigkeiten entstehen: „Il suffit [...] de se rappeler que, pour les hommes du XVᵉ [et également du XVIᵉ] siècle, le mot 'nouvelle' est indissociable de son étymologie : il ne peut se rapporter qu'à ce qui est 'nouveau'."[16] Neuigkeiten im Sinne von unerhörten Begebenheiten (Goethe)[17], die – außer in bestimmten Grenzfällen der Gattung wie beispielsweise der Märchennovelle[18] – der Forderung nach *vraisemblance* nachkommen müssen, sind ja von Anfang an ein gattungskonstituierendes Merkmal der Novelle: „Dieser Authentizitätsanspruch, der zum Teil auch mit dem fiktionalen Anspruch auf ‚Neuigkeit' der Geschichte [...] verknüpft ist, stellt ein [...] wesentliches Charakteristikum der Novellengattung dar [...]."[19] Auf Neuigkeiten trifft man wohl an keinem Ort häufiger als in der Stadt. Die frühneuzeitlichen Städte stellen daher konsequenterweise den primären Schauplatz der Novellen dar:

> Die Novelle ist eine Form der beständig wechselnden Perspektiven, wie sie sich nur in der Stadt zeigen. Sie zeigt die sich beständig ändernden Konstellationen der

---

16 Dubuis, Roger (Hrsg.): *Les Cent Nouvelles Nouvelles*. Honoré Champion Éditeur: Paris 2005, S. 35 f.

17 Das Attribut ‚unerhört' weist insofern eine Mehrdeutigkeit auf, als es sowohl neu als auch außerordentlich, normbrechend, wunderbar meinen kann. Vgl. Aust, Hugo: *Novelle*. 4. Aufl. Metzler: Stuttgart/Weimar 2006, S. 10. Die Definition der Novelle als *sich ereignende unerhörte Begebenheit* findet sich vor allem in der deutschen Novellentheorie des 19. Jahrhunderts wieder.

18 Vgl. Blüher, Karl Alfred: *Die französische Novelle*. Francke: Tübingen 1985, S. 12. Zur *nouvelle merveilleuse* vgl. auch Wetzel, Hermann H.: „Éléments socio-historiques d'un genre littéraire : l'histoire de la nouvelle jusqu'à Cervantes". In: Sozzi, Lionello/Saulnier, Verdun-Louis (Hrsg.): *La nouvelle française à la Renaissance*. Editions Slatkine: Genève/Paris 1981, S. 41–78, hier S. 71 ff.

19 Blüher, Karl Alfred 1985, S. 12. Authentizität, Neuheit und (relative) Kürze sind die drei wesentlichen Merkmale der spätmittelalterlichen und frühneuzeitlichen Novelle.

miteinander interagierenden Menschen, wie es nur in urbaner Umgebung möglich ist. Das reduzierte Personal des Typus *chevalier, dame, prêtre* des Fablel weicht jetzt dem Spektrum sozialer Typen, wie sie sich in der Stadt finden.[20]

Gab das Epos vor, die Totalität des Lebens zu erfassen, weil in ihm ein Modell der gesellschaftlichen Wirklichkeit vermittelt wurde, dessen Zentrum der höfische Held darstellte, von dem gleichsam alles andere abhing, so bietet eine Novelle nie mehr als eine Partikularansicht. Sowohl *Il Novellino* als auch *Les Cent Nouvelles Nouvelles* lassen sich deshalb als eine Art Collage einzelner Bilder des jeweils zeitgenössischen sozialen Lebens beschreiben. Da die Novellen eben nicht in einer überschaubaren höfischen Umgebung spielen, die bis ins Kleinste ganz auf den einen höfischen Helden bezogen ist, sondern in der Stadt, kann sie keine Totalität abbilden. Die städtische Totalität ist dafür – auch schon im 13. Jahrhundert – zu komplex. Hier fehlt ja gerade der eine höfische Held, der alles um sich herum zusammenhält. Eine einzelne Novelle liefert darum immer nur einen Ausschnitt aus der Komplexität des bürgerlichen Lebens, zusammen addieren sich die Novellen der beiden Novellensammlungen zu einer Art 'Enzyklopädie' der Formen sozialer Interaktion im urbanen Raum.[21] Eine der wesentlichen zeitgenössischen Formen dieser sozialen Interaktion stellt bürgerliches Handeln und Wirtschaften dar.

2. Der handelnde Bürger in *Il Novellino*

Um eine Antwort auf die Frage zu finden, warum die Fiktionen von Ökonomie im *Novellino* eine wichtige Rolle spielen, muss die Entstehungszeit dieser Novellensammlung in den Blick genommen werden. Denn diese Fiktionen folgen dem Prinzip der Mimesis und stellen damit poetische Repräsentationen menschlichen Handels dar.[22] Auch noch in der zweiten

---

20 Krüger, Reinhard: *Die französische Renaissance. Literatur, Gesellschaft und Kultur des 14. bis 16. Jahrhunderts.* Klett: Stuttgart 2002, S. 100.
21 Vgl. Saulnier, Verdun-Louis: „Préface. Visages divers de la nouvelle". In: Sozzi, Lionello/Saulnier, Verdun-Louis (Hrsg.): *La nouvelle française à la Renaissance.* Editions Slatkine: Genève/Paris 1981. S. V–XII, hier S. VII: „tout ensemble miroir des *realia*, reflet incomplet mais irremplaçable, des choses qui se passent en son temps, et des choses qui se pensent."
22 Vgl. Auerbach, Erich: *Zur Technik der Frührenaissancenovelle in Italien und Frankreich.* 2. Aufl. Carl Winter Universitätsverlag: Heidelberg 1971, S. 1.

Hälfte des 13. Jahrhunderts besteht die Tradition der antiken Städte in Italien weiter. Die Städte werden zusehends kleiner, aber sie haben nach wie vor eine Binnenstruktur, die ökonomisch geregelt ist. Daneben kommt es zur Herausbildung von städtischen Strukturen am Fuße von Burgen. Denn am Rande dieser Städte siedeln sich die militärischen Führungsschichten der germanischen Völker an, und zwar vornehmlich auf Burgen. Diese militärische und politische Elite ist darauf angewiesen, ihre Versorgung zu organisieren und ist dabei vor allem auf Handwerker und Kaufleute (*li borjois*) angewiesen, die beide nicht auf den Burgen selbst, sondern in den umliegenden Städten leben. Diese Handwerker und Kaufleute stehen dabei im Schutze des Burgherrn. Je reicher sie jedoch werden, desto größer wird ihr Interesse, sich der administrativen und politischen Kontrolle durch die höfische Elite zu entziehen. Das Bürgertum möchte den sozialen Raum, in dem es lebt und wirtschaftet, nach eigenen Gesetzen strukturieren. Schließlich einigen sich Herrschaft und Städte darauf, dass die Herrschaft weiter durch das Bürgertum versorgt und unterstützt wird und das Bürgertum im Gegenzug dazu juristische Autonomie genießt. Dieser Prozess findet nicht nur in Italien, sondern europaweit statt und führt zur Gründung von Städten als autonomen Rechtssubjekten.[23]

Diese Autonomisierung führt dazu, dass das Leben in der Stadt zur eigenständigen Lebensweise wird. Handeln und Ökonomie sind nicht mehr Annex des höfischen Lebens, sondern werden zu einer autonomen Tätigkeit unter autonomen Rechtsstrukturen. Im Zuge dieser Entwicklung werden Handel und Monetarisierung des Lebens zu das menschliche Leben dominierenden Erfahrungswirklichkeiten. Aus diesem Grund wird die Ökonomie im Rahmen des poetischen Verfahrens der Mimesis sowohl zum Thema der Literatur als auch zum Metaphernspender, vor allem für die Konstruktion des Liebesdiskurses. Im Folgenden soll es jedoch ausschließlich um explizite Fiktionen von Ökonomie in *Il Novellino* gehen und gerade nicht um die metaphorische Funktion der Ökonomie. Peter Brockmeiers Befund für den Nexus von Ökonomie und der Novellistik vom 14. bis zum 16. Jahrhundert lässt sich durchaus auch auf den *Novellino* übertragen:

---

23 Vgl. hierzu Ennen, Edith: *Die europäische Stadt des Mittelalters*. 4. Aufl. Vandenhoeck & Ruprecht: Göttingen 1987.

Der allgemeinste, von den Fabliaux bis zur italienischen und französischen Erzählung des 16. Jahrhunderts typische Gehalt der novellistischen Information ist die Verherrlichung des Betrugs, des *inganno*, und die kluge Nutzung der Profitchancen dank dem *ingegno*, dem quicken Verstand. Der Geld- und Handelsverkehr der vormanufakturellen Epoche setzte die Auflösung der feudalen Gesellschaftsordnung in Gang, ohne auf ihr äußeres, normatives Gefüge zu verzichten, ohne eigene Lebensformen als Normen der sozialen Ordnung zu proklamieren. Wucher und der freie Wettbewerb des Großhandels entfalteten ihre Energien außerhalb der Zunftregeln und außerhalb des kanonischen Rechts. Mit unrechtmäßigen, aber durchaus tolerierten Mitteln ergaunert sich das Individuum in den Novellen sein Recht. Als Information und als List könnte man Form und Inhalt der Novellistik vom 14. bis zum 16. Jahrhundert verstehen.[24]

In diesem Sinne hat auch Hermann H. Wetzel den *Novellino* aufgefasst als Vorläufer der Gattung der Novelle als „typischer Ausdruck dominanter Komponenten des Kaufmannshabitus um 1350"[25], den wir in Boccaccios *Decameron* antreffen.

Selbstbewusst äußert sich das neue Handelsbürgertum beispielsweise in der 7. Novelle der Sammlung: Ein griechischer König überlässt eines Tages seinem Sohn viel Gold zur freien Verfügung, weil er sehen möchte, wie sein Sohn das Vermögen ausgibt. Die Adligen an seinem Hofe weist er an, seinem Sohn keine Ratschläge zu geben, wie er das Gold ausgeben solle, sondern genau zu verfolgen, was dieser mit seinem Reichtum macht. Der junge Prinz beobachtet daraufhin aus einem Fenster des Palastes die Passanten auf der Straße und möchte, dass ihm alle vorgestellt werden. Aus der Reihe der Vorübergehenden tritt ein Mann selbstbewusst hervor und berichtet dem Königssohn Folgendes über sich: „Messere, io sono d'Italia, e mercatante sono molto ricco; e quella ricchezza ch'i' ho no ll'ho di mio patrimonio, ma tutta l'hoe guadagnata di mia sollicitudine."[26] (S. 143) Er betont hier

---

24 Brockmeier, Peter:, „Aristokratische Händler und käufliche Adlige. Gesellschaftliche Spiegelungen in den Novellen Giovanni Boccaccios und Margaretes von Navarra". In: Eitel, Wolfgang (Hrsg.): *Die romanische Novelle*. Wissenschaftliche Buchgesellschaft: Darmstadt 1977, S. 111–139, hier S. IX.

25 Wetzel, Hermann H.: „Novelle und Zentralperspektive. Der Habitus als Grundlage von strukturellen Veränderungen in verschiedenen symbolischen Systemen". *Romanistische Zeitschrift für Literaturgeschichte* 9, 1985, S. 12–30, hier S. 29.

26 Hier und im Folgenden beziehen sich die Zahlen in Klammern auf folgende Ausgabe: Favati, Guido: *Il Novellino*. Fratelli Bozzi: Genova 1970. Die Übersetzungen ins Deutsche stammen jeweils aus folgender Ausgabe: Riesz, János:

die speziell bürgerlichen Tugenden des Fleißes und der Tüchtigkeit, die dem ererbten Reichtum (der Adligen) gegenübergestellt werden. Der Fleiß oder der Arbeitseifer wird damit zum identitätsstiftenden Charakteristikum des Bürgers, der seine Identität weitgehend determiniert. Danach wendet sich der Königssohn an einen anderen Mann, der zwar von edler Herkunft zu sein scheint, aber völlig in der Menge untergeht. Dieser berichtet ihm: „Io sono di Soria e sono re; et ho sì saputo fare, che li sudditi miei m'hanno cacciato."[27] (S. 143 f.) Und nun passiert das, was bei den Adligen des Palastes nur auf Unverständnis stößt: Der Königssohn gibt dem verarmten König aus Syrien das ganze Gold. Die Höflinge halten diese Entscheidung für falsch und für reine Verschwendung: „I cavalieri e li baroni e l'altra gente tutta, di boce in boce, diciano: 'L'oro è dispenso'!"[28] (S. 144) Auch der König, dem seine Höflinge alles erzählt haben, kann die Wahl seines Sohnes nicht nachvollziehen und spricht ihn direkt darauf an, warum er nicht den tüchtigeren der beiden Männer auserkoren hat: „Qual ragione ci mostri, che a colui che per sua bontà aveva guadagnato non desti, e a colui che avea perduto per sua colpa e follia, tutto donasti?"[29] (S. 144) Sein Sohn gibt ihm daraufhin die Antwort, dass er denjenigen mit dem Gold entlohnt habe, der ihn etwas gelehrt habe, nämlich, wie er sich verhalten müsse, um ein guter Herrscher zu sein, um nicht von seinen Untertanen vertrieben zu werden. Aus den Fehlern, die der einstige König Syriens gemacht habe, habe er lernen können, vom eigentlich vorbildlichen Verhalten des Bürgers jedoch nicht:

[...] ma quelli ch'era di mia condizione, figliuolo di re, e che portava corona di re, il quale per la sua follia avea sì fatto che 'sudditi suoi l'hanno cacciato, m'insegnò

„Nachwort". In: ib. (Hrsg.): *Il Novellino. Das Buch der hundert alten Novellen.* Italienisch-deutsche Ausgabe. Reclam: Stuttgart 2002, S. 307–342. „Ich bin ein Kaufmann aus Italien und sehr reich, doch habe ich meinen Reichtum nicht geerbt, sondern allein durch meinen Fleiß und meine Anstrengungen verdient." (S. 41)

27 „Ich bin aus Syrien und bin König; und ich habe es dahin gebracht, daß mich meine Untertanen vertrieben haben." (S. 41)

28 „Die Ritter und die Edelleute hatten viel darüber zu reden, und der ganze Hof sprach von nichts anderem als von der Verschwendung des Goldes." (S. 41)

29 „Welchen Grund kannst du uns nennen dafür, daß du dem nichts gabst, der durch eigene Tüchtigkeit reich geworden war, und daß du alles dem gabst, der seine Herrschaft aus eigener Schuld und Torheit verloren hatte?" (S. 41)

tanto che 'sudditi miei non cacceranno me: onde picciolo guiderdone diedi a llui
di così ricco insegnamento.[30] (S. 144 f.)

Der Königssohn weist in seiner Rede explizit darauf hin, dass ihm nur ein
Mann gleichen Standes zum Vorbild dienen könne, und das heißt implizit
nichts anderes, als dass die bürgerlichen Tugenden des Fleißes und der
Tüchtigkeit, die beide dem Gelderwerb durch Handel o. ä. und der Akku-
mulation von Reichtümern dienen, für ihn keine Gültigkeit besitzen. Dieses
Verhalten ist im 13. Jahrhundert aufgrund des Aufstiegs des Bürgertums
jedoch keinesfalls mehr obligatorisch: „Daß [...] der Königssohn seinen
Goldschatz nicht mit dem tüchtigen Kaufmann, sondern dem armen, aus
Syrien vertriebenen König schenkt, erregt bereits Erstaunen und bedarf der
Rechtfertigung. Sein Verhalten ist nicht mehr selbstverständlich."[31]

Auf das dem ehrlichen Gelderwerb konträr entgegenstehende und von
Brockmeier als für die frühneuzeitliche Novellistik charakteristische Motiv
des Betruges treffen wir beispielsweise in der 97. Novelle der Sammlung,
deren Quintessenz in der „disonestà punita"[32], also in der Bestrafung des
begangenen Betruges, besteht. Hier wird davon berichtet, wie ein Weinhändler durch Manipulation seiner Weinfässer – in diese hat er jeweils zwei
Zwischenwände eingefügt, so dass nur der mittlere Teil mit Wein, die beiden
äußeren jedoch mit Wasser gefüllt sind – den doppelten Gewinn machen
möchte. Dies gelingt ihm zunächst auch, jedoch greift Gott dann strafend
in die Handlung ein und schickt einen Affen auf das Schiff, der das gerechte
Gleichgewicht wiederherstellt. Dieser bringt den Beutel mit dem verdienten
Geld des Weinhändlers in seinen Besitz und klettert damit auf den höchsten
Mast. Dort öffnet er den Beutel und wirft jeweils abwechselnd ein Gold-
stück ins Meer und auf die Schiffsplanken. So ist es am Schluss dem Affen

---

30 „Doch derjenige, der meines Standes und Sohn eines Königs war und selbst
    die Königskrone getragen hat, der sich so töricht angestellt hatte, daß ihn seine
    Untertanen vertrieben haben, dieser hat mich so viel gelehrt, daß mich meine
    Untertanen nicht vertreiben werden. Für so reiche Belehrung habe ich ihm nur
    geringen Lohn gegeben." (S. 41).
31 Riesz, János 2002, S. 318.
32 Paolella, Alfonso: *Retorica e racconto. Argomentazione e finzione nel Novellino.*
    Liguori editore: Napoli 1987, S. 141. Paolella führt als maßgebliche Quelle
    für die 97. Novelle ein Exemplum von Jacobi Vitriacensis an. Vgl hierzu auch
    Mulas, Luisa: *Lettura del* Novellino. Bulzoni Editore: Roma 1984, S. 111 ff.

zu verdanken, dass der Händler nur Geld für den tatsächlich verkauften Wein erhält: „e tanto fece, che l'una metà si trovò nella nave, col guadagno che far se ne dovea."[33] (S. 346)

Zunächst ist es hingegen so, dass der Weinhändler – durch Manipulation der Weinfässer und in Unkenntnis der Käufer – ebenfalls an Wasser Geld verdient. Damit steht Geld als allgemeines Äquivalent für dieses veräußerte Wasser. Da dieses Geld jedoch auf unrechtmäßige Weise erworben wurde, wird dieses Äquivalent durch den Affen wieder in Wasser verwandelt, indem er es nämlich ins Meer wirft. Auf diese Weise haben wir es mit einem Spiel von semiotischen Äquivalenzen zu tun. Die semiotischen Äquivalenzen funktionieren dabei nur, wenn die Beziehung zwischen gelieferter Ware und erbrachter Geldleistung rechtmäßig hergestellt wird, wobei für die Überwachung und Einhaltung dieser Rechtmäßigkeit in der Novelle keine geringere Instanz als Gott aufgerufen wird. Der Weinhändler darf jedenfalls nur den Lohn für den Teil seiner Ware behalten, den er rechtmäßig deklariert und verkauft hat. Ausschließlich dieser stiftet die gültige Übereinstimmung zwischen dem Äquivalent und der zu verkaufenden Ware. Wenn diese Ware ge- oder verfälscht wird, kann kein gültiger Vertrag zwischen Verkäufer und Käufer hergestellt werden. Da es keine menschliche Instanz gibt, die die Ungültigkeit dieses Vertrages aufdecken könnte, nachdem die Käufer sich blind auf das Gebrauchswertversprechen des Verkäufers verlassen haben, deckt Gott diese auf, und zwar mit Hilfe des von ihm eingesetzten Affen. Dieser fungiert in der Novelle als „operatore di giustizia"[34].

Die überlegene Intelligenz eines handelnden Bürgers führt hingegen die 98. Erzählung des *Novellino* vor. Aufgrund ihrer extremen Kürze sei diese hier in voller Länge zitiert:

Uno mercatante che recava berrette, sì li si bagnaro; e, avendole tese, sì v'apariro molte scimie, e catuna se ne mise una in capo, e fuggivano su per li alberi. A costui ne parve male: tornò indietro e comperò calzari e presele: e fecene buon guadagno. (S. 347)[35]

---

33 „Damit fuhr er so lange fort, bis gerade die Hälfte des Goldes, soviel wie dem Weinhändler als rechtmäßiger Gewinn zustand, auf dem Schiff lag." (S. 211)
34 Paolella, Alfonso 1987, S. 145.
35 „Einem Händler, der Mützen verkaufte, wurde seine Ware einmal ganz naß. Als er die Mützen zum Trocknen ausgebreitet hatte, kamen viele Affen, und jeder stülpte sich eine über den Kopf; dann flohen sie damit auf die Bäume.

In dieser Novelle verhält sich der Protagonist, der Mützen- bzw. Stiefelhänd-
ler, überlegen gegenüber seinen Gegenspielern, den Affen, und beweist seine
Fähigkeit zur List. Anders als in der 97. Novelle, in der ein Affe von Gott
zur Wiederherstellung der ökonomischen Gerechtigkeit geschickt wird, erscheint der Affe in der vorliegenden Novelle der Tradition entsprechend vor
allem als ein Tier, dessen Verhalten vornehmlich auf Nachahmung (in diesem
Fall des menschlichen Modeverhaltens) beruht. Es ist ein Gemeinplatz der
mittelalterlichen Bestiarien, dass Menschen Affen einfangen können, wenn
sie deren Neigung zur *imitatio* Rechnung tragen. Der Gedanke, dass Affen
mit Stiefeln nicht mehr in der Lage sind, auf Bäume zu klettern und dadurch
ihren Verfolgern zu entfliehen, findet sich dort mehrfach.[36] Gerade im Vergleich mit der 97. Novelle lässt sich eine Art Verhaltenscodex für den ökonomisch tätigen Bürger ableiten: Wer seine Käufer betrügt, wird bestraft.
Wer sich hingegen ehrlich und schlau verhält, wird belohnt. Schon im Prolog
weist der anonyme Autor der Sammlung darauf hin, dass der Zweck der
Novellen neben dem Vergnügen im moralischen Nutzen bestehe: „a prode
et a piacere di coloro che non sanno e disiderano di sapere."[37] (S. 118 f.)

3. Der Bürger und das liebe Geld in *Les Cent Nouvelles Nouvelles*

Anders als im *Novellino* sind ökonomische Aspekte in den *Cent Nouvelles
Nouvelles* ausschließlich im Bereich der menschlichen Liebe, und zwar
primär der körperlichen Liebe, anzutreffen und nicht in einer autonomen
Handelssphäre.

   Die Sammlung wird durch eine Geschichte eröffnet, deren Protagonist ein
wohlhabender Bürger ist.[38] Die Novelle trägt den Titel *La serrure rouillée*
und handelt vom Steuereinnehmer vom Hennegau. Dieser wird nicht nur

---

Der Kaufmann ärgerte sich darüber. Das nächste Mal kaufte er lange Stiefel;
als die Affen diese angezogen hatten, konnte der Kaufmann sie einfangen und
verkaufen. Damit machte er guten Gewinn." (S. 211)

36 Vgl. hierzu „Della natura de la scimia" aus dem *Libro della natura degli ani-
mali*. In: Segre, Cesare/Marti, Mario (Hrsg.): *La Prosa del Duecento*. Riccardo
Ricciardi Editore: Mailand/Neapel 1959, S. 303 f.

37 „[...] zum Nutzen und zur Freude derer, die gerne belehrt werden wollen."
(S. 17).

38 Die folgende Analyse ist Nickel, Beatrice 2012, S. 28 ff. entnommen.

explizit als *bourgeois* bezeichnet, sondern ihm sind auch typisch bürgerliche Merkmale zugeordnet, beispielsweise besitzt er ein prachtvolles Haus
(„Objet d'envie et d'admiration, sa maison avait l'avantage sur les autres de
donner sur plusieurs rues"[39] (S. 49)). Das Haus ist ja der ureigenste und pri-
vateste Bereich des wohlhabenden Bürgers: „le cadre de vie par excellence,
la ville, le bourg, le village, ou mieux même le témoin le plus fidèle et le plus
intime de la vie des gens: la maison."[40]

Gegenüber diesem bürgerlichen Haus wohnt ein Geselle mit seiner Frau,
auf die der Bürger schon längere Zeit ein Auge geworfen hat. Um seinem
Ziel näher zu kommen, versucht er zunächst, sich das Vertrauen und die
Freundschaft des Gesellen zu erschleichen, und zwar standesgemäß für
einen reichen Bürger mit gutem Essen („il manœuvra avec assez d'habilité
pour que le brave homme, mari de la donzelle, devînt son ami le plus
intime, au point qu'on ne se réunissait guère pour dîner, souper, banqueter
[...]" (S. 49)). Das Vertrauen des Gesellen versucht sich der Steuereinnehmer also insgeheim mit Geld zu erkaufen. Nachdem er auf diese Art
den (käuflichen) Gesellen für sich gewonnen hat, muss dem Bürger dies
nun auch noch mit der schönen Frau des Gesellen gelingen. Auch hier
lässt er wieder seinen Reichtum für sich sprechen: Als der Geselle seiner
Frau eines Tages ankündigt, über Nacht außer Haus sein zu müssen, be-
reitet der Bürger alles für die geplante Verführung vor und scheut dabei
nicht große finanzielle Ausgaben: „Il fit aussitôt tirer les bains, chauffer
les étuves, préparer les pâtés, les tartes, le vin aux épices et tous les autres
biens que Dieu nous a légués, avec tant de munificence que les préparatifs
firent un beau désordre dans la maison." (S. 50) Als die Frau zum Bürger
kommt, passiert all das, was dieser geplant hat, bis es plötzlich an der
Tür klopft, weil der Geselle überraschend früher nach Hause gekommen
ist. Gerissen, wie der Bürger nun einmal ist, hat er spontan einen Einfall:
Die Frau soll sich ganz dicht neben ihn legen, und er lässt dem Gesellen
die Tür öffnen. Dieser möchte daraufhin die Frau, mit der sein – wie

---

39 Hier und im Folgenden beziehen sich die Zahlen in Klammern auf folgende
    Ausgabe der *Cent Nouvelles Nouvelles*: Dubuis, Roger 2005.
40 Dubuis, Roger: „Réalité et réalisme dans les *Cent Nouvelles Nouvelles*". In:
    Sozzi, Lionello/Saulnier, Verdun-Louis (Hrsg.): *La nouvelle française à la Renais-
    sance*. Editions Slatkine: Genève/Paris 1981. S. 91–119, hier S. 104.

er glaubt – 'Freund' die Nacht verbringt, ansehen, der Bürger erlaubt ihm aber nur einen Blick auf ihre Rückseite. Dem Gesellen kommt diese natürlich bekannt vor, er wähnt seine Frau ja aber zu Hause im gemeinsamen Ehebett. Ganz lässt ihn der Gedanke dennoch nicht los, also möchte er schnellstmöglich nach Hause und kontrollieren, ob seine Frau dort ist. Durch eine erneut erdachte List des Bürgers – er gibt vor, dass das Schloss der Tür, die direkt zum Haus des Gesellen führt (vgl. den Titel), eingerostet ist – muss dieser aber einen großen Umweg machen. In der Zwischenzeit ist seine Frau schon längst bei ihnen zu Hause angekommen. Als er eintrifft, macht sie ihm heftige Vorwürfe, weil er früher zurückgekommen ist als angekündigt. Sie unterstellt ihm, ihr kein keusches Verhalten zugetraut zu haben. Daraufhin fällt der brave Geselle auf die Knie und entschuldigt sich ironischerweise unter Tränen bei seiner untreuen Frau: „Ma très chère compagne, ma très loyale épouse, je vous en prie de toutes mes forces, ôtez de votre cœur tout le courroux que vous avez conçu à mon égard et accordez-moi votre pardon pour tout le mal que j'ai pu vous faire." (S. 55) Anstatt ein schlechtes Gewissen zu haben, nutzt die Frau in der Folgezeit ihre unverdiente Narrenfreiheit, die sie dank des angeblich falschen Verdachtes ihres Gatten besitzt, um immer öfter den Bürger zu besuchen und mit ihm vielfach Ehebruch zu begehen. Auf diese Weise gelingt es ihr, zumindest temporär und partiell, am Reichtum des Steuereinnehmers zu partizipieren und zugleich für eine kurze Zeit sozial aufzusteigen. Der Steuereinnehmer hingegen instrumentalisiert sein Geld gesellschaftlich, und zwar durch ostentative Zurschaustellung und Geselligkeit. Auf diese Weise entspricht sein Verhalten demjenigen von Adligen, von denen „[...] Zurschaustellung von Reichtum, demonstrative Verschwendung und Großzügigkeit erwartet"[41] werden.[42]

Dadurch, dass die Frau des Gesellen bereit ist, ihren Körper für Geld oder aber für mit Geld erworbenen Konsumgütern zu verkaufen, macht sie sich den zeitgenössischen Handelsgeist zu eigen und setzt dessen Gesetzlichkeiten – Ware oder erbrachte Leistung gegen Geld – auf ihre spezielle Art

---

41 Thiele, Ansgar: *Individualität im komischen Roman der Frühen Neuzeit (Sorel, Scarron, Furetière)*. Walter de Gruyter: Berlin/New York 2007, S. 123.

42 Ähnliches hat Brockmeier für die Novellen des *Decameron* und des *Heptaméron* attestiert. Vgl. Brockmeier, Peter 1977.

und Weise um. Bemerkenswert an dieser Novelle ist dabei vor allem, dass die beiden Figuren, die sich ökonomisch korrekt, moralisch aber verwerflich verhalten, nämlich der Steuereinnehmer und die Frau des Gesellen, weder verurteilt noch bestraft werden, ihr Fehltritt kommt ja noch nicht einmal ans Tageslicht und bleibt vor allem nicht einmalig. Negativ hervorgehoben wird demgegenüber das naive Verhalten des Gesellen, das den Ehebruch seiner Frau überhaupt erst ermöglicht, und zwar maßgeblich dadurch, dass er die ‚Handelsmentalität‘ seiner Frau nicht erkennt.

Die 67. Novelle der *Cent Nouvelles Nouvelles* (*Le chaperon fourré et la cordonnière*) handelt von einem Gerichtsbeamten des Parlaments von Paris, der in eine Frau verliebt ist, die mit einem Schuhmacher verheiratet ist. Diese erhört ihn unter der Bedingung, dass er sie heiratet, sobald ihr Mann tot ist. Dessen Tod tritt recht schnell ein, jedoch weigert sich der Gerichtsbeamte, sein Versprechen einzuhalten, nämlich die Frau zu ehelichen. Hier wird der unausgesprochene Vertrag zwischen dem Gerichtsbeamten und seiner Geliebten – sozialer Aufstieg gegen körperliche Liebe etc. – seitens des Mannes nicht eingehalten, er wird gewissermaßen vertragsbrüchig. Als Grund gibt er vor, ausschließlich Gott dienen zu wollen. Um sich der Frau endgültig zu entledigen, bezahlt er einen Barbier dafür, dass dieser sie heiratet, d.h. er setzt sein Geld dafür ein, sich einer moralischen Verpflichtung zu entziehen. Wenig später heiratet der Gerichtsbeamte die schöne Tochter eines angesehenen und reichen Bürgers aus Paris („la fille d'un bourgeois de Paris, un homme riche [...]" (S. 403)). Als das die ehemalige Frau des Schuhmachers erfährt, lässt sie den Gerichtsbeamten vor den Bischof laden. Dieser erklärt die Ehe mit dem Barbier schließlich für ungültig und spricht die Frau dem Gerichtsbeamten zu: „Ajoutons à cela que, s'il était extrêmement fâché de récupérer sa cordonnière, le barbier, de son côté, était extrêmement joyeux d'en être débarrassé." (S. 404) Der Bischof setzt sich mit seinem Urteilsspruch über die ökonomische Macht des Gerichtsbeamten hinweg und verhilft der Witwe des Schumachers zu ihrem moralischen Recht. Ähnlich wie in der 97. Novelle der früheren italienischen Sammlung hat eine der Ökonomie und dem Geld übergeordnete und von diesen unabhängige Instanz das letzte Wort, in jenem Fall in Gestalt des von Gott eingesetzten Affen, in diesem Fall in Gestalt des Bischofs.

4. Schlussbetrachtungen

Die Novellen des *Novellino*, der am Beginn der europäischen Novellentradition steht, weisen vielfach eine enge Verbindung zwischen Ökonomie und Novellistik auf. Zahlreiche Inszenierungen oder Fiktionen ökonomischer Aspekte lassen sich in Nachahmung des *Novellino* auch in den frühesten französischen Novellen, den *Cent Nouvelles Nouvelles*, auffinden. Der auffallende Nexus von Ökonomie und Novellistik liegt dabei maßgeblich darin begründet, dass die bevorzugte soziale Klasse der Protagonisten das Bürgertum und der bevorzugte Handlungsort die Stadt sind. Beide Novellensammlungen vermitteln Partikularansichten einer Welt, die vor allem eine Welt des erwerbstätigen und insbesondere handelnden Bürgers ist und daher durch eine umfangreiche Monetarisierung des menschlichen Lebens charakterisiert wird.

Quellenverzeichnis

Auerbach, Erich: *Zur Technik der Frührenaissancenovelle in Italien und Frankreich*. 2. Aufl. Carl Winter Universitätsverlag: Heidelberg 1971.

Aust, Hugo: *Novelle*. 4. Aufl. Metzler: Stuttgart/Weimar 2006.

Blüher, Karl Alfred: *Die französische Novelle*. Francke: Tübingen 1985.

Boccaccio, Giovanni: *Decameron*. Hrsg. v. Vittore Branca. A. Mondadori: Milano 1985.

Branca, Vittore: *Boccaccio medievale e nuovi studi sul Decameron*. 3. Aufl. Sansoni Editore: Firenze 1996.

Brockmeier, Peter:, „Aristokratische Händler und käufliche Adlige. Gesellschaftliche Spiegelungen in den Novellen Giovanni Boccaccios und Margaretes von Navarra". In: Eitel, Wolfgang (Hrsg.): *Die romanische Novelle*. Wissenschaftliche Buchgesellschaft: Darmstadt 1977, S. 111–139.

Brockmeier, Peter: *Lust und Herrschaft. Studien über gesellschaftliche Aspekte der Novellistik: Boccaccio, Sacchetti, Margarete von Navarra, Cervantes*. J.B. Metzlersche Verlagsbuchhandlung: Stuttgart 1972.

Delumeau, Jean: *La civilisation de la Renaissance*. Les Éditions Arthaud: Paris 1984.

Des Périers, Bonaventure: *Nouvelles récréations et joyeux devis I–XC*. Hrsg. v. Krystyna Kasprzyk. Librairie Nizet: Paris 1980.

Dubuis, Roger (Hrsg.): *Les Cent Nouvelles Nouvelles*. Honoré Champion Éditeur: Paris 2005.

Dubuis, Roger: „Réalité et réalisme dans les *Cent Nouvelles Nouvelles*". In: Sozzi, Lionello/Saulnier, Verdun-Louis (Hrsg.): *La nouvelle française à la Renaissance*. Editions Slatkine: Genève/Paris 1981. S. 91–119.

Ennen, Edith: *Die europäische Stadt des Mittelalters*. 4. Aufl. Vandenhoeck & Ruprecht: Göttingen 1987.

Favati, Guido: *Il Novellino*. Fratelli Bozzi: Genova 1970.

Hassell, Woodrow James: „Notes on des Périers' nouvelles I, V, VII and XXII, and XLII". In: Sozzi, Lionello/Saulnier, Verdun-Louis (Hrsg.): *La nouvelle française à la Renaissance*. Editions Slatkine: Genève/Paris 1981, S. 297–305.

Krauss, Werner: *Grundprobleme der Literaturwissenschaft*. Rowohlt Verlag: Reinbek bei Hamburg 1968.

Krüger, Reinhard: *Die französische Renaissance. Literatur, Gesellschaft und Kultur des 14. bis 16. Jahrhunderts*. Klett: Stuttgart 2002.

Leeker, Joachim: „Die Novelle der französischen Renaissance: Marguerite de Navarre, *L'Heptaméron* (1559) und Bonaventure Des Périers, *Les nouvelles récréations et joyeux devis* (1558)". In: Leeker, Joachim (Hrsg.): *Renaissance*. Stauffenburg Verlag: Tübingen 2003, S. 139–175.

Mulas, Luisa: *Lettura del* Novellino. Bulzoni Editore: Roma 1984.

Nickel, Beatrice: „Der Bürger und seine Welt in der frühneuzeitlichen Novellistik". *PhiN* 59, 2012, S. 24–36.

Pérouse, Gabriel A. (Hrsg.): *Le parangon de nouvelles*. Librairie Droz: Paris/Genève 1979.

Paolella, Alfonso: *Retorica e racconto. Argomentazione e finzione nel Novellino*. Liguori editore: Napoli 1987.

Passano, Giambattista: *Novellieri italiani in prosa*. Forni: Bologna 1965.

Riesz, János (Hrsg.): *Il Novellino. Das Buch der hundert alten Novellen*. Italienisch-deutsche Ausgabe. Reclam: Stuttgart 2002.

Riesz, János: „Nachwort". In: ib. (Hrsg.): *Il Novellino. Das Buch der hundert alten Novellen*. Italienisch-deutsche Ausgabe. Reclam: Stuttgart 2002, S. 307–342.

Saulnier, Verdun-Louis: „Préface. Visages divers de la nouvelle". In: Sozzi, Lionello/Saulnier, Verdun-Louis (Hrsg.): *La nouvelle française à la Renaissance*. Editions Slatkine: Genève/Paris 1981. S. V–XII.

Segre, Cesare/Marti, Mario (Hrsg.): *La Prosa del Duecento*. Riccardo Ricciardi Editore: Mailand/Neapel 1959.

Siméon, Jean-Pierre: „Classes sociales et antagonismes sociaux dans *Les nouvelles récréations et joyeux devis* de Bonaventure des Périers". In: Sozzi, Lionello/Saulnier, Verdun-Louis (Hrsg.): *La nouvelle française à la Renaissance*. Editions Slatkine: Genève/Paris 1981, S. 319–352.

Sozzi, Lionello: *Les contes de Bonaventure des Périers. Contribution à l'étude de la nouvelle française de la Renaissance*. G. Giappichelli Editore: Torino 1965.

Sweetser, Franklin P. (Hrsg.): *Les Cent Nouvelles Nouvelles*. Librairie Droz: Genève 1996.

Thiele, Ansgar: *Individualität im komischen Roman der Frühen Neuzeit (Sorel, Scarron, Furetière)*. Walter de Gruyter: Berlin/New York 2007.

Wehle, Winfried: *Novellenerzählen. Französische Renaissancenovellistik als Diskurs*. Wilhelm Fink Verlag: München 1981.

Wetzel, Hermann H.: „Novelle und Zentralperspektive. Der Habitus als Grundlage von strukturellen Veränderungen in verschiedenen symbolischen Systemen". *Romanistische Zeitschrift für Literaturgeschichte 9*, 1985, S. 12–30.

Wetzel, Hermann H.: „Éléments socio-historiques d'un genre littéraire: l'histoire de la nouvelle jusqu'à Cervantes". In: Sozzi, Lionello/Saulnier, Verdun-Louis (Hrsg.): *La nouvelle française à la Renaissance*. Editions Slatkine: Genève/Paris 1981, S. 41–78.

Wetzel, Hermann H.: *Die romanische Novelle bis Cervantes*. Metzler: Stuttgart 1977.

Boris Vejdovsky
(University of Lausanne)

Blind Obedience and Blundering Oracles: Max Weber's Spirit of Capitalism and Henry David Thoreau's Linguistic Economies

In the opening pages of *The Protestant Ethics and the Spirit of Capitalism*, Max Weber presents the economic system he critiques as a set of powerful forces. He proposes that capitalism is not simply a system of exchange of commodities and capital, but a real world:

> The capitalist economy of the present day is an *immense cosmos [ungeheurer Kosmos]* into which the individual is born, and which presents itself to him [...] as an *unalterable order of things* in which he must live. It forces the individual, in so far as he is involved in the system of market relationships, to conform the capitalist rules of action [*als faktisch unabänderliches Gehäuse*].[1]

In this influential book from 1905 Weber seeks to distinguish the anthropological drive, which consists for men in seeking to acquire always more goods and capital for reasons of greed in general, from what he calls the "origin" of the "spirit (*Geist*) of capitalism". Weber insists that human greed and capitalist economy, although they are often conflated, need to be distinguished and the origin of the capitalist ethos needs interrogating, for this is the only pressing issue: "this is what matters" (*darauf kommt es an*). Weber does not seek to extol capitalism on moral grounds, but seeks to understand its origins; in other words, he refuses to see it as an incomprehensible anthropological drive rooted in the essence of human nature or as a cosmic force determined by the course of human events. He further insists that the importance "is not the degree of development of any impulse to make money," because, "The *auri sacra fames* is as old as the story of man" (p. 57). The *auri sacra fames*, that is, the accursed thirst for

---

1   Weber, Max. Parsons, Talcott (trans.). *The Protestant Ethic and the Spirit of Capitalism*. 1905. Dover Publications: Mineola, N.Y. 2012, p. 54, emphasis added. In the following paragraph, the pages of this edition follow the citations in brackets.

gold vilified by St Paul (Timothy 6:10), as Weber insists in several places of Chapter two, is *not*, "[representative] of that attitude of mind from which the specifically modern capitalist spirit as a mass phenomenon is derived [*hervorbrach*]" (p. 57).

Although as a sociologist Weber could not agree with Sigmund Freud the psychoanalyst whose first books, contemporary with his own work, had been upsetting the understanding of the place of man in the world, Weber speaks of those "who submi[t] [...] without reserve [*diejenigen, die sich vorbehaltlos hingeben*] to the uncontrolled impulse [*Trieb*] [of greed]" (p. 57). Some of Weber's prescient statements on economy might make us forget that his text is now over a hundred years old and that the history of the spirit of capitalism has emerged at the same time as the history of psychoanalysis. Weber clearly distinguishes an "impulsive" *drive* that men have in them like brutes or beasts, and that makes them long for possessions, from a culturally and sociologically constructed spirit. "The origin [of the spirit of capitalism] is what really needs explanation" (p. 55), he insists; and in a retort to Karl Marx, Weber discards the "the doctrine of the more naïve historical materialism [that posits that] such ideas originate as a reflection or superstructure of economic situations" (p. 55). In other words for Weber, material conditions do not make "the spirit" of capitalism emerge (*hervorbringen*); it is, on the contrary, the spirit that determines the material conditions of history. To put it yet in another way, the narrative and the fiction of capitalism is what determines its material conditions.

Following Weber's intuition, this essay seeks to outline the conditions under which capitalism can be decoded and thus be removed from the realm of belief and theology. I wish to suggest that if capitalism can be brought within the confines of our understanding, and possibly resisted, it is by proposing another linguistic economy, or another way of reading the narratives of capitalism. My example is Henry David Thoreau's 1854 *Walden, or Life in the Woods*. I propose that literature is the locus of ethical interaction that makes the deconstruction of an ostensibly "unalterable order of things"[2] possible. I do not wish to suggest that this can be demonstrated with any text. Narratives that create an "order of things" have their strategies; by the same token understanding and possibly undermining that order of things

---

2   Weber [1905] 2012, p. 55.

also calls for a strategy. Thoreau's narrative is appropriate partly because it is located at the heart of the United States, which had seen in Thoreau's time the flourishing of capitalism and Protestantism, which are Weber's primary case study. As he insists, "in Benjamin Franklin's country ... the spirit of capitalism was present before the capitalist order"[3].

In an astronomical metaphor, Weber proposes that men are born into the "immense cosmos" of capitalism. Not unlike the law of gravity governing our universe, Weber writes, the laws and rules of capitalism are constantly present with us, whether we think of them or not, whether we use them or try to resist them. We both use and fight the force of gravity when we stand on our feet; sometimes, when we watch our children slide down a toboggan, the force of gravity gives us great joy and satisfaction and sometimes, when we have just broken a favorite vase we dropped, or when we fall off a bike and hurt our hands and knees, we curse it; but whether we try to tame it or be ignorant of it, the law of gravity is always with us, not unlike Weber's theological and cosmic laws of capitalism. In Weber's metaphor, the capitalist cosmos is "immense" (*ungeheuer*), and this immensity is in itself a source of bewilderment and fear. Indeed, how can we comprehend our astronomical universe that is measured in billions of light years when we only live 70 to 80 misery years? How can we comprehend that there are, as the popular saying goes, more stars in the heavens than grains of sand on a beach, when we cannot understand the small planet on which we live and the place we occupy on it? These disproportions of the "*ungeheuerer Kosmos*" characterize Weber's description of capitalism: its vastness makes it daunting and inaccessible and seems to call for an explanation of a theological order. Being born into this cosmos is like awaking in a world incomprehensible to us where we can feel completely helpless; again: "*Die heutige kapitalistische Wirtschaftsordnung ist ein ungeheurer Kosmos*"[4]. The laws of capitalism seem to always already precede us; like children who learn how to walk, we stumble and fall before understanding what makes us fall. We are helpless like children either before the wrath and omnipotence of our genitors or before the laws of a universe we fail to comprehend. In *Civilization and its Discontents* (1937), Sigmund Freud

---

3 Weber [1905] 2012, p. 55.
4 Weber [1905] 2012, p. 54.

identifies this feeling of helplessness, *Hilflosigkeit*, as the origin of men's desire for the religious feeling. Weber identifies the connections between the desire for religious explanation and capitalism, while Thoreau seeks to contest the linguistic economy that leads to that helplessness.

The feeling of child-like helplessness is further explored in another text from the same period, Franz *Kafka's* "The Metamorphosis." In this 1915 short story, Kafka powerfully evokes this painful awakening and the *Hilflosigkeit* imparted by the consciousness of the cruel and utterly incomprehensible laws of the cosmos: "As Gregor Samsa awoke one morning from uneasy dreams he found himself transformed in his bed into gigantic insect"[5]. "Als Gregor Samsa eines Morgens aus unruhigen Träumen erwachte, fand er sich in seinem Bett zu einem *ungeheuren* Ungeziefer verwandelt." Kafka's story adds another dimension to the adjective *ungheuer* also used by Weber: the cosmos is not only dominated by inscrutable and extremely powerful laws that hold the immensity of the universe together, but these laws are profoundly uncanny (*unheimlich*, as Freud would have it). They are powerful *because* they are incomprehensible and therefore profoundly disquieting, as Kafka's story reveals. It also suggests that these forces are spiritual—they proceed from the *Geist* of capitalism—as well as performative and affect the minds but also the bodies of men, as Gregor Samsa's metamorphosis disturbingly suggests. The immense (*ungeheuer*) universe is disquieting and monstrous; it is carnivorous and castrating. Capitalism has characterized the culture of the contemporary world, and the disquieting dimension of its inscrutable laws is what "one day" transforms the body of Gregor Samsa, even as it affects *today's* living (*Heutige*[6]) conditions of those living under the theological and cosmic spirit of capitalism. No justification, no reason is ever given: *es ist so*; *es muss sein*. Here again, we are in the conditions described by Kafka, the contemporary of Freud and Weber, in "Before the Law", the parable contained in *The Trial*: the law is everywhere to be felt, but nowhere to be seen or read, and it seems to escape all hermeneutics.

---

5   Kafka, Franz. Muir, Edwin, Willa Muir (trans.). "The Metamorphosis" [1915].
    In: Kiesel, Helmuth (ed.): *The Metamorphosis and Other Writings*. Continuum:
    New York & London 2002, p. 1.
6   Weber [1905] 2012, p. 55.

In Weber, as in Kafka, or Freud for that matter, the law, whether it be the law of gravity, the law in front of which the man stands in "Before the Law," or the law of the universe of capitalism, is indifferent to our qualms, to our joy or pain. Again, it is the *same force* that makes my children shout with joy on the ski slope that makes me wince with pain on the tar when I fall off my bike. Cursing or blessing the fundamental laws of the universe, Weber proposes, is useless, or, as Henry David Thoreau has it in his most famous book, *Walden; or, Life in the Woods*, "Economy is a subject which admits of being treated with levity, but it cannot be disposed of"[7].

Walden was published in 1854. It is Thoreau's narrative of an experiment in which he sought to live for two years "one mile away from the nearest neighbor", "by the labor of [his] hands only"[8]. The book is a transcendentalist and romantic reading of the condition of man awakening in the midst of Benjamin Franklin's capitalist America, maybe like a Gregor Samsa of sorts wishing to recover his truly human condition. Although one cannot do justice here to the complexity of *Walden*, it might be fair to say that it is a critique of the Yankee capitalist subject of mid nineteenth-century America and an attempt at a refoundation of the spirit of American capitalism. In chapter two, titled "Where I Lived and What I Lived For", Thoreau states:

> I went to the woods because I wished to live *deliberately*, to front only the essential facts of life, and see if I could not learn what it had to teach, and not, when I came to die, discover that I had not lived. I did not wish to live what was not life, *living is so dear*; nor did I wish to practice resignation, unless it was quite necessary. I wanted to live deep and suck out all the marrow of life, to live so sturdily and Spartan-like as to put to rout all that was not life, to cut a broad swath and shave close, to drive life into a corner, and reduce it to its *lowest terms, and, if it proved to be mean*, why then to get the whole and genuine *meanness* of it, and publish its *meanness* to the world; or if it were sublime, to know it by experience, and be able to give a *true account* of it in my next excursion.[9]

The vocabulary is located at the intersection of personal narrative, psychology and economy, and is thus reminiscent of the crossing narratives of Weber, Kafka and Freud. In the first chapter of *Walden* titled "Economy,"

---

7   Thoreau, Henry David. *Walden, or Life in the Woods* [1854]. Sayre, Robert (ed.). The Library of America: New York 1985, p. 345.
8   Id., p. 325.
9   Id., p. 394 (emphasis added).

Thoreau very conspicuously plays with the etymology of the word (*Oikos* and *Nomos*) and insists that men are to be the managers of their house; in other words, they need to understand how their house is constructed and not admit that they do not understand the laws of their own household. *Walden* thus appears as an economic critique of the American capitalist ethos, or, to say it with Weber, an exploration of the origins of that ethos. It is necessary to insist that the verb "critique" has to be taken very seriously, almost literally, with its overtone of the Greek verb κρίνω ([kríno] I separate, I judge) which also the origin of the word "crisis". *Economy*, Thoreau insists, is not simply a set of rules that men follow for commerce, but rather the word-constructed home (*oikos*) that men inhabit. Like Weber, Thoreau responds to what he perceives as a time of crisis. The laws (*nomos*) of the home that hold the home together (the house itself as well as the livelihood of those who inhabit it) call for a critical reading to understand how it is constructed. If a home is necessarily a construction, then *Walden* can be seen as a deconstruction of the Yankee capitalist *oikos*.

The long first chapter of Thoreau's narrative presents itself not so much as a direct indictment of capitalism, but rather as an indictment of the incomprehension of the laws of the capitalist universe:

> I see young men, my townsmen, whose *misfortune* it is to have *inherited* farms, houses, barns, cattle, and farming tools; for these are more easily *acquired* than got rid of. Better if they had been born in the open pasture and suckled by a wolf, that they might have seen with clearer eyes what field they were called to labor in. Who made them serfs of the soil? Why should they eat their sixty acres, when man is condemned to eat only his peck of dirt? Why should they begin digging their graves as soon as they are born?[10]

The overtone of the passage is clearly Emersonian and it is a rewriting of the opening of Thoreau's friend's 1844 essay "Self-Reliance" where the latter proposes that "whoso would be a man must be a nonconformist"[11]. The essay famously opens with an epigraph that rejects the laws of men: "Cast the bantling on the rocks, / Suckle him with the she-wolf's teat; / Wintered

---

10 Id., p. 326, emphasis added.
11 Emerson, Ralph Waldo. "Self-Reliance" [1841]. In: Porte, Joel (ed.): *Ralph Waldo Emerson: Essays & Lectures*. The Library of America: New York 1983, p. 261.

with the hawk and fox, / Power and speed be hands and feet"[12]. However, Thoreau transposes Emerson's philosophical inquiry about the condition of man (and the condition of the middle class white intellectual) to the capitalist spirit of his time, a spirit Weber would analyze half a century later. He insists that men do not comprehend the economic laws under which they live and that what they blame on the material conditions of their lives is really related to the way they read the economic narratives of their time. They think they live under crushing natural laws, whereas they are governed by fictional laws that determine their daily business and shape their lives.

> But men labor under a mistake. The better part of the man is soon plowed into the soil for compost. By a seeming fate, commonly called necessity, they are employed, as it says in an *old book*, laying up treasures which moth and rust will corrupt and thieves break through and steal.[13]

Thoreau wrote at a time when religiosity was historically high in the U.S., yet the ethical and economic injunction and the reference to the gospel of Matthew is relegated here to the level of an "old book"; religion, Thoreau writes, is just another form of fiction that organizes the economy of the nation to succor men in their feeling of helplessness. Men labor under a mistake: they are bad readers of this fiction, which they take for natural law. It is even a double mistake insofar as it mistakes fiction for natural or god given law, and it ignores or misunderstands the performative power of fiction which does not merely *recount* narratives, but changes the *account* we give of the world and of ourselves. In other words, fiction modifies the linguistic economies of men's lives.

Instead of being acute readers of this fiction, men blindly obey the blundering oracles of the economy. Not unlike Weber a generation after him, Thoreau does not simply seek to denounce the pleonaxia, or excess, of Yankee capitalism as it was booming with the momentum of the second industrial revolution. Like Weber, he seeks to find the origins of the coalescing between capitalism and religion, that is, the transformation of capitalism into secular religion and the adoption by the former of the narrative strategies of the latter. The political consequences of the performative aspect of

---

12 Id., p. 258.
13 Thoreau [1854] 1985, p. 327, emphasis added.

this fiction are apparent in *Walden* and Thoreau repeatedly insists on them in the chapter "Economy":

> Most men, even in this comparatively free country, through mere ignorance and mistake, are so occupied with the factitious cares and superfluously coarse labors of life that its finer fruits cannot be plucked by them.[14]

And further:

> I sometimes wonder that we can be so frivolous, I may almost say, as to attend to the gross but somewhat foreign form of servitude called Negro Slavery, there are so many keen and subtle masters that enslave both North and South. It is hard to have a Southern overseer; it is worse to have a Northern one; but worst of all when you are the slave-driver of yourself. (p. 328).

These passages are examples of how "Economy" meticulously (and mischievously) deconstructs the "grand narratives" of the American capitalist ethos as it was on the verge of becoming global. Most importantly, after "Economy" and "Where I Lived and What I Lived For," the first two chapters devoted primarily to economics and ethics, chapter three is called "Reading." *Walden* thus explicitly connects the themes of economy and fiction to propose that the uncanny and gigantic effects of capitalism need to be *read*. It thus appears that understanding the laws of that *ungeheuer* universe calls for a new linguistic economy, one in which the ostensibly inscrutable laws can be deciphered to free us from our helplessness.

Chapter three of *Walden* is thus an apology of reading. It is mostly theoretical, insofar as Thoreau comments on the act of reading but does not do any reading himself. He states that his "residence was more favorable [...] to serious reading" (p. 402), which is an activity he associates with the highest virtues he has identified thus far. Reading must be "heroic," and it is related to morning and awakening to a new life: "How many a man has dated a new era in his life from the reading of a book" (p. 408), he proposes. Fallen nineteenth-century America appears as "provincial," and it is compared to the Europe of the *dark ages* before the *Renaissance*, when the Europeans were "illiterate" (p. 405).

In *Walden*, reading is an ethical activity, for it is the very basis of what Thoreau purports to do, namely "wake [his] neighbor up." If "moral re-

---

14 Ibid. The following citations are drawn from this edition and followed by the pages in brackets.

form is the effort to throw off sleep" (p. 389), then reading is the act which makes this moral reform possible:

> Most men have learned to read to serve a paltry convenience, as they have learned to cipher in order to keep accounts and not be cheated in trade; but of reading as a noble intellectual exercise they know nothing; yet this only is reading, in a high sense, not that which lulls us as a luxury and suffers the nobler faculties to sleep the while, but what we have to stand on tiptoe to read and devote our most alert and wakeful hours to. (p. 406).

This passage, as many others in the chapter, associates awakening, morning, light, (re)birth, intellect, and life in a vast metaphorical network which has reading at its intersection. The chapter "Reading" also freely associates religious texts (the Bibles [sic], the Vedas); philosophical texts (Plato's Dialogues); and "classics" (Greek, Roman, English, French, Hindu). For Thoreau, they all have in common that they were written in the "select language of literature" (p. 403), and as such *must* be read because the performative effect of that reading alters what Weber calls the "unalterable order of things" (p. 54).

Thoreau defines reading in "a high sense" (p. 403) as a metonymy for the ethical acts that must be performed for the sake of one's neighbor; Plato is Thoreau's "townsman," his "next neighbor" (p. 408) whom it would be unethical to ignore, for that would mean ignoring his actual contemporary neighbors too. Thoreau proposes that only "serious reading" (p. 402) can produce the redeeming change because

> There are words addressed to our condition exactly, which, if we could really hear and understand, would be more salutary than the morning or the spring to our lives, and possibly put a new aspect on the face of things for us. (p. 408)

Readers who have kept in mind how important morning and awaking is in *Walden* will be able to see how essential reading is, if it can be even more "salutary," that is, be something that provides salvation for men who live in blind obedience of blundering oracles.

While much of the chapter "Reading" may be seen as a theoretical exposition of what reading is to be, the following chapters feature various acts of reading. Thoreau reads Walden Pond—the place itself as Walden becomes *Walden*—and what he calls "the mother-tongue" of nature in order to translate it into "the father-tongue" of *Walden*. He writes that "there is a memorable interval between the spoken and the written language, the language heard and the language read" (p. 403). *Walden* is written in that interval; the narrative *takes place* between the brutish language of (mother) nature and the father-tongue of literature:

> The one [the mother-tongue] is commonly transitory, a sound, a tongue, a dialect merely, almost brutish, and we learn it unconsciously, like the brutes, of our mothers. The other [the father-tongue] is the maturity and experience of reserved and select expression, too significant to be heard by the ear, which we must be born again in order to speak. (p. 403).

Men are born with their mother-tongue and must be re-born and awaken to their father-tongue. In the interval, in the difference between the two, the world appears as less inscrutable. The striking gendering of language of this extract does not simply entail a superiority of the male (fatherly) language over the female (motherly); both languages are necessary to Thoreau's linguistic economy, and it is the interval, or may say the difficult passage (the *aporia*) from one to the other which makes it possible to question the opposition between the two. It is in the difference between the two languages that the questions of the masculine and the feminine, the written and the oral, the natural and the cultural, or of the living and the dead are posed. The rebuilding of a new linguistic economy consists in undermining (literally deconstructing) the stable opposition between these terms. Thus, the chapter that follows "Reading" in *Walden* is titled "Sounds". This apparent contradiction between writing and *phoné*, between origin (nature, mother, matter) and development (culture, father, art) articulates the entire narrative and constitutes what I have been calling in this essay *Walden's* deconstructive strategy.

The experience of reading, reading fiction in particular, is what makes a new language emerge, a language in which the laws of the universe can be read and understood. Thoreau promises that this is *not* a new theology, but a heuristics in which the text of literature and its performance replace the stultified text of the "old book":

> I do not mean to prescribe rules to strong and valiant natures, who will mind their own affairs whether in heaven or hell, and perchance build more magnificently and spend more lavishly than the richest, without ever impoverishing themselves. (p. 335).

In *Walden*, men are invited to the hospitality of literature, a place where blundering oracles can be subverted and where a language of a new economy can be written. This emergence of a new language can be seen in *Walden* in a passage from "Spring," which was originally the last chapter of the narrative. In this passage, where Thoreau writes that "thaw is stronger than Thor" (p. 569), the usual antinomies and dichotomies that make us helpless in our reading are melted together. Thoreau describes the melting of the sandy banks of the pond where he built his cabin at the end of winter. However, this observation of nature is really a scene of reading where nature (natural phenomena) and culture (writing, grammar, syntax) are conflated:

> The whole bank, which is from twenty to forty feet high, is sometimes overlaid with a mass of this kind of foliage, or sandy rupture, for a quarter of a mile on one or both sides, the produce of one spring day. What makes this sand foliage remarkable is its springing into existence thus suddenly. When I see on the one side the inert bank — for the sun acts on one side first — and on the other this luxuriant foliage, the creation of an hour, I am affected as if in a peculiar sense I stood in the laboratory of the Artist who made the world and me — had come to where he was still at work, sporting on this bank, and with excess of energy strewing his fresh designs about. I feel as if I were nearer to the vitals of the globe, for this sandy overflow is something such a foliaceous mass as the vitals of the animal body. You find thus in the very sands an anticipation of the vegetable leaf. No wonder that the earth expresses itself outwardly in leaves, it so labors with the idea inwardly. The atoms have already learned this law, and are pregnant by it. The overhanging leaf sees here its prototype. *Internally*, whether in the globe or animal body, it is a moist thick *lobe*, a word especially applicable to the liver and lungs and the *leaves* of fat (γείβω, *labor, lapsus*, to flow or slip downward, a lapsing; λοβός, *globus*, lobe, globe; also lap, flap, and many other words); *externally* a dry thin *leaf*, even as the *f* and *v* are a pressed and dried *b*. The radicals of *lobe* are *lb*, the soft mass of the *b* (single lobed, or B, double lobed), with the liquid *l* behind it pressing it forward. In globe, *glb*, the guttural *g* adds to the meaning the capacity of the throat. The feathers and wings of birds are still drier and thinner leaves. Thus, also, you pass from the lumpish grub in the earth to the airy and fluttering butterfly. The very globe continually transcends and translates itself, and becomes winged in its orbit. Even ice begins with delicate crystal leaves, as if it had flowed into moulds which the fronds of waterplants have impressed on the watery mirror. The whole tree itself is but one leaf, and rivers are still vaster leaves whose pulp is intervening earth, and towns and cities are the ova of insects in their axils. (pp. 566–67).

In this poetic and performative passage, Thoreau blurs the opposition between nature and culture, but also between intellect and affect: the etymologies correspond with affective images, while the alphabet and its logocentric meaning is affected by the aesthetic and symbolic shapes of the

216 Boris Vejdovsky

letters. Subverting the language in which blundering oracles speak is not only a way of understanding the "spirit" of capitalism shaping Thoreau's world and ours, but it is also a way establishing a new *oikonomia* of the house we inhabit.

List of References

Emerson, Ralph Waldo. "Self-Reliance". 1841. In: Porte, Joel (ed.): *Ralph Waldo Emerson: Essays & Lectures*. The Library of America: New York 1984.

Freud, Sigmund. Richter, Gregory C. (trans.). *Civilization and its Discontents*. 1930.

Dufresne, Todd (ed). Peterborough, Broadview Press: Ontario, Canada 2016.

Kafka, Franz. Muir, Edwin, Willa Muir (trans.). "The Metamorphosis". 1915. In: Kiesel, Helmuth (ed.): *The Metamorphosis and Other Writings*. Continuum: New York & London 2002.

Thoreau, Henry David. *Walden, or Life in the Woods*. 1854. Sayre, Robert (ed.). The Library of America: New York 1985.

Weber, Max. Parsons, Talcott (trans.). *The Protestant Ethic and the Spirit of Capitalism*. 1905. Dover Publications: Mineola, N.Y. 2012.

Claudia Franziska Brühwiler
(Universität St. Gallen)

„The root of all good":
Ayn Rand, Lieblingsschriftstellerin der Managementwelt

Die Bestsellerlisten in der Kategorie Business und Management gleichen sich Jahr für Jahr. Eine Mischung aus Neoklassikern wie *The Black Swan* (2007) von Nassim Nicholas Taleb und Karrierebiografien, die Einsicht in Erfolgsformeln versprechen, buhlen um die Gunst einer Leserschaft, die sich sonst auf digitale Quellen verlässt und, so das Klischee, mehr auf Zahlen denn Worte setzt. Ein Blick auf die Bücherregale von Managern im angelsächsischen Raum, insbesondere auf der anderen Seite des Atlantiks, bricht die Sachmonotonie und verrät, dass auch fiktionale Welten unternehmerische Fantasien und Interessen anregen können. Vom ehemaligen CEO der amerikanischen Grossbank BB&T, George Allison, über den Gründer von Wikipedia, Jimmy Wales, über PayPal-Mitinitiator Peter Thiel bis zu John Mackey, dem Geschäftsführer der grössten U.S. Biosupermarktkette, sie alle nennen auf ihrer persönlichen Bestenliste einen Roman aus den 1950er-Jahren: *Atlas Shrugged* (1957).[1] Woher die Faszination für ein Werk von so eigenartigem Titel und, mit über tausend Seiten, von noch sperrigerem Format?

Weder Milieu noch Autorin des Romans scheinen viel mit der Geschäftswelt der genannten Bewunderer gemein zu haben: Ayn Rand (1905–1982), geboren als Alisa Rosenbaum und bis zu ihrem 21. Lebensjahr St. Peters-

---

1 Rand, Ayn: *Atlas Shrugged* [1957]. New York: Signet Books 2006. Die genannten Unternehmer und Manager liessen sich beispielsweise in der Art ihrer Unternehmensführung von Ayn Rand inspirieren. So hatte Allison bei BB&T Rands Prinzipien als Grundlage der Geschäftsethik eingeführt und die Führungsrige der Bank angehalten, *Atlas Shrugged* zu lesen. Ralph Benko porträtierte Allison und seine Führungsphilosophie in: „Who Is John... Allison?" *Forbes* 2.7.2012. Gefunden am 11.1.2016, http://www.forbes.com/sites/ralphbenko/2012/07/02/who-is-john-allison-a-randian-libertarian-business-icon-takes-over-the-cato-institute/.

burgerin, träumte zu Beginn ihrer Karriere weniger von der Wall Street und
Verwaltungsratssitzungen denn von einer Hollywoodkarriere als Drehbuch-
autorin. Früh empfand sie indessen Bewunderung für den kapitalistischen
Geist, den sie im Panorama Manhattans gezeichnet wähnte, und machte
bereits in ihrem ersten Theaterstück einen Unternehmer zum eigentlichen
Helden. Um die Geschehnisse der Nacht des 16. Januars, „Night of January 16th" (1934),[2] dreht sich eine Gerichtsverhandlung, die den vermeintlichen Tod eines skandinavischen Finanzjongleurs, Bjorn Faulkner,
aufzuklären versucht, gleichzeitig aber mehr zu einer Charakterstudie des
Verstorbenen wird. Ehrgeizig, egoistisch, profitorientiert, so das Verdikt
der Zeitgenossen – und doch der ehrlichste unter ihnen. Als Vorbild diente
Rand einer der reichsten und erfolgreichsten Unternehmer der 1920er-Jahre,
der schwedische Zündholzmonopolist Ivar Kreuger (1880–1932).[3] Genial,
aber in seinen Praktiken nicht immer ehrlich, hatte es Kreuger geschafft,
für Europas Staaten zum grössten Kreditgeber zu werden. Als die Unregel-
mässigkeiten in seiner Geschäftsstrategie letztere zum Einsturz bringen,
zieht Kreuger den Freitod anderen Konsequenzen vor. Noch in Kreugers
Todesjahr 1932 setzen ihm die Regisseure William Keighly und Howard
Bretherton ein wenig schmeichelhaftes Denkmal mit dem Film „The Match
King", eine Anspielung auf Kreugers Übernamen, und porträtieren ihn als
ruchlosen Betrüger, der selbst vor Mord nicht zurückschreckt. Rand zeigt
ihn dagegen als verkanntes Geschäftstalent, dem heute tatsächlich einige
innovative Finanzinstrumente zu verdanken sind.

In ihren folgenden Romanen verliess Rand die Unternehmerwelt und
kehrte kurzzeitig ins Russland nach der Oktoberrevolution zurück, indem
sie in *We the Living* (1936) darlegte, wie die gleichmacherischen Bestre-
bungen des neuen Regimes jede Initiative, auch unternehmerische, im Keim
ersticken. Mit der Novelle *Anthem* (1938) verfasste sie abermals ein Manifest des Individualismus und thematisierte die alptraumhaften Folgen
egalitärer Utopien. Schliesslich gelangte sie zu nationaler Berühmtheit mit

---

2   Rand, Ayn: „Night of January 16th". In: *Three Plays*. New York: Signet Books,
    2005, S. 3–90.
3   Die Geschichte Ivar Kreugers und seiner Finanzkonstrukte ist nachzulesen bei
    Partnoy, Frank: *The Matchking: Ivar Kreuger, The Financial Genius Behind a
    Century of Wall Street Scandals*. New York: Public Affairs, 2010.

ihrem dritten Prosawerk, dem Architektenroman und einer veritablen New York-Hommage *The Fountainhead* (1943).

Auch in *The Fountainhead* stehen nicht Unternehmer und Manager im Zentrum des Geschehens, doch ist es deren kapitalistische Energie, die zelebriert wird. Der eigentliche Held ist ein Architekt, Howard Roark, der sich den ästhetischen Konventionen seiner Zeit widersetzt und, an die Bauhaus-Kultur erinnernd, sein Werk an rein funktionalen Bedürfnissen ausrichtet. In seiner Kompromisslosigkeit malocht er lieber im Steinbruch, als im Dienste unverständiger Bauherren klassizistische Fassaden zu entwerfen und Wolkenkratzer mit architektonischem Firlefanz zu versehen. Im Verleger Gail Wynand findet er schliesslich einen Unterstützer, der wiederum in Roark sein altes, kampfwilliges und widerspenstiges Ich zu erkennen meint. Beide wollen sich einer Gesellschaft widersetzen, die – ihrer Meinung nach – vom Talent weniger lebt, dieses aber stetig einschränkt und ihm Auflage um Auflage macht. Unternehmer Wynand muss sich dabei den Widersprüchen stellen, die bis anhin seine Existenz bestimmt und seinen Erfolg bedingt haben. In Nietzsche'scher Manier ist Wynand überzeugt, der Mensch sei entweder Herrscher oder Beherrschter. In diesem Geiste diene ihm seine Zeitung, die Masse und deren Meinung zu kontrollieren, so seine Überzeugung. Als er dieselbe Zeitung allerdings als Werkzeug nutzen möchte, seinen Freund Roark gegen die öffentliche Meinung zu schützen, muss Wynand feststellen, dass nicht er letztere beherrscht hat, sondern vielmehr von ihr beherrscht wurde. Indem er seine Überzeugungen verraten, sich nicht von Beginn an hinter Talent und Schaffenskraft gestellt, sondern mit dem Mittelmass paktiert hatte, leitete er seinen eigenen Fall ein: „You've never run things anywhere, Gail Wynand. You've only added yourself to the things they ran" (*The Fountainhead*, S. 693). Roark dagegen war und bleibt unerbittlich. Als seine Pläne für ein Wohnbauprojekt abgeändert werden, sprengt er dieses kurzerhand in die Luft und plädiert für die Integrität seines Werkes:

> I came here to say that I do not recognize anyone's right to one minute of my life. Nor to any part of my energy. Nor to any achievement of mine. No matter who makes the claim, how large their number or how great their need. I wished to come here and say that I am a man who does not exist for others. It had to be said. The world is perishing from an orgy of self-sacrificing.
> [...]

I recognize no obligations toward men except one: to respect their freedom and to take no part in a slave society. (*The Fountainhead*, S. 717).

Vierzehn Jahre später lässt Rand den Protagonisten des Romans *Atlas Shrugged* dieses Plädoyer zu seinem Credo werden: "I swear – by my life and my love of it – that I will never live for the sake of another man, nor ask another man to live for mine" (*Atlas Shrugged*, S. 979). Während es im Vorgängerroman der Unternehmerfigur an Konsistenz und wahren Rand'schen Heldenqualitäten fehlte, sind es in *Atlas Shrugged* gleich mehrere Geschäftsleute, die zu positiven Schlüsselfiguren werden. Damit ist der Roman nicht dem Genre des Managerromans zuzuordnen, sondern bewegt sich in einer Kategorie *sui generis*. Rand breitet vor den Lesern ein libertäres Epos aus, das einem konkurrierende politische Ideen und deren Konsequenzen vor Augen führt. Ins Zentrum rückt der Leser, dessen Auseinandersetzung und Reaktion auf die ideologischen Gegenwelten, der diese an verschiedenen Charakteren festmachen kann.

In der Riege der Unternehmer, die *Atlas Shrugged* bevölkern, sticht eine Frau hervor: Dagny Taggard führt gemeinsam mit ihrem opportunistischen Bruder das Eisenbahnunternehmen, das unter dem Namen ihrer Familie zahlreiche Städte der USA miteinander verbindet. Der Betrieb leidet indessen unter der Wirtschaftslage, die bestimmt wird von einem interventionswütigen Bundesstaat. Washington erlässt Gesetz um Gesetz, das erfolgreiche Unternehmen abstraft, immer unter Hinweis auf Fairness und Wettbewerbsausgleich, sodass kaum mehr Gewinne erzielt werden können. Und dies wäre letztlich, so Dagny, ihre Aufgabe als Unternehmerin – und gibt damit einen Vorgeschmack auf spätere Äusserungen des Chicago-Ökonomen Milton Friedman (1912–2006): „I'm not interested in helping anybody. I want to make money" (*Atlas Shrugged*, S. 29).

Dass die Gesellschaft gerade solches Gewinnstreben verachtet und Geld als die Wurzel allen Übels ansieht, ist für Rand eines der Grundprobleme des dystopischen Amerikas, das sie erschaffen hat. Einer ihrer Charaktere redet denn auch just gegen diese Haltung an, in einer Ansprache, die für viele Leser einen Kultstatus erreicht hat, der vergleichbar ist mit der „Greed is good"-Rede des Antihelden Gordon Gekko in Oliver Stones Film *Wall Street* (1987). Rands Figur betont, dass Geld nicht die Wurzel allen Übels ist – sondern von allem Guten:

Have you ever asked what is the root of money? Money is a tool of exchange, which can't exist unless there are goods produced and men able to produce them. Money is the material shape of the principle that men who wish to deal with one another must deal by trade and give value for value. Money is not the tool of the moochers, who claim your product by tears, or of the looters, who take it from you by force. Money is made possible only by the men who produce. Is this what you consider evil? (*Atlas Shrugged*, S. 380)

Wie zuvor in *The Fountainhead* setzt Rand den „Machern" jene entgegen, die sich durch parasitäres Verhalten bereichern, sei es durch Ausbeutung von Talent, sei es durch Marktmanipulation und Ausschalten meritokratischer Mechanismen. In der Welt von *Atlas Shrugged* drohen gerade letztere Überhand zu gewinnen und die eigentlichen Schaffenskräfte auf merkwürdige Weise loszuwerden: Während Dagny sich mit einem Stahlproduzenten verbündet, um einerseits ein innovatives Produkt voranzutreiben und andererseits Washington die Stirn zu bieten, klinken sich immer mehr erfolgreiche Geschäftsleute aus dem Wettbewerb aus. Dabei ziehen sich diese nicht einfach aus dem Markt zurück, sondern verschwinden gänzlich von der Bildfläche. Gleiches zeichnet sich auch unter den Kreativen der Gesellschaft und den Forschenden ab – einer nach dem anderem taucht ab. Die vorwiegende Reaktion? Ein resigniertes „Who is John Galt?", eine Frage, deren Ursprung niemand mehr kennt, deren Antwort indessen der Schlüssel zum rätselhaften kreativen Ausbluten birgt.

Als junge Frau in Russland beobachtete Rand die Reaktion ihres Vaters auf die veränderten Umstände, die es ihm fortan verbaten, in seinem angestammten Beruf als Apotheker tätig zu bleiben. Statt sich den neuen Bedingungen zu fügen und einer schlecht bezahlten, unterqualifizierten Arbeit nachzugehen, verweigerte er sich dem Ganzen – er trat, so Rand, in den Streik.[4] Und selbiges tun in *Atlas Shrugged* die besten Köpfe des Landes. Sie folgen damit dem Ruf der enigmatischen Figur, die über Hunderte von Seiten des Romans nur in jener resignativen Frage auftauchte: John Galt. Auf einem Hochplateau entdeckt Dagny Taggard, wohin ihre Vorbilder und Konkurrenten verschwunden sind. In „Galt's Gulch" haben sie sich gesammelt, um in einer Gemeinschaft zu leben, die im Zeichen des Dollars

---

4   Siehe dazu Heller, Anne C.: *Ayn Rand and the World She Made*. New York: Nan A. Talese, 2009, S. 86.

niemanden zum Kollektiv verpflichtet und allen Entfaltungsraum bietet. Galt selbst war einst als Ingenieur tätig gewesen, zog sich indessen zurück, als er einen neuen Motor entwickelt hatte, der bisherige Technologien obsolet gemacht hätte. Dafür wäre aber die Gesellschaft nicht bereit gewesen und ohne Anerkennung für seine Arbeit, ohne Wertschätzung für jene Kräfte, die alle vorantrieben, zog es Galt vor, seine Erfindung für sich zu behalten und als erster in den Streik zu treten.

Wahrlich ein Wälzer mit tausend Seiten, avancierte *Atlas Shrugged* nach seinem Erscheinen zum Kultbuch, das, ganz im Sinne Umberto Ecos,[5] zerfledert, aus dem Kontext zitiert und entweder geliebt oder verachtet wird. Die utopische Kapitalistenkommune von John Galt fasziniert, wie die Beispiele eingangs zeigen, noch heute zahlreiche Manager und Politiker. Im Zuge der amerikanischen Tea Party-Bewegung griffen mit dem texanischen Senator Ted Cruz, seinen Kollegen aus Florida und Kentucky, Marco Rubio und Rand Paul, Verehrer Rands in das politische Geschehen ein, die sich für 2016 gar Hoffnungen auf die Präsidentschaft machten. Gleichzeitig fragen an politischen Kundgebungen immer wieder Transparente „Who is John Galt?" oder bekunden, dass die Dystopie Realität geworden ist, „Atlas is shrugging". In der Diskussion des Werks rücken damit wiederum der Leser und die Rezeption ins Zentrum: Der Roman beeindruckt vor allem durch seine Auswirkungen auf jene, die ihn in die Hände nehmen und entweder einen libertären Initiationsritus durchleben oder solchem Gedankengut abschwören.

Gerade Unternehmer und Manager fühlen sich von Rands Romanwelt angesprochen, weil sie nicht nur die eigene Zunft in positivem Lichte darstellt, sondern auch das Streben nach Gewinn für moralisch gut erklärt. Rand richtete sich in Essays gegen die übliche Dämonisierung der Geschäftswelt und erklärte „Big Business" gar zu „America's Persecuted Minority".[6] Trotz der Leistungen, die Unternehmer für uns alle erbrächten, trotz des Fortschritts, den sie uns allen zugänglich machten, so Rand, würden sie

---

5   So erklärte Umberto Eco, "one must be able to break, dislocate, unhinge […] so that one can remember only parts of it, irrespective of their original relationship with the whole. In the case of a book one can unhinge it, so to speak, physically, reducing it to a series of excerpts." Eco, Umberto: „Casablanca: Cult Movies and Intertextual Collage". *SubStance* 14(2), 1985, S. 3–12, hier S. 4.

6   Rand, Ayn: *Capitalism: The Unknown Ideal*. New York: Signet, 1966, S. 44.

bedrängt, verachtet und eingeengt, teils auch schikaniert und drangsaliert. Vorwürfe, die heute wieder Resonanz finden und beispielsweise von liberalen Intellektuellen wie dem Schweden Johan Norberg aufgegriffen werden, der die Unternehmer zu den Helden dieser Welt erklärt, die dieser nichts schulden würden:

> Give something back to society? As if the entrepreneurs and capitalists had stolen something that belonged to society that they have to give back! Profit is not something that we have to apologize for. Profit is proof that the capitalist has given something to society that it cherishes more than the material wealth it has given to the businessman.[7]

Während die deutschsprachige Presse Rands Werk mit Worten wie „Kapitalisten-Porno", „Dichterin der Leistungsträger" oder „Puppenhausprosa für Kapitalisten" abtut, finden Liberale und Unternehmer darin ein Argumentarium und einen Resonanzkasten, der Ideen, wie sie sich bei Hayek & Co. ebenfalls finden, mit Fantasie und Weltflucht kombiniert.

Nicht allen ist der Erfolg Rands gerade in wirtschaftlich einflussreichen Gruppen geheuer. So schürte Gary Weiss mit seinem Buch *Ayn Rand Nation* (2012)[8] Ängste vor einer Rand'schen Zukunft, beherrscht von egozentrischen Geschäftsmännern, denen die Gesamtwohlfahrt egal ist. Schon 1991 äusserte der Soziologe Amitai Etzioni ähnliche Bedenken, als er bemerkte:

> Executives must be taught that they are not super-individualists, persons who act on their own way Ayn Rand would have it, or quite a few writing and courses on executive „leadership" imply.[9]

Ironischerweise ist es gerade im Bereich der Wirtschaftsethik, in dem Rand rezipiert und, wenn auch kontrovers, ohne die üblichen Annäherungsängste diskutiert wird – anders als in den Literaturwissenschaften. Dabei finden die Debatten nicht in Nischenjournals statt, sondern in viel beachteten Zeitschriften der Academy of Management und hochrangigen Foren wie im *Business Ethics Quarterly* oder im *Journal of Business Ethics*. Neben

---

7   Norberg, Johan: "Entrepreneurs Are the Heroes of the World". *Cato's Letter* 5 (1), 2007. Partnoy, Frank: *The Matchking: Ivar Kreuger, The Financial Genius Behind a Century of Wall Street Scandals*. New York: Public Affairs, 2010, S. 4.

8   Weiss, Gary: *Ayn Rand Nation: The Hidden Struggle for America's Soul*. New York: St. Martin's Press 2012.

9   Etzioni, Amitai: „Reflections on Teaching of Business Ethics". *Business Ethics Quarterly* 1(4), 1991, S. 355–365, hier S. 357.

Attacken gegen einen „Gekko/Rand view of corporate ethics"[10], der angeblich das Gebaren eines ehemaligen ENRON-CEOs wie Kenneth Lay rechtfertigen würde,[11] finden sich dabei Auseinandersetzungen mit Rands Ideen als Alternative zu etablierten Ansätzen der Wirtschaftsethik. Letztere regen gleichzeitig eine Re-Lektüre der Romane an, um genau die Formel Gekko = Rand aufzulösen und klarzumachen, dass in Rand keine Befürworterin von faulen Machenschaften zu finden ist. Schliesslich brachte sie niemandem mehr Verachtung entgegen als jenen, die ohne ehrliche und echte Leistung zu Erfolg gelangten.

Ein Philosophieprofessor der Universität Chicago erklärte in einem Interview mit der *New York Times*: "To describe [Ayn Rand] as a minor figure in the history of philosophical thinking about knowledge and reality would be a wild overstatement. ... She is irrelevant."[12] Mag sich die universitäre Literaturwissenschaft und Philosophie weiter Rands Einfluss verschliessen können, hat sich ihr Werk in Unternehmer- und Politikerköpfen zu sehr eingebrannt, als dass man es leichtfertig beiseitelegen dürfte.

Quellenverzeichnis

Benko, Ralph: „Who Is John... Allison?" *Forbes* 2.7.2012, retrieved 11.1.2016, http://www.forbes.com/sites/ralphbenko/2012/07/02/who-is-john-allison-a-randian-libertarian-business-icon-takes-over-the-cato-institute/.

Eco, Umberto: „Casablanca: Cult Movies and Intertextual Collage". *SubStance* 14(2), 1985, S. 3–12.

Etzioni, Amitai: „Reflections on Teaching of Business Ethics". *Business Ethics Quarterly* 1(4), 1991, S. 355–365.

Heller, Anne C.: *Ayn Rand and the World She Made*. New York: Nan A. Talese, 2009.

---

10 Wolcher Louis E.: „Asking the Right Question in Business Ethics". *Journal of Law, Business and Ethics* 17(9), 2011, S. 9–22, hier S. 17.

11 Cf. Sheehey, Benedict: „The Challenge of Objectivist Ethics: Ethical Thinking in Business, Rationalism, and Ayn Rand". *International Journal of Applied Philosophy* 18(2), 2004, S. 229–237, hier S. 232.

12 Martin, Andrew: „Give BB&T Liberty, but Not a Bailout". *The New York Times* 2.8.2009. Gefunden am 17.5.2015, http://www.nytimes.com/2009/08/02/business/02bbt.html?pagewanted=all&_r=0.

Martin, Andrew: „Give BB&T Liberty, but Not a Bailout". *The New York Times* 2.8.2009, retrieved 17.5.2015, http://www.nytimes.com/2009/08/02/business/02bbt.html?pagewanted=all&_r=0.

Norberg, Johan: "Entrepreneurs Are the Heroes of the World". *Cato's Letter* 5 (1), 2007.

Partnoy, Frank: *The Matchking: Ivar Kreuger, The Financial Genius Behind a Century of Wall Street Scandals*. New York: Public Affairs, 2010.

Rand, Ayn: „Night of January 16th". In: *Three Plays*. New York: Signet Books, 2005, S. 3–90.

Rand, Ayn: *Capitalism: The Unknown Ideal*. New York: Signet, 1966.

Rand, Ayn: *Atlas Shrugged*. New York: Signet Books. 1957/2006.

Rand, Ayn: *The Fountainhead*, London: Penguin Books, 1943/2007.

Rand, Ayn: *Anthem*, London: Penguin Classics, 1938/2008.

Rand, Ayn: *We the Living*, New York: Signet, 1936/1996.

Sheehey, Benedict: „The Challenge of Objectivist Ethics: Ethical Thinking in Business, Rationalism, and Ayn Rand". *International Journal of Applied Philosophy* 18(2), 2004, S. 229–237.

Weiss, Gary: *Ayn Rand Nation: The Hidden Struggle for America's Soul*. New York: St. Martin's Press 2012.

Wolcher Louis E.: „Asking the Right Question in Business Ethics". *Journal of Law, Business and Ethics* 17(9), 2011, S. 9–22.

III. Gegenwartsliteratur und Film

Christine Künzel
(Universität Hamburg)

Der Manager: Künstler oder Artist? Erkenntnisse aus drei aktuellen deutschsprachigen Businessromanen

Während das deutschsprachige Theater die Welt des Business, der Manager und Unternehmensberater bereits in den 1990er Jahren für sich entdeckt und überzeugende Projekte entwickelt hat – zu nennen sind in diesem Kontext insbesondere Urs Widmers *Top Dogs* (1996), Kathrin Rögglas *wir schlafen nicht*[1] (2004) und Falk Richters *Unter Eis* (2004) –, scheint sich die deutschsprachige Prosa – bis auf einige wenige Ausnahmen[2] – erst seit der letzten Finanzkrise von 2008 intensiver mit ökonomischen Themen, genauer gesagt, dem Finanzbusiness und seinen Protagonisten, zu beschäftigen. Im Gegensatz zur anglo-amerikanischen Literatur, in der die Darstellung der Geschäftswelt und von ökonomischen Zusammenhängen zu den traditionellen literarischen Topoi zählen, wirkten die meisten deutschsprachigen Romane, die relativ schnell zur bzw. nach der Finanzkrise erschienen, eher bemüht.[3] Man merkt diesen Werken nicht allein an, dass die Autorinnen und Verlage hier eine Marktlücke witterten, die es – zunächst einmal egal wie – zu füllen galt, sondern auch, dass den Schriftsteller_innen das Metier der Wirtschaft eher fremd war. Entsprechend klischeehaft fielen diese Romane dann auch aus. Angesichts der Tatsache, dass ein Autor wie Don DeLillo das brillante literarische Porträt eines Währungsspekulanten in dem Roman *Cosmopolis* 2003, also bereits fünf Jahre vor der Finanzkrise,

---

1 Der Text war zuerst als Roman erschienen: Röggla, Kathrin: *wir schlafen nicht.* Fischer Verlag: Frankfurt a. M. 2004.
2 Zu den Ausnahmen zählen u. a. Martin Suters Erzählungen, Ernst Wilhelm Händlers Romane sowie Georg M. Oswalds Roman *Alles was zählt* (2000), der 2009 als Taschenbuch erschien.
3 Ich beziehe mich hier im Wesentlichen auf die folgenden Romane: Bodo Kirchhoff: *Erinnerungen an meinen Porsche* (2009), Marlene Streeruwitz: *Kreuzungen* (2010), Lukas Hammerstein: *Wo wirst du sein* (2010) und Kristof Magnusson: *Das war ich nicht* (2010).

vorlegte, kann das Niveau der Auseinandersetzung sowie die literarische
Qualität der ersten deutschsprachigen Post-Finanzkrisen-Romane nicht
anders als dürftig bezeichnet werden.

Die Figur des Managers, insbesondere des Finanzmanagers (Investmentbanker, Prop-Trader Hegdefondsmanager, etc.), wird zumeist als Inkarnation des Bösen,[4] als „Monster"[5] oder gefühllose „Geldmaschine"[6] dargestellt.
Zu diesem Klischee gehören auch ein verschwenderischer Lebensstil, Sex-
sucht, exzessiver Drogenkonsum und ein Faible für schnelle Autos.[7] Und
den von den Medien verbreiteten Stereotypen der Finanzhaie und Heu-
schrecken gemäß werden diese Figuren zu allem Überfluss zuweilen noch
mit überdeutlich sprechenden Namen ausgestattet – wie etwa „Liz Locust"
alias „Mrs. Bad" in Lukas Hammersteins Roman *Wo wirst du sein* (2010):

> Elisabeth „Lizzy" Locust, die Ikone der Finanzmärkte, Feindbild aller Anti- und
> Postkapitalisten, Synonym für die dunkle Seite des Geldes, als ob es je eine lichte
> gegeben hätte. Sie steht in einer Reihe mit wieder vergessenen Größen wie Alan
> Greenspan, Peanuts-Kopper, Victory Ackermann oder Shareholder-Walinsky [...].[8]

Was in einigen der Romane allerdings bereits anklingt – dies muss fairer-
weise erwähnt werden –, ist der Topos der Fiktionalität der Finanzwelt.[9] In
Marlene Streeruwitz' Roman *Kreuzungen* (2010) wird z. B. eine Parallele
zwischen der Kunst des Finanzmanagements und der Kunst der Schreibens

---

4   Cf. Blaschke, Bernd: „,McKinseys Killerkommandos. Subventioniertes Abgru-
    seln'. Kleine Morphologie (Tool Box) zur Darstellung aktueller Wirtschafts-
    weisen im Theater". In: Schößler, Franziska/Bähr, Christine (Hrsg.): *Ökonomie
    im Theater der Gegenwart. Ästhetik, Produktion, Institution.* transcript: Biele-
    feld 2009, S. 209–224, hier S. 210.
5   Cf. et al. Widmer, Urs: „Top Dogs". In: *Spectaculum*, Bd. 64, 1997, S. 213–257,
    hier S. 222; Divjak, Paul: : *Kinski*. Czernin Verlag: Wien 2007, S. 102.
6   Cf. Divjak, op. cit., S. 102.
7   Die Biografie manch eines Börsenprofis, wie etwa die des Jordan Belfort, dessen
    Lebensgeschichte das Vorbild für den Film *The Wolf of Wallstreet* (2014) dar-
    stellte, scheint diese Klischees jedoch geradezu zu bestätigen, wenn nicht gar
    zu übertreffen. Cf. Rohwetter, Marcus: „Der Wolf am Ententeich. Was bewegt
    Jordan Belfort?". In: *Die Zeit*, 13.11.2014, S. 30. Vgl. dazu den Beitrag von
    Nathalie Roxburgh in diesem Band.
8   Hammerstein, Lukas: *Wo wirst du sein*. Fischer Verlag: Frankfurt a. M. 2010, S. 24.
9   Cf. Künzel, Christine: „Finanzen und Fiktionen. Eine Einleitung". In: id./Hem-
    pel, Dirk (Hrsg.): *Finanzen und Fiktionen. Grenzgänge zwischen Literatur und
    Wirtschaft*. Frankfurt a. M./New York 2011, S. 9–24.

(im Sinne der Produktion von Fiktion) hergestellt – ein Topos, der inzwischen auch Eingang in die Wirtschaftstheorie gefunden hat, insbesondere in die Derivate- bzw. Optionstheorie.[10]

Doch bedienen bzw. verstärken die frühen Romane insgesamt eher die medial verbreiteten Klischees, als diese zu hinterfragen, mit literarischen Mitteln zu brechen oder zu dekonstruieren. Den zum größten Teil männlichen Autoren[11] gelang es zudem kaum, angemessene erzählerische Mittel zu entwickeln, um der Komplexität der Finanzwelt annähernd gerecht zu werden, z. B. durch irritierende Schreibweisen und/oder differenziertere Perspektiven auf die Finanzkrise und ihre Protagonisten.[12]

Inzwischen liegen erfreulicherweise einige Wirtschaftsromane vor, die sich durchaus mit Werken aus der anglo-amerikanischen Gattung des Business Romans messen können, ja, diese in der Auslotung verschiedener Schreibweisen und Erzählformen sogar übertreffen. Ich möchte im Folgenden drei dieser Romane vorstellen, deren Autoren jeweils einen sehr eigenen Zugriff auf den Themenkomplex *Management* und die *Rolle des Managers* entwickelt haben: der eine parodistisch-satirisch, der andere multiperspektivisch, der dritte mit einer Mischung aus Fiktion und Dokumentation. Es handelt sich um Rainald Goetz' Roman *Johann Holtrop* (2012), Sascha Rehs *Gibraltar* (2013) und Philipp Schönthalers *Das Schiff das singend zieht auf seiner Bahn* (2013).

1. „Zwischen Unternehmern und Künstlern gebe es eine Verwandtschaft des Geistes": Rainald Goetz' Wirtschaftssatire *Johann Holtrop* (2012)

Die Beschreibung des Protagonisten Johann Holtrop als „komplett entscheidungsverrückten, sprunghaften und rücksichtslosen Entscheidungshysteriker"[13] weist alle Merkmale einer satirischen Figurenzeichnung auf,

---

10 Cf. Ayache, Elie: *The Blank Swan. The End of Probability*. Iohn Wiley & Sons: Chichester 2010.

11 Marlene Streeruwitz ist mit ihrem Roman *Kreuzungen* (2010) eine der wenigen Ausnahmen.

12 Vgl. dazu auch den Beitrag von Birger P. Priddat in diesem Band.

13 Goetz, Rainald: *Johann Holtrop*. Suhrkamp: Berlin 2012, S. 96. Die Seitenzahlen werden im Folgenden unter der Sigle JH in Klammern direkt im Anschluss an das betreffende Zitat genannt.

die auf die Darstellung von Stereotypen abzielt, nicht auf eine psychologisch differenzierte Charakterstudie.[14] Wenn die Literaturkritik gerade das Holzschnittartige an der Beschreibung der Figuren tadelt, so weist dies einmal mehr darauf hin, dass sie bestimmte Aspekte der Satire gar nicht erst als solche erkennt oder diese per se ablehnt.

Auch der in den Rezensionen wiederholte Hinweis, es handle sich hier um einen Schlüsselroman, in dessen Zentrum die Figur des Managers Thomas Middelhoff und seine Karriere im Bertelsmann-Konzern sowie der darauf folgende Absturz stehe, stellt eine Verkürzung des Romans dar, indem hier die Möglichkeiten literarischer Fiktion unterschätzt werden. Ganz im Sinne der Satire nutzt Goetz bestimmte Typen und auch bestimmte lokale und globale Firmen- und Konzernstrukturen als Vorlage, um daraus Charaktere und Machtstrukturen – gewissermaßen „die Mechanik [...] gesteuerte[r] Sozialspiele" (JH 184) – zu kondensieren, die eine Erkenntnis liefern sollen, die über eine Identifikation der Figuren mit real existierenden Persönlichkeiten hinausgeht. Doch soll hier keineswegs die Tatsache unterschlagen werden, dass die Karriere des Thomas Middelhoff, des „einst ja richtig hochgeschossenen Aufsteiger-CEO und jetzt tief, aktuell gerade auf ein besonders schmerzliches Zwischentief gefallenen Ex-und-ex-Chef wie diesen crazy clownhaft ewig grinsenden sogenannten TM [Thomas Middelhoff, C.K.]",[15] den Rainald Goetz aus persönlicher Beobachtung kannte, eine besonders geeignete Vorlage bietet. Aber die Erzählung wäre banal, wenn sie jenseits einer möglichen Entschlüsselung der Figuren nichts mitzuteilen hätte. Bemerkenswert ist in diesem Kontext allerdings die Beobachtung, dass die Realität die Fiktion in Bezug auf das Schicksal Thomas Middelhoffs in seiner Spektakularität inzwischen bei weitem überholt hat: Der sogenannte „Essener Fenstersprung", mit dem der Ex-Vorstandschef des Bertelsmann-Medienkonzerns nach seinem Offenbarungseid vor dem Landgericht Essen den Vertretern der Presse entfliehen wollte,[16] übertrifft jede Satire.

---

14 Cf. dazu auch den Beitrag von Birger P. Priddat in diesem Band.
15 Goetz, Rainald: *loslabern* [2009]. Suhrkamp: Frankfurt a.M. 2012, S. 103.
16 Cf. et al. ROH [Marcus Rohwetter]: „Erst springen, dann reden?". In: *Die Zeit*, 31.7.2014, S. 18.

Mit seinem Wirtschaftsroman entwirft Goetz insgesamt eine komplexe Kritik,[17] die sich sowohl auf das Können und die Möglichkeiten eines Managers als auch auf die Möglichkeiten und Grenzen der Kunst bezieht. Sein Protagonist Johann Holtrop, CEO und Vorstandsvorsitzender der Assperg Medien AG, wird nicht etwa als eine nüchtern kalkulierende „Rechenmaschine auf zwei Beinen"[18] dargestellt, sondern als „Inbegriff eines Spinners und Charismatikers" (JH 38). Johann Holtrop ist alles andere als ein Vertreter der Spezies *homo oeconomicus*. Zahlen sind ihm geradezu zuwider. Auch nach Jahren „an der Asspergspitze" kann er „für den betriebswirtschaftlichen Kernbereich FINANZEN einfach kein Interesse in sich entdecken" (JH 233, Hervorhebung im Original). Aus seiner Bewunderung für den „neuen Breed von Finanzleuten, die eher wie genialisch gestimmte Pianisten oder Jungphilosophen daherkamen" (JH 86), spricht Holtrops Affinität zur Kunst: „Als Jugendlicher wollte er [Holtrop, C.K.] Schriftsteller werden." (JH 23) Ganz in diesem Sinne beansprucht Holtrop für sich, Strategien des Managements mit denen der Kunst zu koppeln bzw. zu kreuzen, um daraus so etwas wie eine kreative Form des Managements entstehen zu lassen: „Management by Charisma war gestern." (JH 202)

> [...] Holtrop war vom hochbegabten Führungstalent in den vergangenen vier Jahren seiner Zeit an der Spitze der Assperg AG zum erfolgreichsten Manager von kurz gesagt ganz Jungdeutschland geworden. Phantasien richteten sich auf ihn von allen Seiten, Angebote kamen, jede Woche ein anderes, das war normal gewesen, bis Mitte des letzten Jahres war Holtrops Marktwert, anders als der Wert der Asspergaktie, stetig, steil und immer noch weiter hochgegangen. (JH 237)

Die Formulierung, dass sich von allen Seiten „Phantasien" auf Holtrop richten, lässt aufhorchen. Hier erscheint der Manager als eine Figur, die die Fantasie anregt, sprich: die Fähigkeit zu imaginieren. In dieser Eigenschaft steht er dem Schriftsteller nahe, der mit seinen Fiktionen, die zum Teil utopischen Charakter haben können, das Vorstellungsvermögen seiner Leser_

---

17 So bei aller Kritik an Goetz' Roman auch die Einschätzung von Birger P. Priddat am Ende seines Beitrags zu *Johann Holtrop* in diesem Band.

18 Martin Wolf (Wirtschaftsjournalist) im Gespräch mit Stefan Fuchs. In: „Jenseits des Homo oeconomicus". Teil 1 der Serie *Wirtschaftsweise ratlos?* (3 Teile) in der Sendereihe „Essay und Diskurs", Deutschlandfunk, 13.11.2011, retrieved 14.4.2015, from http://www.deutschlandfunk.de/jenseits-des-homo-oeconomicus.1184.de.html?dram:article_id=185475.

innen anregt. Der Prozess des Fingierens scheint in Bezug auf die Figur des Managers allerdings in zwei Richtungen zu weisen. Erste Richtung: Wenn man die einschlägigen Werke zur Management-Praxis studiert, fällt auf, dass die Fähigkeit des Geschichten-Erzählens, des *storytelling*, zunehmend in den Vordergrund rückt und zu einer Kernkompetenz des Managements avanciert zu sein scheint. Das sogenannte „MBSA: *Managing By Story-ing Around*"[19] beruft sich auf die „Macht des Geschichtenerzählens".[20] Die eigentliche Aufgabe von Führungspersönlichkeiten bestehe darin, „*schlüssige* Geschichten zu erzählen"[21] – so der Management-Guru Tom Peters. Wobei ich in diesem Kontext zu bedenken geben möchte, dass *storytelling* eben nicht unbedingt bedeutet, dass die Geschichten auch selbst erfunden bzw. imaginiert sein müssen. Auf diesen Aspekt weist auch der Titel von einer der zahlreichen Management-Bibeln von Peters hin, dessen Appell nicht „imagine!" lautet, sondern „re-imagine!",[22] also das Re-Imaginieren bereits vorhandener Erzählungen.

Zweite Richtung: Aufgrund der ambivalenten Position des Managers, die sich nicht zuletzt aus der Tatsache ergibt, dass sich das, was er tut, seine Rolle und Funktion innerhalb einer Führungsstruktur, nicht eindeutig bzw. nicht zufriedenstellend definieren lässt, entsteht ein großer Spielraum für Projektionen und Fiktionen. Zugespitzt könnte man sagen, dass die Figur des Managers selbst eine Fiktion ist bzw. als eine zentrale Position in einem Fiktionsspiel fungiert, quasi als Fiktionsgenerator. Und möglicherweise ist es gerade diese Eigenschaft, die für die Funktion des Managements von größter Bedeutung ist. Wenn nämlich Management – wie Dirk Baecker es formuliert hat – „die Fähigkeit [ist], mit Ungewißheit auf eine Art umzugehen, die diese bearbeitbar macht",[23] dann teilt es dieses Vermögen mit der Fiktion.[24] Doch

---

19 Peters, Tom.: *Re-imagine! Spitzenleistungen in chaotischen Zeiten*. Aus dem Englischen übersetzt von Bertheau, Nikolas. GABAL: Offenbach 2012, S. 292, Hervorhebung im Original.

20 Ibid., S. 290.

21 Ibid., loc. cit., Hervorhebung im Original.

22 Cf. Titel, ibid.

23 Baecker, Dirk: *Postheroisches Management. Ein Vademecum*. Merve: Berlin 1994, S. 9.

24 Cf. Beckert, Jens: *Imagined Futures. Fictionality in Economic Action*. Hrsg. v. Max-Planck-Institut für Gesellschaftsforschung, Köln 2011(MPIfG Discussion

dies sind lediglich zwei Aspekte der Figur des Managers, die sich aus der zentralen Rolle der Fähigkeit des Fingierens und des *storytelling* ergeben – das semantische Feld ist weit und bietet Raum für weitere Projektionen und Interpretationen.

Hinsichtlich der Frage, was ein Manager eigentlich tut, welches seine Funktion ist, scheint es angebracht, einmal näher auf die Herkunft des Wortes *Manager* einzugehen, das erst in einem weiteren, übertragenen Sinne zu seiner ökonomischen Bedeutung kam. Abgeleitet aus dem italienischen Verb *maneggiare*, das „handhaben" im weitesten Sinne bedeutet,[25] bezieht das englische Verb *to manage* seine Bedeutung zugleich aus dem französischen Terminus *ménage*, der Haushalt bzw. Haushaltung bezeichnet. Eng verbunden mit dem Begriff der *Ménage* ist der der *Manege* (frz. *manège*), von dem sich wiederum das englische Nomen *manage* herleitet, das sich zunächst auf die Handhabung oder Lenkung von etwas bezog, insbesondere auf das Führen von Pferden (wie etwa in einer Manege). Entsprechend lautet der erste Eintrag zur Bedeutung des Verbes *to manage* in älteren Lexika: „1) To train (a horse) in the manège; to exercise in graceful or skilful action; […]."[26]

In diesem Sinne wäre die Funktion eines Managers also der eines Zirkusdirektors bzw. eines leitenden Artisten vergleichbar.[27] Die Semantik des Begriffs Artist weist allerdings eine gewisse Ambivalenz auf, die auch für die Problematik der Definition der Funktion des Managers von Bedeutung ist. Während der englische Begriff *artist* den Künstler im Allgemeinen (insbesondere den bildenden Künstler) bezeichnet, bezieht sich der deutsche Terminus *Artist* seit dem 19. Jahrhundert in einem engeren Sinne auf einen

---

Paper 11/8), S. 6, retrieved 15.04.2012, from http://www.mpifg.de/pu/mpifg_dp/dp11-8.pdf; und auch Künzel, Christine 2014, S. 146 f.

25 Cf. Eintrag zum Lemma „Manager". In: *Duden. Das Herkunftswörterbuch. Etymologie der deutschen Sprache.* 2. Auflage. Duden: Mannheim et al. 1997 (= Bd. 7. Duden, Etymologie), S. 437.

26 Vgl. *Webster's New International Dictionary of the English Language.* 2. Auflage. Webster: Springfield (MA) 1943, S. 1492.

27 Ulrich Bröckling spricht in Bezug auf Unternehmerpersönlichkeiten von „Artisten des Alltags". Bröckling, Ulrich: „Der Unternehmer". In: id./Krasmann, Susanne/Lemke, Thomas (Hrsg.): *Glossar der Gegenwart.* 5. Auflage. Suhrkamp: Frankfurt a. M. 2013, S. 271–276, hier S. 274. Für den Hinweis auf den Band danke ich Felix Maschewski.

„Künstler, der [...] im Zirkus oder Varietee auftritt".[28] Im Gegensatz zu den sogenannten freien Künsten beschränkt sich die Kunstfertigkeit des Artisten auf den Aspekt körperlicher Geschicklichkeit bzw. auf ein hohes Maß an formalkünstlerischem Können.[29] In diesem semantischen Spannungsfeld ist auch die aktuelle Diskussion über die Rolle und Funktion des Managers im Sinne einer Führungskraft eines großen Unternehmens[30] verortet. Was verbirgt sich hinter der zum Mythos gewordenen Figur des Managers? Handelt es sich schlicht um die beliebig austauschbare Rollenfunktion eines „Verwalter[s] fremder Güter"?[31] Oder eignen dem Manager – quasi als Nachfolger des Unternehmers im Schumpeter'schen Sinne – schöpferische Fähigkeiten, die ihn neue Möglichkeiten schaffen lassen, die die (Unternehmens-)Welt verändern?

Goetz' Protagonist ordnet sich selbst eindeutig der zweiten Kategorie zu. Man könnte in Johann Holtrop gar eine Personifikation des Schumpeter'schen Prinzips der schöpferischen Zerstörung sehen. Holtrop spielt selbst darauf an, wenn er einen Zusammenhang zwischen dem ökonomischen Prinzip der schöpferischen Zerstörung und der künstlerischer Kreativität herstellt: „Zwischen Unternehmern und Künstlern gebe es eine Verwandtschaft des Geistes, das Experimentelle des Weltzugangs, die schöpferische Zerstörung, Schumpeter etc." (JH 123). Das Prinzip der unberechenbaren, affektiv hoch aufgeladenen Kraft unterscheidet Holtrop auf radikale Weise vom kühl kalkulierenden und kalkulierbaren *homo oeconomicus*. Holtrop begreift sich denn auch selbst als „Anreger, Kreativkraftwerk, Genie der unkonventionellen Impulse" (JH 172) und „Investmentabenteurer"[32] (JH 315) der Assperg AG. Diese Selbstbeschreibung bietet zugleich An-

---

28 Eintrag zum Lemma „Artist". In: *Duden*, op. cit., S. 46.
29 Vgl. *Duden*, op. cit., S. 47.
30 Vgl. *Duden*, op. cit., S. 437.
31 Fischer, Thomas: „Herren fremder Welten. Der ehemalige Starmanager Thomas Middelhoff ist nur einer von vielen austauschbaren Verwaltern fremder Güter. Die Macht haben andere". In: *Die Zeit*, 20.11.2014, S. 25. Cf. auch Baecker, Dirk 2010, S. 264. Auch für den Hinweis auf diesen Band danke ich Felix Maschewski.
32 Cf. den Beitrag von Birger P. Priddat in diesem Band, der in Bezug auf Johann Holtrop auf das Konzept des „Wagnisunternehmers", des *merchant adventurer"* zu sprechen kommt.

knüpfungspunkte an den riskanten Status künstlerischer Kreativität, die „[i]n ihrer Unkalkulierbarkeit [...] in hohem Maße ambivalent – gleichermaßen wünschenswerte Ressource wie bedrohliches Potential"[33] ist. Damit nähert sich Holtrops Selbstentwurf dem Bild des idealen Unternehmers Schumpeter'scher Prägung, der sich „durch eine besondere Art, die Dinge zu sehen – [...] durch Willen, durch die Kraft, ganz bestimmte Dinge anzufassen und sie real zu sehen" sowie „durch die Fähigkeit, allein und voraus zu gehen, Unsicherheit und Widerstand nicht als Gegengründe zu empfinden",[34] auszeichnet.

> „Wissen Sie", sagte Holtrop, „ich denke immer in Möglichkeiten, was ist, ist", rief er aus, „das langweilt mich!" [...] „Wir werden alle Utopiker sein oder gar nicht", es gehe um Phantasie und Emotionen, das treibe die Wirtschaft voran, dem gelte sein Denken als Unternehmer: Wie sollte die Welt ausschauen? In welcher Welt will man leben? [...] Es gehe um Weltentwürfe, sagte Holtrop, nicht um Geld oder Bilanzen, nicht um Fachidiotie, so sei der Kapitalismus früher einmal gemeint gewesen, zu dieser Radikalität müsse die Wirtschaft zurückfinden, gerade jetzt in der Krise. (JH 122 f.)

Johann Holtrop sieht sich als einen Künstler in Sachen Zukunftsvisionen. Dies mag tatsächlich seine große Begabung sein, doch scheint er dabei zu vergessen, dass er als CEO bzw. als Manager, nur ein Angestellter ist und eben kein Unternehmer (cf. JH 315). Diese Fehlwahrnehmung ist es, an der Holtrop letztendlich scheitert: Er, der Visionär zukünftiger Realitäten, wird schließlich von der Realität der Finanzkrise und der Firmenbilanz eingeholt.

Die schöpferische Kraft, die Goetz mit der Figur des Johann Holtrop in der Sphäre der Finanzökonomie beschwört, ist *Poiesis*, das Vermögen, fiktionale Welten zu schaffen. Dabei liegt der besondere Reiz ökonomischer Fiktionen darin, dass sie darauf ausgerichtet sind, den Status der Potentialität – den sie mit literarischen Fiktionen teilen – zu überschreiten und Realitäten zu schaffen, indem „Geschäftsvisionen, Träume und Phantasien als morgen schon herbeigewirtschaftete Realität" (JH 108) verkauft werden. Grundlage der Literatur wie aller auf die Zukunft ausgerichteten (finanz-)ökonomischen Visionen und Instrumente ist ein fiktionaler Kon-

---

33 Bröckling, Ulrich 2012, S. 90.
34 Schumpeter, Joseph: *Theorie der wirtschaftlichen Entwicklung* [1911]. 5. Auflage. Duncker & Humblot: Berlin 1952, S. 128 f.

trakt;[35] das hat auch Johann Holtrop begriffen, wenn er konstatiert, dass die Geschäftsvisionen, Träume und Fantasien, die er so liebt, im Grunde „alles Lügen" seien, „aber herrlich und von allen geglaubt" (JH 108). Auf der Basis dessen, dass auch ökonomische Visionen von fiktionalen Verträgen gesteuert werden, partizipieren diese auch an der ästhetischen Qualität literarischer Fiktionen. Ganz in diesem Sinne lässt Goetz seinen Protagonisten triumphierend feststellen: „Wirtschaft war endlich Kunst geworden, der schönste und größte Weltfreiraum für alle wirklich abenteuerlich gesinnten Menschen" (JH 108). Damit spielt Rainald Goetz auf eine weitere Bedeutung des englischen Verbes *to manage* im Sinne von „to bring about by contriving",[36] welches sich auf den kreativen Prozess eines Erdenkens, einer Entwicklung, Hervorbringung oder Schöpfung bezieht.

2. „Ein Vollblut mit ausgeprägtem Freiheitsdrang, wie ein Künstler": Die Figur des Prop-Traders in Sascha Rehs Roman *Gibraltar* (2013)

Sascha Rehs Roman *Gibraltar* ist von seiner Erzählweise her multiperspektivisch angelegt.[37] Ein und dasselbe Ereignis – der Zusammenbruch eines renommierten Bankhauses nach der Finanzkrise von 2008 – wird von sechs verschiedenen Figuren, und somit aus sechs unterschiedlichen Perspektiven, geschildert. Da die Perspektiven nicht gemischt, sondern nacheinander vorgestellt werden, haben wir es gewissermaßen mit sechs einzelnen Erzählungen zu tun, wobei fünf Episoden durch personales Erzählen gekennzeichnet sind, und lediglich die Erzählung des im Sterben liegenden Bankpatriarchen Johann Alberts aus der Ich-Perspektive erfolgt. Gerahmt sind die Erzählungen von fiktiven Zeitungsartikeln zum Thema Bankensterben und zum Protest gegen das Finanzsystem. Im Zentrum des Romans steht die Figur des Bernhard Milbrandt, der zunächst als Kundenbetreuer bei der altehrwürdigen Berliner Privatbank Alberts & Co. angestellt ist und dann als Protegé des Bankdirektors Johann Alberts zum Prop-Trader avanciert, der die Bank mit einer riskanten Spekulation, die eigentlich zur

---

35 Cf. dazu Künzel 2014, op. cit.
36 Cf. *Webster's New International Dictionary*, op. cit., S. 1492.
37 Auch Kristof Magnussons Roman *Das war ich nicht* (2010) ist multiperspektivisch angelegt. Dort wird aus den Perspektiven von drei Protagonisten erzählt.

Rettung der Bank gedacht war, letztendlich in den Ruin treibt. Der Direktor und „alleinhaftende Gesellschafter"[38] der Bank, „einer der letzten großen Familienunternehmer" (G 11), Johann Albert, überlebt den Crash der Bank nicht, er stirbt im Verlauf des Romans.

Die Figur des Bernhard Milbrandt steht für eine bestimmte Ausprägung des Finanzmanagements in Banken und anderen Kreditinstituten, dem sogenannten *proprietary trading* (auch *prop trading*). Dabei handelt es sich um eine Form des Eigenhandels, eines Handels mit Finanzinstrumenten, der im eigenen Namen und auf eigene Rechnung der Bank erfolgt und im Allgemeinen vom Kundengeschäft abgelöst ist. Mit dem Eigenhandel sind besondere Risiken verbunden, die über die üblichen Marktpreisrisiken hinausgehen. Johann Alberts' Bruder Erich war bereits in den 1960er Jahren mit der Bank in das Devisengeschäft eingestiegen: „Sie machten den ganzen Tag nichts anderes, als auf Kursschwankungen zu wetten. [...] Die Gewinne waren astronomisch. Sie setzten riesige Beträge ein [...]. Offiziell gab es zwar ein Limit, aber niemand hielt sich daran." (G 255) Nach Erichs frühem Unfalltod übernahm Johann Alberts die Leitung der Bank und schaffte „den ganzen Zirkus[39] wieder ab" (G 256).

Erstaunlich ist die Tatsache, dass sich dieser Bankdirektor der alten Schule dann doch wieder einen Vertrauten, quasi einen Ziehsohn, an die Seite holt, um das Experiment mit dem Ausbau der „Investmentsparte" (G 276) zu wiederholen. Auf die Parallelen zwischen der Karriere von Johann Alberts' Bruder Erich und der von Bernhard Milbrandt spielt der Bankenpatriarch selbst an, wenn er seinem engsten Vertrauten Feldberg gegenüber zugibt: „Sagen Sie nicht, dass sich die Geschichte nicht wiederholt, Feldberg. Ich weiß, dass die Geschichte sich wiederholt." (G 256) Obwohl Johann Alberts immer schon wenig von dem „virtuelle[n] Reich aus Terminkontrakten und Kaufoptionen" (G 261) hielt und grundsätzlich nur in Unternehmen investieren wollte, „die sinnvolle und nützliche Produkte herstellen" (G 256), gibt er seinem Protegé letztlich freie Hand, um den Eigenhandel der Bank nach seinen Vorstellungen zu betreiben: „Bernhard hatte den Eigenhandel

---

38 Reh, Sascha: *Gibraltar*. Schöffling & Co.: Frankfurt a. M. 2013, S. 7. Die Seitenzahlen werden im Folgenden unter der Sigle G in Klammern direkt im Anschluss an das betreffende Zitat genannt.

39 Vgl. auch hier die Anspielung auf die Semantik des *Zirkus*.

aufgebaut. Er war der Eigenhandel." (G 237). Alberts begründet diesen Schritt damit, dass das Bankgeschäft inzwischen dermaßen „unübersichtlich geworden" (G 257) sei, dass er als verantwortungsvoller „König" der Bank, „einen Teil seiner Macht abgeben" (G 257 f.) müsse.[40] Johann Alberts muss sich selbst eingestehen, dass er zwar die Verantwortung trägt und für die Geschäfte der Bank haftet, dass er den Anforderungen an das postmoderne Finanzmanagement jedoch nicht gerecht werden kann.

> Es ist schwer, ganz allein verantwortlich zu sein [...]. Es ist unübersichtlich geworden. Damals, als mein Vater noch das Geschäft führte, war es anders. Du hattest das Kreditgeschäft, du hattest die Rohstoffe und die Währungen, das war alles gut zu überschauen. Heute gibt es kaum eine Möglichkeit mehr, jede Sparte bis in die kleinsten Nischen zu verstehen. Ein guter, ein brillanter Manager kann das. Er versteht etwas vom Leveraging und von Termingeschäften, er kann aus dem Effeff die Black-Scholes-Gleichungen anwenden und Arbitrage kalkulieren, er kann gleichzeitig unternehmerisch denken und das Personal strukturieren. (G 257)

In diesem Kontext stellt sich die Rolle des Managers noch einmal anders dar: als Abspaltung einer Funktion des Unternehmers, und zwar der „spekulative[n] Seite unternehmerischen Handelns".[41]

Da sein Sohn Thomas nicht bereit ist, in das Bankwesen einzusteigen, züchtet sich Alberts senior Bernhard Milbrandt als Nachfolger heran, da er in ihm die Fähigkeiten und Talente sieht, die er bei seinem Sohn und seiner Tochter vermisst: „Jeder Mensch hat seine Talente, und Bernhard ist ein besserer Banker, als du jemals hättest werden können, Thomas, auch ein weitaus besserer als ich. Das ist einfach so." (G 269) Auch hier wird eine Parallele zwischen dem Talent des Finanzgenies Milbrandt und künstlerisch-schöpferischen Fähigkeiten hergestellt, wenn Alberts über seinen Protegé schwärmt, er sei „[e]in Vollblut mit ausgeprägtem Freiheitsdrang, wie ein Künstler" (G 270). Und auch das Risiko des künstlerisch-kreativen Prozesses – das Moment der schöpferischen Zerstörung – wird thematisiert, wenn davon die Rede ist, dass „man Bernhard nicht kontrollieren" könne.[42]

---

40 Zur Rolle des Unternehmers als „Souverän" des Unternehmens cf. Bröckling 2013, op. cit., S. 274.

41 Ibid., S. 273.

42 Vgl. dazu die Ausführungen im Zusammenhang mit dem Roman *Johann Holtrop*, siehe oben.

Ich habe gewusst, dass man Bernhard nicht kontrollieren kann, und deswegen wollte ich ihn unbedingt halten. Jemand, der auf dem Risiko surft wie auf der Welle eines Tsunamis, den findet man nicht alle Tage. Und der dabei so loyal ist. (G 270)

Insgesamt wird die Funktion des Investmentbankings und der Finanzmanager in Rehs Roman *Gibraltar* wesentlich differenzierter betrachtet als in den meisten zeitgenössischen literarischen Erzählungen. Obwohl Milbrandt für sich knapp 40 Millionen Euro vor dem Crash der Alberts Bank auf ein Offshore-Konto in Gibraltar beiseiteschafft, wird deutlich, dass er die riskante Spekulation darauf, dass „die Euroländer nicht gegenseitig für ihre Schulden bürgen würden" (G 279), ursprünglich initiiert hatte, um die Investmentsparte der Bank auch nach der Finanzkrise noch halten zu können. Bezogen auf das Prinzip der schöpferischen Zerstörung könnte man Milbrandt also gewissermaßen als umgekehrte mephistophelische Kraft sehen, die zwar das Gute will, aber in diesem Fall das Böse schafft.

> Hätte Milbrandt mit seinen Leerverkäufen Erfolg gehabt, so hätte nicht nur er das Geschäft seines Lebens gemacht, sondern mit einer gewaltigen Rendite im Handstreich alle Probleme der Alberts-Bank gelöst. [...] Auch Milbrandt selbst sagte wiederholt aus, er habe der Bank helfen wollen. (G 457)

Außer andeutungsweise in den fiktiven Zeitungsartikeln wird der Prop-Trader Milbrandt in diesem Roman weder als rücksichtsloser Zocker noch als Psychopath dargestellt.[43] Seine Frau Carmen beschreibt ihn vielmehr als „sensiblen, liebesfähigen, gefühlvollen Mann[ ]" (G 394), und sogar Alberts' Sohn Thomas, der einst Ressentiments gegen Bankleute hegte und inzwischen als eine Art psychologischer „Ratgeber" (G 17) für die Branche arbeitet, stellt fest, dass er es „nicht mit raffgierigen Soziopathen, die durch skrupellose Termingeschäfte den Reispreis am Weltmarkt künstlich in die Höhe trieben [...], sondern mit ganz gewöhnlichen Menschen" (G 28) zu tun habe. Selbst der im Sterben liegende Johann Alberts schreibt sich letztlich selbst die Verantwortung für den Crash seiner Bank zu.

Die Frage nach der Verantwortung für den Bankencrash ist ein zentrales Thema des Romans. Sie steht in einem engen Zusammenhang mit der Frage nach der Rolle und Funktion von Managern – hier den Managern von Banken und anderen Kreditinstituten. Sind Manager eher Verwalter, Angestellte, die

---

43 Zur Kritik an einer solchen klischeehaften Darstellung cf. Blaschke: McKinseys Killerkommandos, op. cit.

an Weisungen von höheren Vorgesetzten (Direktoren, Unternehmern, Gesell-
schaftern, Eigentümern u.a.) gebunden sind und diese lediglich ausführen
bzw. gegenüber Investoren und Aktionäre vermitteln? Dann wären sie nur
ein Element in einer fatalen „Verschuldungskette" (G 459) und würden nur
einen Teil der Verantwortung tragen. Oder sind Manager die eigentlichen
Führungskräfte, die über die Ziele und den Kurs von Unternehmen bzw.
Banken frei entscheiden können? Dann müssten sie auch für ihre Entscheidungen und Fehlentscheidungen zur Verantwortung gezogen werden können.
Wenn Manager jedoch als Künstler, also als kreative Schöpfer von zukunfts-
weisenden Ideen, verstanden bzw. inszeniert werden, dann stellt sich die
Frage, ob und wie man dieses kreative Potential, das zugleich das Risiko der
Zerstörung in sich birgt, kontrollieren kann, oder ob durch eine Kontrolle
dann nicht das eigentlich kreative Moment unterdrückt würde. Das Problem,
Management und die Funktion des Managers genauer zu definieren, spiegelt
sich nicht allein in der Fach- und Ratgeberliteratur, sondern auch in der Wirt-
schaftspresse wider. Im Wirtschaftsmagazin *bran deins*, das jüngst ein Heft
dem Themenschwerpunkt „Führung" widmete, wird nicht allein der Satus
des Managers kritisch betrachtet, sondern die Funktion von Führungskräften im Sinne eines „Leaders" grundsätzlich in Frage gestellt. Der Manager
rangiert bis heute zwischen der Position des „leitende[n] Angestellten"[44] bzw.
eines „Bürokraten des Kapitalismus",[45] und der des „Entscheiders"[46] und
Machers. Wurde das kreative Potential einst mit der Figur des Unternehmers
assoziiert,[47] so scheint sich diese Funktion in der Folge immer mehr auf den
Manager, genauer, auf jene exponierte Gruppe der Top-Manager, verlagert
zu haben. Und dieser Prozess entwickelt sich momentan dahin, dass der Manager selbst nicht mehr als Schöpfer gesehen wird, sondern als Ermöglicher[48]
kreativer Prozesse, die von anderen Mitarbeitern geleistet werden. Mit der
Funktion der Ermöglichung schließt sich wiederum der Kreis zur Fiktion, die
ja u.a. auch mögliche Welten schafft und bereitstellt.

---

44 Lotter, Wolf: „Die Chefsache. Wer braucht eigentlich noch einen Chef?", In:
   brand eins 17 (3), 2015, S. 38–45, hier S. 39.
45 Ebd., S. 42.
46 Ebd., S. 43.
47 Cf. Bröckling 2013, S. 274.
48 Cf. Lotter, Wolf 2015, S. 45.

3. „Dinge anstoßen, [...] Schwung in den Laden bringen, dafür bin ich hier": Personalmanagement in Philipp Schönthalers Roman *Das Schiff das singend zieht auf seiner Bahn* (2013)

Nach den vorangegangenen Beispielen eines Managers als CEO eines Medien-konzerns in Goetz' *Johann Holtrop* und eines Prop-Traders in der Rolle des Finanzmanagers einer Privatbank in Rehs *Gibraltar*, komme ich mit dem dritten und letzten literarischen Text zum Bereich des Personalmanagements. Im Zentrum von Philipp Schönthalers Roman *Das Schiff das singend zieht auf seiner Bahn* steht ein internationaler Kosmetikkonzern. Die Firmenzentrale von Pfeiffer Beauty Kosmetik (kurz PB), scherzhaft als „Puderdose"[49] bezeich-net, entspricht mit ihrer *„open door policy"* sowie ihrer Mischung aus *„work spaces"* und „kleine[n] Oasen, die zwischen den Abteilungen und Teams eine vitalisierende Kommunikationsatmosphäre schaffen" (DS 21, Hervorhebung im Original), sogenannten *„Meetingpoints"* (DS 46, Hervorhebung im Origi-nal), ganz den Anforderungen an eine flexibilisierte Arbeitswelt.

Von seiner Form her sticht der Text insofern aus dem Genre des Wirt-schaftsromans heraus, als er aus einer Mischung von dokumentarischen und fiktionalen Anteilen besteht. Ich vermeide hier bewusst den Begriff ,Passagen', da das dokumentarische und fiktionale Material in den meisten Fällen nicht voneinander abgetrennt und somit auch nicht immer als solches gekennzeichnet ist.[50] Es handelt sich vielmehr um eine Textkollage, deren Grundlage eine fiktionale Handlung und fiktionale Charaktere bilden, die jedoch mit (teilweise wörtlichen) Zitaten aus Handbüchern und Ratgebern zum Thema Personalmanagement, Motivationstraining und Coaching ge-spickt ist.[51] Insgesamt könnte man den Roman als eine gelungene fiktionale

---

49 Schönthaler, Philipp: *Das Schiff das singend zieht auf seiner Bahn*. Matthes und Seitz: Berlin 2013, S. 21. Die Seitenzahlen werden im Folgenden unter der Sigle DS in Klammern direkt im Anschluss an das betreffende Zitat genannt.

50 Es gibt einige wenige Passagen, die in einer anderen Schriftart deutlich als Zitate (zumeist einzelne Sätze oder Slogans in Kursivschrift) bzw. als dokumentarisches Material gekennzeichnet sind, so etwa ein Fragebogen zur „Zwischenevaluati-on", der „Kleine[...] Qualitätszirkel" (G 137–139) sowie Testfragen zur „Inter-kulturelle[n] Kompetenz" (G 232 f. und 235–240).

51 Die Bezüge sind äußerst vielfältig, Schönthaler scheint die Literatur der Kom-munikations- und Kreativitätspsychologie, die Handbücher für (angehende)

Erweiterung bzw. Ergänzung des Dokumentarfilms *Work Hard Play Hard* (2012) von Carmen Losmann[52] betrachten. Es lassen sich große Schnittmengen hinsichtlich der Fachliteratur feststellen, die den Recherchen der Regisseurin Losmann und des Autors Schönthaler zugrunde liegen.[53] Im Zentrum beider Werke stehen aktuelle Entwicklungen im Bereich des „Human Resource Management".[54]

Während Losmann in ihrer Dokumentation vorläufige Ergebnisse und Auswirkungen des sogenannten Change-Management, das die Neugestaltung der Unternehmenskultur auf verschiedenen Ebenen betrifft – von der Architektur über eine Flexibilisierung von Führungsstrukturen bis hin zu Strategien der Personalentwicklung – auf eine Weise präsentiert, die derartig selbstentlarvend wirkt, dass der Film auf jeglichen Kommentar verzichtet, profitiert Schönthalers Roman davon, dass er die Freiheit hat, auf der fiktionalen Ebene Figurenkonstellationen zu schaffen und Charaktere satirisch zu überzeichnen, um bestimmte Aspekte deutlicher zu kontrastieren. Zugleich liefert der Roman auf der dokumentarischen Ebene Einblicke in die Ideologie, die Rhetorik und Methoden des Change-Managements – zuweilen gar in historischer Perspektive, etwa wenn über die Entwicklung des Assessment Centers aus einem Auswahlverfahren des Militärs referiert wird (DS 32 f.). Auch bei Schönthaler werden die dokumentarischen Teile

---

Führungskräfte und Manager sowie die Ratgeberliteratur aus dem Bereich des Bewerbungs- und Motivationstrainings ausgiebig studiert zu haben. An vielen Stellen zitiert er wörtlich oder indirekt aus den verschiedenen Quellen; so u. a. im Vorspann zum Roman, wo die von Albert Mehrabian entwickelte „7-38-55-Regel" aus der Kommunikationsforschung genannt wird (cf. DS o.S.). Darüber hinaus werden u. a. die Entwicklung und Methoden des Assessment Center vorgestellt (cf. DS 32 f.), lernpsychologische Erkenntnisse des kanadischen Psychologen Albert Bandura (cf. DS 58) sowie die Managementmethoden eines Jack Welch zitiert (cf. DS 80 f.), und es wird auf neueste Trends im Bereich der Entlarvung von Bewerbungsbetrug hingewiesen (cf. DS 83) – um nur einige wenige Beispiele zu nennen.

52 Vgl. dazu den Beitrag von Manuel Pombo in diesem Band.

53 Vgl. das Buch zum Film, in dem die Regisseurin ihre Recherchen, Exzerpte und Notizen veröffentlicht hat. Losmann, Carmen: „Recherche, Fährten, Exzerpte, Notizen". In: Bockenheimer, Eva/id./Siemens, Stephan (Hrsg.): *Work Hard Play Hard. Das Buch zum Film* [2013]. 2., verb. Auflage. Schüren Verlag: Marburg 2014, S. 155–204.

54 Ebd., S. 156.

sowie wörtliche Zitate aus Management- und Coaching-Handbüchern nicht kommentiert. Der kritische Impetus entsteht hier durch die Konfrontation mit der fiktionalen Handlung.

Im Zentrum von Schönthalers Erzählung stehen – neben drei weiblichen Protagonisten – zwei Managerfiguren: der 44-jährige Personalmanager Dr. Frederick Quass, Director of Human Resources der Firma Pfeiffer Beauty Kosmetik, und der 36-jährige Erik Jungholz, seit einem halben Jahr Managing Director von Harry & Herbert Beauté Eau pour Homme, einer Produktlinie der Marke HH Beauté im Pfeiffer-Konzern. Ganz im Sinne der satirischen Zuspitzung, die den Roman in weiten Teilen kennzeichnet, werden auch die beiden Managerfiguren als Stereotype, nah an der Karikatur, gezeichnet – quasi als Kondensate der Klischees ihrer jeweiligen Position im Unternehmen und ihres sozialen Status. Entsprechend ist Jungholz bereits durch einen sprechenden Namen[55] charakterisiert: als junges Holz, das sich besonders gut bearbeiten, biegen und formen, lässt.[56] Damit stellt Jungholz hier so etwas wie den Prototyp des *flexiblen Menschen* dar, wie er im Rahmen der Kultur einer New Economy als Vorbild des perfekten Arbeitnehmers imaginiert wird.[57] Erik Jungholz ist das, was man heutzutage gemeinhin als *high potential* bzw. *Topperformer* bezeichnet:

---

55 Die Gegenfigur zu dem erfolgreichen und von sich überzeugten Manager Jungholz ist eine Figur namens Rike G. Njlhouz, die aufgrund eines kommunikationsbedingten Angstsyndroms bereits an der Hürde des Personalgesprächs scheitert und schließlich in einer Klinik für psychosomatische Krankheiten landet. Dass es sich bei diesen beiden Protagonisten um Kontrastfiguren handelt, deren ‚Karrieren' aufeinander bezogen sind, zeigt sich an der spitzfindigen Namensverschlüsselung des Autors: Rike G. Njlhouz ist ein kaum aussprechbares Anagramm des Namens Erik Jungholz.

56 Der im 15. Jahrhundert im Englischen entstandene Begriff „Flexibilität" bezog sich zunächst auf die Pflanzenwelt, insbesondere auf die Biegsamkeit von Bäumen. Cf. Lemke, Thomas: „Flexibilität". In: Bröckling/Krasmann/Lemke (Hrsg.), *Glossar der Gegenwart*. 5. Auflage. Suhrkamp: Frankfurt a. M. 2013., S. 82–88, hier, S. 82; und auch Opitz, Sven: „Der flexible Mensch". In: Moebius, Stephan/Schroer, Markus (Hrsg.): *Diven, Hacker, Spekulanten. Sozialfiguren der Gegenwart*. Suhrkamp: Berlin 2010S. 132–147, S. 132.

57 Cf. Sennett, Richard: *Der flexible Mensch. Die Kultur des neuen Kapitalismus*. Aus dem Englischen übersetzt von Richter, Martin. Büchergilde Gutenberg: Berlin 1998. Auch Sennett verweist auf die Etymologie und Semantik des Begriffes „Flexibilität", cf. ibid., S. 57.

„Er ist wirklich gut, er weiß, dass er gut ist" (DS 22, 250). Diese (Selbst-) Einschätzung scheint der Vorgesetzte von Jungholz durchaus zu teilen, denn er engagiert eine erfahrene Personalberaterin als Coach, um an Jungholz' „Teamfähigkeit" (DS 49) zu arbeiten. Jungholz, der sich beim Pfeiffer-Konzern ursprünglich auf die Position des „Assistant Manager Far East und Lateinamerika" (DS 66) beworben hatte, interpretiert das Coaching aus einem ersten Impuls heraus als „Schwachsinn" und „Schikane" (DS 65) und somit fälschlicherweise als Kritik an seiner bisherigen Leistung. Doch dann zieht er eine andere Deutung in Betracht, nämlich die, dass sein Chef möglicherweise ganz im Sinne der neuen Führungskultur so etwas wie ein „Risikokapitalanleger"[58] ist, der mit dem Coaching in seine Person investiert (cf. DS 66), um seine Karriere zu fördern.[59] Ganz in diesem Sinne argumentiert Jungholz' Coach, Pamela J. Smaart, die ihren Klienten im Übrigen für einen „erfolgssüchtige[n] Opportunist[en]" (DS 48) hält, wenn sie erläutert:

> Es gibt einen Punkt, da muss man sein Verhalten ändern, sonst ist Schluss. Man geht plötzlich leer aus, kommt nicht weiter. Dazu müsse man allerdings sein Hirn verwenden, Ehrgeiz und insbesondere Kreativität zeigen, Visionen entwickeln, anstatt gewohnte Patterns abzurufen. (DS 167)

Parallel zu dem Coaching wird Jungholz allerdings bereits von einem Headhunter angesprochen, der ihm eine Position im „Cultural Diversity Management" der „Succo Consulting"-Firma in Zürich anbietet (cf. DS 232). Ob Jungholz sich letztendlich für einen Wechsel zu Succo Consulting entscheidet oder im Pfeiffer-Konzern Karriere macht, bleibt offen. In der letzten Episode, in der Jungholz auftritt, wird er im Rahmen des sogenannten „Sommerprosit" bei Pfeiffer Beauty als „Quartalssieg-eeer" (DS 248) gefeiert.

Den Director of Human Resources der Firma Pfeiffer Beauty, Dr. Frederick Quass, ereilt dagegen ein ähnliches Schicksal wie Johann Holtrop in Rainald Goetz' Roman: Er kommt durch eine Verquickung unglücklicher Umstände ums Leben. Wie Holtrop hasst Quass, promovierter Psychologe mit BWL-Kenntnissen, „den rein rechnerischen Umgang mit Zahlen,

---

58 Peters, Tom 2012, S. 296.
59 Dies entspricht ganz dem Image des Managers als „Karrierist". Baecker 2010, op. cit., S. 261.

Kalkulationen und Tabellen" (DS 74). Er möchte die Unternehmens-kultur mit „neueste[n] Evaluationsverfahren und ein[em] innovative[n] Talentmanagement-Portal" (DS 140) um „ein anpassungsfähiges und vitales Talentreservoir"[60] bereichern. Zu diesem Zweck hat Quass verschiedene Programme im firmeneigenen Ausbildungs- und Traineezentrum von Pfeif-fer Beauty entwickelt, unter anderem eines für die Rekrutierung angehender Führungskräfte: „Einstieg zum Aufstieg: Future Leaders" (DS 76). Ganz im Sinne einer „neue[n] coole[n] Unternehmenskultur",[61] die auf innovative Formen der Führung setzt, versteht sich Quass als „Energizer-in-Chief":[62] „Dinge anstoßen [...], Schwung in den Laden bringen, dafür bin ich hier: Konzepte, Change, Handeln." (DS 76) Doch wird der Personalmanager Quass letztendlich das Opfer der von ihm propagierten Strategie der per-manenten Innovation durch Kreativität. Die letzte E-Mail, die Quass vor seinem tödlichen Autounfall noch an seine Kollegen geschickt hat, besteht aus einem Konglomerat sogenannter Weisheiten und Regeln aus einschlä-gigen Management-Handbüchern (cf. DS 192).

Das Bemerkenswerte an der Management-Philosophie ist die Tatsache, dass der Appell, die kreativen Ressourcen (sowohl die eigenen als auch die der Mitarbeiter) zu aktivieren, längst nicht mehr auszureichen scheint. Inzwischen wird nach Steigerungen, nach immer radikaleren Formen der Kreativität – im Sinne des Außergewöhnlichen und Auffälligen[63] – gesucht. Und hier kommt ein weiterer Aspekt der Bedeutung des Begriffes der Kreativität ins Spiel, und zwar der der *Revolution*: „Schöpferisches fällt dabei zusammen mit befreiendem Handeln, der radikalen Neuerfindung des Sozialen. Der kreative Mensch tritt der Welt gegenüber als Grenzen überschreitender ‚schöpferischer Zerstörer'".[64] Schöntaler treibt den von immer ausgefeilteren Verfahren des *personality assessment* und Erkennt-nissen der Kreativitätspsychologie erzeugten Zwang zur Kreativität in seinem Roman überzeugend auf die Spitze und zugleich *ad absurdum*, in-

---

60 Peters, Tom 2012, S. 285.
61 Ibid., S. 284.
62 Ibid., S. 293.
63 Vgl. Baecker 1994, op. cit., S. 16.
64 Bröckling, Ulrich: „Kreativität". In: id./Krasmann/Lemke (Hrsg.), op. cit., S. 139–144, hier S. 140.

dem er aufzeigt, dass sich die Testverfahren mit einem ebenso hohen Maß
an Kreativität auf Seiten eines Bewerbers/einer Bewerberin zum eigenen
Vorteil nutzen lassen, wie es das Beispiel des vermeintlichen Bewerbungs-
betrügers Marcus Vestlund nahelegt (cf. DS 39 f.), der als Bewerber das
Assessment-Center bei Pfeiffer Beauty durchläuft, dem aber wiederum
bereits ein Privatdetektiv auf der Spur ist, der auf Bewerbungsbetrug
spezialisiert ist.

Wie das kreative Potential des Geschichtenerzählens – die Fiktionalisierung des Lebenslaufes – genutzt werden kann, um die eigenen Bewerbungs-
unterlagen attraktiver zu gestalten und somit eine höhere Aufmerksamkeit
bei Bewerbungsverfahren zu erlangen, hatte Joachim Zelter bereits in seiner
Sozialsatire *Schule der Arbeitslosen* (2006) überzeugend dargestellt. Die
Einführung von Personalberatung, von Workshops zur Steigerung der Performance in Bewerbungsgesprächen und einer Coaching-Kultur hat dazu
geführt, dass immer lautere, grellere, spektakulärere Formen der (Selbst-)
Darstellung gesucht und propagiert werden: Es reicht nicht mehr aus, ein
vielversprechendes Projekt zu entwickeln, es muss ein „schillernde[s] WOW-
Projekt[ ]"[65] sein; wertvolle Mitarbeiter sind nicht mehr nur Kollegen, sie
müssen sich als „Revolutionäre",[66] „Freaks"[67] und „coole Helden"[68] inszenieren bzw. als solche inszeniert werden, um entsprechende Aufmerksamkeit zu generieren.

Vor diesem Hintergrund stellt sich dann allerdings die Frage, wie weit
es um die Kreativität der Sozialfigur des Managers bestellt ist. Bezieht sich
der in Manager-Handbüchern notorisch wiederholte Appell an die Freisetzung und Nutzung kreativer Ressourcen auf Kreativität im Sinne künstlerischer Schöpferkraft? Oder verweisen die verzweifelten Anstrengungen
zur Steigerung der Expressivität und Spektakularität in der Entwicklung
immer neuer Methoden des Managements nicht vielmehr auf die Semantik
des Artisten, der ja nur in den seltensten Fällen ein Kunststück bzw. eine
artistische Disziplin neu erfindet, sondern bereits bestehende Nummern
(etwa aus den Bereichen der Akrobatik, der Tierdressur oder der Zauber-

---

65 Peters, Tom op. cit., S. 284.
66 Ibid., S. 286.
67 Ibid., S. 287.
68 Ibid., S. 289.

kunst[69]) technisch verfeinert bzw. deren Wirkung mit technischen Mitteln steigert oder das Risiko erhöht (etwa indem bei Akrobatik auf ein Sicherheitsnetz verzichtet wird)? Nicht umsonst ist vor dem Hintergrund des vorherrschenden Kreativitätsimperativs im Bereich des Personalmanagements und dem damit verbundenen Zwang zur permanenten Erneuerung von „Innovationsgymnastik"[70] die Rede – der Begriff der Innovations*akrobatik* liegt da nicht fern. Wenn Kreativität als Ressource derartig einseitig „zum Katalysator von Innovationsprozessen funktionalisiert wird", dann lässt sich mit Ulrich Bröckling in diesem Zusammenhang möglicherweise nicht nur von einer „Simulation von Kreativität"[71] sprechen, sondern, was die Wirkung betrifft, auch von einer *Illusion* von Kreativität.

4. Fazit: Der Manager als Schwellenfigur

In der Beschäftigung mit der Rolle und Funktion des Managers verstärkt sich der Eindruck, dass wir es hier mit einer Schwellenfigur zu tun haben.[72] Wenn Dirk Baecker den Manager als ambivalente Figur entwirft, als „widerspruchsvolle Schnittstelle",[73] als jemanden, der „zwischen Organisation und Gesellschaft"[74] bzw. als jemanden, der zwischen den „Fronten von Geschäftsführern auf der einen Seite, [...] und dem Vorstand oder Topmanager

---

69 Die Bezüge zur Zauberkunst bzw. Magie sind im Bereich des Finanzmanagements besonders vielfältig. Vgl. Lengers, Birgit/Rausch, Tobias/Remmert, Heiner (Hrsg): *Magic Fonds. Berichte über die magische Kraft des Kapitals*. Berlin 2013 (= Recherchen 97). Auch in Rainald Goetz' Roman wird auf „Holtrops Zauberkünste" (JH 164) angespielt.

70 Hentig, Hartmut von: *Kreativität. Hohe Erwartungen an einen schwachen Begriff*. Beltz Verlag: Weinheim/ Basel 2000, S. 60, S. 60.

71 Bröckling, Ulrich 2013, S. 144.

72 Dirk Baeckers Verweis auf Parallelen zwischen der Schwellenposition der Hexe und der des Managers zielt in dieselbe Richtung. Cf. Baecker 2010, op. cit., S. 272. Eine in jüngster Zeit vielbeschworene Schwellenfigur ist das Monster (zur Bezeichnung des Managers als Monster siehe oben, S. 1, Fn. 4). Cf. Geisenhanslüke, Achim/Mein, Georg (Hrsg.): *Monströse Ordnungen. Zur Typologie und Ästhetik des Anormalen*. transcript: Bielefeld 2009.

73 Baecker, Dirk: „Der Manager". In: Moebius, Stephan/Schroer, Markus (Hrsg.): *Diven, Hacker, Spekulanten. Sozialfiguren der Gegenwart*. Suhrkamp: Berlin 2010, S. 261–276, hier S. 270.

74 Ibid., S. 272.

auf der anderen Seite"[75] operiert, dann zielt dies in dieselbe Richtung. In diesem Sinne könnte man den Manager auch als eine *Borderline-Persönlichkeit* begreifen. Und dies nicht allein im wörtlichen Sinne, sondern auch im Hinblick auf eine psychoanalytische Deutung.[76] Ohne dass dies explizit benannt wird, weisen die Protagonisten der hier besprochenen Romane wesentliche Merkmale einer Borderline-Persönlichkeitsstörung auf – dies gilt insbesondere für Goetz' Figur des Johann Holtrop[77] –, so etwa:

- Ein Muster instabiler, aber intensiver zwischenmenschlicher Beziehungen, das durch einen Wechsel zwischen den Extremen der Idealisierung und Entwertung gekennzeichnet ist.
- Identitätsstörung: ausgeprägte und andauernde Instabilität des Selbstbildes oder der Selbstwahrnehmung.
- Impulsivität in mindestens zwei potenziell selbstschädigenden Bereichen (z.B. Geldausgeben, Sexualität, Substanzmissbrauch, rücksichtsloses Fahren, zu viel oder zu wenig essen).
- Allmacht-Fantasien (respektive Größenwahn).
- Hang zu magischem Denken, das sich im Wesentlichen dadurch auszeichnet, dass eine Person annimmt, dass ihre Gedanken, Worte oder Handlungen Einfluss auf ursächlich nicht verbundene Ereignisse nehmen, solche hervorrufen oder verhindern können.[78]

Doch ich möchte hier noch eine weitere, letzte Volte schlagen, um den Aspekt der Borderline-Persönlichkeit – in einer wörtlichen Bedeutung – an die Zirkus- bzw. Artisten-Semantik anzuschließen und damit auf die Ausgangsfrage meines Beitrags zurückzukommen. In der Sphäre des Zirkus bzw. der Artistik wäre der Manager als Grenzgänger und Schwellenfigur

---

75 Ibid., S. 274.
76 Es ist auffällig, wie viele Manager in der deutschsprachigen Business-Literatur der späten 1990er und 2000er Jahre in der Psychiatrie landen. So u.a. der namenlose Trader in Albert Ostermaiers Monologdrama *Erreger* (2000) sowie Goetz' Protagonist Johann Holtrop (cf. JH 299).
77 Vgl. auch die Anmerkungen von Birger P. Priddat zum Psychogramm Johann Holtrops in diesem Band.
78 Zitiert aus den Wikipedia-Einträgen zu „Borderline-Persönlichkeitsstörung" und „Magisches Denken", retrieved 15.4.2015, from http://de.wikipedia.org/wiki/Borderline-Persönlichkeitsstörung sowie http://de.wikipedia.org/wiki/Magisches_Denken.

vielleicht eher einem Seiltänzer vergleichbar – und zwar nicht irgendeinem, sondern einem Hochseilartisten, der spektakuläre und zugleich hochgradig riskante Drahtseilakte vollführt, indem er auf Sicherungsvorkehrungen verzichtet. Im Gegensatz zum anglo-amerikanischen Genre der *business novel* zeichnet sich die deutschsprachige Literatur – und dies gilt sowohl für Theatertexte als auch für die Prosa – dadurch aus, dass die Protagonisten (seien es Unternehmer, Manager oder Trader) zumeist als tragische Figuren dargestellt werden, deren tiefer Sturz in Krisenzeiten oftmals tödlich endet.[79] Bezeichnenderweise verunglücken viele von ihnen – wie Johann Holtrop und Dr. Frederick Quass in den hier besprochenen Texten. Nicht zuletzt ist es dieser Umstand, der die Figuren mit der Gruppe der Hochseilartisten verbindet: Der (Un-)Fall ist umso tragischer, je größer die Fallhöhe ist. Der Aspekt der Fallhöhe, der den Manager als riskante Persönlichkeit markiert, wird auch von den literarischen Texten selbst reflektiert, doch fungiert die Metapher der Fallhöhe hier nicht allein als eine semantische Verbindung zur artistischen Gattung des Hochseilaktes, sondern zugleich als wesentliches Merkmal der klassischen Tragödie. So heißt es über Erik Jungholz in Schönthalers Roman, dass ihn der Job als Managing Director bei Pfeiffer Beauty gerade „wegen der Fallhöhe" reizte, „die der neue Posten bot" (DS 19). In Rehs Roman *Gibraltar* argumentiert die Ehefrau des Prop-Traders Milbrandt ganz im Sinne der in der deutschen Wirtschaftskultur vorherrschenden tragisch-moralischen Deutung ökonomischen Scheiterns:

> Vielleicht ist dieses Risiko ja der wichtigste Teil der Geschichte [...] Vielleicht schafft das erst seine, seine [Milbrandts, C.K.] ... *Fallhöhe*: die Tatsache, dass letztlich *Menschen* daran hängen. Dass er sich damit zum Herrn und Meister über Menschenschicksale macht, mit all der Verantwortung, mit all der Tragik, die eine solche Macht mit sich bringt ... (G 404 f., Hervorhebungen im Original)

Anders Goetz in seiner Wirtschaftssatire: Johann Holtrop ist keine tragische Figur, allenfalls eine tragikomische. Als er sich dazu entschließt, seinen

---

79 In dieser Form der Darstellung des (tödlichen) Falls des Managers spiegelt sich – wie Birger P. Priddat dies in seinem Beitrag in diesem Band kritisiert – eine bestimmte, in der deutschsprachigen Literatur und Kultur vorherrschende Moral des Scheiterns, die sich deutlich von der anglo-amerikanischen Kultur unterscheidet. Vgl. Tönnesmann, Jens: „Gut fallen. Gründer feiern ihre Pleiten und machen das Scheitern in Deutschland salonfähig". In: *Die Zeit*, 9.4.2015, S. 19.

Plan, sich vor den nächstbesten Zug zu werfen, aufzugeben (er steht bereits auf den Gleisen[80]), verstolpert er den ‚rettenden' Schritt „und: war tot" (JH 342) – wie es bei Goetz lakonisch heißt: „Die Welt stand still in dem Moment. Dann drehte sie sich wieder weiter." (ebd.) Der Tod des Managers hat hier nichts Spektakuläres an sich, er resultiert nicht aus einem riskanten akrobatischen Manöver (Achtung: Fallhöhe!), sondern im Gegenteil aus einem Mangel an körperlicher Koordination. Es ist ein unspektakuläres (Ver-)Stolpern, das seinen tödlichen Sturz banal erscheinen lässt und einem statt eines Ausrufs des Schreckens oder Staunens lediglich ein knappes „Hoppla!" entlockt.

Quellenverzeichnis

Ayache, Elie: *The Blank Swan. The End of Probability*. Iohn Wiley & Sons: Chichester 2010.

Baecker, Dirk: *Postheroisches Management. Ein Vademecum*. Merve: Berlin 1994.

Baecker, Dirk: „Der Manager". In: Moebius, Stephan/Schroer, Markus (Hrsg.): *Diven, Hacker, Spekulanten. Sozialfiguren der Gegenwart*. Suhrkamp: Berlin 2010, S. 261–276.

Beckert, Jens: *Imagined Futures. Fictionality in Economic Action*. Hrsg. v. Max-Planck-Institut für Gesellschaftsforschung, Köln 2011(MPIfG Discussion Paper 11/8), S. 6, retrieved 15.04.2012, from http://www.mpifg.de/pu/mpifg_dp/dp11-8.pdf

Blaschke, Bernd: „„McKinseys Killerkommandos. Subventioniertes Abgruseln'. Kleine Morphologie (Tool Box) zur Darstellung aktueller Wirtschaftsweisen im Theater". In: Schößler, Franziska/Bähr, Christine (Hrsg.): *Ökonomie im Theater der Gegenwart. Ästhetik, Produktion, Institution*. transcript: Bielefeld 2009, S. 209–224.

Bröckling, Ulrich: „Über Kreativität. Ein Brainstorming". In: Menke, Christoph/Rebentisch, Juliane (Hrsg.): *Kreation und Depression. Freiheit im gegenwärtigen Kapitalismus*. Sonderausgabe. Kadmos: Berlin 2012, S. 89–97.

---

80 Mit dem Bezug auf Gleis und Bahnschwellen schließt auch dieses Szenario an den Manager als Schwellenfigur an.

Bröckling, Ulrich: „Der Unternehmer". In: id./Krasmann, Susanne/Lemke, Thomas (Hrsg.): *Glossar der Gegenwart*. 5. Auflage. Suhrkamp: Frankfurt a. M. 2013, S. 271–276.

Divjak, Paul: *Kinski*. Czernin Verlag: Wien 2007.

Duden. Das Herkunftswörterbuch. Etymologie der deutschen Sprache. 2. Auflage. Duden: Mannheim et al. 1997 (= Bd. 7. Duden, Etymologie).

Fischer, Thomas: „Herren fremder Welten. Der ehemalige Starmanager Thomas Middelhoff ist nur einer von vielen austauschbaren Verwaltern fremder Güter. Die Macht haben andere". In: *Die Zeit*, 20.11.2014, S. 25.

Geisenhanslüke, Achim/Mein, Georg (Hrsg.): *Monströse Ordnungen. Zur Typologie und Ästhetik des Anormalen*. transcript: Bielefeld 2009.

Goetz, Rainald: *Johann Holtrop*. Suhrkamp: Berlin 2012.

Goetz, Rainald: *loslabern* [2009]. Suhrkamp: Frankfurt a. M. 2012.

Hammerstein, Lukas: *Wo wirst du sein*. Fischer Verlag: Frankfurt a. M. 2010.

Hentig, Hartmut von: *Kreativität. Hohe Erwartungen an einen schwachen Begriff*. Beltz Verlag: Weinheim/ Basel 2000, S. 60.

Künzel, Christine: „Finanzen und Fiktionen. Eine Einleitung". In: id./ Hempel, Dirk (Hrsg.): *Finanzen und Fiktionen. Grenzgänge zwischen Literatur und Wirtschaft*. Frankfurt a. M./New York 2011, S. 9–24.

Künzel, Christine: „Imaginierte Zukunft. Zur Bedeutung von Fiktion(en) in ökonomischen Diskursen". In: Balint, Iuditha/Zilles, Sebastian (Hrsg.): *Literarische Ökonomik*. Fink Verlag: Paderborn 2014, S. 143–157.

Lemke, Thomas: „Flexibilität". In: Bröckling/Krasmann/Lemke (Hrsg.), *Glossar der Gegenwart*. 5. Auflage. Suhrkamp: Frankfurt a. M. 2013., S. 82–88.

Lengers, Birgit/Rausch, Tobias/Remmert, Heiner (Hrsg): *Magic Fonds. Berichte über die magische Kraft des Kapitals*. Berlin 2013 (= Recherchen 97).

Losmann, Carmen: „Recherche, Fährten, Exzerpte, Notizen". In: Bockenheimer, Eva/id./Siemens, Stephan (Hrsg.): *Work Hard Play Hard. Das Buch zum Film* [2013]. 2., verb. Auflage. Schüren Verlag: Marburg 2014, S. 155–204.

Lotter, Wolf: „Die Chefsache. Wer braucht eigentlich noch einen Chef?", In: *brand eins* 17 (3), 2015, S. 38–45.

Opitz, Sven: „Der flexible Mensch". In: Moebius, Stephan/Schroer, Markus (Hrsg.): *Diven, Hacker, Spekulanten. Sozialfiguren der Gegenwart*. Suhrkamp: Berlin 2010S. 132–147.

Peters, Tom.: *Re-imagine! Spitzenleistungen in chaotischen Zeiten*. Aus dem Englischen übersetzt von Bertheau, Nikolas. GABAL: Offenbach 2012.

Reh, Sascha: *Gibraltar*. Schöffling & Co.: Frankfurt a.M. 2013.

Röggla, Kathrin: *wir schlafen nicht*. Fischer Verlag: Frankfurt a.M. 2004.

ROH [Marcus Rohwetter]: „Erst springen, dann reden?". In: *Die Zeit*, 31.7.2014, S. 18.

Rohwetter, Marcus: „Der Wolf am Ententeich. Was bewegt Jordan Belfort?". In: *Die Zeit*, 13.11.2014, S. 30.

Schönthaler, Philipp: *Das Schiff das singend zieht auf seiner Bahn*. Matthes und Seitz: Berlin 2013.

Schumpeter, Joseph: *Theorie der wirtschaftlichen Entwicklung* [1911]. 5. Auflage. Duncker & Humblot: Berlin 1952.

Sennett, Richard: *Der flexible Mensch. Die Kultur des neuen Kapitalismus*. Aus dem Englischen übersetzt von Richter, Martin. Büchergilde Gutenberg: Berlin 1998.

Tönnesmann, Jens: „Gut fallen. Gründer feiern ihre Pleiten und machen das Scheitern in Deutschland salonfähig". In: *Die Zeit*, 9.4.2015, S. 19.

Webster's New International Dictionary of the English Language. 2. Auflage. Webster: Springfield (MA) 1943.

Wikipedia-Einträge zu „Borderline-Persönlichkeitsstörung" und „Magisches Denken", retrieved 15.4.2015, from http://de.wikipedia.org/wiki/ Borderline-Persönlichkeitsstörung sowie http://de.wikipedia.org/wiki/ Magisches_Denken.

Widmer, Urs: „Top Dogs". In: *Spectaculum*, Bd. 64, 1997, S. 213–257.

Wolf, Martin im Gespräch mit Stefan Fuchs. In: „Jenseits des Homo oeconomicus". Teil 1 der Serie *Wirtschaftsweise ratlos?* (3 Teile) in der Sendereihe „Essay und Diskurs", Deutschlandfunk, 13.11.2011, retrieved 14.4.2015, from http://www.deutschlandfunk.de/jenseits-des-homo-oeconomicus.1184.de.html?dram:article_id=185475.

Birger P. Priddat
(Universität Witten/Herdecke)

Leidenschaftlicher Kapitalismus. Reinald Goetz' ,Johann Holtrop' als literarische Fiktion des Managements

Die Zeit der Finanzkrisen- und Managerverhaltensromane ist gekommen. Rainald Goetz' Roman ,Johann Holtrop' (Goetz 2012) gehört in diesen Reigen.[1] Auf der ersten Seite des Romans wird der Tenor des Buches einleitend vorgestellt: das „kaputte Deutschland", „hysterisch kalt" und „verblödet". Es folgen die Worte „Gier", „Eigennutz", „Geld" und der Hinweis auf „das Phantasma der totalen Herrschaft des Kapitals". Die literarische Temperatur wird angezeigt. Es erinnert im Jargon etwas an Jörg Schröders „Siegfried" (1984), nur ohne dessen freakiger *nonchalance*.[2] Als Roman hat das Buch aber Qualitäten in der Beschreibung der Usancen von Managern im Umgang untereinander. Darin sind fünf Fiktionslinien verschachtelt, die verschiedene Erzählformen des Managementverhaltens bergen.

Fiktionslinie 1: der Manager als Neurotiker in einem neurotischen Milieu

Das Psychogramm, das Goetz für Holtrop entwirft, ist das eines *lusty boy*, dessen Charme sein einziges *human capital* zu sein scheint. Ansonsten häufen sich Zusammenhangslosigkeit, Fehleinschätzung (seiner selbst wie anderer) und leerlaufende Dynamik und führt ihn vor wie einen egobesoffenen Verantwortungslosen. Goetz benutzt ihn als *anchorman* für seine Beobachtungen des Managerumgangs untereinander, die eine beachtliche Einschätzungsfähigkeit aufweisen. Wir bekommen einen Opportunismuszirkus vorgeführt von Figuren, die sich untereinander auf Fehler, Hier-

---

1   Vgl. den Beitrag von Christiane Künzel in diesem Band.
2   Nicht zufällig hat Goetz über Jörg Schroeder geschrieben (Goetz, Rainald: *Das große Universum. Herr Bundesrepublik erzählt – Rainald Goetz über Jörg Schröder*: Mammut. In: März Vorinformationen für Buchhandel und Presse Juli–November 1985. März, Herbstein o. J. o. S. (1985).

achiepositionierungen und Karrieretaktiken beobachten, sich ausschalten, fördern und ignorieren. Die jeweiligen Passagen des Buches sind der kostbarere Teil des Romans. Es ist ein soziologischer Roman über die *mikrokosmoi* der Managerwelten[3] „Später hat er die Verachtung als Basis einer korrupten Kollegialität der Führenden verstanden, die sich gerade in ihrer gegenseitigen Verachtung gegenseitig tolerieren konnten" (S. 22).

Diese werden natürlich aus Holtrops Perspektive beschrieben, aus zynischer Distanz und mit klarer Einsicht in die vermutete Blödigkeit der anderen, um dann sanft vom Autor auf die Blödigkeit des Protagonisten immer wieder rückgewendet zu werden. Hier sind Schematismen eingewoben, die auf die Dauer langweilig werden, und das Fehlen der Nuancen, der Zwischentöne fällt zunehmend auf. Goetz kennt den Mann nicht, sondern reimt ihn sich zusammen, auffällig literarisch fingiert. Deshalb wird er – vom Autor eindeutig gewollt – zum Klischee einer Ego-Maschine, die als *sunny boy* und Glückskind Erfolg hat, als Stratege aber übel scheitert. Die Art und Weise, wie Holtrop über den Konzern in der Krise (sie wiederholt sich in der Lanz / Arcandor-Geschichte) nicht zu räsonieren fähig ist, ist krank und kein normales Managementverhalten. Auch seine Aversion gegen das Rechnungswesen des Konzerns ist nur ein Rückschluss Goetzes aus dem faktischen Scheitern, aber kein Beleg für die tatsächliche Haltung des Protagonisten Middelhoff. Hier stellt sich ein Schriftsteller das mentale Innere eines Managers vor. Ihm gelingt nur das, was man beobachten kann – selbst wenn man nicht im Milieu groß geworden ist. Es reicht ihm schon, Gespräche von Managern und anderem Führungspersonal im gehobenen Alkoholisierungszustand auf Soireen und Parties begleitet zu haben; der Rest lässt sich von Aussteigern gut erzählen. Alles netzwerkhaft Verschlungene, all die Intrigen, das opportunistische *behaviour* der Untergebenen, das Hintenherumgerede, das *meeten*, Herumreisen, Dauertelephonieren, Verabreden, Austricksen, Lügen und harte Angehen ist nicht der Dauerzustand des Managements, aber eine immer wieder aufbrechende, grundgelegte Latenz in der Führungsinszenierung eines Konzerns.

---

3   Über die Qualität der Dokumentation kann man nichts sagen; Goetz lehnt sich mit seiner Figur des Johann Holtrop an die Geschichte des Managers Thomas Middelhoff an, vornehmlich als CEO des Bertelsmann- und danach des Arcandor-Karstadt-Konzerns. Für einen Roman ist das Dokumentarische sowieso nur eine Ressource für das Fiktionale.

Goetz fingiert es allerdings als neurotische Permanenz. Die Art und Weise, wie im Roman der Intrigenzirkus zum Normalzustand des Managements wird, verdeckt fast vollständig, dass die Unternehmen Leistungen vollbringen, die im Roman fast nicht auftauchen. So bleibt der Kapitalismus eine eigenartige Hintergrundmaschine, die eigentlich ständig zusammenbrechen müsste, wenn man die erzählte Blödhaftigkeit und Gier der Protagonisten einrechnet. Die Didaktik der Romans beruht darauf, uns diesen Zirkus immer aus der Perspektive Holtrops zu offerieren: alle anderen sind Idioten, nur er der Strahlende. Goetz arbeitet mit der Vision eines ‚Helden‘, dessen *performance* alle hofieren, solange er erfolgreich ist. Erst wenn man reflektiert, dass alle anderen ebenso denken, wird die Gruppendynamik des managerialen Mikrokosmos transparent. In klaren Momenten reflektiert Holtrop sogar, dass die anderen ebenso denken, aber sein ihm von Goetz eingepflanztes Hyper-Ego zieht daraus nur den Schluss, dass er alle überstrahlen wird. So einer leuchtet sich selber nicht aus. Was als Blödigkeit fingiert wird, ist diese Selbstüberblendung, die das, was Holtrop vernünftig räsonnieren kann, durch seine eigne demonstrative *performance* überrennt.

Fiktionslinie 2: Verkäufer statt Manager

Soweit die erste Folie des Romans; blättern wir eine weitere Folie auf. Holtrop erscheint gar nicht als Manager, sondern als Verkäufer: er ist ein Vertriebsmann, der Firmen kauft und verkauft – ein *merger-man*. Hier wird Goetz Holtrop transparenter: ihn interessiert das ganze Management, die Kunst der Führung, Mitarbeitermotivation, Strategien etc., überhaupt nicht. Er will lediglich ein ‚paar Hundert Millionen‘ machen, aber nicht mühsam ‚im Büro‘ die Firma verwalten. Was ihn nicht interessiert, betreibt er auch nicht; er ist der anwesend Abwesende, völlig unbegabt für Führung. Er reist ständig und kommuniziert. Aus dieser Haltung muss er die anderen, die sich darin üben, Führung vor Ort zu praktizieren, denunzieren – zumindest sich selber gegenüber; sie sind ihm Ameisen, während er als freier Vogel große Bögen fliegt. Er ist die inkarnierte Transzendenz der gewöhnlichen Manager – zumindest in seinem Selbstbild (gleichsam eine nicht-nietzsche'sche Billigausgabe des ‚Übermenschen‘). Ein Außenseiter, der gar nicht ins Milieu gehört (auch nicht zur ‚Männerwelt‘ (S. 242)). Was die anderen mühsam in den Firmen und Fabriken produzieren (vornehmlich die Belegschaften),

ergattert er, wie es ihm glückhaft häufig auch gelang, in ein paar über-
redenden Verhandlungen im *international setting*. Er ist zwar dann penibel
vorbereitet, aber letzthin setzt er auf seinen Charme. Das Selbstbild ist so
manifest, dass er in den Verhandlungen um den chinesischen TV-Sender
einfach noch einmal 150 Millionen draufsetzt, obwohl er ein Verhand-
lungslimit hat. Der Kauf-Erfolg war ihm in dem Moment wichtiger als der
Erfolg (S. 173 ff.). Das ist der *tipping point* seiner Karriere: wo sein Charme
versagt, will er als Käufer nicht versagen. Er hebt sich über die *economic
situation*: die machtvolle Demonstration des Entscheidens wird wichtiger
als der ökonomische Verstand.

Fiktionslinie 3: Der rebellische Impuls

So betrachtet ist Goetz' Roman komplexer, als er sich aufs erste liest: ein
Roman über eine ‚grandiose Fehlbesetzung des Kapitalismus'. Dass Goetz
Holtrops Geschichte auf alle anderen überträgt, ist ein beabsichtigter Fehl-
schluss. Wenningrode, sein Nachfolger bei Assperger, den Holtrop nur
als hohl darstellen kann, hat z. B. als grundsolider westfälischer Günther
Thielen bei Bertelsmann mit ruhiger Hand später den Konzern wieder
ins Lot gebracht. Wenn man die Figuren nach ihren Leistungen bemessen
würde, käme eine ganz andere Matrix zustande. Goetz' Roman ist aber
auf etwas anderes ausgelegt: auf eine Exposition des „durchgeknalltesten"
Managers (wie sein philosophischer Coach Bodenhausen ihn nennt und
deshalb für sympathisch hält. „Unsympathisch war, wie Holtrop selber
diese Durchgeknalltheit kultivierte" (S. 264)). Holtrop folgt einer Ästhetik
des Erfolgs, einer adoleszenten ‚You can'-Idee. Darin scheint er, wenn auch
nur momenthaft, als Nachschatten der 68-iger-Revolutionäre auf, indem
er auf ‚Freiheit' pocht, ohne „gesteigerte Strenge oder Überwachung" (wie
Holtrop die Konzernwelten empfindet). Goetz' Hinweis auf Holtrops ideale
Vorstellung des Kommunismus (S. 262; nebst seiner früheren Beschäftigung
mit der Arbeiterbewegung seit 1830) deutet hier mehr als gesagt wird.
Holtrop versteht diese Freiheit natürlich als ‚seine Freiheit'. Erst jetzt wird
deutlich, dass er es auch als Freiheit vom Konzern meint. Er ist ein Rebell;
sein despektierliches Gerede über die anderen ‚Idioten' erinnert sehr an
den 68er-Jargon (und, wie gesagt, an Schröders ‚Siegfried'). Haben wir
es mit einem invertierten 68er-Roman zu tun? Natürlich gehört Holtrop

nicht in dieses Milieu (vgl. seine biographische Skizze S. 22 ff.), aber der rebellische Impuls durchzieht alle Handlungen im Roman. Goetz' Versuch, diesen Typus mit der durch viel Geld wachsenden „Gier", „Angst" und „Verblödung" in einen Systemzusammenhang zu bringen, „dem Nichts hinterherstolpernd ... Seelenruinen bleiben übrig" (S. 265 f.) – eine arg heruntergekommene Psychologie –, gehört selber in den 68-Nachschatten. Der moralische Fall zum Schluss, auch der eitle Tod, ist konstruiert. Der ‚Kapitalismus' korrigiert sich selber; Holtrop müsste nicht sterben, um ‚als erledigt' zu gelten. Der Plot ist eine systemfremde Intervention, ohne Notwendigkeit, nur moralische Gravitation (die Wirtschaftskrimidimension, weil der Plot des Krimis Tote erfordert).

Wenn wir dieses Bild ausloten, sehen wir Holtrop plötzlich als einen *non-economic agent* – „wütend schritt er voran" ist als einziger Klappentextsatz exzellent ausgesucht –, dessen Gestaltungswille über das Wirtschaftliche dominiert. Jetzt erst versteht man vielleicht den alten Assperger (Reinhard Mohn), der im Roman auf immer größere Distanz zu Holtrop geht, nachdem er sah, wes Geistes Kind der von ihm erst Hochgelobte war, um ihn schließlich zu entlassen. Mit seinen wilden Mergers, deren Käufe kreditfinanziert in der Krise notleiden, gefährdet er die Basis des Assperger'schen Familienkonzerns. Der wirtschaftlichen Logik, der sich Holtrop enthoben sieht, fällt er schließlich zum Opfer. Das ist die eigentlich tröstliche Wendung im Roman: Holtrop, obwohl ständig als exaltierter Prototypus des kapitalistischen Manager vorgeführt, erweist sich *non-economic* Windbeutel, der ‚durch den Kapitalismus' selber decouvriert wird. Dass er nicht ausreichend durch den Aufsichtsrat kontrolliert wurde, ist wiederum ein Indikator für den *opportunistic approach* des Managements, den Goetz dauernd ausmalt. Der Tod als Opfer auf dem Altar des Rebellischen, Widerständigen ist eine alte literarische Figur. Dem eingewoben sind zwei Fiktionslinien, die wir nacheinander darlegen: eine ‚moralische Geschichte', und eine existentialistische.

Fiktionslinie 4: Glück und Moral

‚Johann Holtrop' ist kein Roman über ‚den Kapitalismus', wie die Eingangsseite vermuten lässt, sondern über Aufstieg und Fall eines Blenders, wie Goetz ihn fingiert. Dass das doch wiederum eine ‚Kapitalismuserzählung'

ist, liegt daran, daß das Blenden immer gelingen kann: Das Milieu ist anfällig für diese Typen (wie anfänglich auch der alte Assperger). Alle scheinen
sie von einer unfehlbaren Unkenntnis des Menschlichen geschlagen zu sein;
sie halten den Anschein des Gewinnens bereits für eine Kompetenz, die bei
ihnen deshalb reüssieren kann, weil sie selber, wenn auch ungeschickter und
weniger charmant als Holtrop, so auftreten (wollen). Der, der so gewinnt,
ist allerdings von vornherein im Visier der anderen, die bisher nur das Glück
hatten, noch nicht so im Visier zu stehen. *Next time different.*

Der Tod zum Schluss ist banal, wenn auch aus Versehen: als Bezahlung
der Einbildung – der letzten Selbstüberschätzung –, vor dem rasenden Zug
rechtzeitig wegspringen zu können. Es ist eher eine Metapher, aus dieser
Pfadabhängigkeit der Selbsteinbildung nicht herauszukommen und dafür
‚zu bezahlen'. Tatsächlich gewinnen die Holtrops immer wieder neues
Terrain, eben auf anderen Märkten. Sie sind angeschlagen, aber nicht ge-
brochen, wie Goetz sich das für Holtrop als moralische Strafe vorstellt
(III. VII ff.). Es reicht, wenn sie aus den Niederungen der *real productions*
(Assperg / Bertelsmann und Lanz /Arcandor) in die Höhen der virtuellen
Geldmacherei im *finance sector* begeben, wo sie ihre Fähigkeit der glanzvollen Überredung in der dort geforderten *economics of persuasion* noch
einmal ausleben können. Wenn Goetz sich den Tod Holtrops als ‚Strafe'
der Überheblichkeit (*hybris, superbia*) vorstellt, setzt er einen moralischen
Kontrapunkt, der die tatsächlichen Verhältnisse überschätzt. Ein Holtrop
war bei Assperger (und Lanz) einfach am falschen Platz; seine Fähigkeiten
glänzen viel besser dort, wo Anleger bereitwilligst Versprechen größerer
Renditen kaufen wollen: im Derivatengeschäft, eventuell im *private equity*.

Das moralische Ende ist eine eigene Fiktion in der Fiktion: Als ob der
geneigte Leser überzeugt werden müsse, dass die fingierte Hybris ihre ‚gerechte Strafe' bekommt. So aufgeregt die Figur ‚Holtrop' geschildert wird,
so ‚tief muss sie fallen'. Das ist Goetz anscheinend ‚schuldig' (wenn er die
Figur so hochdreht). Das ist der Plot. Aber warum kann der Glückritter
nicht erfolgreich davonreiten? Wenn der Kapitalismus auf den ersten Seiten
als Hybris eingeführt wird, kann er auf den letzten Seiten weder ‚gewinnen'
noch als Normalform unternehmerischer Bewegung weiterlaufen. Wenn
man, wie Goetz, beginnt, moralisches Vokabular zu verwenden, muss man
es auch moralisch zu Ende denken?

Reinald Goetz arbeitet mit einer Fiktion: das ist literarisches Normal-geschäft. Er nimmt das, was man über Middelhoff allenthalben erfahren konnte als Vorlage für eine biographische Montage, die aus der Beobach-tung der Bewegungen dieses Mannes Schlüsse auf sein Inneres zu ziehen simuliert[4], um dann nunmehr Klischees eines sich aufblasenden Egos anzu-bieten, die keine psychologischen, dafür aber moralische Urteile evozieren. Über diese Person-Fiktion lassen sich, ohne weiteren Aufwand, die üblichen moralischen Erregungen über Gier und Macht ansprechen, die den Lesern ihre gewohnten Bilder des Kapitalismus mit hohem Wiedererkennungswert aufscheinen lässt. Darin wird dann nichts weiter verstanden als was man immer schon zu wissen meint. Die Redeweise von der moralischen Strafe zum Schluss ist das Zugeständnis eines schlechten Kriminalromans.

Die Wirtschaft ist ein geschmeidigeres System, als wir es uns moralisch strafend vorstellen wollen. Dass Romane unsere moralischen Sehnsüchte befriedigen, ist wohl ihr gutes Recht, doch werden sie deshalb nicht besser. Noch verstehen wir die Wirtschaft besser. Es lohnt nicht, die armen Manager zu verachten, in deren Milieu wir alle weder zurecht kämen oder glücklich wären. Wenn wir sie aber, so wie Goetz, zum Opfer stilisieren, kultivieren wir nur eine Verachtung, die der tatsächlichen Leistung nicht gerecht wird. Überhaupt ist die Verachtung, die Holtrop seinen Kollegen gegenüber aus-strömt, der Jargon, der sich mit den Lesern gemein macht, weil sie immer schon zu wissen scheinen, wie es ‚in der Wirtschaft' gemeinhin zugeht. Ich schlage vor, Romane über die Wirtschaft zu schreiben, in denen wir mit dem Idiosynkratischen, Neurotischen und Machtspielerischen respektvoller umgehen. Wie alles, was wir weder können noch machen wollen, Respekt verdient, ohne dass wir es lieben müssten.

Fiktionslinie 5: Leidenschaft, Verführung, Gewalt, Scheitern

Denn Goetz' Roman birgt eine andere Fiktion, die im Kern vollständig ausgebreitet wird, aber durch psycho-moralisierende Wendungen verdeckt bleibt, wenn wir die neurotische Managementinszenierung nicht von vorn-herein als ‚böse Welt' interpretieren, sondern als *fait social*: die Tatsäch-

---

4   Über literarische Simulation: Loprieno, Antonio: *Von Fiktion und Simulation als kognitiven Übergängen*, Basler Universitätsreden H. 110, Schwabe Vlg: Basel 2011.

lichkeit des Managements, als Realfiktion, die ein solches organisatorisches Getriebe aufrechterhält und in ihm erzeugt wird. Dann würden wir diese Fiktion mit einem anderen Gewinn wahrnehmen: als einen existentialistischen Roman über Leidenschaft, Verführung, Gewalt und Scheitern. Diese fiktionale Linie bleibt durch die latent antikapitalistische Temperatur des Romans verdeckt. Leidenschaft, Verführung, Gewalt und Scheitern sind hier ökonomische Metaphern: Sie beschreiben einen leidenschaftlichen Manager, dem sein Milieu als zu beschränkt für seine Markt- und Gewinnvisionen vorkommen muss. Er ist zu leidenschaftlich, um sich auf deren Kalkül einzulassen. Er ist ein Wagnisunternehmer: ein *merchant adventurer*, um einen alten Begriff der englischen seefahrenden Handelsabenteurer zu verwenden. Glücken seine Unternehmungen, folgen ihm alle; scheitern sie, scheitert nur er. Dass Holtrop zum Schluss stirbt, macht ihn nicht zum Opfer, sondern es ist Zufall. Holtrop ist in dieser Fiktion (der Zweitversion des Romans) der glückhafte Avantgardist, den alle selber werden zu können heimlich hoffen. Umso stärker fällt er, wenn das Glück ihn verlässt. Das Glück, das sie nicht bekommen, soll er ‚bezahlen'. Hier kippt der Roman ins Moralische. Er verkörpert – realisierend – nur das, was alle verkörpern würden, wenn sie es könnten, aber nicht schaffen.

Wenn wir uns fragen, warum Goetz die moralische Strafe wählt, sind genügend Gründe vorhanden. Aber wäre es nicht eine gewagtere Fiktion, Holtrop gewinnen zu lassen? Oder einfach aussteigen zu lassen? Mir geht es nicht darum, dem Autor wahnwitzige Vorschläge zu machen, sondern schärfer auf die Konstruktion der Fiktionen zu verweisen, die das Ressentiment auskostet, das in der Gesellschaft gegen die fremde Kaste der Manager vorherrschen mag. Bei aller detaillierten Einsicht in den Inszenierungszirkus ist die Wirtschaft, wenn sie lediglich als Inszenierung beschrieben wird, in einen Maße unwirklich, dass wir uns fragen müssen, was hier eigentlich erzählt wird. Vermeintlich bekommen wir den Kapitalismus in seinem Unternehmensablauf skizziert, aber faktisch kommt er nicht vor. Nur seine Chimäre.

Das leitet auf Fragen, die nicht nur den Autor Goetz betreffen. Was leistet die Literatur zur Erkenntnis der Wirtschaft anderes als die Ökonomik? Das ist keine triviale Frage, da die Literatur mit Figuren / Personen / Menschen arbeitet, d. h. mit lebendigen Fiktionen, die in der Wirtschaft lediglich

Systemoperatoren/Akteure auftreten. Was einer der literarischen Protagonisten an Leidenschaft, Neurose, Angst oder Überhebung einträgt, wird vom System angenommen, wenn es den Systemeigenschaften nützt bzw. produktiv wird. Das sind keine moralischen oder psychologischen Ereignisbahnen, sondern sie folgen anderen Spielregeln. Je stärker man sie fingiert (Isers schönes Verbum für den Prozess des Fiktiven (Iser 1993)), umso klarer wirken die Sortierregeln. Aber was Goetz fingiert, ist ein moralischer Zyklus, dem der Kapitalismus nur das scheinbar ‚natürliche Milieu' ist. Es fehlen alle Übergänge, Grauzonen, mittleren Lagen usw. Die Leidenschaften sind keine Elemente, die bei Versagen unmittelbar verschwinden oder ignoriert werden können. Wie können energetische Übergänge aussehen, die immer wieder neue Eskapaden ermöglichen, neue Gewinnerwartungen? Welche Leidenschaft schafft die Leidenschaft bei den anderen?

Die Leidenschaft – um ein Element der Goetz'schen Erzählkunst herauszugreifen – ist eine der narrativen Substanzen, die nur die Literatur ausfalten kann und für die die Ökonomie keine Sprache hat, wenn sie in rationalen und *efficiency terms* spricht. Nur in der Literatur können die vitalen Impulse von Akteuren erzählt werden, bekommt die Marktinszenierung das Innere ihrer Protagonisten ausgefüllt. Darin erleben die (fiktiven) Figuren die Wirtschaft anders als die Ökonomie es erzählt: im Nietzsche'schen Motivraum des ‚Menschlichen, Allzumenschlichen', im Bewegungsraum des Bergson'schen *elan vital*. Bei aller kritischen Betrachtung der Differenz, die die literarische Fiktion zur ökonomischen Standardsemantik ausmacht, ist die Differenz nicht zugunsten einer Normaldeutung des Wirtschaftlichen beiseitezuschieben. Sondern umgekehrt: erst in dieser Differenz erleben wir, indem wir diesen ‚Innenraum des Kapitalismus' literarisch aufbereitet und fingiert bekommen, die komplexen Verwebungen mit allen Motiven menschlichen und sozialen Handelns. Im Roman fallen die literarischen Figuren z. B. Manager aus der ‚Rolle', die ihnen die Ökonomie zuschreibt. Bei genauerer Überlegung ist die Literatur der Erzählraum des Unbewussten und des Anderen menschlichen Handelns und Entscheidens. Über das Verhältnis von Literatur und Ökonomie lohnt es sich, neu nachzudenken, wenn wir – wie bei Goetz – literarisch Dimensionen entfaltet bekommen, die die Ökonomie verschweigt, weil sie ein Maß rationalen Lernens annimmt, das die vitalen Verschränkungen der tatsächlichen Handlungen Motive,

---

Gründe, Emotionen etc. gar nicht wahrnehmen kann[5]. Wenn wir uns dieser Leistung der Literatur vergewissern, können wir Goetz' Roman als Komplementärerzählung lesen, als gleichsam notwendiges *additum*, das wir kennen müssen, um Wirtschaftsprozesse tiefer zu verstehen (statt uns nur der normativen Erzählungen der Ökonomen allein zuzuwenden). Dass Holtrop fingierte Erzählung ist, unterscheidet sie von der der Ökonomen kaum: Es sind beides Rationalisierungsfiktionen, aber auf verschiedene Dimensionen verteilt. Alles, was Menschen wahrhaft bewegt, die in der Wirtschaft agieren, kommt in den Theorien der Ökonomie nicht vor. Wie können wir dann davon ausgehen, dass das, was die ökonomische Theorie an Verhalten zulässt, das tatsächliche Verhalten; seine Bestimmungen, Motive, Rationalitäten wie Irrationalitäten, Affekte, Triebe etc. beschreibt? Müssen wir nicht, um das alles zu verstehen, die Literatur als eine notwendige ergänzende Ressource heranziehen?[6]

Fiktionslinie 6: Investieren als Fiktion

In der Fiktionslinie 6 bewegen wir uns jetzt in eine weitere Dimension, die Goetz nirgends ausführt, aber implizite eingewoben hat. Die *grande geste* Holtrops – vielleicht der Kern des Romans – ist das große Erwartungsversprechen. Nur wenn er andere überzeugt, eine *economics of persuasion*[7], gilt er als erfolgsversprechend. Nicht die Selbstüberschätzung ist das Wesentliche, sondern deren Anerkennung durch andere, die sich aus den Verspechen Gewinne für sich erwarten. Eine Figur wie Holtrop tanzt nicht solo, sondern eingebettet in ein von ihm gewobenes Netz von Erwartungen, die alle für plausibel halten.

Holtrop wagt (ökonomische) Entscheidungen, die keinen konventionellen Mustern folgen. Er setzt auf hohe Einsätze, auf hohe Erwartungen. Seine manageriale Kunst besteht darin, den anderen diese Erwartungen plausibel

---

5   Vgl. genauer über diesen Nexus: Priddat, Birger P.: *Ökonomie als Produktion von Literatur? Wissen und Nichtwissen im Literatur-Ökonomie-Spannungsfeld* In: Balint, Judita/Ziller, Sebastian (Hrsg.): Literarische Ökonomik, Wilhelm Fink: München 2014, 159–178.
6   Vgl. ibid.
7   Priddat, Birger P.: *Economics of persuasion*. Ökonomie zwischen Markt, Kommunikation und Überredung, Metropolis: Marburg 2015b.

zu machen: dass sie seine Kompetenz glauben. Er ist ein Hohepriester der Erwartungsglaubensgemeinschaft, d. h. er baut ein Erwartungsfeld auf, das alle tragen. Brechen die Erwartungen ab, bleibt es sein Versagen. Als ob sie damit nichts zu tun gehabt hätten. Alle warten auf und hofieren diese *men of persuasion*, die ihnen Gewinne, Fortschritte, Steigerungen versprechen. In diesem Erwartungsfeld konfigurieren sich nicht nur im Roman die Figuren, die die Wirtschaft bewegen. Goetz decodiert Holtrop als einen, der zwar nicht besser weiß, was die Zukunft bringt, aber umso genauer weiß, wie er es verkauft. Die Fiktion der Entscheidung, das Zauberwort der Wirtschaft, besteht darin, Entscheidbarkeit plausibel zu fingieren, ohne wissen zu können, ob das, was solchermaßen entschieden wird, auch tatsächlich eintreffen wird (Risiko)[8]. Das genau ist der Schnittpunkt, an dem die Fiktion des Romans mit der Fiktion der Wirtschaft übereinkommt.

Reinald Goetz' Roman ist ein sehr genauer Roman. In sechs Fiktionslinien webt sich ein komplexes Bild, dessen einziger Nachteil die moralische Auflösung ist. Indem wir aber, von Goetz angeleitet, zur moralischen Kritik überleiten, geraten wir in die gewöhnliche Seitenlage der Moral, dass wir die, die so handeln, guten Grundes meinen abtun zu können. Damit aber verlieren wir den Blick für das Prozessgeschehen des Managements, das der Roman entfaltet.

Quellenverzeichnis

Beckert, Jens: *Imagined Futures. Fictionality in Economic Action*, Max-Planck-Institut für Gesellschaftsforschung, Köln, 2011 (MPIfG Discussion Paper 11/8); http://www.mpifg.de/pu/mpifg_dp/dp11-8.pdf (Stand: 15.04.2012).

Esposito, Elena: *Die Fiktion der wahrscheinlichen Realität*, Suhrkamp: Ffm, 2007.

Goetz, Rainald: *Das große Universum. Herr Bundesrepublik erzählt – Rainald Goetz über Jörg Schröder*: Mammut. In: März Vorinformationen für Buchhandel und Presse Juli–November 1985. März, Herbstein o. J. (1985), o. S.

Goetz, Rainald: *Johann Holtrop*. Roman. Suhrkamp: Berlin, 2012.

---

8 Esposito 2007; Beckert 2011; Künzel 2014; Priddat 2015.

Iser, Wolfgang: *The Fictive and the Imaginary*: Charting Literary Anthropology. Johns Hopkins University Press: 1993, Baltimore MD

Künzel, Christine: *Imaginierte Zukunft. Zur Bedeutung von Fiktion(en) in ökonomischen Diskursen*, In: Balint, J. /Zilles, S. (Hg.): *Literarische Ökonomik*, Wilhelm Fink: München 2014, 143–157

Loprieno, Antonio: *Von Fiktion und Simulation als kognitiven Übergängen*, Basler Universitätsreden H. 110, Schwabe Vlg: Basel 2011.

Priddat, Birger P.: *Entscheidung als notwendige Fiktion. Über eine fundamentale narrative Struktur in der Ökonomik: Wahrscheinlichkeit und Erwartung.* In: Behr, I. / Ritte, J. (Hrsg.): Wirtschaft erzählen. Narrative Dimension von der Wirtschaft, Tübingen 2017.

Priddat, Birger P.: *Economics of persuasion.* Ökonomie zwischen Markt, Kommunikation und Überredung, Metropolis: Marburg 2015.

Schröder, Jörg/Herhaus, Ernst.: *Siegfried*, Maerz Verlag: Berlin 1984.

Manuel Pombo
(Universität St. Gallen)

Film und *Management* – *Les paradis artificiels*

Einführung

Die große Leinwand dient seit ihren Ursprüngen nicht nur als Spiegel und Seismograph gesellschaftlicher Werte und Einstellungen, sondern trägt auch in einem dialektischen Zusammenspiel und mit einer hohen Dosis Kreativität substanziell zu ihrer Konfiguration bei. Das Medium Film unterscheidet sich von anderen Kunstformen, indem es einen viel breiteren soziokulturellen Rahmen absteckt. Schon seit den Anfängen des Tonfilms um die Jahrhundertwende stellen die Meilensteine des Genres auf mehr oder weniger explizite Art die Magnaten ihrer Zeit dar, so zum Beispiel *The Power and Glory* (William K. Howard, 1933) oder *Citizen Kane* (Orson Welles, 1941), welche den verderblichen Einfluss der Macht und des Geldes anprangern.

In diesem Artikel wollen wir anhand einiger ausgewählter Filmproduktionen neueren Datums aufzeigen, wie sich die siebte Kunst Zugang zur Welt des Managements und der Finanzen verschafft, wie sie diese diskursiv verarbeitet, welcher Bilderwelt sie sich für ihre Darstellung bedient, welche Mythen sie kreiert oder fortsetzt und welche Analogien zur Literatur feststellbar sind.

Die Finanzkrise als Nährboden für die künstlerische Produktion

Wie in den anderen Künsten, insbesondere in der Literatur und im Theater, verzeichnet man auch in der Filmproduktion – vor allem in ihrer dokumentarischen Ausprägung – seit dem Ende des 20. Jahrhunderts eine beträchtliche Zunahme von Werken, die sich mit der Welt der Wirtschaft und Finanzen auseinandersetzen. Vor allem die Krisen der vergangenen Jahrzehnte haben eine große Anzahl erfolgreicher Dokumentarfilme hervorgebracht, welche sehr kritische und unverblümte Darstellungen dieser Umgebung vermitteln, basierend auf Geständnissen ehemaliger "Spieler", die gezwungenermaßen oder freiwillig aus dem Reigen der Wirtschaftswelt ausgestiegen sind. Zwei prominente Beispiele dieser Kategorie sind *Inside Job* (Charles Ferguson, 2010) und *Master of the Universe* (Marc Bauder, 2013). Ersterer erhebt den Anspruch, den Ursachen der Wirtschaftskrise von 2008 auf den Grund zu gehen. Außerdem stellt er, ausgehend von Experteninterviews, eine düstere Prognose für das ökonomische, politische und soziale System der westlichen Welt. Das Werk basiert auf einer eingehenden und breit abgestützten Untersuchung und zeigt, ähnlich wie die Werke Erwin Wagenhofers, einen Zusammenschnitt aus Interviews mit Spitzenmanagern und Politikern im Dialog mit bestürzenden Bildern, welche die Konsequenzen ihres Handelns zeigen. *Master of the Universe*[1] gestaltet sich als eine Mischung aus Memoiren und der "Beichte" eines ehemals bedeutenden Anlegers der Deutschen Bank, Rainer Voss. Wie in allen künstlerischen Produktionen wird seitens des "Überläufers" weder der Name der ehemaligen Arbeitgeberfirma erwähnt noch werden konkrete Daten preisgegeben, um sich vor rechtlichen Klagen zu schützen und die beim Austritt festgelegten wirtschaftlichen Privilegien nicht aufs Spiel zu setzen. Dasselbe ist oft in der Literatur neueren Datums zu beobachten; Michel Vinaver und Frédéric Beigbeder sind zwei prominente Beispiele aus dem französischen Sprachraum. Nachdem Voss während zwei Jahrzehnten in den Toppositionen gearbeitet hatte, verließ er das Finanzinstitut im Jahre 2008, nachdem das Unternehmen, gemäß eigenen Worten, sein Leben schon zerstört hatte.

Ein weniger bekanntes, aber nicht minder wichtiges Werk zu diesem Themenbereich ist *Floored* (James Allen Smith, 2009), ein Dokumentarfilm über die Entwicklung und Beeinflussung der Makler an der Chicagoer Terminbörse als Folge der elektronischen Revolution, bei der Computer einen Großteil der Operationen übernommen und somit den Alltag eines Maklers grundlegend verändert haben. Dieser muss heutzutage lediglich einen Bildschirm überwachen und im richtigen Moment den Mausknopf drücken,

---

1   Dieser heute gängige Begriff wurde geprägt vom mächtigen Wall Street-Broker Sherman McCoy, dem Protagonisten von *The Bonfire of the Vanities* (Wolfe, 1987) mit Bezug auf den Science-Fiction-Film *Masters of the Universe* (Garry Goddard, 1987), der wiederum auf der in den 1980er Jahren weltweit sehr erfolgreichen Action-Figurenserie basiert.

wie in einem Videospiel (James Allen Smith: 38:23): "Früher konnte man Kursbewegungen mit dem bloßen Auge beobachten. Das ging in kleinen Schritten rauf und runter. Heute jagen die Kurse über den Bildschirmen."

Work hard, play hard (Carmen Losmann, 2011) ist ein weiteres Beispiel, das die neuen Methoden des Personalmanagements und die Umstrukturierung der Arbeitsorganisation beanstandet. Losmann legt in ihrem Werk den Fokus auf die Gestaltung von Arbeits- und Erholungszonen am Arbeitsort und kritisiert dabei die Philosophie, nach welcher den Angestellten ein Ersatz-Zuhause mit vom Unternehmen diktierten Regeln auferlegt wird. Die österreichische Produktion *Let's make money* (Erwin Wagenhofer, 2008) versteht sich als Vogelschau der neuen Kolonisierung der Schwellenländer, welche von den industrialisierten Staaten unter einem liberalistischen Deckmantel und abgedroschenen Parolen, wie Globalisierung oder Entwicklungshilfe, durchgeführt wird.

Raumgestaltung als Führungsmittel

Auf ikonografischer Ebene bedienen sich alle Filme einer Anzahl Bilder, die wir auch aus der Literatur kennen. Diese werden von den dem Genre eigenen Mitteln, wie Bild- und Klangeffekten, noch gesteigert. Wenn wir zum Beispiel die Topographie in *Master of the Universe* betrachten, stellen wir fest, dass dieselben Orte und Nicht-Orte (Marc Augé, 1992) abgebildet werden, wie in der Literatur. Wolkenkratzer, gleichsam Kathedralen des Kapitals, die in Bauders Werk von sakraler Musik begleitet werden, Vorstandszimmer, Aufzüge als aktualisierte Metaphern des Schicksalsrads und die ganze Palette physischer Barrieren, welche das hermetische und aseptische Universum des Unternehmens vom Rest der Welt abschotten.

Carmen Losmann (2011) zeigt auf eindrückliche Weise am Beispiel des neuen Unilever-Gebäudes in der Hamburger Hafencity, wie die Architektur als Code benutzt wird, um ein Corporate Image zu kreieren. Völlig neuartig dabei ist, dass bei der Raumplanung moderner Arbeitszonen emotionale Aspekte mitberücksichtigt werden. Im Fall von Unilever vermittelt die architektonische Konzeption einerseits die Aussage, dass die Arbeit mehr Freude als Pflicht sein soll, andererseits sollen durch die Raumphilosophie und die Einrichtung der einzelnen Arbeits- und Erholungszonen bestimmte Verhaltensweisen stimuliert werden.

Einen Schritt weiter geht das nicht territoriale Modell räumlichen Managements, welches als *hoteling* bezeichnet wird. Dieses sieht vor, dass die Angestellten fortlaufend vorgängig die benötigten Arbeitsplätze reservieren, welche ihnen ad hoc und immer neu zugeteilt werden. Das *hoteling* führt zur Abschaffung des klassischen Arbeitsraumkonzepts, in welchem die mit persönlichen Objekten markierten Plätze und Räume als eigen empfunden werden. Dies verstärkt die ohnehin nomadische Natur der modernen Arbeitswelt mit ihrer großen Stellenfluktuation und den weiten Arbeitswegen. Die Bilder in Losmanns Werk zeigen sterile Umgebungen, in welchen die Menschen paradoxerweise nicht miteinander kommunizieren, obwohl sie im selben Raum arbeiten und nicht wie früher in abgetrennten Einheiten. Alle Elemente, die ein behagliches Ambiente suggerieren, erweisen sich darin als hochgradig künstlich und wurden darauf abgestimmt, ihren Benutzern ein Maximum an Leistung abzugewinnen.

So hat die Firma Accenture, ausgehend von einer Studie des MIT, die besagt, dass 80 % aller Innovationen aus spontanen, zufälligen Gesprächen hervorgehen, Kaffeezonen geschaffen, an welchen genau diese Art Austausch im Rahmen des Unternehmens gefördert werden soll. Der CEO sagt diesbezüglich in einem Interview (*ibidem*: 20:03)[2]: "Wir schaffen dir ein Stück Nest und auch ein Stück Wärme, im Rahmen aber eines Business-Umfeldes. Deswegen auch bewusst keine Brauntöne, die viel zu sehr an ein Zuhause erinnern." So beschleunigen die offenen Büros die Arbeitsprozesse, indem sie die Unmittelbarkeit und die Allgegenwärtigkeit der anderen Mitarbeitenden sowie der kontrollierenden Chefinstanz in die Arbeitsumgebung projizieren.

Sowohl *Floored* als auch *Master of the Universe* inszenieren das wirtschaftliche Scheitern und seine Konsequenzen für die Akteure mittels inzwischen heruntergekommener, verlassener Schauplätze des einstigen Booms: zum Beispiel die menschenleeren Hochhäuser im Finanzdistrikt "Mainhattan" (Frankfurt) oder die nunmehr unbenutzte Börsenhalle Chicagos, immer noch bepflastert mit den Zetteln der Broker, die ihre Stelle bereits vor Jahren verloren haben. Die Bilder der Schauplätze, untermalt von me-

---

2   Um die Lektüre zu erleichtern, beschränken wir uns auf die Angabe des Regisseurs und der Laufzeit.

lancholischer Musik, vermitteln eine ambivalent wirkende Mischung aus Nostalgie, Verblüffung und Trauer, die von den retrospektiven Erzählungen der Hauptdarsteller noch verstärkt werden. Ausgesprochen seltsam und irritierend erscheint dabei, dass die Kamera aus den architektonischen und symbolischen Ruinen eines ganzen Wirtschaftssektors auf eine Reihe sich im Bau befindlicher, noch höher aufragender Hochhäuser blickt. Ein Indiz dafür, dass wir aus den vergangenen Katastrophen nichts gelernt haben. Wie Voss bestätigt (Bauder: 83:16): "Das können nur Naivlinge glauben, dass der Markt lernfähig ist."[3]

Eingriff der Wirtschaftswelt in das soziale Gefüge

Der deutsche Staranleger, der an einem gewissen Punkt seiner Karriere nicht einmal mehr Frau und Kind zu Gesicht bekam, weil er sein ganzes Leben inklusive Nächte im Büro verbrachte, berichtet, dass (Bauder: 75:40) "im Unternehmen eine Familie geschaffen [wird], die dich einnimmt und reinzieht", und dass die Entkoppelung vom Rest der Gesellschaft auf institutioneller Ebene vollzogen wird.

Die Manager müssen sich nicht mehr um die Angelegenheiten in der Außenwelt kümmern und werden mit allem versorgt, solange sie im abgeschlossenen System bleiben, "in dem man sich immer weiter von der Wirklichkeit entfernt" (Bauder: 38:17). Der Konzern stellt bei seinen Angestellten eine Art affektiver Abhängigkeit her, da diese nicht nur ökonomisch auf ihn angewiesen sind, sondern auch Wertschätzung und Zuneigung erwarten. Als Gegenleistung fordert das Unternehmen Loyalität und Compliance. Die strikten Evaluationsprozesse, die wir in Losmanns Dokumentarfilm sehen, stellen ein eindrückliches Beispiel dar, denn sie zeigen auf, wie die Angst um den Verlust des Arbeitsplatzes zu einem Führungsinstrument wird.

Die progressive Entfremdung der Manager von der Gesellschaft trägt auch dazu bei, dass diese die Auswirkungen ihres Handelns auf die Alltagswelt weder wahrnehmen noch hinterfragen – sie sind sich des Schadens, den sie verursachen, gar nicht mehr bewusst.

---

3 Auch Erwin Wagenhofers (2008) Interviewpartner stellen wiederholt fest, dass nach und trotz der Finanzkrise, der Sektor noch immer über keine Regulatorien verfügt.

Die Figur des Brokers in Spannungsfeld zwischen naivem Spieltrieb und berechnender Gier

Verschiedene Filmproduktionen suggerieren ein gewisses Maß an Naivität und nicht vorhandener Bosheit bei Investoren und Bankern, zumindest am Anfang ihrer Karriere. Voss erklärt zum Beispiel, dass die Entwicklung der Finanzprodukte und Derivate ursprünglich weniger mit Habgier als mit einer Art "Sandkastenmentalität" zu tun hatte. Wie in der Literatur, begegnen wir der Spielmetapher auch in der siebten Kunst auf Schritt und Tritt. In *Floored* (Allen Smith, 2009: 13:30) wird diese Komponente der Börsentätigkeit besonders hervorgehoben: "Ob man will oder nicht, aber es ist eine Form des Glücksspiels, es braucht eine Glücksspielmentalität."

Sehr selten werden bei der moralischen Wertung der Manager mildernde Umstände geltend gemacht. Wie im Fall von Jerôme Kerviel steht die goethe'sche Figur des Zauberlehrlings im Mittelpunkt, gemäss der die Spekulanten Opfer des Systems wurden, da sie in eine Art Hypnose oder Rausch hineingezogen wurden, denen sie sich nicht mehr zu entziehen vermochten (Ferguson, 2010: 13:10): "When you start thinking that you can create something out of nothing, it's very difficult to resist." Von diesem Punkt an wird alles eine Frage von Testosteron (*ibidem*: 42:50): "Banking became a pissing contest. 'Mine is bigger than yours.' That kind of stuff."

Die Entscheidungen rutschen auf die emotionale Ebene, weil das Ego der Alphatiere rationale Argumente außer Acht lässt. Ein von Ferguson interviewter Psychotherapeut erklärt, dass der Gewinn von Geld dieselben Hirnregionen stimuliert wie die Einnahme von Kokain und dass man aus den stets gleichen Handlungsmustern der Börsenakteure Rückschlüsse auf gemeinsame Persönlichkeitsmerkmale ziehen kann (*ibidem*: 43:00):

> These people are risk-takers. They're impulsive. It's part of their behaviour. It's part of their personality, and that manifests outside of work as well. It was quite typical for the guys to go out to strip bars, to use drugs. I see a lot of cocaine use, use of prostitution.

Auch Voss unterstreicht in seinem Dokumentarfilm, dass für Börsenmakler der wirtschaftliche Aspekt weniger relevant ist als der Wettbewerb an sich und das Gefühl, einer privilegierten Klasse anzugehören und dass es in diesem Mindset keine "Guten" und "Bösen" gibt. Das System selbst, so Voss, hat sich moralischer Elemente entledigt (Bauder: 21:46): „Ich denke nicht, dass da kriminelle Elemente am Werk sind, die sich irgendwelche Dinge überlegen, um andere Leute übers Ohr zu hauen. Wir reden nicht über [...] Hütchenspieler. Das ist menschlich, das ist nicht perfid."

Der ehemalige Investmentbanker bezieht sich auch auf den Zauberlehrling, als er erklärt, wie gewisse, an sich sinnvolle Finanzprodukte sehr großen Schaden anrichten können, wenn man sie verantwortungslos einsetzt. Er nimmt auch Kerviel in Schutz und versetzt die Investmentbanker in die Opferrolle mit dem etwas abgegriffenen und wenig überzeugenden Argument, dass die Investoren gar nicht so viel Macht hätten, wie ihnen zugeschrieben werde und dass sie im Grunde nur Legehühner seien, von denen unter den immer selben Bedingungen jährlich noch größere Gewinne abverlangt würden.

In *Floored* (Allen Smith, 2009) werden zwei prachtvolle Exemplare dieser Spielerspezies präsentiert, die uns an regelrechte Kriegsveteranen erinnern. Der erste, ein besessener Großwildjäger und Waffenfetischist, lebt in einem mit ausgestopften Tieren gefüllten Haus und fristet sein Dasein in einer prunkvollen Dekadenz. Es überrascht nicht, dass für ihn der Börsenhandel und die Jagd praktisch austauschbare Aktivitäten sind. Über letztere sagt er: "Es macht keinen Spaß, wenn du nicht draufgehen kannst. Es ist so geil, mit dem Teil zu schiessen." Dasselbe gilt für die Börse, diese "riesen Hure. [...] Sie muss so viele Leute vögeln, das ist ihr Zweck." Der grobe, aggressive Charakter dieses zurückgezogenen Investors äußert sich nicht nur in seiner Erscheinung, sondern auch in seinem Vokabular. Der zweite Befragte, Greg Riba, stellt sich schwer angetrunken vor die Kamera. Er lebt in einem von Designern eingerichteten Haus voller Kunstwerke, das völlig im Gegensatz steht zu seinem vulgären Diskurs, in dem sich alles nur um Geld und Sex dreht. Nicht erst seit Gordon Gekkos "Greed is good" (Oliver Stone, 1987) durchzieht häufig Habgier als Leitmotiv die Filmproduktion. Ein von Wagenhofer interviewter Investmentbanker (2008: 21:10) behauptet unverhohlen: "I don't think an investor should be responsible for the ethics", und er geht noch weiter: "The best time to buy is when there's blood on the streets."

Inside Job spricht die Maßlosigkeit der Makler offen an. Als das System der Boni-Zahlungen in die Höhe zu schiessen begann, kannten die Risiko-Manager keine Grenzen (Ferguson: 41:32): "It never was enough. They don't wanna own one home, they wanna own five homes. And they wanna have an expensive penthouse on Park Avenue. And they wanna have their own private jet." Ferguson betont, dass die exorbitanten Löhne der Abzocker jeglicher Rechtfertigung entbehren, da diese nicht auf handfeste Art und Weise zum Allgemeinwohl beitragen und ihre Handlungen im virtuellen Bereich anzusiedeln sind (2011: 1:39:53): "Why should a financial engineer be paid 4 times to 100 times more than a real engineer? A real engineer builds bridges. A financial engineer builds dreams. And, you know, when those dreams turn out to be nightmares, other people pay for it."

Weitere gemeinsame Nenner in Literatur und Film bei der Erklärung, wie es zum letzten Börsendebakel kam sind die konstante Beschleunigung der Finanzsysteme sowie deren Kurzlebigkeit, kombiniert mit einer immer größeren Komplexität der Operationen. Häufig wird auch die Informatisierung der Börse als Sündenbock für die Finanzkrisen vorgeschoben. Dabei mutet es seltsam an, dass sich ein auf Statistiken und Wahrscheinlichkeitsrechnungen basierendes System als verhängnisvoller erweist als die auf Intuition und Emotionen gründenden Entscheidungen der menschlichen Spieler, die zum Teil über keine Ausbildungen im Bereich der Zahlen verfügen.

Autoren wie Jens Korte (2014) suggerieren, mit einem nostalgischen und rechtfertigenden Diskurs, dass das Zufallselement des menschlichen Geschäfetreibens einem völligen Kontrollverlust gewichen ist, weil die modernen Arbeitsinstrumente sich auf Grund ihrer Geschwindigkeit und Komplexität unserer Kontrolle entziehen – womit wir wieder beim Mythos des Zauberlehrlings angelangt wären.

Der Einsatz von genrespezifischen Techniken als Mittel der Kritik

In den von uns untersuchten Filmen wird sowohl die Kameraführung als die auch Aufnahmetechnik gezielt und in hohem Maße eingesetzt, um die dargestellten Akteure und Sachverhalte zu kritisieren. Bauder arbeitet zum Beispiel oft mit langsamen Bewegungen und mit vertikalen Perspektiven, welche den Eindruck einer Berg- und Talfahrt verstärken – auch die Metapher des Schicksalsrads wird explizit angesprochen – und die biografische Erzählung dramatisch aufladen. Die Totalen auf das Geschäftsviertel Frankfurts mit den emblematischen Wolkenkratzern der Commerzbank werden als wiederkehrendes Element eingesetzt, um die Macht der Finanzwelt zu unterstreichen (Marc Bauder: 6:15). Sein Hauptdarsteller Rainer Voss dagegen wandelt durch einsame Gänge und menschenleere, unwirtliche Räume. Die Aufzüge befinden sich in einer fortwährenden Auf- und Abwärtsbewegung, während der Konferenzsaal des Verwaltungsrats noch mit den Insignien der Macht wie dem schweren ovalen Tisch oder den luxuriösen Ledersesseln ausgestattet ist. Der *trading floor* – oder das *sancta sanctorum*, wie es der Hauptdarsteller mit einer religiösen Metapher nennt –, in welchem bis vor ein paar Jahren gut 100 Personen zu arbeiten pflegten, wird ebenfalls mit zwei passenden Bildern beschrieben: einerseits als Fußballfeld und andererseits als "die Steuerzentrale von Raumschiff Enterprise" (Marc Bauder: 9:00), also als ein Ort, in welchem sich Spiel und Science-Fiction treffen.

Floored (James Allen Smith, 2009) bedient sich etwas anderer Techniken. Oft werden die Vogelperspektive, schnelle Schnitte und eine nervöse Kameraführung eingesetzt, um das hektische Treiben und die enorme Menschendichte des Börsenparketts zu imitieren. Schon in *Wall Street* (Oliver Stone: 1987) simuliert die Kamera durch ihre Bewegung das nervöse Treiben im Haifischbecken.

Die Sprache als wichtigstes Täuschungsmittel der Finanzwelt

Die zentrale Rolle, welcher der Sprache bei der Errichtung und Konsolidierung wirtschaftlicher Fiktionen zukommt, wird in unserem Filmkorpus deutlicher zum Ausdruck gebracht als in der Literatur, da sie in einen Dialog mit den Bildern tritt, welche ihre Rolle verstärken. So steht zum Beispiel in *Let's make money* (Erwin Wagenhofer, 2008) der blumige Diskurs der Unternehmer in einem krassen Gegensatz zu den Schnappschüssen aus den Schwellenländern, die diesen begleiten. Mit einer Vielzahl von Euphemismen wird das Ungleichgewicht zwischen Insidern und uneingeweihten Börsengängern[4] sowie die von der westlichen Welt praktizierte Ausbeutung der restlichen Erdteile bewusst kaschiert.

---

4 Voss (Bauder: 2012) nennt als Beispiel die *Black Swan*-Futures und -Optionen mit einer äußerst geringen Erfüllungswahrscheinlichkeit: "Sie können so ein Produkt nur jemandem verkaufen, dem diese Möglichkeiten, es zu berechnen, nicht offen stehen. Den Kunden ist nicht klar, was sie kaufen. Das ist eine Ungleichheit der Waffen, das spiegelt sich auch in der Technologie." Dasselbe geschieht mit

Das Vokabular, welches in den von Carmen Losmann (2011) aufgenommenen Sitzungen und Mitarbeitergesprächen verwendet wird, besteht größtenteils aus Fachjargon und Anglizismen, deren Bedeutung Außenstehenden zum Teil verborgen bleibt. Oft wird die Sprache verdreht oder missbraucht, um ein verantwortungsloses Handeln zu rechtfertigen. Die dabei vorgebrachten Argumente wirken in ihrer Banalität schon fast lächerlich (Ferguson: 21:25): "When dealing with this many products, this many customers, mistakes happen."

Ein gutes Beispiel von Manipulation mittels Sprache findet sich in den völlig verzerrten, inhaltlich falschen, Bonitätsbeurteilungen, welche die Ratingagenturen Moody's, S&P und Fitch zu den verbrieften Hypothekenkrediten abgaben und mit denen sie einen großen Teil ihrer Umsätze sowie enorme Gewinne sicherten. Ebenso erfunden waren die Empfehlungen der Investmentbanken, die für Unternehmen warben, von denen sie wussten, dass sie Konkurs gehen würden (*ibidem*: 18:18)[5]: "Stock analysts were being paid based on how much business they brought in. What they said publicly was quite different from what they said privately." Voss spricht ausdrücklich die vorsätzliche Benutzung eines irreführenden Vokabulars an (Bauder: 82:12): "Selbst wenn man anguckt, welche Semantik benutzt wird [bemerkt man die Täuschung]: 'Die Märkte', es gibt nicht 'die Märkte'. Wir tun so, als wäre es eine gotthafte Kraft, die über uns hereinbricht. 'Die Bank oder die Firma hat entschieden'; nein, Menschen entscheiden." Nicht nur die Namen sind erfunden, sondern auch die Inhalte bzw. Bezugsobjekte. Alle vom Immobilien- oder Derivatenhandel generierten Gewinne waren keine realen Erträge, sondern vielmehr virtuelles, vom System *ad hoc* generiertes Geld ohne jeglichen Gegenwert und ohne jegliche Garantie.

Der Ökonom und Chef-Kommentator der *Financial Times*, Martin Wolf, kommt zum Schluss, dass es (Ferguson: 32:00) "[...] in fact, in retrospect,

---

den "Dark Pools", internen Plattformen, auf welchen anonym mit Finanzprodukten gehandelt wird (2014: 173): "So undurchsichtig und beunruhigend, wie der Name klingt, sind auch die Operationen, die dahinterstecken." *Crossfinder*, der weltweit grösste Dark Pool, wird von der Credit Suisse betrieben [a.d.A.].

5 Zur gleichen Kategorie gehören die "liar loans", Kreditanträge mit falschen Angaben seitens der Käufer, oft angeregt durch kommissionsgierige Immobilienhändler.

a great big national, and not just national, global Ponzi scheme[6]" war. In diesem Kontext hat das gesprochene oder nicht klar zuschreibbare geschriebene Wort einen noch größeren Vertuschungseffekt, da es weder einem Autor zugeschrieben werden noch im Moment seiner Äußerung direkt angegriffen werden kann (*ibidem*: 80:03): "Je größer die Scheiße, desto größer die Corporate Responsibility Broschüren. Damit gibt man einen Anschein von Philanthropie."

Auffallend in unserem Filmkorpus erscheint die sprachliche Verarbeitung der Kritik seitens der Interviewpartner. In mehreren Werken tauchen Personen auf, die mit einer überraschenden Selbstverständlichkeit den uneingeschränkten Neoliberalismus verteidigen. Andere versuchen, ein positives Bild des Systems zu geben, bis sie ohne Antwort vor der Kamera stehen, eine dritte Gruppe reagiert verärgert auf die provokativen Fragen und verlangt, dass man die Aufnahme stoppt und werden verbal sehr aggressiv. Die Unmittelbarkeit des Mediums Film erlaubt es, aufzuzeigen, wie der diskursive Apparat, der manch eine Fiktion des ökonomischen Systems aufrechterhält, sich als sehr verwundbar gegenüber argumentativ fundierten Attacken erweist. Deshalb wird Wortgefechten in der Regel aus dem Weg gegangen oder erst gar kein Platz eingeräumt.

Die zentrale Rolle des Zufalls wird nicht nur in den literarischen Werken unseres Dissertationskorpus (Pombo: 2015), sondern auch in den Filmen hervorgehoben. Greg Riba erklärt die enormen Verluste gewisser Börsenmakler folgendermaßen (Allen Smith, 2009: 80:03): "Sie waren nur zur falschen Zeit am falschen Ort, das hat sie umgeworfen." Auch Rainer Voss schreibt seinen enormen Erfolg im Investmentbanking großteils Fortuna zu (Bauder: 15:10): "Wir waren zufällig da, als auch die Computer kamen und wir haben uns zufällig für Computer interessiert und zufällig für englische Bücher." In *Let's make money* metaphorisiert Wagenhofer (1:07:03) den unwägbaren Charakter der Spekulationen mit einer Szene, welche in einem Fernsehstudio spielt, wo eine Lotteriemaschine demontiert und ein Bühnenbild mit Bildern und Farben aufgestellt wird. Eine Hintergrundstimme erklärt dabei die Verantwortungslosigkeit, mit der die Makler Riesengewinne erzielen, aber auch enorme Verluste einfahren, indem sie

---

6   Eine Investitions-Betrugsmasche, ähnlich dem Schneeballsystem, erfunden vom
    Italiener Carlo Ponzi in den zwanziger Jahren.

mit einem verblendenden Diskurs fremdes Kapital aufs Spiel setzen, ohne
dafür Verantwortung zu übernehmen. Auch *Inside Job* prangert dieses an-
maßende Verhalten an (Ferguson 40:38):

> You're gonna make an extra $2 million a year, or $10 million a year, for putting
> your financial institution at risk. Someone else pays the bill, you don't pay the
> bill. Would you make that bet? Most people in Wall Street would say: "Sure, I
> would make that bet."

Die Schuldfrage in Literatur und Film

Ganz anders als in der Literatur, wird die Komplizenschaft der Politiker und
Intellektuellen bei der diskursiven Täuschung der Ökonomie im Film des
Öfteren betont, zum Beispiel wenn Wagenhofer die berühmte Mont Pelerin
Society erwähnt. Zuweilen wird die Politik als von der Wirtschaft infiltriert
und von ökonomischen Interessen geleitet dargestellt, was nicht überrascht,
wenn man bedenkt, dass zwischen 1998 und 2008 der Wirtschaftssektor
über fünf Milliarden US Dollar in Lobbying und Wahlkampagnen steck-
te. Die Erzählerstimme in *Inside Job* erklärt, dass in den USA (Ferguson:
14:00) "the Reagan administration, supported by economists and financial
lobbyists, started a thirty-year period of financial deregulation." Der Film
zeigt, wie die CEOs der Firmen befanden, welche für die Krise verantwort-
lich gewesen waren, auserwählt wurden, um die Krise zu lösen. Ferguson
kommt zum Schluss, dass "Wall Street being powerful, having lobbies,
lots of money, step by step, captured the political system, both on the
democratic and republican side." Ein Novum dieses Films ist der Frontal-
angriff gegen die Universitäten als korrumpierte und instrumentalisierte
Legitimierungsinstanz des Neoliberalismus (*ibidem*: 79:09):

> Deregulation had tremendous financial and intellectual support because people
> argued it for their own benefit. The economics profession was the main source
> of this illusion. Since 1980, academic economists have been major advocates of
> deregulation and played powerful roles in shaping US Government policy.

Es ist allseits bekannt, dass die Professoren renommierter Wirtschaftshoch-
schulen, wie der Harvard Business School, nicht von ihren akademischen
Gehältern leben, sondern dass sie auch wichtige Posten in den Verwaltungs-
räten von Großkonzernen bekleiden, da es überhaupt keine Gesetze gibt,

die sie zwingen, Vergütungen für Nebenverdienste oder daraus entstehende mögliche Interessenskonflikte auszuweisen. Derart gravierende Regulierungslücken und Übertretungen machten es möglich, dass die Handelskammer Islands renommierte Persönlichkeiten aus der Akademia und der Privatwirtschaft dafür bezahlte, dass sie einen Bericht verfassten, in welchem sie die ausgezeichnete Wirtschaftslage des Landes hervorstrichen, während Island in Tat und Wahrheit kurz vor dem Bankrott stand.

Ein Meisterwerk mit zwiespältiger gesellschaftlicher Rezeption

Oliver Stones *Wall Street* (1987), in welchem die Ausschweifungen der Börsenwelt in der mythischen Figur Gordon Gekkos ihren Ausdruck finden, war zweifelsohne die Produktion mit den weitläufigsten medialen und sozialen Auswirkungen. Eine ganze Generation junger Börsenmakler hat Gekkos Garderobe, vor allem die berühmten farbigen Hosenträger, seine Sprache und Gebärden sowie seinen Lebensstil sozusagen nachgelebt. In seinem Film war Stone sehr um eine realitätsgetreue Nachbildung der New Yorker Börse bemüht, ein nicht einfaches Unterfangen, denn die komplexe Welt der Wertpapiere, Indizes und Derivate bleibt Nichtinitiierten in der Regel verschlossen. Stone legte eine regelrechte ethnologische Studie vor, indem er selber während mehrerer Monate an der Börse, an welcher auch sein Vater arbeitete, tätig war. Seit den neunziger Jahren ist diese Innenperspektive bei der Darstellung der Wirtschaftswelt immer häufiger, vor allem in der Literatur, wo viele Autoren eine Doppelbiografie als ehemalige Unternehmensangehörige bis in höchste Kaderstellen und gleichzeitig als Schriftsteller vorweisen. Nebst seinen eigenen Erfahrungen verwertete Stone, im Sinne von Mintzbergs Work Activity School (Mintzberg, 1973/1975), Gespräche mit Investoren und Börsenmaklern und filmte sogar den Geschäftsalltag an der Börse. Der Hauptdarsteller seines Streifens ist weitgehend vom berühmten Finanzhai Ivan Boesky inspiriert, der im Jahre 1986 wegen Handels mit Insiderinformationen zu drei Jahren Gefängnis und einer Geldstrafe von 100 Millionen Dollar verurteilt wurde.

Sowohl *Wall Street* als auch seine Fortsetzung (Stone, 2010) stellen moralische Konfliktsituationen in den Vordergrund, bei denen die Darsteller
im Spannungsfeld zwischen Reichtum und Macht sowie Einfachheit und
Ehrlichkeit Entscheidungen treffen müssen, wobei der zweite Teil weitaus
moralisierender erscheint als der erste. Oliver Stone prangert die Exzesse
der Manager an, welche durch das Bonussystem verursacht werden, und
hält den Bürgerjournalismus als Kampfinstrument gegen die Übergriffe des
Neoliberalismus hoch. Einzig Winnie, die Tochter des verruchten alten
Maklers, bleibt unbescholten. Während Bud Fox im ersten Teil von *Wall
Street* seine Integrität erst auf Drängen seines Mentors aufgibt, bedient sich
der junge Akolyth und zukünftige Schwiegersohn Gekkos im zweiten Teil
schon von Beginn an moralisch verwerflicher Mittel: Um den Tod seines
Mentors, Louis Zabel, zu rächen und den Bösewicht Bretton James in den
Ruin zu treiben, verbreitet er falsche Gerüchte und bedient sich unlauteren
Wettbewerbs.

Teils aus Naivität, teils von Habgier getrieben, geht Jake auch mit Gekko
einen fragwürdigen Handel ein: Er verpflichtet sich, dem Makler wieder
affektiven Zugang zu seiner Tochter zu verschaffen, die ihren Vater aus
ihrem Leben verdrängt hat. Im Gegenzug steht ihm der alte Fuchs in finanziellen Angelegenheiten mit Rat und Tat zur Seite.

Das Drehbuch ist gespickt mit Floskeln und Stereotypen. Vor allem
Gekkos Sprache wirkt oft abgedroschen und banal, etwa wenn er sagt:
"Money's a bitch that never sleeps" (Stone: 37:30), "a fisherman recogni-
zes a fisherman from afar" (*ibidem*: 42:36) oder "relations are like bub-
bles" (*ibidem*: 57:30). Der Film nimmt alle traditionell mit der Finanzwelt
verbundenen Themen und Motive auf: die Habgier (*ibidem*: 31:17), den
unverständlichen Jargon (*ibidem*: 32:00), die Macht der Medien (*ibidem*:
18:38), die Verantwortungslosigkeit der Wirtschaftakteure (*ibidem*: 32:58),
den Kontrollverlust über ihre arkanen Geschäfte (*ibidem*: 11:21), die phi-
lanthropische Fassade der Börsenmakler (*ibidem*: 71:24) und die grund-
sätzliche Dichotomie zwischen der Sinnes- und der Gefühlswelt einerseits
und dem rationalen Profitdenken anderseits. Zwei Beispiele dafür sind die
Szenen, als Gekko in seiner Kommandozentrale die Echographie seines
Enkels am Bildschirm betrachtet, oder als der grobschlächtige Bretton James
in einem Anfall von Zorn in einem symbolischen Akt Goyas Bild *Saturno
devorando a un hijo* zerfetzt.

Spiegelung der beschleunigten Realität und des Persönlichkeitsverlusts der Protagonisten im Film und in der Literatur

Ganz anders als *Wall Street*, das einen stark dokumentarischen Charakter beanspruchte, verzichten die meisten neueren Kinoproduktionen auf einen darstellerischen Realismusanspruch und nehmen vielmehr eine Übertreibung und Karikierung der ohnehin außer Rand und Band geratenen Finanzwelt und ihrer Akteure vor. Thematisch hingegen erscheinen die Werke sehr homogen, so stellen zum Beispiel die Habgier, der schwindende Übergang zwischen Wirklichkeit und Fiktion, die Analyse der schizophrenen Erscheinungen sowohl auf der Ebene der Individuen als auch der Organisation, die unternehmerische Hybris sowie die Unmöglichkeit, das Privatleben mit dem Geschäft in Einklang zu bringen wiederkehrende Motive dar. Zum Teil zeigen Produktionen in verschiedenen Medien und unterschiedlichen Produktionsgebieten in der Themen- und Szenarienwahl frappante Ähnlichkeiten auf; so erinnert uns *El Método* (Piñeyro, 2005) sehr stark an den Roman *Marge Brute* (Quintreau, 2012).

In Piñeyros Werk wird der Besprechungsraum eines imaginären Großunternehmens namens DEIKA zum Schauplatz eines psychologischen Gemetzels unter sieben Kandidaten auf eine Kaderstelle. Die Auswahl erfolgt auf Basis der geheimnisvollen „Grönholm-Methode", gemäß der man die Kandidaten in vorgedachten Situationen interagieren lässt, damit sie sich selbst in der Gruppe nacheinander ausscheiden lassen. Während dieses schonungslosen Prozesses kommen viele Stereotypen und Verhaltensmuster rund um die Persönlichkeit der Manager zum Vorschein. So stehen bei strategischen Entscheidungen Profitkriterien vor kameradschaftlichen oder ökologischen Erwägungen. Das Wohl der Firma, das heißt die Nutzenmaximierung, rechtfertigt sogar kriminelle Handlungen. Die Einhaltung moralischer Prinzipien kann von Nutzen sein, aber nur, bis das eigene Fortbestehen in der Organisation in Gefahr gerät.

Piñeyros Werk stellt weitere Gemeinplätze über die Managerwelt dar, die von der Literatur her bekannt sind, zum Beispiel die Wichtigkeit informeller Situationen für die zwischenmenschliche Kommunikation. In den Pausen und fern vom Besprechungstisch findet der persönliche Austausch statt, werden die "mit aufgesetzter Maske" im Plenum abgewickelten Geschäfte kommentiert und kommen die wahren Persönlichkeiten zum Vorschein. Als Ana, eine der Kandidatinnen, aus dem Rennen ausgeschieden ist, entschuldigt sich Carlos für seine verletzenden Worte mit der Rechtfertigung (Piñeyro: 53:00): "Was ich vorher gesagt habe, meinte ich nicht wirklich, ich interpretierte nur eine Rolle, um das Spiel zu gewinnen." Im Film wird auch die Kompensation von sexueller Impotenz mit finanzieller Macht dargestellt, ein Thema, das schon Kultproduktionen wie *Goldfinger* (Hamilton, 1964) in den Mittelpunkt stellen, wo der habgierige Magnat Auric Goldfinger die Frauen im wahrsten Sinne des Wortes nur vergolden kann, anstatt sie zu besitzen. In der feindseligen, klaustrophobischen Atmosphäre von *El Método*, in der die Akteure stets überwacht und bewertet werden, sind die Toiletten, wie Fernando treffend bemerkt (*ibidem* 62:05), "der einzige Ort im Unternehmen, an dem wir selber sein können, an welchem wir unsere Verkleidungen abnehmen können", eine Konklusio, zu der auch der Hauptdarsteller von *El Urinario* (Silva, 2007) kommt. Während im Konzerngebäude das Auswahlverfahren im Gange ist, finden in der Stadt Demonstrationen gegen den IWF mit heftigen Ausschreitungen statt, die aber symbolischerweise im hermetisch abgeriegelten Gebäude des Unternehmens nicht einmal wahrgenommen werden. Als Nieves jedoch am Ende des Films das Gebäude verlässt, läuft sie durch verwüstete Strassen, welche wiederum die inneren Landschaften der Figuren spiegeln.

Der Neuigkeitsgehalt von *Boiler Room* (Young, 2000) besteht darin, dass er wichtige strukturelle Änderungen auf dem Finanzparkett aufzeichnet und einen neuen Schlag von Akteuren präsentiert, die sich auf der Spielwiese der Börsenspekulationen tummeln. Der Film zeigt zum Beispiel, dass die Geschäfte nicht mehr in den ehrwürdigen Hallen von Wall Street in einer berauschten, schreienden Menge geschlossen werden, sondern vielmehr von Einzelmasken vor Computerbildschirmen in strikt funktional gehaltenen, unwirtlichen Gebäuden unscheinbarer Vororte fernab der Zivilisation. Die Hauptfigur, Seth Davis, ein Frischling im Börsenhandel, verherrlicht den wirtschaftlichen Erfolg sowie die Einstellung, dass alle Mittel gerechtfertigt seien, um ihn zu erreichen.

Wie die Erzählstimme von *Floored*, erklärt auch Seth in Youngs Werk, dass durch die ständige Konfrontation mit denselben Bildern und Parolen, diese für die Betroffenen allmählich zur Wirklichkeit werden; Fiktion wird Realität. Die Charaktere von Youngs Film haben *Wall Street*, auf den im

Sinne einer Hommage immer wieder angespielt wird, so oft gesehen, dass sie in ihren Unterhaltungen ständig Zitate Gordon Gekkos einbauen. Die jungen Makler und Investoren leben in einem ungezügelten Tempo ohne biografische Referenzen, wie die zerbrochene Beziehung Seths mit seinem Vater versinnbildlicht; ihre Wohnorte sind vielmehr verödete Drecklöcher als ein Zuhause. Ihr Benehmen ist jederzeit von Aggressivität geprägt: im Büro, auf der Straße, im Ausgang und zuhause, und sie pflegen den Schein, das "act as if", das sie "Berufsästhetik" nennen.

Ein kurzer Seitenblick auf zwei weitere Filme, *Rogue Trader* (Dearden, 1999) und *Dealers* (Bucksey, 1989), bestätigt die erstaunliche Übereinstimmung der Motive und Bilder bei der Darstellung der Wirtschafts- und Finanzwelt auf der Leinwand und in der Literatur. Das erste Werk erzählt die Geschichte von Nicholas Leeson, einem Derivatehändler, der mit maßlosen Spekulationen die älteste Investment Bank Großbritanniens in den Ruin trieb. Buckseys Produktion veranschaulicht den Konkurrenzkampf im Inneren einer US-amerikanischen Anlagebank, wo sich zwei Anwärter um eine Stelle als Makler bekriegen. Beide Filme unterstreichen den fiktiven Charakter der auf der Börse gehandelten Produkte und legen den Schluss nahe, dass der Markt ein riesiges Glücksspielhaus ist, in welchem man gewinnen oder verlieren, aber keineswegs die Resultate beeinflussen kann. Manchmal ist man nicht einmal seiner eigenen Ressourcen Herr, wie Ewan McGregor, einer der Interviewpartner, gesteht (Dearden: 1:16:00): "I was running no position, the position was running me." Auch in diesen beiden Filmen treibt die Gier die Charaktere zu Lügen, Täuschungen und Unterschlagungen. So verbirgt McGregor in *Rogue Trader* mit seinem "Konto 88888" (eine Anspielung auf Jerôme Kerviel[7]) und mit immer dreisteren Dokumentfälschungen die enormen Verluste, die er mit seinen ebenso gewagten Spekulationen einfährt.

Sowohl Fetischobjekte wie zum Beispiel der rote Porsche des Hauptdarstellers, den er selbst "Sex on wheels [...], a great big penis" nennt (Dearden: 34:50), als auch der Drogenkonsum erscheinen als biografische Konstanten der Makler. Die Volatilität der Börsengeschäfte spiegelt sich im unstabilen, brüchigen Privatleben der Figuren. Wie der Hauptdarsteller von *Dealers*

---

7 http://www.tagesanzeiger.ch/wirtschaft/geld/Skandalbanker-kommt-frei--und-die-Franzosen-freuen-sich/story/11584585 (27.7.2014).

analog zu Rainer Voss (Bauder, 2013) bemerkt, nimmt die Arbeitswelt die
Menschen voll und ganz ein (Bucksey: 50:21): "Nobody can think about
anything else than the market". Das geht so weit, dass jemand, der seinen
Posten verliert, plötzlich ohne jeglichen privaten Bezugspunkt dasteht.
Robby Barrell (Bucksey: 42:54) bleibt nach seiner Entlassung nicht einmal
ein Daheim, er haust in einem Hotel, von seinen ehemaligen Kollegen verlassen und schon nach ein paar Tagen in Vergessenheit geraten. Seine einzige
Zuflucht bleiben die Drogen, wie er dem Protagonisten erklärt (*ibidem*:
51:02): "They are my friends, Danny. I can rely on them."

Die neueste Filmproduktion, die sich mit der Welt der Spekulation auseinandersetzt, ist der monumentale *The Wolf of Wall Street* (Scorsese, 2013).
Ausgehend von den Memoiren des ehemaligen Aktienhändlers Jordan Bel-
fort zeigen uns Scorsese und DiCaprio, dass auch die Wirtschaftselite nicht
von vergangenen Fehlern lernt, weil die Habgier stärker ist als der Verstand.
Schon am Anfang des Films erklärt der Veteran Mark Hanna dem Neuling
Belfort, was wirklich zählt: Geld, Kokain – das er mit dem Spinat von Popeye vergleicht – und Prostituierte. Die Anfangsszene im Restaurant zwischen
Mentor und Schützling fasst den Zynismus und die Dekadenz des auf die
Spitze getriebenen Hedonismus pointiert zusammen. Sie kündigt auch die
satirische Gewalt an, die den gesamten Film durchziehen wird, zum Beispiel
in der Szene, als das Schweizer Bankensystem auf die Schippe genommen
wird und die Bankiers die Dokumente des FBI und der Steuerbehörden als
Toilettenpapier benutzen.

Das Werk zelebriert sowohl die intimen als auch die Gruppenexzesse,
in welchen so viele Drogen konsumiert werden, dass man "Manhattan,
Long Island und Queens einen Monat lang high machen könnte" (Scorsese:
3:45). Mit einer testosterongeladenen Sprache verlässt Belfort zuweilen
die fiktionale Ebene und spricht die Zuschauerschaft in metatextuellen
Klammerbemerkungen an, um uns gewisse Aspekte und Regeln der Welt,
in der er lebt, zu erklären. Zum Beispiel bestätigt er, dass die Arbeit an der
Börse rein diskursbasiert ist und vielmehr eine Frage von Vertrauen als
von Vernunft. Es geht im Wesentlichen darum, den Kunden möglichst viele
Wertpapiere zu verkaufen, von denen niemand wirklich weiß, wie viel sie
am nächsten Tag wert sind (*ibidem*: 9:28): "Nobody knows if a stock is
going up, down, sideways or in fucking circles. It's all a Fugazi, a fake, fairy
dust, it doesn't exist. It's not fucking real. [...] We don't build shit, we don't

fucking create anything." Die Entkoppelung der Realität zeigt sich auch in der zunehmenden Arroganz der *Masters of the Universe*, zum Beispiel im Umgang Belforts mit den FBI-Agenten, die versuchen, ihm auf die Schliche zu kommen oder in seinen Ansprachen an das Personal: "Fuck you, USA, fuck you."[8] Auf persönlicher Ebene wohnen wir einem kompletten Zerfall des Hauptdarstellers bei.

Belforts abenteuerliche Heimkehr vom Country Club in seinem Lamborghini Countach symbolisiert die blinde, selbstzerstörerische Macht des ungezügelten Neoliberalismus. Interessanterweise scheidet Scorseses Film die Gemüter, so wie es *Wall Street* am Ende der achtziger Jahre schon tat. Gewisse Kritiker interpretieren das Werk als Versuch, die Korruption und die Gier als etwas Lustiges und sogar Erstrebenswertes darzustellen. Es ist erstaunlich, wie literarische oder filmische Werke, die gesellschaftlich verwerfliche Haltungen porträtieren, seitens des Publikums durchaus eine Faszination für die unmoralischen, aber erfolgreichen Protagonisten hervorrufen. Antihelden wie Gordon Gekko können sogar zu Vorbildern für eine ganze Generation werden. Auch fast schon fiktiv erscheinende Gestalten, wie der französische Banker Jerôme Kerviel, sind auf dem besten Weg dazu.

Zusammenfassung

Die Filmproduktionen der jüngsten Gegenwart, die sich mit der Welt der Finanzen und deren verheerenden Auswirkungen auf Individuum und Gesellschaft befasst, weist große Affinitäten mit ihrem literarischen Pendant auf. Sie porträtieren eine künstliche, von Manipulation geprägte Umgebung, die durch ihre exponentiell wachsende Komplexität und Beschleunigung die Menschen von der „realen" Welt entkoppelt. Die Verdrehung findet hauptsächlich auf einer sprachlichen Ebene statt, durch die vorsätzliche Benutzung einer irreführenden Semantik. Diese sprachliche Entlarvung, die wir auch in der Literatur beobachten, wird im Medium Film durch die Kombination mit Bild und Ton noch zusätzlich verstärkt. Nebst einer großen Bemühung um Realitätsnähe ist den beiden Medien eine Übereinstimmung

---

8 Köhler (2014) zählt 506 Verwendungen des Wortes "fuck" im Film, wo die Vulgarität an der Tagesordnung steht, sowohl in der Sprache als auch im Verhalten der Charaktere.

der Motive und Bilder bei der Darstellung der Wirtschaftswelt gemeinsam. Ebenso bedienen sich Filmemacher wie Literaten bei der Darstellung
der Szenarien und ihrer Figuren, die sie oft von ehemaligen Insidern aus
erster Hand erzählt bekommen, einer kanonischen Bilderwelt, bei der auch
Fetischobjekte eine immer wiederkehrende Rolle spielen. Die Spielmetapher
und die Figur des Zauberlehrlings dominieren das Genre und werden in den
Dokumentarfilmen von den Interviewten auch angeführt, um ihren Kollegen
die Schuld abzuerkennen und sie als Opfer einer volatilen, übertechnolo-
gisierten Welt darzustellen, derer sie nicht mehr Herren werden konnten.
Verwunderlich erscheint dabei, welche Faszination verruchte Figuren wie
Gordon Gekko mit seinem „Greed is good" oder 25 Jahre später Jordan
Belfort beim Publikum zu wecken vermögen und wie, zumindest ersterer,
zum Vorbild einer ganzen Generation werden konnte.

Quellenverzeichnis

Augé, Marc: *Non-lieux: introduction à une anthropologie de la surmoder-
nité*. Editions du Seuil: Paris 1992.

Korte, Jens: *Rettet die Wall Street – Warum wir die Zocker brauchen*. Orell
Füssli: Zürich 2014.

Mintzberg, Henry: *The nature of managerial work*. Harper & Row: New
York 1973.

Mintzberg, Henry: "The manager's job: folklore and fact." *Harvard Business Review*, 53, July/August, S. 49–61.

Quintreau, Laurent: *Marge Brute*. Denoël: Paris 2006.

Pombo, Manuel: *Trueques discursivos entre Literatura y Management*.
Dissertationsmanuskript, 2015.

Silva, Lorenzo: *El Urinario*. Destino: Barcelona 2007.

Wolfe, Tom: *The bonfire of the vanities*. Farrar, Strauss & Giroux: New
York 1987.

Filme

Master of the Universe. R.: Marc Bauder. Drehbuch: Marc Bauder. D:
bauderfilm 2013.

Let's make money. R.: Erwin Wagenhofer. Drehbuch: Erwin Wagenhofer.
A: Allegro Film 2008.

Work Hard, Play Hard. R.: Carmen Losmann. Drehbuch: Carmen Losmann. D: ZDF/ARTE 2011.

Goldfinger. R.: Guy Hamilton. Drehbuch: Paul Dehn & Richard Maibaum. GB: United Artists 1964.

Inside Job. R.: Charles H. Ferguson. Drehbuch: Chad Beck & Adam Bolt. USA: Sony Pictures Classics 2010.

Floored. R.: James Allen Smith. Drehbuch: James Allen Smith & Andrew McAllister. USA: TraderFilm 2009

El método. R.: Marcelo Piñeyro. Drehbuch: Mateo Gil. ARG/E/I: Tornasol Films, Arena Films, Cattleya 2005.

Wall Street: Money Never Sleeps. R.: Oliver Stone. Drehbuch: Allan Loeb & Stephen Schiff. USA: Twentieth Century Fox Film Corporation 2010.

The power and the glory. R.: William K. Howard. Drehbuch: Preston Sturges. USA: Fox Film Corporation 1933.

Wall Street. R.: Oliver Stone. Drehbuch: Oliver Stone & Stanley Weiser. USA: Twentieth Century Fox Film Corporation 1987.

The Wolf of Wall Street. R.: Martin Scorsese. Drehbuch: Terence Winter. USA: Red Granite Pictures 2013.

Boiler Room. R.: Ben Younger. Drehbuch: Ben Younger. USA: New Line Cinema 2000.

Citizen Kane. R.: Orson Welles. Drehbuch: Herman J. Mankiewicz & Orson Welles. USA: RKO Radio Pictures 1941.

Natalie Roxburgh
(University of Siegen)

Entertainment, Optimization, and Self-Medication in *The Wolf of Wall Street*

In a tradition of films that deal with the culture of Wall Street — *Wall Street* (1987), *Wall Street: Money Never Sleeps* (2010), *American Psycho* (2000), *Boiler Room* (2000), *Margin Call* (2011), and *Limitless* (2011), to name only a few — Martin Scorsese's *The Wolf of Wall Street* (2013) seems to fit the bill. The film is based on the memoirs of Jordan Belfort, a stockbroker-turned-motivational speaker who wrote his life story while in federal prison, and it provides a first-person account of Belfort's hedonistic rise to the 'one percent' in the late 1980s and early 90s. A voice-over by Leonardo DiCaprio, playing Belfort, narrates the many highlights of the life of a proud "former member of the middle class" who now owns a yacht and various other luxury properties, drives a Ferrari, is married to a model, loves gambling, alcohol, and prostitutes, and has been federally indicted for financial fraud. The year he turned 26, he brags, he earned 49 million dollars through his own brokerage firm, Stratton Oakmont, and he was disappointed that it was not even more. Through the film's initial montage sequence, Belfort is shown to be obscenely rich, as the film redefines what is entailed by a form of obscenity afforded by a seemingly limitless capacity to accumulate wealth. One way this is achieved is through the presentation of Belfort's almost sublime consumption of drugs.

This paper will read the film version of *The Wolf of Wall Street* next to Belfort's own memoir of the same title, published by Random House in 2007. The film, more so than the memoir, asks the viewer to consider whether ingesting drugs contributes to his capacity to do his job. Drugs in the film — whether they are used for entertainment, optimization, or self-medication — have the effect of extending the work day and transforming a sense of labor time. Here, 'business fictions', the title of the present volume, has to do with the blending of these categories. It is problematic to assume that entertainment is the goal when an economy encourages or requires taking substances in order to participate in it, when health has become

absorbed by consumer capitalism. While many critics have argued that the
film is a celebration of a self-aggrandizing and immoral character (which
it is), this paper will, in a second step, put the *The Wolf of Wall Street* in
the context of other films about Wall Street culture in order to examine the
ways it asks viewers to reflect on the type of human asked to perform a job
which requires long and intense high-stress hours.

The beginning of Belfort's memoir reads like an eighteenth-century English novel insofar as it justifies its excesses from the outset with the promise
that what the reader is about to encounter will ultimately serve a moral
purpose. "[W]hat I sincerely hope", Belfort declares, "is that my life serves
as a cautionary tale to the rich and poor alike; to anyone who's living with
a spoon up their nose and a bunch of pills dissolving in their stomach sac;
or to any person who's considering taking a God-given gift and misusing it;
to anyone who decides to go to the dark side of the force and live a life of
unbridled hedonism. And to anyone who thinks there's anything glamorous
about being known as a Wolf of Wall Street".[1] It is difficult to know how
one should read this ostensibly sincere statement, for what follows is a
manic, slightly picaresque, and seemingly celebratory account of Belfort's
adventures leading up to and during his time running Stratton Oakmont.
It is, in other words, difficult to take seriously the moral imperatives of the
prologue when the body of the text and its conclusion seem to enjoy the
final outcome of these excesses. And, at least in Belfort's version of things,
drugs are associated with entertainment.

In a final appendix to the memoir's second edition, which also announces
the fact that the book has subsequently been made into a film, a bio blurb
boasts that Belfort "is now a successful motivational speaker".[2] In his cur-
rent job, he teaches people to be just like him — to get rich by becoming
good at the sell. However, Belfort also writes at the end of his memoir that
once he got clean, "without Quaaludes and cocaine, I no longer had the
stomach for [my brokerage business]".[3] A critical reader might ask the

---

1   Belfort, Jordan. "Real-Life 'Wolf of Wall Street': 'It Was Awful What I
     Did, But I Was on Massive Amounts of Drugs." *The Hollywood Reporter*.
     27 Feb 2014. http://www.hollywoodreporter.com/news/wolf-wall-street-jordan-
     belfort-682968, p. 11.
2   Id., p. 519.
3   Id., p. 495.

question of which parts of his life Belfort is selling in his memoir, a question that is even better posed within Scorsese's film. And, when Belfort links drugs to being able to do his job, one also gets the sense that drugs are not just used for entertainment purposes.

While the memoir explicitly provides dire warnings about dangers of drug addiction and at the same time exuberantly embraces the excesses of the broker lifestyle, the film is unclear about whether Belfort needs his uppers and downers to function or whether he is having fun. The film version of *The Wolf of Wall Street* does its best to be consistently obscene, and in the first five minutes comprising the establishing shots of the film, if the viewer has any qualms about the excesses of the "one percent" (a term the film uses explicitly), he or she likely feels disgust. While nearly all films about Wall Street feature some drug use, Scorsese pushes the envelope. For this reason among others, many critics have viewed the film as an insipid celebration of a problematic culture, prompting film critic David Edelstein to call it a "willfully indiscriminate" "worship of masculine energy" that renders viewing the film an "endurance test".[4] The objective here is not to ameliorate disgust or to argue that the film is ultimately a critique of Wall Street, like DiCaprio did when he called the film "a cautionary tale"[5] and Jordan Belfort himself did when he said the film was obviously "an indictment".[6] Nor is my purpose to write the film off as a mundane glorification of hedonism like Edelstein did. Rather, it is to complicate the assumption that drug use is associated with entertainment alone and, if this is the case, to explore further implications.

There are various intertextual references in *The Wolf of Wall Street*. For one, Belfort's early comment that "money makes you a better person" provides a moral foil for the film's most obvious influence, *Citizen Kane* (1941), in which Charles Foster Kane says, "If I hadn't been rich, I could've been

4   Edelstein, David. "Edelstein: *The Wolf of Wall Street* Is Thumpingly Insipid." *Vulture*. 23 December 2013. <http://www.vulture.com/2013/12/movie-review-the-wolf-of-wall-street.html>.

5   Fleming Jr., Mike. "Wolf of Wall Street's Leonardo DiCaprio on Creating Fact-Based Black Comedy Without Glorifying Crooks." *Deadline*. 30 December 2013. <http://www.deadline.com/2013/12/wolf-of-wall-street-leonardo-dicaprio/>.

6   Belfort, Jordan, 2014.

a great man". The office party Belfort throws for his company featuring a half-naked marching band also evokes Orson Welles's masterpiece, but the film ups the ante on moral devolution through an even more conspicuous and dehumanizing disposal of excess wealth. The film hearkens specifically to other films about Wall Street, as well, in its constellations of characters as well as in its staging of corruption, exposure, and legal consequences. Interestingly, however, drug use is not emphasized as strongly as in other films about Wall Street. For example, in Oliver Stone's *Wall Street* (1987), Gordon Gekko is a smoker. In the sequel, *Wall Street II: Money Never Sleeps* (2010), smoking is condemned by Gekko's daughter. In both, prostitution and alcohol consumption are represented, but drugs are hardly a highlight. In Mary Harron's *American Psycho* (2000), based on Brett Easton Ellis's 1991 novel of the same title, drug use is eclipsed by other excesses, such as murder.

While drug use is minimally emphasized in other films about Wall Street, linking the production of new drugs to Wall Street seems to be a theme. For example, at the beginning of the first *Wall Street*, traders murmur about a "hot new drug. Stick to the fundamentals — that's how IBM and Hilton were built". Drugs are a sure sell, the experienced traders all concur. Ben Younger's *Boiler Room* (2000), another film about Jordan Belfort, opens with a similar conversation. Like Stratton Oakmont, J.T. Marlin is based in Long Island rather than Manhattan. The film features a protagonist who begins his career as having established an illegal casino and becomes a stock broker, which he finds even more unethical than his illegal operation. In the end, he helps the FBI in its investigation and the indictment process. Besides a few references to alcohol and a comment that "I went the white boy way of slinging crack-rock — I became a broker", the film represents very little drug use, but it, like *Wall Street*, also refers to pharmaceutical products sold as IPOs that have recently received FDA (Food and Drug Administration) approval.

By contrast to other films, drugs use is featured in most scenes in *The Wolf of Wall Street*. And in the early shots, it looks as if Belfort is using them for entertainment. During the early overview of Belfort's excess-oriented lifestyle, the film jump cuts to an image of Belfort blowing cocaine through a tube into a prostitute's anus. The next scene cuts to Belfort, under the influence, crash landing his private helicopter in his back yard. Belfort says,

"Oh yeah, and I love drugs". Addressing the camera directly, he says: "On a daily basis, I consume enough drugs to sedate Manhattan, Long Island, and Queens for a month. I take Quaaludes 10–15 times a day for my 'back pain', Adderall to stay focused, Xanax to take the edge off, pot to mellow me out, cocaine to wake me back up again, and morphine, well, 'cause it's awesome". There are almost more drug references than one can count in this three-hour long film. "But of all the drugs under God's blue heaven", Belfort says, "there is one that is my absolute favorite", and the film cuts to a close-up of a razor blade lining up a rail of cocaine. "See, enough of this shit will make you invincible", Belfort remarks as he instrumentalizes a rolled up 100-dollar bill to snort his line. "And I'm not talking about this", he says, referring to the white powder. "I'm talking about this". And he unrolls the Benjamin he has just put to use, shows it to the camera, balls it up, and chucks it into the wastepaper basket. "Money is the best drug. It makes you a better person", he insists. Making money is the primary addiction in the film. Addictions are not only produced through substances but also through activities that excite natural brain chemicals, such as working in the boiler room, masturbation, sex, gambling, consuming, and so on.

What is at stake in this film is the interplay between pharmaceutical products — drugs and medications — and the demands of capital. Capital is a flow and not a thing. When the flow is disrupted, a crisis ensues. Speeding up the flow of capital is tantamount to producing more of it, and there are always pressures to do so.[7] Those who work with it in its most concentrated form — traders or brokers — might have certain pressures to ensure its speed and consistency even when they cannot predict its various turns. In *Young Money* (2014), Kevin Roose makes the cultural consequences of this very clear. In order to work on Wall Street, he says, "there are some fairly strict preconditions. You have to be pleasant, polite, and attentive to detail. You have to be able to work three consecutive twenty-hour days without having a nervous breakdown or falling asleep on your keyboard. You have to know how to calculate the present value of future cash flows, how to make small talk about the Yankees, and, ideally, how to write a coherent memo to your boss after your third Jäger Bomb".[8] Drugs are part and parcel of how the

---

7   Harvey, David 2010, p. 41.
8   Roose, Kevin 2014, p. ix.

job works. They are not only used for entertainment, but also as a form of medication — they make one fit to do one's job. This description is closer to what Jonathan Crary discusses in *24/7: Capitalism and the Ends of Sleep* (2014), in which the biological human is gradually dismantled and modified through enhancements that ensure that he or she serve capital.

In summary, stressful but simultaneously pleasurable labor might produce effects or symptoms — such as fatigue, tiredness, boredom, etc. — that require interventions. These interventions often come from consumable products, which also feed back into the general flow of capital. The question of defining fitness for participation in an economy is, of course, not one that should be asked of Wall Street alone, but being closer to capital and its demands might exacerbate (or exaggerate) a need for these products.

The Wolf of Wall Street, more than other films of its type, registers the cultural ramifications of financial deregulation. The beginning of Belfort's story coincides with the early stages of neoliberalism, or the doctrine that market activity is ethical in itself, a political ideology that accompanied financial deregulation.[9] It is an understatement to say that the deregulation of finance in the 1970s and 80s was more than just a Wall Street phenomenon. Policy in the last few decades has had a big impact on medicine, as well, helping to turn *medications* — distinguished from *drugs* by their being used to treat a disease or an illness — into products of a consumer marketplace. Sociologist Peter Conrad discusses a transformation of patients into consumers beginning in the 1980s, which coincides with the collapse of medical gatekeeping and the turn to a market for medical solutions. In the United States, revisions to the FDA (Food and Drug Administration) regulations in 1997 allowed for the promotion of off-label usage for medications and treatments.[10] While before the public was told by doctors which pharmaceuticals should be used for each medical affliction, after this set of revisions, patients were seen as consumers, ones who were called upon to "ask their doctors if such-and-such a drug is right for them".[11]

---

9 Harvey, David. *A Brief History of Neoliberalism*. Oxford U P: Oxford 2005. Print, p. 3.

10 Conrad, Peter: "The Shifting Engines of Medicalization." *Journal of Health and Social Behavior* 46.1 (2005): 3–14. Print, p. 10.

11 Id., pp. 5–6.

Outside of medicine is the black market, or the unregulated market for drugs as opposed to the regulated market of medications. Many drugs available on the black market were once considered medications, such as cocaine and the prominent sedative in *The Wolf of Wall Street*, Quaaludes (which, despite Belfort's stated excuse for using them, was never prescribed to treat back problems). Synthesized in 1951 as Methaqualone, Quaaludes were introduced in the US by William H. Roher in 1965 as a sleeping pill. Advertised in 1971 as a product that "produced no hangover or drugged after effects in the morning",[12] users — like Belfort and his cohort — quickly found that the substance produced a very good high. With sustained use, Quaaludes also produce addiction because of painful withdrawal effects. These products, which encourage chemical dependence, became known as drugs for optimizing or enhancing affect, and this meant that consumer demand increased rapidly, to such a degree that, by 1984, Congress moved Quaaludes — by then produced by Lemmon Pharmaceuticals — to Schedule 1, the list of drugs with no therapeutic value, alongside cocaine and heroin.[13] For drug historian David Herzberg, Quaaludes represent the pharmaceutical industry's precarious balance between medicine and profit, reminding physicians that they were part of a "postwar pharmaceutical system increasingly premised on the pursuit of profit as well as the delivery of therapy".[14] He writes: "The Quaalude clinic trials hinged on a single central issue: what is the difference between 'prescribing' and 'drug trafficking'? … Prescribing was noncommercial, while trafficking fed abuse and addiction; prescribing was the exclusive hallmark of a respectable profession, while trafficking could be practiced by anyone".[15] Quaaludes provide an interesting product upon which to reflect on the relationship between the regulated and unregulated markets, which corresponds to the difference between treating a medical affliction and getting high. If the

---

12 Herzberg, David: "Busted for Blockbusters: 'Scrip Mills', Quaalude, and Prescribing Power in the 1970s." *Prescribed: Writing, Filling, Using, and Abusing the Prescription in Modern America*. Eds. Jeremy A. Green and Elizabeth Siegel Watkins. The Johns Hopkins University Press: Baltimore 2012. 207–231. Print, p. 215.

13 Id., p. 231.

14 Ibid.

15 Id., p. 211.

boundary between drugs and medications is unstable, what seems also to be at stake is a blurred distinction between being entertained and self-medicating in order to meet the needs of a particular lifestyle governed by a consumer economy, as the very notion of health has become increasingly tied to consumer capitalism.

A closer look at some of the scenes in *The Wolf of Wall Street* might help one to address the question of whether the needs and capacities of finance have grown away from the needs and capacities of the non-medicated human. A key scene is when Belfort takes his first job in 1987. From the moment he begins to work as a broker, he says in retrospect, he was "hooked in seconds — it was like mainlining adrenaline". It is important to note that, in the beginning, Belfort is not a drug user — he is 'high' on his natural brain chemicals. To become a user, he requires the mentoring of Mark Hanna, played by Matthew McConaughey. Comparing the script to the film, one observes that most of this scene was improvised, and McConaughey lays it on thick, inventing the rhythmic chest-beating that will unite Belfort's own community of brokers later in the film.

This scene is also key to unravelling the mystery that FBI agent Denham puzzles through later in the film. For most people he investigates for fraud, he says "[t]heir father was a douchebag before them, and his father before that. But you, you got this way all on your own. Good for you, Jordan". For Charles Foster Kane, corruption through money was a forgone conclusion from the outset. For Jordan Belfort, playing at a different level of capital accumulation with different levels of required corruption, medication would be necessary. Cocaine and Quaaludes (uppers and downers) will become the medication to treat the individual who, in his natural state, may not be fit for a job that gives him the primary high he so craves: making money.

When Belfort declines having a martini and a line of cocaine at (or instead of) lunch on his first day, Hanna educates him in Wall Street basics, which includes not bothering to look out for the interests of clients in order to efficiently siphon off their money and using lots of drugs. "It's his first day on Wall Street", Hanna tells the waiter. "Give him time", he says after his lunch-time toot. When Belfort asks him how it is possible to get high and work afterwards, Hanna replies, "How else would you do this job?" There are, according to Hanna, two keys to success in the broker business. Hanna tells him his advice is "not a tip. This is a prescription. [...] First of all, you gotta stay relaxed". For this, Hanna admits to masturbating twice a day. "Think about it — you're dealing with numbers. Second, cocaine. It will keep you sharp between the ears and help your fingers dial faster". Hanna's prescription (which seems to have a medical connotation as well as a colloquial one) for how to do a job that requires one to deal in "fucking digits kick, kick, kick, all very acidic above the shoulders mustard shit" is to keep oneself medicated. This form of medication is not regulated — one self-medicates through products available on the black market. The description complicates the notion that Belfort's drug addiction stems from his motivation to be entertained — he gets hooked because of the nature of his work and because of his primary drive to make money.

Belfort takes Hanna's advice, using Quaaludes and cocaine (in addition to many other drugs) like clockwork, even talking about a need to "take [his] drugs right" in order to deal with particular challenges. After Hanna's company goes under, Belfort builds a lucrative brokerage firm, selling pink sheets — penny stocks that yield a 50 per cent commission — to unwitting rich investors, using his skills of turning less-than-successful companies into products investors come to want through a brilliant sales pitch technique. His company is designed to lure in the 'one percent': "Once we've suckered them in, we unload the dog shit". Two hours later in film time, this "pump and dump" strategy — which is illegal — catches up with him, and he has to pay the piper, which is a plot device common to films about Wall Street.

Before the denouement, in which Belfort is arrested and sentenced, the viewer is treated to many of Belfort's hedonistic adventures, and each might be analyzed in the context of the blurred distinction between drugs and medication. These include many parties, a trip to Switzerland filled with money laundering and debauchery, and a moment when Belfort's yacht seems to be sinking and he demands his cocaine because he is "not gonna die sober!" One scene in particular stands out: when Belfort and Donnie Azoff overdose on Quaaludes. In this scene, the two fail to anticipate the onset of the drug action for Lemmons bought on the black market years after their production. Both Belfort and Azoff are reduced to writhing, twitching messes, what Belfort designates as "a new stage" in his own taxonomy of Quaalude drug action: the "carpal tunnel phase", which comes after the "tingle phase", the "slur phase", the "drool phase", and the "amnesia phase". Azoff begins to choke on a piece of food and might die. Belfort helplessly squirms around on the floor. In order to save Azoff, Belfort must correct the effects of the Quaaludes by snorting cocaine. In this scene, which features Popeye eating spinach playing on the TV in the background, an economy of drug action is presented in such a way that these products are shown to produce demand for one another. These substances may produce demand for themselves through withdrawal symptoms, but they produce demand for each other through their side effects. The film's exaggerated treatment of drugs seems to be pointing at the fact that, while Belfort and his cohort have mastered the art of using drugs for being fit for various activities, one cannot always control the outcome — very much like the markets, if one takes into account Hanna's statement that "nobody knows if a stock is gonna go up, down, sideways or in fucking circles, least of all stock brokers, right?"

While drugs — as medications — work imperfectly in *The Wolf of Wall Street*, the way they are used suggests yet another function, and that is optimization: taking a drug to enhance oneself for competition. This function is one heavily debated in the field of behavioral finance, and reflects a culture somewhat different from Belfort's time working as broker. Today, Roose says, drug use is different from the 1980s: "The stereotype is that they're all on cocaine all the time. But actually, the most common drug I heard about people using was Adderall. These people are not taking drugs to go out and party; they're taking drugs so that they can stay up longer and work more".[16] Fitness, both physical and mental, is imperative so that brokers can operate at maximum efficiency. For this, optimizers like Adderall are used for concentration, improved performance, and a hangover cure (Comstock). The product is being used "off label" (since it is unlikely that these workers have been diagnosed with ADHD). Whether it should be called a drug, a medication, or an optimizer becomes especially difficult to determine if it becomes impossible to compete without it.

In this respect, *The Wolf of Wall Street* seems closer to a work of speculative fiction — hearkening to the drug "soma" in Aldus Huxley's *Brave New*

---

16 Quoted in Swab, Andy. "Adderall not Cocaine: Inside the Lives of the Young Wolves of Wall Street." *PBS News Hour — Making Sense*. 18 February 2014. <http://www.pbs.org/newshour/making-sense/adderall-cocaine-inside-lives-young-wolves-wall-street/>.

World (1931), for example — than it does to more realist films about Wall Street. In this sense, it has more in common with the film adaptation of Alan Glynn's *The Dark Fields* (2001). The notion of the drug that is required in order to win the game of finance is explored by the aptly named adaptation, *Limitless* (2011), whose theater release advertisement even took the form of a drug ad. The film features a fictional smart drug, or nootropic, called NZT-48, which works like a much-improved version of a stimulant currently on the market for treating ADHD, Adderall, which Belfort also admits to taking. Tellingly, this product produces its own demand: If one fails to take it, the withdrawal effects include death. The upshot is that it renders the user smarter than everyone else, more alert, and more capable of doing any job. And judging by the main character's bright blue eyes when he is intoxicated, it seems to provide a pretty good high — as well as being pleasurable or entertaining — as well. NZT-48, even more so than cocaine and Quaaludes, mixes the three categories entertainment, self-medication, and optimization.

Eddie Morra (played by Bradley Cooper) begins as a disheveled and depressed novelist with writer's block who is offered NZT-48 on the black market but is told that the drug is a product with pending FDA approval (which we find out later is not the case). After he finishes his book manuscript in a matter of hours, Morra does the next likely thing — he goes to Wall Street, where, on the drug, he immediately rises to the top as a broker. Since, after a time, the financial game can only be won while being under the influence of NZT-48, Morra soon finds it necessary to protect his supply to prevent others from getting access. Further, where *Limitless* departs from the novel is significant: in the end, Morra finds a way to manufacture the drug because the drug itself is the means by which one wins the game. In the novel, he gets off the drug. *Limitless* anticipates a future in which the drug action serves capital accumulation in such a way that amassing the drug and controlling its means of production is tantamount to amassing capital, a practice that narrows "the range of behaviors that can function effectively or successfully in most contemporary institutional contexts".[17] To be fit for winning the game of finance is to be on the pill. It is the ultimate drug of an ultimate zero-sum game.

---

17 Crary, Jonathan: *24/7: Late Capitalism and the End of Sleep*. Verso: New York: 2013, p. 56.

By contrast to the way Roose describes drug use in post-2008 Wall Street culture, drugs in *The Wolf of Wall Street* seem to work imperfectly, and their excesses — or side effects and withdrawal symptoms — do not always mean that Belfort and his associates remain fit for the job. And, very often, they pay dearly for their pleasures in pain. This is what gives the film its dark comedy vibe. It is somewhat tragic to see the extremes to which a human body can be put when intoxicated on a wide variety of chemical substances, but through DiCaprio's somewhat manic voice-over, these scenes are rendered hilarious, they are neutralized, in retrospect. The plethora of drugs surrounding Belfort and his colleagues seems to reflect not only a need for getting high or having fun, but also a means of remaining fit when the excesses of one drug need to be balanced through the drug action of another. In this way, the film moves beyond critiquing Wall Street. It implicates a general economy in which all participate. In this economy, fitness and health seem to be unstable categories dependent upon the needs of capital, and the individual may already be rigged — chemically or otherwise — for taking pleasure in accumulating it.

Returning to the critical potential of *The Wolf of Wall Street*, it is important to note that its leitmotif is how to sell products. It begins with a TV advertisement for Stratton Oakmont, Belfort's firm. In the middle, Scorsese weaves in a commercial for Belfort's consulting services, the career change he makes after getting clean. The film ends with one of Belfort's sales pitch seminars, featuring a cameo of the real Jordan Belfort who introduces DiCaprio's character. This final scene is set abroad, showing wide-eyed New Zealanders brimming with desire, eager to learn how to sell. "Sell me this pen", Belfort urges one of them, and the audience member falters in his attempt. This man is still clearly living a life in the "normal world" that Belfort is happy to have left behind, and who wants to live there? Are *we* sold? Are we ready to ask our doctor if Belfort's lifestyle is right for us?

The way in which one interprets Scorsese's *The Wolf of Wall Street* might have something to do with the way one registers the sales pitch. For some, Belfort's life may be a model for how to chase after the American Dream. Others are not buying — perhaps they see Belfort's worldview as an aberration, one of the 'few bad apples' responsible for the 2008 crisis. But perhaps there is a third point of view: those who remember Belfort's attitude towards his customers. One might remember the scene in which

Belfort flips his customers the bird with the deepest of disdain as he sells to them over the phone. With such a memory, it might then become difficult to say yes to the "dog shit" that will inevitably come after the initial buzz from the buy (one that, one customers says, makes him want a beer — "this is fun! "). The paradox is that, if we take up a model of demand as productive desire, it might also become difficult, knowing that we might be buying products — and in this case, a lifestyle — from salespeople who regard us as objects for facilitating the flow of capital, to just say no.

In one of the final scenes, one wonders what Agent Denham is thinking on the subway ride home as he gazes at the "normal" people living in the normal world around him. Is he thinking back to the moment when he was also on the path to becoming a broker? Does he have deep regrets that he hasn't stayed in the game of finance, as Belfort assumes? Scorsese leaves this penultimate scene open-ended, and the thoughts the viewer attributes to Agent Denham might have something to do with the extent to which she is already conditioned — physically and ideologically — to meet the demands of capital. What Scorsese's version of Jordan Belfort's story reveals is not only a shift in the way drugs are integrated into work practices — which one can register by accounting for a blurred distinction between entertainment, self-optimization, and self-medication. A 'normal' life in *The Wolf of Wall Street* is a substance-enhanced one, a life that, at the end of the day, Jordan Belfort still seems to be selling.

List of References

Belfort, Jordan: "Real-Life 'Wolf of Wall Street': 'It Was Awful What I Did, But I Was on Massive Amounts of Drugs." *The Hollywood Reporter.* 27 Feb 2014. <http://www.hollywoodreporter.com/news/wolf-wall-street-jordan-belfort-682968>. Web.

—. *The Wolf of Wall Street.* 2007. Hodder & Stoughton: London 2008. Print.

Boiler Room. Dir. Ben Younger. Perf. Giovanni Ribisi, Vin Diesel, Nia Long, Ben Affleck. New Line Cinema, 2000. DVD.

Citizen Kane. Dir. Orson Welles. Perf. Orson Welles, Joseph Cotten, Dorothy Comingore. RKO Radio Pictures, 1941. DVD.

Comstock, Courtney: "Wall Street's Favorite Drugs." *Business Insider.* 10 May 2011. <http://www.businessinsider.com/wall-streets-favorite-drugs-2011-5?op=1>. Web.

Conrad, Peter: "The Shifting Engines of Medicalization." *Journal of Health and Social Behavior* 46.1 (2005): 3–14. Print.

Crary, Jonathan: *24/7: Late Capitalism and the End of Sleep.* Verso: New York: 2013. Print.

Edelstein, David: "Edelstein: *The Wolf of Wall Street* Is Thumpingly Insipid." *Vulture.* 23 December 2013. <http://www.vulture.com/2013/12/movie-review-the-wolf-of-wall-street.html>. Web.

Fleming Jr., Mike: "Wolf of Wall Street's Leonardo DiCaprio on Creating Fact-Based Black Comedy Without Glorifying Crooks." *Deadline.* 30 December 2013. <http://www.deadline.com/2013/12/wolf-of-wall-street-leonardo-dicaprio/>. Web.

Harvey, David: *A Brief History of Neoliberalism.* Oxford U P: Oxford 2005. Print.

Harvey, David: *The Enigma of Capital.* Oxford U P: Oxford 2010. Print.

Herzberg, David: "Busted for Blockbusters: 'Scrip Mills,' Quaalude, and Prescribing Power in the 1970s." *Prescribed: Writing, Filling, Using, and Abusing the Prescription in Modern America.* Eds. Jeremy A. Green and Elizabeth Siegel Watkins. The Johns Hopkins U P: Baltimore 2012. 207–231. Print.

Wall Street. Dir. Oliver Stone. Perf. Michael Douglass, Charlie Sheen, Darryl Hannah. 20th Century Fox, 1987. DVD.

The Wolf of Wall Street. Dir. Martin Scorsese. Perf. Leonardo DeCaprio, Jonah Hill, Margot Robbie. Paramount Pictures, 2013. DVD.

Roose, Kevin: *Young Money.* Grand Central Publishing: New York 2014. Print.

Swab, Andy. "Adderall not Cocaine: Inside the Lives of the Young Wolves of Wall Street." *PBS News Hour — Making Sense.* 18 February 2014. <http://www.pbs.org/newshour/making-sense/adderall-cocaine-inside-lives-young-wolves-wall-street/>. Web.

Literatur – Kultur – Ökonomie
Literature – Culture – Economy

Herausgegeben von
Christine Künzel, Axel Haunschild, Birger P. Priddat,
Thomas Rommel, Franziska Schößler und Yvette Sánchez

Band 1 Franziska Schößler: Femina Oeconomica: Arbeit, Konsum und Geschlecht in der Literatur.
Von Goethe bis Händler. 2017.

Band 2 Yvette Sánchez (Hrsg.): Business-Fiktionen und Management-Inszenierungen. 2018.

www.peterlang.com